叢書・ウニベルシタス　542

力の場

思想史と文化批判のあいだ

マーティン・ジェイ
今井道夫／吉田徹也／佐々木啓／富松保文 訳

法政大学出版局

Martin Jay
FORCE FIELDS
Between Intellectual History
and Cultural Critique

Japanese translation rights arranged
with Routledge, New York
through The Asano Agency, Inc., Tokyo.

いつまでも盛りの時のままに
　思い出にのこるであろう
　　ユージーン・ラン（一九四一―一九九〇年）に捧ぐ

目次

凡例

一、本書は Martin Jay, *Force Fields : Between Intellectual History and Cultural Critique*, Routledge, New York & London, 1993 の全訳である。

一、括弧の使用は、原著中の引用符 "……" は「……」で、イタリック体表記の文献名は『……』で、引用文中引用は『……』で表記するのを原則とした。また訳者の挿入部分は〔……〕でくくった。丸括弧（……）、角括弧［……］は原著中の用法通りである。なお明瞭化のために、原著にはない〈……〉も一部で用いた。

一、人名の表記については、『西洋人名辞典』（岩波書店、一九八一年）を参照したが、慣例に従ったものもある。

一、原注に掲げられた文献について、邦訳書のあるものは、できるだけそれを併記するようにした。ただし、同じ章内で繰り返し出てくる文献については、初出の箇所のみに併記した。また、できるだけそれら邦訳書を参照するようにしたが、参照しえなかったものもある。

一、人名索引は、原著の索引を利用してまとめた。本訳書中で原注のみに文献著者として欧文で登場する人名は、収録しなかった。

謝　辞

　以下のページには多くの方々の指の跡が認められます。収録した論文は最初にかたちをなすにあたって、多くの方々のさしのべてくれた手を経たものだからです。勧誘し、激励し、批判し、ときには抵抗し、いずれにしてもここに収められた論文の一つないしいくつかを常になんらかのかたちで改善するのに貢献してくれた友人たちに、感謝の言葉を述べるのをお許しください。スヴェトラーナ・アルパース、アンドルー・アレイト、トーマス・ベンダー、ロバート・ボイアーズ、ヴィクター・ブロンバート、ジョン・バーナイム、リチャード・バクスバウム、ステファン・コリーニ、アレシュ・エルヤヴェツ、フェレンツ・フェヘール、ジョン・フォレスター、ハル・フォスター、ジョナサン・フリードマン、アンソニー・ギデンス、ジョフリー・ゴールト・ハーファム、ポール・ハーナディ、ドゥニ・オリエ、アクセル・ホネット、プラフラ・カー、ロザリンド・クラウス、マーティン・クレイスワース、ホセ・ランベルト、スコット・ラッシュ、チャールズ・レマート、デイヴィド・リンデンフェルト、デイヴィド・ロイド、スラヴォミール・マガラ、J・ヒリス・ミラー、ヴィンセント・ペコラ、マーク・ポスター、ポール・ラビノウ、マイケル・ローゼン、マイケル・ロート、エレーヌ・ショウォーター、ピーター・スタイナー、マーク・クライン・テイラー、リチャード・ウォーリンといった方々に感謝いたします。いつもながらレオ・ローウェンタールと私の妻キャサリン・ギャラガーは、それぞれの文章に恐ろしいばかりの批判の技を惜しみなく発揮してくれました。子どもたち、シャナ・ギャラガーとレベッカ・ジェイは、家庭内の力の場を生気あふれるものにしてくれたことに感謝しなければなりません。

ウィリアム・P・ジャーマノにもお礼を述べなければなりません。私の論文集を出版してくれたのはこれで三度めで、ますます熟練した腕前を見せてくれました。編集を担当し、索引も付けてくださったローリー・マックギーとヴェスリン・セキックにも感謝いたします。このなかのいくつかの論文をはじめて発表してくれた雑誌、また他の論文を収録して最初に日の目を見させてくれた出版社に対しても、それらを公刊し、かつこのたび再刊を許可してくださったことにお礼申し上げます。『ケンブリッジ・レビュー』（第3章）、『カルチュラル・クリティック』（第6章）、『ポエティックス・トゥデイ』（第8章）、『ストラテジーズ』（第12章）、『フィロソフスキ・ヴェストニク』（第11章）、『ジャーナル・オブ・コンテンポラリー・ソート』（第8章）、『インディアン・ジャーナル・オブ・アメリカン・スタディーズ』（第10章）、オックスフォード・ユニヴァーシティ・プレス（第1章）、ズーアカンプ・フェアラーク（第2章）、MIT・プレス（第2章）、デューク・ユニヴァーシティ・プレス（第8章）、ベイ・プレス（第9章）、セージ・パブリケイションズ（第10章）、ベイシル・ブラックウェル（第9章）、フランケ・フェアラーク（第12章）、スロヴェンスコ・ドルシトゥヴォ・ザ・エステティコ（第3章）、ユニヴァーシティ・オブ・ミシガン・プレス（第13章）に対してです。

最後に、多年にわたって変わらぬ援助と激励を惜しまなかった友に感謝したいと思います。ユージーン・ランですが、この友の思い出に本書は捧げられます。私たちはともにカリフォルニア大学でヨーロッパ思想史家として出発しました。事実上同じ時期に、彼はデイヴィス校で、私はバークレイ校で教職に就きました。共通の関心事についてたえず続けられた私たちの討議は、癌のため、彼があのように果敢に戦ったにもかかわらず、ときならずして終わりを告げましたが、私の人生における知的人間的喜びの一つでした。彼の精神のいくばくかが以下の論文集のなかに現れていることを、いや、この先私がなす運命にあるどんな仕事にも現れることを願ってやみません。

序論

ヴァルター・ベンヤミンはかつて次のように論じた。「弁証法的に叙述されたあらゆる歴史状況は分極して力の場（Kraftfeld）となり、そこでその前史と後史との葛藤が現出する。それは現実によって貫かれた場となる」[1]。もし過去と現在の関係がそうした葛藤するエネルギーの場と解釈されうるなら、「実際にあった」過去への思い入れたっぷりの全面的屈服は、たわみやすく傷つきやすい過去に現在の枠組みをむやみに押しつけるのと同様に問題である。ベンヤミンにとって過去は発見さるべきものとして「そこ」にあるのでもなければ、発明さるべきものとして「ここ」にあるのでもない。とはいえ過去と現在の交渉は、例えばハンス＝ゲオルク・ガダマーの解釈学の影響を受けた歴史記述が思い描くような調和的「地平の融合」以上のものである。またドミニク・ラカプラが最近われわれに促している「対話的」相互作用以上のものでもある[2]。それに代わって必要なのは破壊的にも建設的にも介入する意欲、容認されている知恵を粉砕もすれば破片をあらたな魅惑的な仕方でつなぎあわせもする意欲を持つことである。

ベンヤミン自身こうした原理をあざやかに適用しており、彼の未完の『パサージュ論』にもっともよく表れているが、それは容易にまねのできるものではない[3]。彼が絶望をつのらせながらも英雄的に抱き続けた救済の政治的計画は、もはやそれほどの熱狂を生み出すことはできない。実際、「弁証法家にとってだいじなのは世界史の風をおのれの帆にはらむことだ」[4]という彼の主張は、マルクス主義の世界史の物語からだけではなく、主要物語という観念そのものから吹き寄せる風が凪いだ現時点では、当惑を呼ぶばかりである。フーコーの著作や、継ぎ目のない物語を批判する他のフランスの思想家たちが影響力を持ってきたいま、歴史の連続性の物象化を粉砕すべしというベンヤミンの要請は、通常の意味でいわれるかぎりでは傾聴されているように思われる。しかしそれに加えて彼の出した新しい真に「メシア的」な普遍史のヴィジョンの要求は、ずっとわずかな成功しか収めていない。

とはいえ、歴史的な力の場という観念にある救済の衝動は、もうあまり頼りにならないにしても、[5] 過去と現在のあいだの緊張にみちた相互作用についてのベンヤミンの総論は、いまでも十分考慮するに足るものである。そしてまた、テオドール・アドルノによる力の場という隠喩の示唆的な用法も同様である。彼はベンヤミンの描いた星座〔布置〕イメージにそってこの言葉をしばしば用いており、それにより、創造的第一原理や公分母や内在的本質を持たずに、変化する要素が全体化されずに並列している状態、誘引と嫌悪の力動的相互作用を暗示している。[6] 多くの文化理論家や哲学者が全体化をめざす体系とか基礎づけの議論には用心するようになった今日、この種の隠喩が最近リチャード・バーンスタインの『新しい星座』のなかで、「『モダン/ポストモダン』の状況を『把握する』のに……とても有益」だとお墨つきをもらったのも不思議ではない。[7]

本書に収録された論文のいずれにも等しく力の場という観念が浸透しているというのは誇張だとしても、それらすべてに陰に陽にそうした観念がただよっているのが確認できる。実際、数年にわたって『サルマガンディ』誌に寄稿している年二回の記事に、私は「力の場」という題名をつけたのだった。つまりこの論文集を構想する前からすでにこの概念が、少なくとも導きとなる理念として私の仕事についてひそかに多くを予告していたわけである。この言葉を私が最初に使ったのは一九八一年に発表した論文「肯定的全体性と否定的全体性——批判理論流の学際的研究におけるひそかな緊張」[8] においてであり、そのあと私の一九八四年のアドルノ研究書をかたどる役目をしてくれた。

さらに一般的には、私がもともと訓練を受けた学科、すなわち思想史（インテレクチュアル・ヒストリー）という学科自体を、種々異なった衝動がかたちづくる力の場として理解するなら、実りあるものとなると主張したい。雑種の哲学、知識人と彼らの制度の歴史、広い意味での文化史などとしばしばいわれながらも、思想史はそのどれもまともに果たしていないという非難を受けてきた。観念の扱い方は専門の哲学者にしてみれば概して厳密とはいえないし、背景への注目はしばしば表面的で知識社会学者を満足させるものではない。そしてたえずエリート文化に注意を向けていることは、多くの文化史家の反ヒエラルキー的感情を逆なでしている。現今の理論的問題の起源と展開の有益な再構成を思想史が提示してさえ、問題解決に資するところがないとか、鍋を火にかけてもなにほどの料理もできないに等しいとかいってとがめられたりする。

にもかかわらず、異なった、そして紛糾することも多い議論の交錯するところで機能していることは、思想史の隠された力を示すといえないだろうか。現代思想は過去に負うところがあると自覚しているから、独創性をもって常に自明の善と考えるような誤りを回避している。「単なる」注釈は創造的革新に劣っているとして切り捨ててしまうのではなく、思想史はいまだ影響力を保っている過去の思想を、別の文脈に発する思想とのあらたな予想していなかった布置のなかに確認するものである。現今の思想的潮流に棹さすのは当然で、現代の論争に無関心を装うような歴史的アプローチを信じない。むしろ思想史家は過去の再創造を試みる際に、現今の発展の理解に加わらざるをえないと思うことがしばしばである。思想の多様な受け取り方、学ぶに足るほどの思想ないしは文化のその後の運命にはつきものの誤読や誤用のもつれが、歴史家自身の時代を支配する思想を巻き込むのは必定である。そうすると思想史自体が本質上、しばしば葛藤する衝動の力の場の産物と見ることができる。そうした場が思想史をあれこれと引っ張り、答えきれない質問を課すのである。かくして思想史家は、文化や議論の場を遠くから眺める傍観者の位置に身を置くのではなく、自らの「地歩」をもこれまた活動の舞台として概念化しなければならない[9]。

より内容に立ち入っていうと、以下に収録した論文はしばしば、それらを書くきっかけとなったいくつかの大きな企画の交差する原点をそれとなく指し示している。西欧マルクス主義、とりわけフランクフルト学派についていくつもの論考を書いていくなかで、私はこの議論の的である伝統から必然的にいくつかの教訓（例えば右のベンヤミンとアドルノの引用にみられるような）を吸収した。西欧マルクス主義は私をたえずその引力の軌道に引き入れずにおかない力の一つであるのだが、それはユルゲン・ハーバマスやアグネス・ヘラーといった人の仕事を扱っている論文にもっともはっきり姿を現している。とはいえ他の部分でも様々な機会に現れてきており、イデオロギーと正統化の問題が生じるところ、政治と美学の関係という容易ならぬ問題が取り上げられるところがそうである。

それに続いて、アメリカの学界を最近にぎわしている論争であなどりがたい存在となってきたフランス思想に私が没頭するなかから、他の方向への強い牽引力が出現することになる。私のいる場のなかで先の力ほどの誘引力はないにしても、種々のポスト構造主義が、私のテーマ選択やその論じ方に影響を及ぼすのは避けられなかった。そのためバタイユ、フーコー、クリステヴァ、ド・マン、デリダといった名前が以下の論文の多くで現れるが、それは彼らの犯したと思われる罪に憤るハーバマス流の批判の標的としてばかりではない。両者のあいだの差異を過小評価しようとも思わず、またなにか穏やかな調和がありうるはずだと主張もしないとはいえ、二者択一よりはこの二つの衝動のあいだの生産的意見交換のために私は弁ずるであろう。弁証法的想像力は弁別的想像力とでも呼ぶべきものより学ぶところがあるはずだし、またその逆もいえるのではないだろうか。

以下の小論の多くに現れているいっそう錯綜したある力は、二十世紀フランス思想における視覚をテーマにして、もっか私が完成しつつある企画を反映している。ここでは伝統的な哲学や政治の議論で取り上げられる問題とは、非常に異なった問題が前面に出てくる。すなわち、感覚の文化と知覚の隠喩にかかわる問題である。私の主要な関心は「視覚中心主義」と呼べるものについての理論的考察であったが、それとともに種々の視覚の実践、あるいはクリスティアン・メッツの用語を借りれば「視覚体制」にも興味をそそられた。実際には、言説と実践がどのように相関するかの問題に注意を向けざるをえなかった。フランスその他できわだってきた「眼差し」に対する疑惑の浸透から、われわれの現代の言説の世界は多くを学んでいる。この領域を研究していて気づいたのは、過去の視覚的実践をわれわれが歴史的に再構築するのに、いや視覚そのものについてのわれわれの解釈に、それがいかに影響を与えてきているかということである。以下の論文のいくつかは、こうした「眼識」の意味するものを取り出しており、その際しばしば社会政治理論の問題にもそれを関係づけている。

多岐にわたる内容の論文を生み出す力の場は、自らにとりついた観念が他の学者のそれと思いがけずに交差することにより、偶発的に構築されるものだということも知っていてほしい。職業柄よく会議や雑誌の特集、記念論文集といったものに書くようにとの依頼を受けるが、それは「大著」から解放されての気晴らしにみえることもあろうけれど、むしろその束縛をはずして手足を伸ばすようにとの健全な誘いと理解したほうがよい。そしてこうした機会がなかったら、本書のようなものをまとめるのは不可能であっただろう。以下で収録論文の出所を多少ともきちんと説明するのは、きっかけとなった依頼への謝辞というにとどまらない。

「都市から都市への脱出――フランクフルトとニューヨークの社会研究所」は、一九八六年の「大学と都市」に関する会議のために作成されたものである。[10] この依頼は私をそそのかしてもう一度フランクフルト学派に連れ戻しただけではなく、アドルノに関する小著ですでにテスト済みであった力の場という分析モデルを、批判理論の歴史全体にも適用する機会を与えてくれた。本書収録のもう一つの論文で、批判理論への私の以前の関心を直接反映している「行為遂行的矛盾についての論争――ハーバマスとポスト構造主義者たち」は、一九八九年のユルゲン・ハーバマスの還暦記念論文集への寄稿を求められて書いたものである。[11] そこで私は、ハーバマスとポスト構造主義の立場に立つ彼の批判者たちのあいだの広範な衝突の焦点にありながら、これまで気づかれなかった次元の問題をきわだたせようとした。すなわち言語行為論により書き直され、社会批判に適用された矛盾概念が、生き残れるかという問題である。

「系譜学の道徳――あるいはポスト構造主義的倫理は存在するか」のほうでは、ハーバマスとフランスに顔を向けた彼の論敵たちをそれほど対立しない位置関係に置いている。ここでの問題圏は倫理理論であり、それは六〇年代に見られた直截な政治的表現が影をひそめたとき、文化批判者たちのあいだであらためて関心を呼ぶことになった。もとは『サルマガンディ』にほどほどに書くつもりであったのが、それにしては論文は長くなりすぎ、多すぎる脚注を必要とするものになった。その代わりに、私はこれをリュブリャーナのスロヴェニア美学会で、一九八九年の「ポストモダニズムにおける主体」についての会議に際して報告することができた。[12] そこで私はポスト構造主義の倫理的直観の価値を擁護しようとしており、その際、ハーバマス的議論を引き入れて彼らの限界を補完しようとまでした。

続く論文「危機の時にあっての主権の再主張――カール・シュミットとジョルジュ・バタイユ」は、長期にわたる二つの関心を結び合わせたものである。フランクフルト学派へのシュミットの影響なるものについての論争に関して、私はすでに彼について書いていたし、[13] 他方、視覚に対するフランス人の態度についての研究でバタイユに一章をあてる準備をしていた。[14] 彼らの仕事の多くの側面に深く抵抗をおぼえるとはいえ、主権という難題についての彼らの思い入れが妙に収斂してくるのに私はひかれた。一九九〇年の「カール・シュミットと民主主義論への挑戦」についての会議に参加を求められたとき、[15] この機会に意見の異なる二人を対決させてみて、「主権」が統一した観念というより、それ自身むしろ複数の語義が競合する不安定な力の場であることを明らかにできないかと思った。それが明らかなら、強力で統一的な主権概念が政治から追放しようとした事柄、とりわけ正統性の根拠となるべき討議的合理性は、議会制民主主義の辛辣な敵対者シュミットないしバタイユが認めた以上の敬意を払われてよいのではないか。

シュミット会議の参加者の一人に、ハンガリー生まれの哲学者アグネス・ヘラーがいた。私は彼女の著作を折にふれて読んで得るところがあり、感心していた。オーストラリアの彼女のかつての同僚たちが、ヘラーの業績についての批評集への寄稿を私に依頼してきた。私は以前ハンナ・アーレントの思想に魅了されもすれば悩まされもしたが、この機会に彼女に対するヘラーの評価が高まっていくことの意味を探ってみた。[16] ヘラーは師ジェルジ・ルカーチのマルクス主義的ヒューマニズムをしだいにさめた目で見るようになり、これはアーレント特有の古典的政治擁護をかたちづくっている議論の多くを彼女が受け入れることによって助長された。ヘラーはアーレントよりも近代の成果に大きな尊敬を抱き続けてきたとはいえ、[17] 近代世界における全体主義の脅威については同様の結論に達した。没後出版されたカント講義でアーレントは政治における判断力を強調していて、ヘラーはこれに引きつけられ、これこそが対抗手段になるのではないかと考えた。

このカント講義から霊感を受けたのはヘラーだけではない。一九八九年に最初「力の場」の記事として構想した「イデオロギーとしての『美的イデオロギー』――あるいは政治を美学化するとはどういうことか」という題の私の論文もまた、このカント講義から生命を吹き込まれている。[18] そこで私はポスト構造主義に立つ多くの批判者たちからの手強い「美的イデオロギー」批判に対抗するために、美学化した政治という積極的概念を復興しようと努めた。皮肉なことにアーレントを論じた私の以前の評論では、彼女が美学化した政治の危険な変種を容認しているといってとがめたのだが、[19] 彼女の没後出版された判断論を読んだいまでは、いくぶん違った結論に達している。私の結論を支持する材料が、意外にもジャン＝フランソワ・リオタールの著作からも得られた。彼のカント摂取はアーレントのそれにおどろくほど近い。その結果、アーレント、リオタール、そしてひそかにハーバマスも加わったグループが、デリダ、ポール・ド・マン、フィリップ・ラクー＝ラバルト、ジャン＝リュック・ナンシーといったディコンストラクション主義者からなる他のグループと緊張をはらんで位置しているという、考えられないような布置が現れた。

次の論文「黙示録的想像力と悲哀の能力の欠如」は非常に異なったコンテクストにあるにしても、ある意味で同じ論争の続きである。[20] 一九九一年の「終末について考える――世紀末と黙示録」に関するコロキウムに参加を求められたとき、私が探ってみようと決めたものがある。黙示録的幻想が奇妙なほど執拗に西洋の文化的想像力を支配していることの根源が、それである。議論の多い悲哀〔喪〕とメランコリーについてのフロイトの推測に依拠し、それを「母殺し」の必然性についてのこれまた異論の少なくないクリステヴァの思想に結びつけながら、私は以前の著作でならその気にならなかったほどの、はっきりとした精神分析の用語でとりあえず説明をつけていった。この論文はまた、たえず繰り返される黙示録的パターンとは別のものを示唆しようとしている。黙示録的パターンはたいていはポストモダン版に突き進んでおり、この形態に伝統的宗教や近代科学による黙示録的幻想があらたに刻まれている様は、驚くばかりである。こうして生み出される力の場は注目に値する。

続く四つの論文はすべて、フランスにおける視覚問題に関する私の計画から降ってわいた副産物といえる。「解釈学の興隆と視覚中心主義の危機」は、宗教テクストと社会的位置づけに関する会議がきっかけとなったものである。[21] 少なくともなにがしか眼を引き離すことが必要だとする本質的にはハーバマス的要求と、クリスティーヌ・ビュシ＝グリュックスマンのバロックに関する研究を根拠にそうすることに困難を認めるポスト構造主義の見方とのあいだに、未解決の緊張があることを結論的に率直に受け入れている。「近代の視覚体制」もまたビュシ＝グリュックスマンのバロックの視覚モデルを、そしてまたスヴェトラーナ・アルパースによるオランダの「描写の芸術」という性格づけを援用し、近代の主流の視覚文化に対抗させた。主流は私が「デカルト的遠近法主義」と呼ぶものであるが、これのみが近代の唯一の視覚体制だと理解する必要はないことを強調したかった。一九八八年の「視覚と視覚性」についての集会のために書かれたものであり、これは聴衆の方々や、ハル・フォスター、ノーマン・ブライソン、ジョナサン・クレアリー、ロザリンド・クラウス、ジャクリーヌ・ローズといった討論参加者からの鋭い批評を引き出した。それら批評はその年のうちに会議録が出版されたときに収録されており、本書にもそのまま入れておいた。[22] さらに都市空間にとってこの議論が何を意味するかを述べた短いあとがきも載せてあるが、これはその年のあとになって「都市」についての会議で同じ報告をした際に、つけ加えられたものである。[23]

「近代の視覚体制」が異なる視覚文化の自由な活動の奨励を訴えて終わっているため、ある批判者には、私が「『総合的』異種混合という自由主義的多元論的概念の誘惑」に屈服したかのように思われた。[24] けれども、このわずか前、一九八七年の「政治か詩学〔制作〕か」に関する会議のために「イデオロギーと視覚中心主義——鏡の裏箔の背後に何かがあるのか」を書いたのは、まさにそうした断定に抵抗したかったからであった。[25]イデオロギー概念は視覚的模写という不評な観念(カメラ・オプスクーラのなかの歪んだ像を逆さにすれば真理となるとする)に依存しているので、これを放棄しようという誘惑に、私はそこで抵抗を試みた。すべては等しくイデオロギー的か等しく妥当かのいずれかになるという不評を呼んでいる見解を容認するのではなく、あらためてハーバマスにはっきりと同意しながら、イデオロギー的神秘化を測る別の尺度が、すなわち非正統的な支配関係への観念的支持を測る別の尺度が存在するのだと私は論じた。報告ではまた、何がイデオロギーの「他者」を構成するのかという謎への答え、イデオロギーが生み出す種々の視覚経験や隠喩的イメージに基づいた答えを示唆した。

次の「モダニズムと形式からの後退」についての論文は、視覚体制の複雑さを説く議論の続きである。『視覚と視覚性』論集を批評したある人は、私の出した近代的視覚の理念型ではもっと新しい芸術活動を入れる余地がほとんどなくなってしまう、と不平を言っている。彼は次のように疑問を投げかける。「近代が十九世紀後半で終わってしまうのを認めろというのだろうか。二十世紀の芸術と芸術家によって出されたデカルト的遠近法主義批判からは、なんの利益も引き出せない」。[26]一九九〇年の「芸術と美学における形式」に関する会議[27]のために用意されたこの論文では、形式に対して無形性を優先するモダニズム芸術に付随する傾向をたどろうとした。見る主体と見られる客体との区別に先行する純粋な視覚性の名のもとに、ハイ・モダニズムはデカルト的遠近法主義に戦いをいどんだ。バタイユが〈無形〉と名づける反伝統の立場は、ラカンが「眼」と「眼差し」——逆説的ながら視覚的でもあれば触覚的でもあるもの——と呼ぶもののあいだに宙づりにされた視覚経験の不純さを、むしろ強調した。力の場という隠喩はここではっきりとは引かれていないものの、そうした場が存在しているのがよくわかる。近代芸術を本来形式主義的で純粋視覚の探求に基づくものとみる一元論的な観念を、ロザリンド・クラウスとドゥニ・オリエの最近の著作を自由に引きながら、私が複合化しようとしたところを見てほしい。

最後の二つの論文は、思想史と人文科学の方法に関するより広範な問題に向かっている。「思想史へのテクスト的アプローチ」は、アメリカ歴史学会の一九八九年度大会の討論会のために用意したものである。[28] 私はしっかりした文献学的訓練など受けていないので、文献批判の精神で綿密に読解するよりは通観的な内容分析のほうに傾斜していった。ラカプラの最近の言い方でいえば、「読まれたものについて構想する」のではなく「構想に向かって読む」ほうにである。[29] けれどもその場合、内在的理解可能性という型にテクストを安易にはめこみ、そうすることによってテクストの発生がずっと問題の少ないコンテクスト母体によって説明できることにもなる。そうした方法の限界にも、私はしだいに気づくようになった。とはいえこの論文では、思想史方法論の多くの最近の議論で優勢になってきているテクスト主義とコンテクスト主義という単純な二分法を超えようと私は試みた。それに代えるために私はいくつかの可能なテクスト的アプローチを区別して、少なくともそのなかの一つに、自己関係的テクスト性を超える非テクスト的「他者」の痕跡に逆説的に訴える寓意的衝動を見出した。力の場の概念にはっきりと訴えてはいないものの、敵対が予想されるなかで一つの極に帰着させることを拒む衝動どうしの相互作用を、この論文は惹起しようとする。これを書き上げてからまもなく、デリダ自身が以前にテクストは「常に異質的、差別的、開放的な力の場[30]」であると表現していたのを見つけ、満足であった。

最後の「〈名前を挙げる〉のか〈名前を落とす〉のか――人文諸科学における正統化の諸様式」は、ずっと以前より無邪気な真理の対応理論への信頼を失ってしまった諸学科にあって、妥当性要求の守られ方の意味するものを探っている。一九八八年の「諸学科のはざまにある理論」に関する会議[31]のために書かれたものである。なぜ人文学者たちは、ハーバマスならコミュニケーション的で合理的な相互行為と呼ぶもののなかでのもっとすぐれた議論の力に頼らず、霊気を発する名前の権威による正統化にひそかに頼ることがあのように多いのか、不思議であった。私とて学問的仕事に固有の前提となっている後の方式をけっして放棄するつもりはないにしても、〈名前を挙げる〉ことに固執するのは、それがイデオロギー的として片づけきれないある機能を果たしている証拠のように思われた。確たる結論には至っていないものの、いくつかの考えられる説明を提供しており、それらは精神分析やディコンストラクションを含む多岐にわたる議論に依拠している。この報告の形式——いくつかの対立する立場のなかをジグザグに進むという——がそもそも示していることであるが、ここでもまた力の場のモデルが知らずしらずに議論を充実させている。

もしこのモデルの持つ可能性のすべてが現実のものになるべきだとするなら、まだ取り上げられていないその広がりの一端にもふれておくのが筋である。この点について最後に記しておきたい。ベンヤミンは力の場は「現実によって貫かれ」ているといっているわけだが、この冒頭でみた定式化で彼が呼び覚ましている葛藤は、厳密にいうと過去と現在のあいだのものではないことに注意すべきである。むしろそれは「前史と後史（Vorgeschichte und Nachgeschichte）」のあいだに起こる。(32)すなわち、力の場というものは過去の契機と現在の契機によって構成されるだけではなく、未来の予感によっても構成されている。そうした未来を救済の観点から構想することは、以前に述べたように、もはやさしたる熱狂を引き起こすことはないかもしれない。けれども、われわれが現在から過去を概念把握するのに、そうした未来のもつ引力が重要になることを無視するわけにはいかない。新資料の発見とか新鮮な解釈理論の練り合わせ、あるいはいまだ先の見えない物語的解決を出すだけであれ、未来が過去をわれわれ自身によるものとは重要なところで違うものとして再構成するであろうという予想を抱きつつ、歴史家は作業せざるをえない。一部始終を正しく手にする「最後の歴史家」という虚構なら退けるのはたやすいであろうが、われわれはみな、「後代」がわれわれのまだ持ちえないパースペクティヴを享受するであろうと予想しながら作業しているように思う。

確かにベンヤミンは未来が忘れ去るという、もっと暗い可能性についても深く気づいていた。実際、彼の計画のすべては不当な忘却の危険にあるものを救出するという絶望的な試みとして、よく理解できる。皮肉なことに、「歴史後」の概念が今日呼び覚まされていること自体、歴史的解放の過程なるものへの信頼喪失や、いわゆる「近代のプロジェクト」の失敗というものを甘受するなかでの、一種の忘却のしるしであるかもしれない(33)。もちろんベンヤミンにしても、人間界において自動的進歩を想定することに不信を抱いていたから、歴史主義の装いをしたそのプロジェクトを軽蔑しきっていた。けれども歴史後がすでに到来したとの主張を現在掲げている人たちと違って、物語の終わりとしていま通用しているものと歴史後は非常に異なったものになるだろうと彼は固く信じていた。しかし過去が忘れ去られることなく、過去の要素があらたな力の場において現在や未来と配置しなおされさえすれば、そうした結末に到達できるかもしれないと彼は見ていた。以下の諸論文のなかに、そうした信頼のなごりのようなものが、わずかでも感じ取れたらと思う。

第1章　都市から都市への脱出
──フランクフルトとニューヨークの社会研究所

都市と大学というテーマは、私を悩ませ続けてきたフランクフルト学派の歴史の一側面を解明する絶好の機会を与えてくれる。私がここで取り上げるのは、当時の社会的・文化的諸条件のもとでのフランクフルト学派のルーツという厄介な問題であり、その批判理論と、ある意味で批判理論の出現を可能にしたコンテクストとの関係という問題である。私は、より還元主義的な形態をとった知識社会学には慎重な姿勢をとり続けてきたものの、自己自身の起源の探究に関するフランクフルト学派の寡黙さには、けっして心安まる思いをしたことがなかった。彼らの姿勢は次のアドルノの言葉にもっともよく表現されている。「思いもよらぬ運命の一撃が、ある人々の精神構造を支配的な規範に十分には適応できない状態に保ち続けたのだ(1)」。思いもよらぬかどうかはともかく、運命でさえ説明を試みるのに値するように思われる。そしておそらくフランクフルト学派の場合には、この学派が結びついている都市と大学との関係を考察することがいくぶんかの助けとなるであろう。なんといっても、すべての知識人グループが、そのグループの名をあげただけで都市と大学の両方との紐帯を思い起こさせるわけではないのだから。

もしわれわれが、「フランクフルト学派」という通称が一九六〇年代という遅きにこしらえあげられた名称にすぎず、学派の母胎である「社会研究所」とはけっして完全に一致していたわけではないことを想起すれば、理解はさらに深まるであろう。実際、研究所とその壁のなかに起源を持つ思想の学派の相違にに深く気づき、この現象の全体としての首尾一貫性に異議を唱えるに至った論者もいるのである。研究所に深く関与していたユルゲン・ハーバマスでさえ最近こう語った。研究所研究所は存続していても「もはや学派の問題など存在していない。そしてこのことは疑いもなくいいことなのだ[2]」。

とはいっても、歴史的にも名目の上でも、研究所と学派の間にズレが生じてしまったという理由で、両者の一致の探究を断念してしまうよりも、それにもかかわらず、時の経過のなかでもある種の流動的なアイデンティティーを失うことのなかった一つの文化の形成の決着のつかない性質を認めるほうが生産的だ、と私には思われるのである。私が『アドルノ』のなかで論述を試みたように、このアイデンティティーは、いかなる調和的な統合をも拒否する衝動の[3]、全体のなかに組み入れられず、しばしば戦闘的な衝動の、力の場の所産として理解するのが最良であろう。この著作のなかで、私はアドルノの個人的な知的な場のなかに、いくつかのきわだった力を確認した。それは、ヘーゲル的マルクス主義、美的モダニズム、マンダリン的文化保守主義、ある種のユダヤ的自己意識、そして彼の思想の生成というよりむしろその受容の視点からみたポスト構造主義である。これに、精神分析学とマックス・ヴェーバーの合理化批判への微妙なニュアンスを持つ評価をつけ加えるなら、おそらくわれわれは、研究所と学派双方の知的な場を構成すべく働いている主要な力を見ることができるといっていいであろう。少なくともハーバマスが、言語学、認知心理学、解釈学、人類学の諸分野からいくつもの新しい要因を導入したときまでは[4]。

さて、このグループの歴史の様々な局面にわたって、これらの要因の織りなす星座のすべてに正当な評価を与えることは明らかに本論文の範囲を超えている。私がここで試みたいのは、むしろ、いくつかの要因にだけ焦点を当て、これらの要因の相互作用が、特に都市と大学をコンテクストとしながら、フランクフルト学派の生成を照らし出しはしないか、その可能性を探究することである。

これらを関連させることは、おそらく特別に啓発的であろう。というのも、フランクフルト学派のメンバー自身はほとんどこれらを関連させせようという気にならなかったからだ。事実、社会研究所とははすに構えたような関係しか持たなかったヴァルター・ベンヤミンという特別な例外を除けば、研究所メンバーが現代社会における都市の重要な役割に注意を向けたことなど絶えてなかったのである。[5] その理由はおそらく、都市生活の批判はアンチモダニストや原ファシストのイデオロギーの常套手段であることを彼らが知っていたからだ――この点は、レオ・ローウェンタールが一九三七年に公にしたクヌート・ハムスンへの有名な批評のなかではっきりと言明している。[6] ――彼らはその批評を別な標的に向けたのである。ゲオルク・ジンメルの大都市生活の探究や、シカゴ大学のロバート・パークによる都市社会学は、彼らの仕事のなかにほとんど反響を残していない。実際、大戦後に研究所がドイツへ帰還を果たした後に初めて、彼らは経験的なコミュニティー研究であるダルムシュタット市研究に関与するのである。[7] そしてこのときでさえも、研究所メンバーは、その成果が、より理論的な性格を持つ社会全体の分析から切り離される危険性に対して警告を発していた。[8] 彼ら自身の仕事を育んだ環境であるフランクフルト自体は、一度として体系的分析の対象とはならなかった。

フランクフルト学派の初期の歴史を通じて、同じように無視されていたのが大学の役割である。おそらく教育を重視することが、彼らが軽蔑していた修正マルクス主義の特徴だったために、この問題は研究所メンバーの中心的な関心事の一つとはならなかったのであろう。彼らがフランクフルトへ戻り、とりわけホルクハイマーがドイツの高等教育制度の再構築に深く関与したときになって初めて、フランクフルト学派のメンバーは大学の問題の重要性を真剣に考えることとなった。[9] 彼らの第一次フランクフルト時代の特徴を非常によく伝えているのが、評論集『デンメルング（薄明）』における、若く、なおも闘志満々のホルクハイマーの次のような激越な見解である。マルクス主義をカリキュラムの正当な一部として大学のなかに吸収することは、「資本主義と戦う労働者の意志を打ち砕く方向への第一歩」なのだ。(10)

もちろん、こうした攻撃をかくも皮肉にしているのは、研究所自体が明白に労働者階級の出身ではなく、むしろ危機に立つ、教育を受けた都市ブルジョアジーという特殊な階層（教養市民層 Bildungsbürgertum）の出身だという事実である。そういうわけで、彼らを大衆の真の関心から遊離した、エリート主義的西欧マルクス主義の第一級の実例と見なした論者もいたのである。(11) こうした見方が研究所メンバーの発展の複雑性に対して公正なことかどうかはさておき、このことは研究所が、社会主義を求める労働者階級の戦いというコンテクストのなかで理解されねばならないのと同様に、フリッツ・リンガーが「ドイツ・マンダリンの衰退」(12)と呼んだもののコンテクストのなかでも理解されなければならない、という事実を正確に指し示している。しかしながら、研究所のユニークな業績を可能にしたものは、この都市と大学をとりまく特殊な状況なのであり、そうしたなかでこそ、その衰退に対する彼ららしい対応が示されたのである。この状況を理解するために、われわれはここでひと休みして、研究所の創設に先立つフランクフルト・アム・マインのある種の特徴に焦点を当てなければならない。

この由緒ある帝国自由都市は、中世以来の国際的交易および金融の中心地であった。もっとも、その指導権は十八世紀に至ってバーゼルやマンハイム、そしてとりわけライプツィヒの興隆によって挑戦を受けるのではあるが。(13) その経済的繁栄とともに、大ドイツ連邦からの一定の政治的な独立が進行していったが、この自治は一八六六年にプロイセンに吸収されるまで生き延びたのである。一八四八年のパウロ教会における不運な議会は、自由主義の中心地としてのこの都市の象徴的な役割とともに、神聖ローマ皇帝の選出と戴冠の本拠地としてのこの都市の以前からの機能を反映していたのである。ドイツ・リベラリズムの最大の新聞である『フランクフルト新聞』が、一八五六年にレオポルト・ゾンネマンによってこの都市で創刊されたのも、まことにもっともなことであった。

　フランクフルトはまた、大規模で比較的繁栄していたユダヤ人社会を抱えていたことでもきわだっていた。ワイマール時代にはユダヤ人の数はおよそ三万人を数え、ベルリンに次ぐ重要な地位を占めていた。もともと、皇帝と市参事会双方によって保護されていたユダヤ人社会は、非ユダヤ系の競争相手の敵意と、ナポレオン時代後の政治的逆境を切り抜け、一八四八年以降フランクフルトの経済、社会、政治生活の不可欠の要素として台頭してくる。[14] フランクフルトのユダヤ人は同化の度合いはドイツの他都市と同程度なのに、近代の様々な問題に対して革新的に立ち向かうことで知られていた。[15] ユダヤ教の改革派、保守派、正統派のそれぞれがこの壁のなかで独創的な発展を遂げたのである。有名な「自由ユダヤ学舎」がカリスマ的なラビ、ネーミア・ノーベルを中心として組織されたのは一九二〇年代のフランクフルトであったことは言うまでもない。ここからはフランツ・ローゼンツヴァイク、マルティン・ブーバー、エルンスト・ジーモンといった傑出した知識人が輩出している。[16]

　一九一三年に至るまで大学を欠いていたとはいえ、フランクフルトは、学術的研究機関への私的援助に関しては、十八世紀のヨハン・クリスティアン・ゼンケンベルクの尽力にまで遡る長い歴史を誇っていた。いくつかのこうした高等教育機関と研究所を融合して創設された大学は、国家によってではなく、ユダヤ人共同体を母胎とする個人の寄付者によって設立された、いわゆる寄付金大学だったのである。[17] 同化ユダヤ人で巨大な冶金事業の総帥であった慈善家ヴィルヘルム・メルトンが主要な後援者であった。近代ドイツの大学の生みの親であるヴィルヘルム・フォン・フンボルトの自由主義的な志向をとうの昔に忘れはて、[18]

反ユダヤ主義的で、国家主義的傾向をいっそう強めていく大学体制から独立して、新フランクフルト大学は第一次大戦直前のドイツの学界に根本的に新しい方向性を与えたのだった。その意識された現代的視座は、この大学が独立した神学部を持たない初めてのドイツの大学であることと、そのスタッフを広範な学生と教職員層に開くという明白な意志とによって示されたのだった。

メルトンは、大戦前に商業アカデミーと社会福祉の研究所も設立したが、これらは一九一八年以降に開設された学術的な研究所の原型と見なされていた。[19] これらの研究所のなかには、一九二三年に百万長者の穀物商ヘルマン・ヴァイルの後援を得て設立された研究所も含まれていたが、この研究所が選択した名前が「社会研究所」なのであった。その創設の物語をここで繰り返す暇はないが、最近ドイツの歴史家ウルリーケ・ミグダルによって詳細な研究がなされたので、[20] いくつかの強調に値する点をあげておきたい。まず、ヴァイルの気前の良さによって保証された研究所の相対的自律性は、学問的な企てに対する富裕市民層の私的援助という由緒あるフランクフルトの伝統をおおいに引いたものだ、という点である。大戦とインフレーションの後では、大学自体も生き残るために国家の援助に頼らざるをえなかったが、ヴァイルの変わらぬ寛大さは、研究所の実際の活動に対する彼の超然とした姿勢と相まって、研究所が政治的・官僚的圧力からきわめて自由であることを可能にしてくれたのである。研究所の所長は大学教授でなければならない、とした取り決めによって、プロイセン国家との関係は弱いながらも作り上げられはしたが、伝統的な学術研究機関とははっきりと一線を画したものが創出されたのだった。

その違いはいくつかの重要な点に現れていた。第一に、ヴィルヘルム二世時代に急増した多くの講座や研究所と違い、[21] 社会研究所は科学の専門化・細分化という目標をめざしたものではなかった。反対に研究所は、ジェルジ・ルカーチがその頃出版されたばかりの影響力ある著作『歴史と階級意識』で強調したような、全体化され、総合化された知という概念に近づいていた[22]。研究所の初期の指導者たちはけっして明白にヘーゲル的マルクス主義者ではなかったにもかかわらず、ブルジョア科学の特徴である知の断片化を忌避したのである。第二に、研究所はもっぱら研究の促進のために開設されたのであって、いかなる公然たる教育的責任も負ってはいなかった。この特権が意味していたものは、とりわけ、国家に奉仕するという目的を持った、教養あるエリートの養成という伝統的なマンダリン的役割――この役割はヴィルヘルム二世時代を通じてますます重荷になっていった[23]――が、研究所の課題からは完璧に欠如していたということである。研究所の課題には、そしてこれが普通の学術的研究所との第三番目の明瞭な相違点なのだが、資本主義体制の批判とその最終的な打倒が含まれていたのである。

ヘルマン・ヴァイルのような富豪の実業家がこうした冒険的試みを支援するというアイロニーを、ベルトルト・ブレヒトをはじめとする後の論者たちは指摘し続けてきた[24]。おそらくヴァイルの息子のフェリックス――研究所はカール・コルシュの勧めで創設されたのだが、フェリックスはその弟子であった――は次のように言い表すことで無難な対処をしたのである。研究所は労働者運動と反ユダヤ主義に関する冷静な研究にのみ専念することになろう、と。ミグダルの推測によれば、おそらく父ヴァイルは、彼の研究所をモスクワのマルクス゠エンゲルス研究所と連結させることによって蓄積される親善を通じて、ソ連の穀物マーケットに渡りをつけることを冷徹に期待していたのである。いかなる理由からにせよ、社会研究所はドイツでの、そしておそらくはソ連以外のいかなる地においても、マルクス主義が正々堂々と大学と結びつく初めての試みであった。こうした事情のために、研究所の創設が位置づけられるべき正しいコンテクストは、都市や大学ではなく、政治ではないのか、という疑いが生じてしまったのである。この論議のなかでとりわけ乱暴で支持されざる見解は、ルイス・フォイヤーの奇怪きわまる示唆である。彼の見解によれば、社会研究所の設置はヴィリー・ミュンツェンベルク戦線の組織化であった可能性があり、それがまもなく「ソ連のスパイ活動のための新兵調達の基盤」となった、というのである。[25]

この異様な告発の馬鹿ばかしさはさておくとしても、研究所が政治的空白のなかで設立されたわけではないことは自明のことである。実際、研究所の最初期のメンバーのうちには、過激な政党、とりわけドイツ共産党（KPD）と個人的な関係を結んでいた者も確かにいた。[26] また、モスクワのダヴィッド・リャザーノフの研究所とは友好的な交流があり、マルクス＝エンゲルス全集の準備には協力を惜しまなかった。学生が研究所につけたニックネーム「カフェー・マルクス」は、それゆえ根拠のないものではなかった。それでも、これに劣らず真実で、最終的にはずっと重要なことは、研究所が制度的に左翼の党派やセクト、政党に関係したことは一度としてないということ、そしてその最初期には、単一の政治的な方針を、いや理論的な方針ですら、遵守したことはないという事実である。この意味で、世間一般からは「学派」であるといわれていること――初期のマルクス主義知識人のグループはほとんど「学派」と見なされたことなどなかった[27]――は、研究所であるという通念と並んで、研究所の地位に関する重要な真実を確かにとらえてはいる。研究所メンバーは、伝統的な学術研究所の研究員でもなく、政党に指導された理論家集団でもなかった。彼らは、左翼の知識人の歴史に根本的に新しいものを提示したのである。

学派という観念には、実践的な関心から距離をとることだけではなく、研究のプログラムを設定する指導的な人物の存在という意味も含まれている。こうした指導者が出現しうるかぎりにおいて、そしてその出現はおそらくホルクハイマーが正式な研究所長としてカール・グリューンベルクの後を襲ったとき初めて実現したのだが[28]、研究所の体制が学派を学派たらしめたのである。というのも、所長には研究を組織する「独裁的な」権限が明白に与えられたからである。社会学者ヘルムート・デュビエルによれば、入念に練られた学際的なプログラムがホルクハイマーによって始められたが、これはマルクスの「研究と表現」の弁証法というモデルに基づいたもので、ここでは哲学が方位を定めると同時に、逆に社会科学研究によって哲学に修正が加えられた。[29] 研究所が実際にどの程度厳密にこのモデルに従ったかは議論の分かれるところであるが、ホルクハイマーの一九三七年の画期的な評論にちなんで「批判理論」[30]として知られている共通のアプローチが、長期間にわたって、ほとんどの研究所メンバーの仕事に共有のパースペクティヴを与えたことは明らかな事実である。

ところで、批判理論の起源を理解するためには、われわれはいつまでもワイマール共和国の学問ないし政治活動の範囲にのみとどまっていることはできない。というのも、これらと同様に決定的な役割を果たしたのが、フランクフルト自体の文化的な環境なのであるから。確かにフランクフルトは、戦前のミュンヘンや戦後のベルリン[31]ほどには、アカデミックでない分野における知的探究にとって刺激的な環境ではなかった。しかし、それでもなお、ワイマール的生のもっとも実験的な潮流に対して開かれた、文化的な雰囲気を誇ることができた。ざっと概観してみるだけでも、重大な革新が次々に生まれたことがわかる。一例をあげれば、フランクフルトは、一九二五年から市の建築責任者を務めたエルンスト・マイによって、偉大なモダニズム様式の労働者用公営住宅が建築された場所であった。よく知られたシュッテ＝リホツキーの「フランクフルト・キッチン」のようなインテリア・デザインへの貢献と並んで、この社会的な意識をもった機能主義は、フランクフルトに、最近の論者によって「最初の二十世紀都市」と呼ばれる栄誉をもたらしたのである。[32]

この時期のラジオの発明が、実験的な文化メディアとして、斬新な力強い役割を果たしたのもフランクフルトであった。[33]「南ドイツ放送」はベルリンとライプツィヒに次いで三番目に設立された放送局である。

最小公分母の趣味に迎合することなく、「ラジオ・フランクフルト」――「南ドイツ放送」は一般にはこう呼ばれていた――は、最も挑戦的な現代音楽のコンサートを企画したり、革新的な放送劇や多種多様な主題の本格的な講演を放送することが多かった。パウル・ラヴァンのようなリポーターのいわゆる「移動マイク」が、現代都市生活への様々な視点を切り開いたが、これらの試みはウィリアム・ルットマンのドキュメンタリーフィルムになぞらえられた。(34) ルットマンは、世に名高い「ベルリン――ある都市のシンフォニー」を作成したディレクターである。

同様にフランクフルトにおいて、当時ゾンネマンの孫のハインリヒ・ジーモンの支配下にあった『フランクフルト新聞』が、ジークフリート・クラカウアー、ヨーゼフ・ロート、ゾーマ・モルゲンシュテルン、ベンノ・ライフェンベルクといった作家たちに、その有名な文芸欄で、広範囲に及ぶ文化的、社会的問題を分析することを許した。フランクフルト市はまた、一九二九年にハインリヒ・メングとカール・ランダウアーの指導のもとに創設された、ドイツ最初の精神分析研究所の一つの本拠地でもあった。さらにフランクフルト市が翌年、市の最高の栄誉であるゲーテ賞を、いまだ論争の的となっていたジクムント・フロイトへ授与する決定をくだしたことは、これらの例に劣らず市の革新的な特徴を如実に示すものであった。(35) もしわれわれがこのイメージに、すでに言及した自由ユダヤ学舎をきっかけに花開いたユダヤ・ルネサンスをつけ加えれば、ワイマール時代のフランクフルトにおける大学外の活動がいかに活気に満ち、進歩的なものでありえたかを理解できよう。

その結果、社会研究所の多くのメンバーが、大学というゲットーを後にして、実験的でしばしばモダニズム的な都市文化との密接な接触を満喫することができるようになった。彼らは、ボッケンハイム通りとブレンターノ通りの交点にあった「カフェー・ラウマー」を大学外のたまり場としたが、ここには多くの大学人ではない知識人が集まった。後年、作家エルンスト・エーリヒ・ノートは、このカフェーで若きテオドール・ヴィーゼングルント・アドルノによって指導された「後ゼミ」を、大学自体で行われていた何よりもはるかに刺激的なものとして想起することになる。[36] 研究所メンバーは、クラカウアーとの親交を通じて――もっとも親密だったのはローウェンタールとアドルノの場合だが――『フランクフルト新聞』とつながりを持つようになる。この新聞は、後に研究所の仲間となるヴァルター・ベンヤミンの作品をも掲載したのだった。同じように個人的な絆によって、とりわけエルンスト・シェーンの仲立ちで、研究所メンバーのなかには「ラジオ・フランクフルト」に関係するものも現れ、文化の諸問題について話すこととなったが、その話題のなかにはアドルノが熱心に振興に努めた現代音楽も含まれていた。二〇年代の初めには、フランクフルトの「学舎」と未来の研究所メンバーとの重要な関係も存在していたが、そうしたメンバーのなかでもっともきわだっていたのはローウェンタールとフロムであった。[37] 二〇年代の終わりには、フランクフルトの精神分析学者との同様の絆も生じている。研究所メンバーの一人、ローウェンタールが、一九三〇年の精神分析学の創始者の表彰という市の決定を導き出すにあたって、重要な役割を果たしたのは驚くに値しないのである。[38]

研究所の新しいビルは、ボッケンハイム通りとヴィクトリア・アレーが交差する角に、フランツ・レクレによって建てられた、簡素な、要塞のような建物であるが、このビルさえも都市モダニズムとの関係を物語るものである。フランクフルトの上流人士の住むウエストエンドの華美に飾りたてられた大邸宅への視覚的な挑戦という姿勢をとったこの新即物主義（neue Sachlichkeit）様式の建造物は、ヴィルヘルム二世時代という過去を体現する陳腐な文化的雰囲気に対する研究所の反抗的精神を表現していた。確かにホルクハイマーは後に、「新即物主義」の精神はおおむねあまりにも科学技術的合理主義に陥っており、それゆえに物象化に加担しているとして批判することとなった。(39) しかし研究所のビルは当初、ブルジョア社会の偽りのファサードを暴くことを使命とするマルクス主義者の研究所の、真剣な目標を表現したものと理解されていたのである。

ところで、フランクフルト学派がその都市環境の非アカデミックなモダニズム文化に恩恵を受けていることを認めざるをえないとしても、学派がそこからある程度距離をとっていることもまた認めざるをえない。例えば、大学に対する彼らの関係の場合もそうであったが、ほとんどの研究所メンバーは、都市の文化活動の現場とそこで育まれた知的環境に、ある種の無関心な態度をとり続けた。クラカウアーやベンヤミンは完全に大学というヒエラルキーの外側にいたのであるが、(40) 研究所メンバーの置かれていた状況をこの友人たちのそれと比較してみると、この距離の及ぼした影響が理解される。文化市場の需要に左右されることの多かったベンヤミンらは、仕事の形式と内容にその影響を受け、体系的というよりジャーナリスティックな傾向を帯びざるをえなかった。当然のことながら、彼らは研究所メンバーよりも大衆文化や都市生活について論ずることが多かった。それも、概してそれらに含まれる意味合いに、もっと陰影に富んだ評価をくだしながら論じたのである。ここには、ジンメルのパイオニア的な大都市生活の研究の影響が明瞭に認められる。(41) さらに、すべての作家をジャーナリストになるよう仕向ける経済的圧力についてのクラカウアーの評論（一九三一年）、(42) そしてベンヤミンの「生産者としての作家」論（一九三四年）がはっきりと示しているように、彼らは、より特権を与えられた研究所メンバーよりもはるかに、知的生活のプロレタリア化の波をもろにかぶりやすかった。この対比は、ワイマール共和国の政治・文化状況が悪化の一途をたどる危機的事態に対する、彼らの対応の違いとなって現れた。この危機は、共和国の最後の数年間に、『フランクフルト新聞』と「ラジオ・フランクフルト」のとった方向の悪しき変化のなかにすでにはっきりと姿を現していた。[43] クラカウアーとベンヤミンが、三〇年代に個人的にも職業上でもさんざん辛苦をなめたのに対し、研究所は、一九三三年のドイツからの整然たる脱出を準備することができた。その際、蔵書を除くほとんどすべての財産を無傷のまま持ち出すことができたのである。

要するに、公的な大学組織と都市モダニズム・サブカルチャーの両方――これにさらに当時の過激な政治的党派をつけ加えてもいいのだが――との研究所の関係は、いつもいくぶん中心からそれた、周縁的なものであった。後にフランクフルト学派として知られるようになった現象は、けっして単に都市・大学・ないしは何らかの組織化された政治運動という起源からの直接的な所産ではなかった。それはむしろ、これら三者のダイナミックな結節点として姿を現したのであり、社会文化的な力の場のまんなかに、そのいずれか一つの極に引き寄せられることもなく、宙づりになっていたのだ。それは、特殊に限定的なコンテクストにとらえられることもなく、一種の知的な無人地帯を浮遊していたのである。予想されるとおり、この曖昧な状態は、研究所が一九三四年にフランクフルトからジュネーブを経てニューヨークに脱出した後にさらに著しく昂進した。というのも、研究所とアメリカの大学生活との、そして研究所を受け入れた町の都市文化との関係は、亡命前のドイツでの状態と比較すると、さらに希薄になってしまったからである。そして当然のことながら、研究所のもともとのメンバーがワイマール共和国でいかなる政治的実践と関係していたとしても、こうした関係はいまや完全に砕け散ってしまったのである。

一九三四年におけるコロンビア大学への研究所の移転は、最近、イギリスの『サーヴェイ』誌上でルイス・S・フォイヤーによって口火を切られた論争のきっかけとなった。[44] それに続いた論戦の当事者の一人だった私は、今さらあの不愉快な論争の一部始終を繰り返す気にはなれない。ここで強調しておきたいのはただ、フォイヤーの試みは、初期フランクフルト時代の研究所メンバーの、複雑な三角形を描いていた現実とは一致しないということである。フォイヤーは、研究所メンバーを、ナイーヴなコロンビア大学当局をだまして、彼らをニューヨークへ迎え入れるよう仕向けた、シンパの隠れ共産党員の一群に還元してしまったのである。すでに見たように、この複雑な物語は、陰謀説を偏愛するフォイヤーが想像する類の、もっぱら政治的なお話に平板化されうるものではない。ニューヨークでは、少なくとも三〇年代の終わりまで維持されてきた研究所の財政的な自給自足のおかげで、彼らは、大学・都市・政治という、設立当初から彼らを規定してきたコンテクストのすべてから相対的に退却するという贅沢を満喫できた。彼らが他の亡命者と比べて好運だったのは、状況が必然的に強いる妥協をおおむね回避できたことである。彼らはほとんどドイツ語でだけ書き続けたし、大学での講義もコロンビア大学の公開講座の特別な講義に限定し、その研究誌である『社会研究年誌』の紙面をめったにアメリカ人の著者に開放しなかった[45]。こうしたことによって彼らは、地元の学問的世界から距離をとることができた。コロンビア大学の社会学部との絆はしだいに深められてはいったものの、こうした絆はロバート・リンドやロバート・マッキーバーなどのアメリカの学者を通じてであっただけではなく、パウル・ラザールスフェルトのような他の亡命者たちを通じてでもあったのである。ニューヨークの哲学者とは、実質的にはいかなる心のこもった関係も生まれた様子がない。アメリカ人との共同研究は一九四〇年代に至るまで実現しなかったし、実現したときにもアメリカ・ユダヤ人委員会、ユダヤ人労働委員会、戦略事務局中央ヨーロッパ部門といった、大学外からの援助を受けてのことだった。いく人かの若いアメリカ人研究者たち、例えばM・I・フィンリー、アルヴィン・グールドナー、C・ライト・ミルズ、さらにダニエル・ベルといった、後に著名となる人々は[46]、研究所とのわずかな接触によって影響を受けていたのではあるが、これらの人々を学派の正統の弟子と呼ぶことは無理であろう。要するに、コロンビア大学が用意してくれた一一七番通り西四二九番地のビルの壁に守られて比較的安全であった研究所は、亡命したワイマール文化の隠された飛び領土であり続けたのであり、いかなる意味でもアメリカの学術活動の一部ではなかったのである。

この建物自体を観察し、それを研究所がフランクフルトに残した建物と比較するならば、ドイツ時代とのさらなる相違点が見出されるであろう。かつては周囲の環境に対する視覚的な挑発であり、居住者の反抗的なモダニズムと革新的なマルクス主義のシンボルであった建物が、一一七番通りでは単に、古典様式を模した柱と手すりを配した玄関を持つ、どれも一様に無害な赤褐色砂岩の家並みの一つにすぎない。このこと自体、新しい環境のなかでめだつことによってつつかれることを恐れる研究所の警戒心を無意識的に表したものである。当然のことであるが、彼らは亡命者としての身分に不安を抱いていたし、無知なのに特殊アメリカ的な問題を論ずることをひどく嫌がることが多かった。また、彼ら自身の政治的方向性に確信を持てず、自身の過去の急進性に光があたることに神経をとがらせていた。こうした研究所メンバーは、三〇年代および四〇年代初めには、いかなる反体制的な知識人の運動からも疎遠であり続けた[47]。一九四一年、ホルクハイマーとアドルノが南カリフォルニアに移ったとき、彼らはほとんど完全にそこのドイツ人亡命者社会に吸収されてしまった。彼らは当時のロサンゼルスの知的文化とは、学問的分野であれ、都市文化の分野であれほとんどかかわりを持たなかったように思われる。事実、アドルノの『ミニマ・モラリア』の中の悲痛なアフォリズムの数々が示しているように、彼らに滋養を与えてくれるコンテクストからの疎外がこの時代ほど大きかったことはかつてなかった[48]。四〇年代後半の「バークレー世論研究グループ」との共同研究――これが『権威主義的パーソナリティー』の刊行につながるのだが――だけがこのパターンを打ち破った。ノイマン、マルクーゼ、ローウェンタールらの東海岸に残った研究所メンバーに関していえば、彼らがアメリカ知識人との持続的な交流を開始したのは、戦時中の政府との関係があったればこそなのである。[49]

研究所メンバーが全体として、受け入れ国の大学外の知的都市生活から孤立していたことを端的に表している事実がある。それは、三〇年代、四〇年代のもっとも重要なアメリカ文化人グループ、いわゆるニューヨーク知識人の物語が最近続々と公刊されつつあるのだが、そのなかに彼らの名前はまれにしか見出されないという事実である。[50]彼らは『パルチザン・レヴュー』のような雑誌の周囲にいた著述家たちと同じ左翼的、モダニスト的共感の多くを分かち持っていたにもかかわらず、この両者の交わりは事実上まったく存在していなかったように見える。ただ大衆文化に関する議論のなかでのみ、ドワイト・マクドナルドのようなアメリカ人学者が、大戦の終結前にフランクフルト学派の思想のなかに知的刺激を見出したにすぎない。[51]アメリカの反体制文化、ついで反体制政治運動が、亡命中の研究所によってなされた仕事を再発見し始めるのは、研究所がドイツへ帰還した後のことであった。[52]

いうまでもなく、研究所の大学・都市・そして最後に政治のコンテクストからの孤絶が旧状に復したのは、ホルクハイマー、ポロック、そしてアドルノが一九五〇年代の前半に永久に帰還したときに始まった研究所の第二次フランクフルト時代のあいだだけのことである。じきに知られたように、フランクフルト学派はまさにこのとき初めて、取り残されたと言っていい存在であることをやめるのである。ナチス時代に、救い出せなかった研究所の財産の解体を喜々として統轄した同じ官僚に誘われて帰還した研究所の指導者たちは、[53]ワイマールの過去を今に結ぶ、名誉ある体現者として歓迎を受けた。ホルクハイマーは一九五一年にフランクフルト大学の学長に選出され、翌年再選された。彼は教育政策の問題について書き、講義し、多種多様な時事的主題についてマスコミのインタビューに応じた。[54]フランクフルトの新聞のコラムとラジオ局の電波は、彼とアドルノに開放されていた。彼らはそのマスメディアに対する敵意を、世論に影響を与えようとする意識的な努力のなかで克服したのである。先ほど考察した指標に話を戻せば、研究所の新しいビルさえも戦後のフランクフルトとのある種の一致を物語っていた。それはいまや、一九二〇年代の「新即物主義」様式の建物に似てはいたものの、かつて爆撃で焦土と化した市の中心部の廃墟の上に建ち並ぶ国際様式の建築物と完璧に調和していた。こうして、研究所の指導部が現代世界と和解したなどと言えばもちろん誇張になるが、第一次フランクフルト時代やアメリカ亡命時代と比べれば、疎遠の度合いは明白に縮小したのである。

ところが皮肉にも、学派の仕事に眼を向けた新たな公衆は、この初期の時代に定式化された思想に対する関心を急速に深めていく。特にホルクハイマーにとって困惑の種となったのは、彼の読者の多くが、この思想を同時代の問題に応用せよと主張したことであった。本論はドイツ新左翼に対するフランクフルト学派の複雑な関係を分析する場ではないが、学派に名声をもたらしたのは主として受容が始まる前に作り上げられた思想であったことは、確認しておいたほうがいいであろう。それゆえ、読者を見出してはいなかったものの、学派がもっとも創造的な発展期にあった時代を通じて、批判理論が研究所のアカデミックな環境、そして都市環境とどのような関係にあったのかという、最初に提示した問題に最後に立ち返ることが適切である。すなわち、学派の知的衝撃を、その衝撃が生成するコンテクストに置き入れることによって、この力の場を理解することができるのではないだろうか。

繰り返しても構わないと思うが、この力のもっとも重要なものは、ヘーゲル的マルクス主義、文化的マンダリン主義、美的モダニズム、ユダヤ的自意識、精神分析学、ヴェーバー流の合理化理論、ポスト構造主義である。このうちの最後の要因であるポスト構造主義は、先に述べたように、学派の成立という観点からではなく、その受容の観点からのみ意味をなす。したがって、最近いく人かの論者がなしたように、ユダヤ的解釈学の伝統とポスト構造主義思想のつながりを強調してみたところで、ポスト構造主義をわれわれが描写してきたコンテクストと意味深く連結させることは不可能なのだ[55]。他の力についてはどうだろうか。一九二〇年代には、大学のいくつかのグループでヘーゲルへの関心が復活したことが認められるが[56]、ヘーゲル的マルクス主義は、明らかに政治的理由で生まれたマルクス主義理論の再把握の産物であり、この再把握は大学の外でルカーチとコルシュによって始められたものである。グリューンベルク時代、研究所自体は実際はヘーゲル的マルクス主義の方法論に負うてなどいなかったのである。もっともすでに見たように、研究所のプログラムはブルジョア科学の断片化を克服することに向けられていたのではあるが。その上、マルクス主義のヘーゲル的次元が再発見した主要な意味の一つが理論と実践の統一であり、研究所が非政治的な研究活動の場であるかぎり、研究所の独自な制度上の機構はルカーチやコルシュの教義とは相容れなかった。

それでもある意味では、批判理論に含まれるヘーゲル的マルクス主義の要素——これは一九三〇年代に特に顕著になるのだが——と研究所特有のアカデミックな地位とのつながりが、見出されるように思われる。現象と本質の相違を強調し、労働者階級の経験的な階級意識を、それのもとになる客観的な階級意識から分離することによって、ヘーゲル的マルクス主義は、自分が代表していると主張している階級のために前衛的な代弁者となる可能性を切り開いた。ルカーチや、少なくともある時期のコルシュのようなレーニン主義者の場合には、この役割を果たすのは共産党であった。こうした解決法を受け入れることのできなかった研究所メンバーにとって、小グループの知識人が同じような役割を果たしうると見ることはおそらく可能であったろう。言い換えれば、ヘーゲル的マルクス主義によって約束された革命的なメタ主体の代理人であるという、自己欺瞞的な思考に陥らなかった彼らは、しかし、自らが一時的にせよ、認識論の上で全体を見渡す有利な立場に立つ知識庫たりうる、と考えることができた。それゆえ、とりわけアメリカ亡命時代に著しかった、隔離され保護された研究所の特質は、大多数の知識人に強いられた政治的、経済的妥協によって傷つくことのなかったフランクフルト学派こそ、全体性を代弁する声であった、という推定を支えるのに役立ったかもしれない。このことは、私が簡潔に検討したいと思う理由ではかない望みにすぎなかったが、少なくとも研究所特有のアカデミックな地位という観点から説明できるように思われる。

同様に、批判理論にみられる文化的マンダリン主義の残滓である技術的道具的理性への疑い、大衆文化へのほとんど本能的な嫌悪は、教養市民層と大学制度に対する研究所の代表者たちの希薄な関係によってある程度説明できるかもしれない。フランクフルト学派のメンバーが自らの立場の妥当な表現として認めることの多かったエリート主義は、ただ単にヘーゲル的マルクス主義の前衛主義的な意味合いと相関するだけではなかった。それは、階層的な大学機構における彼ら自身のルーツを反映してもいたのである。しかし、この可能性を認めるからといって、先に述べた機構との彼らの錯綜した関係に目をつぶるわけにはいかない。私的に創始された大学の研究機関として、彼らは国家に対する官僚的な奉仕の義務や、研究所の未来の指導者を養成する必要を回避することができた。というわけで、彼らはけっして単に、彼ら特権集団の指導を脅かす挑戦があると、それに保守的に抵抗するマンダリンではなかった。彼らは、ヴェーバーの合理化理論を近代化への期待を限定する鉄の檻として見て、その非哀感をかなり受け継ぎはした。それでも彼らは、実質的理性の実現に基づく別の未来への希望をけっして放棄したことはなかった。その実現は、もっと悲観的なマンダリンによって否定されたものであった。

彼らはマンダリンの説く絶望に従うことを拒否した。彼らのこの姿勢を動機づけているのは、ただ単に彼らのマルクス主義的傾向だけではなくて、われわれが見てきたように、都市環境の中に満ち溢れている創造的な刺激への、彼らなりの共鳴でもあった。フランクフルトの学舎によって鼓舞されたユダヤ・ルネサンスに顕著に現れているメシア待望は、フロム、ローウェンタール、ベンヤミン、アドルノといった研究所の人々の著作のなかに、多様なかたちで、強烈さの度合いを様々に変えながら表現されていった[57]。同じように、彼らの著作のなかへの精神分析的主題の導入も、フロイトの思想を暖かく迎え入れたフランクフルトの風土に促されたのである。そして最後に、「最初の二十世紀都市」フランクフルトの美的モダニズムのすばやい反響が、アヴァンギャルド芸術を彼らが擁護したことのなかに見出される。もっとも、彼らが擁護したのは「新即物主義」に代表される、公教的というよりも秘教的な性格の芸術が多かったのではあるが[58]。

彼らは公教的なモダニズムよりも秘教的なモダニズムを好んだ。例えば、シュールレアリストよりもシェーンベルク、カフカ、ベケットを好んだように。このことは研究所メンバーの都市環境に対する関係についての最後の考察を促す。カール・ショースキーが述べているように[59]、倫理的共同体としての市民都市という理想は、フィヒテのようなドイツ観念論者のネオ・ヒューマニズムを特徴づけたのだった。この市民都市のモデルはしばしば、疎外と悪徳の酷薄な場としての近代産業都市という、これと競い合うイメージへの解毒剤として用いられてきたが、このモデルが重視したのは、古代ポリスやルネサンスの都市国家に見られる市民の美徳を再興する可能性であった。さて、二十世紀初頭のフランクフルトはいくつかの限られた点で、つまりワイマール時代のドイツのように分裂した国民的文化と政治形態のコンテクストにおいては、この理想の域に達したのかもしれない。にもかかわらず、純粋に倫理的な共同体などというものが単独に都市のレヴェルで出現することなどありえないことは明らかであった。社会問題の全体的な解明を偏愛する研究所メンバーは、都市生活が再生されただけで事態は一変するという可能性を、一度たりとも思い描いてみたことはなかった。さらにつけ加えれば次のような推測もできよう。高潔なポリスというギリシャの理想に彼らがほとんど魅力を感じなかったのは、彼らが希薄ながらもヘブライの伝統に負っているせいであり、最近ジョージ・スタイナーが思い出させてくれたように、[60] ヘブライへのノスタルジアは、都市にというより庭園に対するものであった、と。事実、自然との和解は、彼らがもっとも熱心に追求した目標の一つだった。もっとも、根本的な社会変革なしでこの目標を達成しようという民族主義者（völkisch）や、さらにつけ加えるならシオニストの企図に信頼を置いてはいなかったが。それでも、共産主義は都市と田園の区別そのものの克服を意味するであろうという、伝統的なマルクス主義者の予想に意を強くした彼らは、[61] 市民的美徳の再生を目的それ自体と考えたことなどなかった。

研究所がニューヨークに避難したとき、この夢はいっそう現実からかけ離れたように思われたに違いない。それは、彼らが外国人として異国の不安定な境遇に置かれたからばかりではない。この環境そのものが、フランクフルトがそうであったよりもはるかに倫理的共同体から遠ざかっていたからである。というのも、トーマス・ベンダーが論じたように、[62] ニューヨークのようなアメリカの都市は、全体に響きわたるような大都市文化を支えることをとうの昔にやめてしまっており、公共の知的生活に近づこうとする試みを引き継いだのは、一つに偏った専門エリートたちである。こうしたエリートは、自身の知の領域を超えた、より大きな問題に関して互いに話しあうことができない。したがってこのような状況では、学際的な思想学派——そしてこの学派の研究所は明らかに、共約不可能な言説への専門化を打倒するためにまさしく創設されたのだが——は、自分の殻に閉じ籠もる以外になかった。結果として彼らの全体論的傾向は、すでに普遍的な階級の出現が失敗したことによって疑問に曝されていたのが、亡命時代に彼らに真に耳を傾ける聴衆を持たなかったことによって、さらに傷つけられたのである。戦後のドイツへの帰還後に、その全体性の観念そのものへの確信自体が激しく揺さぶられたのも驚くに値しない。これは私が別な場所で立証を試みたことであるが、(63)彼らの幻滅は、全体性への信頼が一般的に失われていくなかでの中心的なエピソードであった。それは、西欧マルクス主義の歴史全体に照らしてみても明らかなことである。

いまや熱心に彼らに耳を傾けるフランクフルトに戻ってきても、アメリカでの経験によって懲らしめられた彼らには、美徳の都市という夢への希望を紡ぎ出すことなど到底不可能であった。すでに述べたように、彼らがコミュニティー分析に携わるときにも、分析の真の構成単位は都市だけではありえないという警告を忘れることはなかった。それは、国家的のみならず、国際的な規模の文化産業によって大衆意識が操作されているため、都市にかぎっての市民的美徳の再生が妨げられているからにほかならなかった。ハーバマスは後に、一次元的社会の完全に操作された意識への対抗手段になりうるものとして、甦った公共性の領域という観念を導入することになるが、そのとき彼は旧モデルの限界をはっきりと意識してそうしたのであった。「モダン、およびポストモダン建築」に関する最近の論文の中で、ハーバマスは次のように論じている。

想起すべき問題は、都市という現実の観念それ自体が乗り越えられてしまっていないかどうか、ということである。かつては都市を包括的な住環境として建築学的に構成し、精神的に表現することができた。政治的か経済的か、私的か公的かを問わず、都市生活の社会的な機能、つまり文化的・宗教的表象、仕事、居住、レクリエーション、祝い事などの配分は、使用目的に翻訳しえたのである、構成された空間の一時的に統御された使用という機能に。ところが十九世紀末には、都市は異なった種類の機能的関係の交差点となってしまった。都市は抽象的なシステムの中に埋め込まれたのであり、このシステムをはっきりとそれとわかる存在として美的に表現することはもはや不可能となった。……都会という集積物は、人々が慈しんでいる都市の古くからの観念を超えて育ってしまったのである。(64)

フランクフルト学派がその歴史の途上でかかわりを持った大学と都市との関係を概観してきたが、ここからいったいどんな教訓を引き出せるであろうか。まず第一に明らかなことは、直線的で一元化をめざすようなコンテクスト分析は、学派の思想内容を説明する十分な鍵を提供しえないということである。「批判理論」あるいは研究所の業績を、いずれか一つの主要なコンテクストにおいて究明するためには、あまりに多くのコンテクスト――大学・都市・政治のコンテクスト、それに個人的、知的コンテクストを加えてもよかった――が重なりあっていた。ジャニクとトゥールミンの『ウィトゲンシュタインのウィーン』はまさしくこうした試みであったが、この著作に対する説得力に満ちた批評を展開したドミニク・ラカプラの主張は、われわれの分析からいって支持できるものである。つまり、一つの目的しか持たないコンテクスト評価は、諸思想のテクスト群あるいはそれらの星座を、一つの本質的な意味で満たす力があると僭称することはできないのである。(65) 事実、もしポスト構造主義による批判理論の受容の重要性に関して、かつて主張されたことが真剣に受けとめられるならば、生成のコンテクストを重視する立場は、たとえそれがどんなに多様な局面に開かれていようとも、われわれに一つの文化現象の意味を残りなく汲み尽くしてくれることはありえないのである。文化現象の力の場は、必然的に生成と受容の二つの要因を内包する。したがって、生成のコンテクストを呼び覚ますことだけを望んで、受容のコンテクストを完全にかっこに入れることができると考えるのは錯覚にすぎない。

とはいえ、たとえ複合的なコンテクストを全体化することの不可能性をどうしても無視しえない事情を考慮するにしても、コンテクストを重視する分析にはいくぶんかの説得力を認めなければならない。フランクフルト学派の場合、彼らの仕事に推進力を与えたのは、互いに関連のないコンテクストがまさにダイナミックに交差し、重なりあっていることなのだ。彼らの思想そのものはけっして完全に調和したジンテーゼに達することはなかった。しかし、その緊密に連関しあった思想の星座は、彼らの生のコンテクストが抜きがたく重層的であり、しばしば対立しあうものだったことによって織りなされたのである。彼らの知的星座のなかの特殊な星々と、彼らがそこから立ち現れた特殊なコンテクストとのあいだに、完璧な照応をうちたてることが可能であるとは決めつけずに、大学と都市をめぐる彼らの状況に注意を向けてきた。これにより、「思いもよらぬ運命の一撃」という謎めいた言葉は、彼らの批判的洞察の由来を解明するものであることが、証明されたと思う。

最後にもう一言つけ加えさせていただく。社会的、文化的周縁性に異端思想や革新思想を刺激する力があることを認めることは、知の歴史の要諦である。われわれが考察してきた事例では、いく重にも重なりあった周縁性――われわれはそのもっとも重要なものを、彼らの大学・都市・政治のコンテクストとの関係において確認してきた――について語り、フランクフルト学派と社会研究所を、それらが交差しあう（接近しあってはいるが完全に一致することはない）結節点として概念化したほうが、より正確であるだろう。あるいはむしろヴェンの図形を模して、三つの非同心円が集まる重なりあった領域を彼らが占めていると見ることもできよう。こうして、フランクフルト学派が好んだ「一緒にやらない（nicht mitmachen）」という言い回しは、因習や政治的追従への反抗以上のものを意味するに至る。それどころか、それは彼らの知的生産性の状況そのものを明らかにしている。そしてその状況はおそらく彼らのものだけではない。

第2章　行為遂行的矛盾についての論争
——ハーバマスとポスト構造主義者たち

ユルゲン・ハーバマスの傑出した経歴にはいくたの賞賛すべき面が見られるが、そのなかでもおそらくもっともきわだっているのは、進んで多種多様な批判的対話者と建設的な議論を交わす姿勢を一貫して保ち続けていることであろう。実際、その理論的な発展が、反対者との公開の論戦によってこれほど力強く特徴づけられ、それも互いに強烈な知的影響を及ぼしあうという思想家は滅多にいるものではない。一九六〇年代のドイツ学生運動との最初期の議論に始まり、ついでカール・ポパーの支持者たちを向こうにまわして「実証主義論争」に参加し、さらに解釈学に関してハンス＝ゲオルク・ガダマーと、システム理論に関してニクラス・ルーマンと意見を戦わせ、ついにはポストモダニズムおよびドイツの過去の「正常化」に関する最新の論争に精力的にかかわっているのである。この意味でハーバマスは、今日の西欧文化のなかでもまれにみる、勇気と責任を兼ね備えた「公共的知識人」であり続けてきた。そのうえ彼は、共同プロジェクトをスタートさせるためにおおいに貢献したのであるが、プロジェクトに参加した人たちから学ぼうとする忍耐強い姿勢を変えることはなかった。[1] ハーバマスが論陣を張るときの情熱の烈しさを直接知るものであれば、彼を血も涙もない「理性主義の聖人」——かつてグラッドストーンはジョン・ステュアート・ミルをこう呼んだ[2]——と呼ぶのをためらうことであろう。しかしそれでもハーバマスその人は、確かに彼が熱心に支持しているコミュニケーション的合理性の力のもっとも説得力ある実例の一つなのである。

ハーバマスの思想と行動のこうした一致は特別に重要であるが、それは、この一致がそれ自体、彼の理論の核心にある問題へとわれわれの注意を引き寄せるからである。私が言っているのは行為遂行的一貫性の価値のことで、これは彼の普遍的語用論を支配している統制的理念の一つである。実際、彼の語彙のなかで「行為遂行的矛盾」という非難以上に人をひるませる叱責もありえない。この言葉を彼は、彼の敵対者の見解の妥当性に異議を唱えるとき、繰り返し用いている。

ところが私の知るかぎり、その中心的な重要性にもかかわらず、この概念が彼の仕事のなかで持つ意味合いをきちんと検討した試みは存在していない。これは緊急に試みるべき課題である。というのも、まさしく同一の問題が多くのポスト構造主義思想のなかではっきりと提起されているからである。ただし、結論はそれぞれまったく異なってはいるのだが。長きにわたる哲学論争の最終的な解決に到達するという希望など抱かずに、私はこの機会を利用して、行為遂行的一貫性と矛盾というテーマの複合的な含意を探究してみたい。この試みのなかで、ハーバマスの業績の中心的な位相がいっそう明らかになるかもしれないからである。

この問題に立ち入る有益な論点は、矛盾という伝統的な弁証法的概念である。この概念は、フランクフルト学派のハーバマスの師たちの仕事のなかで、依然として力を失ってはいなかったのである。ヘーゲルはアリストテレス的論理学をあまりに形式的で非歴史的であるとして批判したが、この批判がマルクス主義思想に、ときおり論争の種となったとはいえ、強力なインパクトを与え続けてきたことは言うまでもない(3)。矛盾が自然と社会にあるのか、それとも社会だけにあるのかという問いに関しては意見は分かれている――エンゲルスは前者の、ルカーチは後者の立場の実例である――にしても、ほとんどのマルクス主義者は、矛盾は存在論的な現実であって、単に論理学上の現実ではない、と主張してきた。例えばヘルベルト・マルクーゼは、『一次元的人間』のなかでこう強調している。「もし弁証法的論理が矛盾を『思想の本質』そのものの一部をなす『必然性』として理解するとすれば……それは矛盾が思考の対象の本質そのもの、つまり現実の一部をなしているからこそなのである。そこでは理性はなおも非理性であり、非合理はなおも合理なのだ」(4)。同じように、テオドール・アドルノも、「弁証法的矛盾は、論理的‐科学主義的思考体系の内部では見出されえない現実的敵対関係を表現している」と主張している(5)。無矛盾性の論理を効力停止にすることは、必然的に非合理主義を生み出すという非難――その典型例は、カール・ポパーが『弁証法とは何か』で表明した(6)――を退けて、アドルノは、「弁証法と非合理主義との混交が生じるのは、無矛盾性の論理の批判は無矛盾性を通用させなくするのではなく、無矛盾性について反省するのだ、ということに盲目である場合である」と主張した(7)。

とはいえアドルノは微妙なやり方で、マルクーゼに代表される、より直線的なヘーゲル的マルクス主義の立場からは距離をとった。その際彼は、矛盾批判の前提となる規範的な選択肢としての完全に肯定弁証法的な止揚を問題にする。アドルノは、こうした規範となる有利な地点を受け入れるのではなく、むしろそれ自体が潜在的に、抑圧的な同一律を表現するものと見なすに至った。こうしてアドルノは『否定弁証法』において、無矛盾性の実体化は、あらゆる緊張と差異を大ジンテーゼのうちに完全に取り込むことであるとして警鐘を鳴らしたのである。「矛盾を抑圧することによって対立を永続化させるのは、まさしく飽くことなき同一律なのである。自分に似ていないものをすべて許容しないものは、自らを和解であると誤解しているが、和解を妨害するものでしかない。均一化に汲々とすることの暴力は、自らが消し去る矛盾を再生産するのである」[8]。かくしてアドルノにとって和解は、保存された矛盾という契機を逆説的にはらむことになる。この矛盾は単に克服されるべき悪ではない。「弁証法的認識の作業は、その敵対者たちが好んで非難するのとは異なり、高みから矛盾をつくり出し、それを解決することで前進するのではない。もっとも、ヘーゲルの論理学は時としてこんなやり方で進んでいくのではあるが。思考と事柄の不一致を追求し、事柄に即してそれを経験することが弁証法的認識の責務なのである」[9]。

アドルノのヘーゲル批判が正確かどうかはともかく[10]、彼の立場の意義は明らかである。論理学と存在論のカテゴリーが継ぎ目なく統合されるような、完璧に矛盾を排した世界という目標に反対して、彼は社会的現実のある種の位相にとってのみ意味のあるような、矛盾のもっと控えめな見方への扉を開けたのであり、われわれがすぐに見るように、ハーバマスはこの扉をくぐることとなった。

しかし別な点ではアドルノはハーバマスであればそっと拒んだであろう矛盾の観念、いやむしろ矛盾の実践を擁護した。批判的理性の諸道具を使用し続けながらもアドルノは、啓蒙主義は一筋縄ではいかない世界に理性を全体主義的に押しつけるという理由で、啓蒙主義の専制を非難した。ハーバマスによれば、「全面化された批判に伴うこの行為遂行的矛盾にアドルノはおそらく気づいていたと思われる。アドルノの『否定弁証法』は、読み方によっては、われわれがなぜこの行為遂行的矛盾（performative contradiction）のなかで堂々めぐりをしなければならないのか、いや耐え通さねばならないのかという説明の継続であるともいえる……」[11]。全体化する理性を理性的に批判するという逆説から、手っとり早く理性を非難することによって逃れようとするものたちとは異なり、アドルノは、ハーバマスの主張によれば、「否定弁証法の行為遂行的矛盾のなかにじっと堪え忍ぶことを望んでいる。これは、同一化し、客体化する思考という不可避の媒体をそれ自身に向かわせることになる。忍耐を行使することを通じて、彼は失われた非道具的理性にできるかぎり忠実であり続けていると信じているのである[12]」。
このディレンマからむりやり脱出したり、あるいは誤った慰藉を求めることを拒否したという理由で、ハーバマスがいかにアドルノに感嘆したとしても、また、観念と現実の究極的な統一に立脚するのを嫌うアドルノの志向をハーバマスがいかに共有したとしても、ハーバマスは矛盾に関する議論の的を新しい方向へ転換させようと努めてきた。その方向へ踏み出すことで、古典的なフランクフルト学派の定式に則った啓蒙の弁証法のアポリアからの脱出が可能となると思われたのである。アドルノは、概念的表象がその客体と完全に一致することはけっしてありえないと主張し、観念と同一となるはずもない世界に、論理的な首尾一貫性を押しつけることを恐れ続けた。これに対してハーバマスは、主体間の関係に焦点を当てたのである。この変化をもっとも包括的に説明した、『晩期資本主義における正統化の諸問題』の一節をここにそのまま引用させていただく。

矛盾というカテゴリーはかなり使い古されているので、しばしば〈敵対関係〉、〈対立〉、〈葛藤〉と同義のものとして使われるほどである。けれどもヘーゲルとマルクスによれば、敵対関係は根底にひそんでいる論理的矛盾の現象形式であり、それの経験的側面であるにすぎない。葛藤というものを理解するには、両立不能な要求や意図がある行動システムの内部で生み出されるための実動的な規則をまず引照しなくてはならない。ところが、要求や意図の間には、言明の間にあるのと同じ意味での〈矛盾〉は存在しえない。そして態度表明（すなわちなんらかの意図を具現している意見や行動）がそれに準じて生み出される規則体系は、われわれがそれに従って言明を形成し同一の真理性をもつものとして変形する規則体系とは異質なものなのである。言い換えれば、社会の深層構造は狭義の論理的構造ではない。他面において、態度表明の中にはいつも命題的実質が用いられており、したがって〈社会的矛盾〉という言い方を正当化しうるような論理は、発言作用と行動とにおける命題的実質の活用の論理でなくてはならないであろう。それは発言力と行動力をそなえた主体たちの間の意志疎通関係にまで及ぶもの、論理学というよりもむしろ普遍的語用論でなくてはならないであろう。(13)

言い換えれば、マルクーゼのようなヘーゲル的マルクス主義者にとって、矛盾は社会的存在論のレヴェルに存するが、ハーバマスにとってはむしろ間主観的なコミュニケーションのレヴェルに存するのである。ハーバマスの主張によれば、階級社会が根本的な矛盾をかかえるのは、ひとえに「階級社会の組織原理が個人とグループに、最終的には両立しえない要求や意図を互いにつきつけあうことを強いる(14)」からにほかならない。『晩期資本主義における正統化の諸問題』は、こうした基本的な階級矛盾を、どのようにして経済的なレヴェルから社会的相互作用の別のレヴェルに置換しうるかを説明するために書かれたのである。今われわれにとって重要なのはこの議論の説得力ではなく、ハーバマスが矛盾とコミュニケーションのあいだに作り上げている連関のほうなのである。確かに彼は、矛盾が社会のシステム維持機構における両立不可能性の理解に有意義に適用されうることも認識してはいる。しかし明らかに彼は、社会内の行為者たちの競合しあう真実の主張、その妥当性については論証的に考察されるような様々な主張を指すのに、この矛盾という言葉を使いたがっているのである。

『晩期資本主義における正統化の諸問題』における「弁証法的矛盾」という観念への執着にもかかわらず、ハーバマスはより慣習的なアリストテレス的二者択一へとひそかに回帰しているように思われる。一例をあげれば、矛盾に関するディコンストラクション主義者の思想に対する最近の批評のなかで彼はこう主張している。「『矛盾』ということが問題となるのは、論理的な無矛盾性が要請されている場合のみである。しかし、もしレトリックに対して論理が持っていたそれまでの優位性を失うとしたならば、論理的な無矛盾性はその権威を失ってしまう。そして別の要請――例えば美的なそれ――のほうが論理に優るものとなる[15]」。しかしながらこの議論を伝統的論理学の単なる言い換え以上のものにしているのは、それが陳述や命題自体の首尾一貫性よりも、言語の行為遂行的次元であるコミュニケーション的相互作用における議論の使用を、重要視していることである。行為遂行的矛盾は、二つの対立する命題（Aと非A）が同時に真と主張されるときに生ずるのではなく、何が主張されようとも、それが主張する行為の前提または含意と対立するときに生ずる。ハーバマスが負っているJ・L・オースティンとジョン・サールの用語を借りるなら、行為遂行的矛盾が生ずるのは、発話行為の発語的次元が、その発語内的力と対立するとき、つまり、言われていることが、その言われ方によって骨抜きにされるときである。例えばハーバマスによれば、言語のコミュニケーション的使用は、必要とあらば、有効性の主張を正当化する内在的義務を負っている。人が発語的レヴェルで行う主張がまさしくこうした正当化の可能性を否定するとき、行為遂行的矛盾が犯されるのである。

　この議論をとりわけ強力に焼き直して、ハーバマスのより慎重な定式化をいくぶん踏み越えている見解を、カール＝オットー・アーペルの著作に見出すことができる。アーペルは、人間は好むと好まないとにかかわらず、必然的に超越論的・語用論的言語ゲームのなかに社会化されており、このゲームから退却するとすれば、自閉症的孤立あるいは自殺という犠牲さえ伴う、というのである。また、人はこの言語ゲームに参加するかそれとも参加をさし控えるかを「決定」することはできない、とアーペルは言う。「というのも、有意味と理解されうるいかなる選択も、すでにこの超越論的言語ゲームをその可能性の条件として前提しているからである。間主観的ルールの合理的前提のもとでのみ、二者択一を前にしての決定が意味ある行動と理解されうるのである」[16]。

アーペルの見解の超越論的な論拠は、ハーバマスには支持しがたいと思われる基礎づけ主義に帰結するので、これに心地悪さを感じながらも、ハーバマスはしばしば、彼の反対者のいく人かに対して類似した戦術を採用した。とりわけ格好の攻撃目標となっているのがニーチェに由来する思想の持ち主であるが、それは、彼らの発語内的な実践が、発語的な主張ともっとも激しく対立しあっているように思われるからにほかならない。換言すれば、彼らが駆使する論争手段は、暗黙のうちに間主観的な妥当性の検証を伴うものなのに、それによって彼らは、コミュニケーション的合理性にその正統性を認めない立場を守ろうとするのである。ハーバマスがアドルノの否定弁証法とデリダのディコンストラクションに関連して述べているように、「主観中心の理性は、もっぱら自身の道具に頼るほかないため、事実上権威主義者であると宣告されうるのだから、理性の包括的な自己批評は行為遂行的矛盾にとらわれることになる」[17]。

行為遂行的矛盾の論議という批評手段に対するハーバマスの信頼の実例は、さらにあげられるであろう。しかしいまや、彼の立場に対するその重要性を明らかにすべきときであろう。ハーバマスがこの論議を利用するのは、まず第一に彼の反対者たちの議論の実践における矛盾を批判するためであり、第二に旧来のヘーゲル的マルクス主義者による存在論的矛盾のモデルがもはや生命力を失ってしまったので、社会的矛盾を判定しうる基準を与えるためである。さてわれわれは問わねばならない。これらの目的のために上述の論点が有効であると論じるにあたって、ハーバマスはどの程度成功を収めたであろうか、と。とりわけ彼の論証が、ポスト構造主義者によるコミュニケーション的合理性批判に対する解毒剤としていかに機能したか、と。この問いに答えるには、この批判を注意深く読む必要がある。この種の批判にはいくつか選択しうる型が存在するが、特にミシェル・フーコー、ロドルフ・ガシェ、ポール・ド・マンによって提出された三つのものに的を絞ることにしよう。[18]

フーコーの批判は、批評家で小説家のモーリス・ブランショへの賛辞である『外の思考』（一九六六年）で公になった。[19] その開巻第一節は「私は話す、私は嘘をつく」というテーマに割かれている。フーコーは古代ギリシャの「嘘つきのパラドックス」、「すべてのクレタ人は嘘つきである」というクレタ人エピメニデスの自己矛盾した主張を想起することから論を始めている。フーコーは凝縮した形で、「私は嘘をつく」という陳述を一見自己矛盾のない陳述である「私は話す」と対比する。しかし驚くべきことにフーコーは、後者が前者よりも問題をはらんでいると主張する。すなわち、嘘つきのパラドックスは、一方が他方の目的節である二つの命題を区別することが可能であることをわれわれが認めれば解消されうるのだ。[20] というのも、自分もその一員である一団の人々について何か言うにしても、もしこの二つの命題が異なったレヴェルにあれば、そこに論理的な矛盾は存在しないからである。

一見表面的な逆説的緊張さえ欠如しているように見える「私は話す」は、フーコーによれば実際はより根本的な問題を提起している。「『私は話す』は、この命題に目的節を供給する支持言説に言い及ぶものである。しかしこの言説が欠けているのだ。『私は話す』の主権〔至高性〕は他の言語の不在のなかにのみ存在できる……」。[21] こうした不在は、話す主体に測り知れぬ独創的な力を与えるように見える。だが、フーコーによれば、真相はまったく反対なのだ。というのも、「私は話す」を取り囲んでいるとされる空間は、確かに「そこを突き抜けて言語が無限に広がってゆく絶対的な開口部であるのに対して、話し手である『私』という主体は断片化し、分散し、散乱し、その剥き出しの空間のなかに消えてゆく。……要するに、それはもはや言説や意味のコミュニケーションではなく、言語がその生のままの状態で広がってゆくこと、まったくの外部の展開なのである」。まさしくブランショの文学のような現代文学こそが、話す主体に対する言語のこの外在性をもっともよく示しているのである。

フーコーが行為遂行的矛盾の妥当性に対して示している挑戦は、かくして彼が文学的言語の範例的性格を持ち出すところから生ずる。つまり、文学の言語はまったくもって話す主体の意図の外にある、ということである。もし言語のこの用法において、その発語的および発語内的次元が、矛盾を含んでいようといまいと、発話行為に責任のある有意味の行為者がいないとすれば、議論の価値を判定したり、社会的な緊張を特徴づけるための行為遂行的基準を採用することは、ほとんど意味をなさなくなる。

その上、もしほかならぬこの矛盾の観念が、これをあらゆる種類の言語的相互作用に適用するとき、誤称であったらどうなるだろうか。これが私が紹介したい二人めのポスト構造主義の批評家であるロドルフ・ガシェによって提出された頭を悩ます問いであるが、彼の仕事はもっかの問題に関係している。フーコーは言語のレヴェルを語用論的相互作用の外部に措定しているが、実際にはその意味合いを肉づけしてはいない[23]。これに対してガシェは、あらゆるレヴェルで、アポリアを含んだ言語の働きに関するデリダのきわめて明晰な分析を発展させている。『鏡の裏箔』のなかで彼は次のように論じている。ディコンストラクションは、「概念作用や議論、そして哲学の論証の構成要素たる矛盾、パラドックス、不整合、アポリアを体系的に解明することから始まる。しかしこれらの不一致は論理学的な矛盾ではなく、哲学的言説によって説明しうる不一致にすぎない。同一性の論理ではとらえられないものである以上、これらの不一致は厳密に言えば矛盾ではない[24]」。もしこれらが論理学的な矛盾として理解されないとすれば、いったいこれらは何であろうか。ガシェはこう答えている。「ディコンストラクションはこれらの『矛盾』を、その『矛盾』の特殊な構造を分析することによって見出された『下部構造』のなかに『基礎づける』ことによって『説明』しようと試みる」[25]。この基本的な下部構造は、デリダが原‐痕跡、差延（différance）、代補、反復可能性、再‐標記、散種などと様々に呼んでいるものである。これらの用語がどのように理解されようとも、矛盾と同義と解することはできない。というのも、これらはけっして、弁証法的に何らかのより高次なジンテーゼによっては解消されえないからである。いかに言語を論理的に用いようと、それらは常に言語に内在しており、言語はそれらの破壊的な影響をぬぐい去ることなどけっしてできないのである。統制的理念としてであれ、矛盾をはらまない止揚を唱えたりすれば、ガシェが言うところの伝統的な思弁的反省哲学、アドルノであれば同一性の理論と呼んだであろうものの復権という結果を招くことであろう。

ガシェによれば、発話行為に転ずることによって精神主義的な反省哲学を超越しようとするオースティンの試みは、「論理実証主義の後に残された諸問題を解決するために、反省の問題をこっそり再導入すること以外のなにものでもない。彼の革命は、言語の表象機能の総体――ラッセルとホワイトヘッドはもっぱらこの問題にかかわった――を言語行為の要素である自己反映性のうえに条件づけることから成り立っていた[26]」。オースティンの行為遂行性の概念を採用するかぎり、ハーバマスも、精神主義の誤謬を拒否しているにもかかわらず、同一性の理論に基づく反省哲学の犠牲となるのである[27]。もしわれわれが反省哲学を放棄するならば、矛盾のような論理学のカテゴリーを言語的行為遂行性に適用する試みもやめなければならない、とガシェは結論する。言語的行為遂行性は、実際の発話レベルの「下に」あったり「背後に」あったりする異種混合的下部構造からは、けっして分離しえないものだからである。

論理学の体系中のこのノイズを概念化するもう一つの方法は、矛盾と呼ばれるなにものかの存在を受け入れはするが、それをいつか克服する可能性を否定するやり方である。この戦術のもっとも影響力のある典型例の一つは、ド・マンのニーチェ分析である『読むことのアレゴリー』[28]に見られる。ここでド・マンは、ハーバマスが批判していることをまさしくニーチェにおいて擁護している。すなわち、ド・マンは言語的行為遂行性の決定不可能な局面を評価する結果、進んで行為遂行的矛盾を擁護するのである。ド・マンはこう主張している。「ニーチェはすでに『悲劇の誕生』のなかで、認識論的に厳密な方法の使用を、その方法の限界を熟慮する唯一可能な手段として提唱している。彼が、言説の理性的な様態——実際彼はこれを決して放棄しなかった——を使用して、その言説の不十分さを証明するという、矛盾と見えるものを犯しているとして彼を責めることはできない[29]」。ハーバマスが明白にそうしているように、ニーチェをその矛盾ゆえに責めることがなぜできないのか。ド・マンはこの問いに対する回答を、ニーチェ自身の考察を賛意をこめて引き合いに出すことによって始めており、それが（ショーペンハウアー経由で）カントに負うものであることを示している。「真に全体を見通す力のある偉大な人間は、科学それ自体の装置をあらゆる知の限界と相対性を明らかにするために用いることができ、こうして普遍的な妥当性と目的という科学の主張を疑問に付す[30]」。換言すれば、科学的方法を科学的知識の限界を示すために用いることになんら問題はない、ということである。しかしながら、ここで次のように答えることもできよう。挑戦を受けているのは知に対するあまりに膨れ上がりすぎた要求にすぎないのであって、科学的方法を正しく理解すれば必ずしもそのような意味を持つものではない、と。

ド・マンの二つめの回答はより重要な内容を含んでいる。それは『悲劇の誕生』の主題とレトリックの含意のあいだの緊張関係を注意深く読むことを必要とする。予想されるように、彼はこの著作をそれ自体分裂した作品と見なす。「その発生論的連続性にもかかわらず、『悲劇の誕生』の展開は、全体的にも個々の構成要素においても、この作品自体の言説の主要な形象、すなわち物語様式の基礎をなす表象のカテゴリーと、一面に響きわたる激励の声を支える主体のカテゴリーに関しては、奇妙にも両義的である[31]」。しかしながら、この両義性およびニーチェの著作中の他の両義性は、ハーバマスならおそらく主張するであろうような、弱さの兆候と受け取られてはならない。「われわれは単に、『悲劇の誕生』は自己矛盾しており、その矛盾を〈悪しき〉レトリックで隠蔽している、と言ってきたのだろうか」とド・マンは問う。「けっしてそうではない。第一に、ディオニュソス的権威の〈ディコンストラクション〉は、テクスト自体のなかにその論拠を見出している。だとすれば、それをもはや単に盲目的であるとか、迷走しているとか見なすことはできない。その上ディコンストラクションは、例えば論理的な反駁や弁証法におけるように陳述と陳述のあいだに生ずるのではなく、一方では言語のレトリック的な性質についてのメタ言語学的陳述と、他方ではこの陳述を疑問に曝すレトリックの実践とのあいだで起こるのである」[32]。要するにニーチェとド・マンにとっては、ある主張の内容とその表現のレトリックとのあいだに避け難い不一致が存在するというわけなのである。

この結論は、矛盾の定義、そして次に矛盾を非難する際の伝統とは二つの意味で食い違う。まずそれは、旧来のアリストテレス的伝統に反して、論理学のカテゴリーを世界に押しつけることを拒否する。われわれが同一の事柄を肯定しかつ否定することを嫌がるのは、「主観的、経験的な法則であり、いかなる〈必然〉の表現でもなく、単に無能の表現にすぎない」[33]とのニーチェの主張をド・マンは支持している。つまり論理的命題の真実らしさは、人間の恣意的な取り決めにすぎないのである。ニーチェは続ける。「事実、〈幾何学や算術のような〉論理はわれわれがつくり出した虚構の真理に適合するにすぎない」[34]。概念による自然の支配を恐れたアドルノと同様に、ド・マンは、世界が論理学のカテゴリーに等しいものにされうるという信念を拒絶することにおいて、ニーチェに従ったのである。

ド・マンの二つめの攻撃目標は矛盾のより行為遂行的な観念であり、ハーバマスがこれを擁護しているのをすでに見た。ド・マンは問う。論理が主観的な押しつけであることを知った今、「すべての言語は否応なしに遂行されねばならぬ発話行為である」と想定してよいだろうか、と。[35] ニーチェのテクストは、少なくとも発語的レヴェルではまさにこうした論議を展開しているように見える。だがテクストは異なったやり方で「行為する」。すなわち、それは「同一性を同時に肯定しかつ否定するのではなく、肯定を否定するのである。これは同一性を主張しつつ、同時に否定するのとは同じことではない。テクストは矛盾律の権威を、矛盾律が一つの行為であること、しかし矛盾律がその行為を実行に移すと、テクストが行為としてのテクストであるために不可欠な行動が遂行不可能となること、を示すことによってディコンストラクトするのである」[36]。つまりニーチェ自身は矛盾なき論理の基礎をなす同一性の明白な肯定を拒否していると考えているかもしれないが、彼のテクストはたった一つのことをなしているにすぎない。すなわち、その肯定を否定しているのである。行為遂行的に矛盾しないためには、否定と肯定の両方を同時にしなければならないところである。ド・マンは、このディレンマはニーチェ特有のものではないと主張する。というのも、「ディコンストラクションは、対象指示性の誤謬を、必然的に対象指示的な様態において述べるものだからだ。このディレンマから抜け出すことはできない。というのもテクストは、ディコンストラクションとはわれわれがするかしないかを自由に決定できるようなものではない、ということを証明してもいるからである」[37]。

こういうわけでド・マンにとってこの教訓は、内容はまったく異なってはいるが、アーペルのそれに劣らず普遍的なのである。すなわち、言語の事実確認的な様態と行為遂行的な様態とのあいだの緊張関係は、永続的で、緩和することができない。実際「(ニーチェが予見した)行為遂行的言語と事実確認的言語の区別は決定不可能なものである。一方のモデルから他方のモデルへ至るディコンストラクションは取り消し不能であるが、しかしいくど繰り返されても、いつも宙づりになったままである」[38]。それゆえ行為遂行的矛盾のゆえに人を非難しても、この罪があらゆる言語の原罪であるなら意味をなさないことになる。

この永続的な条件は、それ自体言語のもう一つの決定不可能な側面の表現であり、それはド・マンによればレトリックそのもののことである。レトリックは、間主観的な相互作用にかかわる説得の技能にあてはまるか、それともガシェの言及した下部構造のレヴェルに位置づけるのがもっともよい修飾的文彩にあてはまるかである。ド・マンにとって「レトリックとは、二つの両立しえない、互いに自己破壊的な観点を考慮に入れ、その結果いかなる読みや理解に対しても乗り越えがたく立ちはだかる、テクストなのである。行為遂行的言語と事実確認的言語のあいだにあるアポリアは、単に文彩と説得のあいだにあるアポリアの一種にすぎず、これがレトリックを生み出し、かつ無力化する。こうしてレトリックは歴史にも似た様相を呈するに至る[39]」。

ハーバマスは行為遂行的矛盾の概念に、彼の普遍的語用論の礎石として信頼を寄せているが、この信頼に対してポスト構造主義によって提出された主要な挑戦のいくつかを論じてきた。フーコーは、言語を完全に、その結果に対して責任を負わせうるような至高の主体の外側に位置づけている。ガシェはこの「外側」を下部構造という観点から記述しているが、それはどうしようもなく異種混在的なものであり、それゆえ克服しうるような論理的矛盾とはけっして一致しない。ド・マンは、首尾一貫性と矛盾は、人間には測ることのできない複雑性を秘めた世界への主観的な観念の投影にすぎない、というニーチェの主張を支持し、さらに次のように論を進めている。ニーチェのまさにこの議論の事実確認的確言が、彼のテクストの行為遂行的帰結と対立するとはいえ、この緊張は、意識的な説得の技術であると同時に、文彩と比喩表現からなる言語的無意識と呼ばれうるものの表現であるレトリックの、常に決定不可能な状態を象徴しているのである。

　これらの議論にハーバマスはどう答えるであろうか。というよりむしろ、彼はすでにそれらに答えようと努めてきたわけで、その彼の回答はどうだったであろうか。フーコーの言語の外部性の強調、これはいうまでもなく一九六〇年代の標準的な構造主義者の仮定であったが、これに対抗してハーバマスは、コミュニケーション的発言のレヴェルに適用されうる再構築的学問の可能性を擁護したのである。『普遍的語用論とは何か』においてハーバマスは、「発話における言語の使用から言語を抽出すること（ラング対パロール）、これは論理的言語分析および構造主義的言語分析の両方で行われたのだが、これは有意味である」と認めている。しかし、「にもかかわらずこの方法論に従うからといって、そうした抽出が行われる言語の語用論的な局面には形式的な分析は及ばない、という見解を支える十分な論拠にはならない」[40]。この議論は、ラングをパロールの上位に特権的にすえる古典的構造主義者の二項対立に対して向けられている。しかしハーバマスが、対立を非難して、われわれにポスト構造主義の流儀でその境界線を消し去るよう促したのではなく、むしろ単にそのヒエラルキーを逆転したのだ、という点を押さえておくことは重要である。

　ハーバマスとポスト構造主義者のあいだの争点は、それぞれのレヴェルの活動を正確に描き出すために、一方のレヴェルが他方のレヴェルからどこまで分析的に区別されうるか、その範囲なのである。このような手続きが、言語現象の避けがたく複合した性質に暴力を加えることを指摘するのは常にたやすいことだ。しかし、われわれが世界と呼んでいる無限に錯綜した現実を理解しようとするあらゆる人間的努力が、事実そういうことをしているのである。分析のために現象の一つの局面だけを切り離すことにするとき、われわれの出す結論が避けがたく部分的な性質を帯びざるをえないことを自覚することは、もちろんそれだけの価値があることだ。しかし、分析をまったく拒否することは、認識面と実践面の麻痺に通じる。行為遂行的発言がいつも、同時にラングとパロールである言語を背景にして——この媒体を通して、と言ったほうがよいか——なされるのがおそらく事実であるのに対し、ハーバマスの普遍的語用論の展開は、そのあらゆる含意をどのように判断しようとも、一方を他方から切り離そうとする力を明示している。本質的には、言語をその「最深の」レヴェルにだけ還元し、その他を無意味なものとして一括することは、諸々のレヴェルのあいだになんら意味ある区別を作り出しえないと仮定することと同じぐらい貧困なのである。

もしわれわれがガシェに倣って、最深のレヴェルがその異種混在的な下部構造ゆえに他より優越した地位にあることを強調するなら、この貧困はとりわけ明瞭となる。ガシェの論議は、言語で具体化された対立や緊張関係が、すべて論理的矛盾に還元されうるわけではないことを思い出させてくれる点で有益ではある。しかしそうした関係がなに一つ還元されえないと見なすのはあまりに性急だと思われる。また、首尾一貫性を擁護するいかなる企ても、差異を同一に還元してしまう悪評高き反省哲学の一表現だというわけでは必ずしもない。事実ハーバマスは、当事者たちが一致していないときこそ、間主観的なコミュニケーションが必要であることを細心の注意を払って強調してきた。コンセンサスや首尾一貫性は完全な統一を意味するわけではない。それは単に、後に修正されうる正当性の検証の過程に基づいて行われる、常に暫定的な同意への志を意味する。個人の発話行為のレヴェルでは、行為遂行的一貫性は発語的意味と発語内的力の区別を完全に消滅させはしない。非反省的な首尾一貫性をアプリオリの根拠に基づいて締め出すことは、かくしてもっとも厚かましい種類の基礎づけ主義的超越論を押しつけることなのである。

ド・マンによる、学問的探究の自己限定的な姿のニーチェ的強調、それは自己自身の不十分さをも認識しているのであるが、この強調は、すでに見たように、もっとも大風呂敷を広げたような学問の場合にのみ問題となる。ハーバマスは学問をはっきりと解釈学的に理解しているので、学問の限界をわざわざ思い出させるものを必要とはしない。というのも彼は、その議論を世界の独白的、学問的把握の不十分さ（ド・マンの批評のニーチェ的、そして実にカント的な前提）から、世界についての議論の間主観的な正当性の検証へと転換させることによって、矛盾の非難に意味深い局面を回復させることを可能にしたのである。その矛盾批判は、もはや概念と客体のあいだの乖離には言及しない。代わりにそれは、相互作用の発語的次元と発語内的次元を互いに闘わせながら、行為遂行的様態においてとらえなおされたのである。

ド・マンの二つめの議論は、当然のことながらこの動きに向けられている。われわれが決して発話行為の事実確認的次元を行為遂行的次元から解きほぐすことができないこと、事実この二つは常に対立しあっていること、そして最後に、レトリックは説得の技術と言語の文彩的無意識の両方を意味することを主張することによって、ド・マンは、矛盾なき首尾一貫性の可能性を否定しようとする。ハーバマスの回答は、この議論は第二の意味でのレトリックに支配された文学と、第一の意味でのそれに恩恵を受けている哲学のあいだのジャンルの区別を消滅させる、と主張することであった。彼の基本的な論点は次の通りである。後者は言語の通常の使用のなかに根拠づけられており、そこでは「すべての参加者が、同じ発言に同じ意味が割り当てられているような相互理解をなんとか達成する基準点を堅守する」(41)。もっと一般的には、彼はディコンストラクション主義者を、文学の持つ「世界の覆いを取り去る」機能と、理論的な言説の持つ「問題を解決する」機能の区別を表示することを怠ったという理由で、非難している。両者の機能は、現代社会でははっきりと識別されてきたのである。

この議論に対する反論はもちろん存在するが、それは、私よりもハーバマスの立場に近くはない他の人々にやってもらいたいと思う。私としては、彼の議論の個人的な次元と社会的な次元の関係にかかわる私自身のいくつかの問いによって締めくくることにしよう。一つは、ニーチェ、アドルノ、デリダらを、行為遂行的矛盾にとらえられていて、それが彼らの議論の力を殺いでしまうとして非難することの是非である。もう一つは、ハーバマスが『晩期資本主義における正統化の諸問題』のなかでそうしているのを見てきたように、社会的な矛盾を、両立しえない主張と意図が公共的な場で衝突するという観点から再記述することの是非である。

まず第一に、ハーバマスのこの議論は、彼がその探究に精力を傾注した言語の諸相に重点を置きすぎていると言えるかもしれない。つまり、構造的（あるいは下部構造的）レヴェルよりも、語用論的なレヴェルに、そして世界の覆いを取り去る発話よりも、「標準的な」理解をめざす発話に、ということである。普通われわれが社会的対立と見なしているものは、後者の内部にのみある緊張によって生み出されると同様に、両者のレヴェルや様態のあいだの衝突によっても生み出されるもののように思われる。これらの対立のなかには、論証的に裁定しうる主張に翻訳できるものもあろうが、すべての、いや大多数の対立にそれが可能である、などということはけっしてない。矛盾という術語が、発言に対して用いられるのと同じように、うまく機能しないシステム維持機構に対しても用いられることを許しているのだから、ハーバマスはおそらく、暗黙のうちにこうした見方に同意しているのだ。ある意味でこの譲歩は、矛盾が言語の非語用論的レヴェルでも存在しうることを含意している。もしそうであれば、ハーバマスは矛盾の含意を、これまで行ってきたよりももっと慎重に探究する必要がある。特に彼は、矛盾の二つのタイプのつながりをもっと明示的に浮き彫りにすべきである。

第二に、「意識哲学」に対するハーバマスの強い拒絶、つまり、思想と至高の主体の内部性の同一視——これに対するフーコーの批判もわれわれは見てきた——の峻拒は、首尾一貫して遂行することのできる責任ある発話者の位置づけという問題を提起している。例えば、もしハーバマスがニーチェ、デリダ、アドルノらに、するしないを決定する能力があると認めないのであれば、どうして彼らを矛盾遂行のかどで非難することができるのだろう。[42] おそらくなされるべきことは、われわれが「主体（subject）」と「行為主体（agent）」と名づけることもできるものを、より明示的に差異化することである。そうすることで、たとえ前者からはその推定上の主権〔至高性〕を奪おうとも、後者の責任を放棄することにはならない。[43]

第三に、行為遂行的矛盾のモデルは、様々な社会的グループ間の衝突を説明するには不適切であろう。社会的グループというものは、完璧にコミュニケーションを果たし、理解に達するためになしうるすべてをなしているといっても、実際は、異なった、いやおそらくは両立しえない利害を抱いている。この場合矛盾を生み出しているのは、手続き上のレヴェルではなく、むしろ議論されている事柄の実体的なレヴェルなのである。確かにハーバマスはこう論じている。「コミュニケーション理論やシステム理論から独立して記述される対立は、真実とはかかわりを持たない経験的な現象である。われわれがこうした対立を、コミュニケーション理論やシステム理論の内部で考える場合にだけ、対立は論理学的カテゴリーと内的な関係を結ぶ[44]」。しかしこうした経験的な現象こそは、論証的裁定に直結する現象よりもはるかに強力な、政治的・社会的実践の原動力であることが普通である。経験的な現象は、こうした理論的な考察に供されるまでは、真実と論理に対するいかなる関係も持たない、と見なされるべきなのであろうか。

最後に、行為遂行的矛盾の状態を堪え忍ぶアドルノの不承不承の意志の教訓は、熟考に値するかもしれない。彼の決意はおそらく、現時の社会的現実（「言語」と呼ばれているものではない）が、ハーバマスが例証しようとしている行為遂行的一貫性の状態を異常なものにする、ということを認識しているものとして擁護できるであろう。発話行為の理論家たちが、発語内的行為の「幸福な」、つまり「当を得た」結果と名づけることを好むものは、現実の幸福に貢献することのない世界のなかでは、手に入れることの困難なものかもしれない。ましてや、矛盾の間主観的な克服などさらに起こりそうにない。

それでも、われわれが日常生活で確かに持っている、こうした幸福な結果の疑う余地なく明白な実例は、よりユートピア的な可能性の予示的な痕跡として理解されうるかもしれない。ハーバマスは救済のユートピアは留保しながらも、その可能性をけっして完全に放棄することはなかった。緊張、葛藤、アポリアを、単に異種混在的下部構造、あるいは文彩的転位という外在的外部言語システムの随伴現象としてではなく、解決可能な矛盾として見ようとするわれわれの不屈の志向は、そうした希望の根絶が不可能であることの証人となる。事実、対立が行為遂行的矛盾となるときにのみ、そもそも対立の解決は可能となりうるということこそ、ハーバマスの注目すべき著作の中心的な教訓の一つではないのか、と思われるのである。

第3章　系譜学の道徳
——あるいはポスト構造主義的倫理は存在するか

ポスト構造主義という名で呼ばれるに至った、野放図で雑多な一群の思想のあらゆる局面のなかで、それが倫理の仮面をはぐとされることほど、この思想の批判者に不快感と抵抗を引き起こしている面はないと思われる。この思想の認識論的な意味合いとされるものに対してはたびたびニヒリズムという非難が浴びせられてきた。この非難はまったく同様にその道徳的な意味合いにも向けられている[1]。ポスト構造主義の道徳の欠如なるものを説明するために、多種多様な系譜が提示されてきた。すなわち、まずそれが公言しているように、「善悪の彼岸」へ超え出ようとするニーチェの企てに負うているということ、さらに、それがサドからバタイユにいたる暴力、切断、生け贄のシナリオに心を奪われているということ、また、ハイデガーや初期のブランショのような政治的に汚染された人物に魅せられているということ（ただしこれは根拠薄弱で、ド・マン－スキャンダルによって誇張されたにすぎない）、そして見てくれが美しいかぎりは喜んで犠牲を忘れるという美的モダニズムを相続しているということ、などである。

こうした影響の結果、ポスト構造主義の思想家たちは、生身の指示物を欠いた言語的シニフィアンの美的ゲームのために、西欧ヒューマニズムの伝統である倫理的欲求を放棄したと言われている。認識論的主体中心と強い心理的自我に対するポスト構造主義者の軽蔑も、同じように責任ある道徳的な行為主体への攻撃と見なされている。こうした行為主体の存在が依然として認められたとしても、解釈の決定不可能性というポスト構造主義者の信念からすれば、当の事柄に精通するかぎりいかなる倫理的な決定も不可能になる、と受け取られてきた。同様に、首尾一貫した統一された物語に対するポスト構造主義者の批判も、個人の人生を道徳的な説話として概念化することを、つまり善悪をめぐる長期的な闘いが結局は高潔な人格を陶冶するに至る意義深い物語として概念化することを、妨げるものとして理解されてきた。そして最後に、ポスト構造主義者は間主観的に生み出された共同体を退け、ヒューマニズムに基づく連帯への敬虔の念に敵意を抱いているが、この姿勢は、ヘーゲルによって人倫性（Sittlichkeit）と呼ばれ、万人に共通する倫理的な習俗（Sitte）に根ざした倫理的生活の共有に対しても、カントによって称揚された普遍的道徳的命令に対しても、ポスト構造主義がまったく希望を抱いていないということを示唆している。その代わりにポスト構造主義は、しばしば衝動、欲望、違背を評価し、倫理的な「なんでもあり」を容認するものと受け取られている。そういうわけで、英米世界における最近のもっとも重要な倫理学の論考であるアラスデア・マッキンタイアの『美徳なき時代』とバーナード・ウィリアムズの『倫理と哲学の限界』の二著は、ポスト構造主義の思想家を考慮に入れる義務を特に感じていないようである。[2]

それゆえ、ポスト構造主義者たち自身のあいだでの倫理に関する議論の現状を見ると、多少の驚きを禁じえないかもしれない。通説によればポスト構造主義はニヒリズムだと言われているが、にもかかわらず彼らの仕事に親しめば親しむほど、ポスト構造主義者は実は道徳の問題に激しくかつ永続的に魅了されていることが明らかになる。彼らによって擁護される価値観は、確かにわれわれの支配的な伝統の価値観とは一致しないかもしれない。しかし、ポスト構造主義の思想家たちは倫理に関する根本的な問題を提起してきたのであり、このことは無視するどころかむしろ検討する必要がある。

ポスト構造主義が倫理の問題に断じて無関心ではないという主張の妥当性を証明するために、概観することから始めてみよう。もっとも明瞭な場合から始めると、ミシェル・フーコーの最後の著作は言語や権力よりも性的倫理の構造を、より正確に言えば、古代ギリシャの倫理的な「自己への配慮」を強調している。(3) ジャン＝フランソワ・リオタールは、ジャン＝ルー・テボーと本一冊分に相当する対談——その英訳は『正しい／ただのゲーム』(Just Gaming) という味わい深いタイトルになっている——を行い、もっぱら正義、倫理、政治の諸問題を論じた。(4) ジャック・ラカンの倫理問題に関するきわめて広範囲に及ぶ考察は、一九五九年から六〇年にかけて行われたセミナーで、その後一九八六年に出版された『精神分析の倫理』のなかに出てくる。(5) フェミニストの精神分析学者リュス・イリガライは、その著『性的差異の倫理』で、プラトンからレヴィナスにいたる一連の哲学者たちの倫理的な姿勢を考察した。(6) ジャック・デリダの倫理に関する熟考は、彼の著作集の全体にちりばめられているが、おそらく『エクリチュールと差異』のなかの「暴力と形而上学——エマニュエル・レヴィナスの思想についてのエッセイ」ほど明白な例はないであろう。(7) 彼のアメリカの高弟の一人であるJ・ヒリス・ミラーは最近、『読むことの倫理』という著作を出版した。(8) ジョルジュ・バタイユでさえ、友人のモーリス・ブランショによれば、「道徳性への要求」につきまとわれたために「倫理を探索し」ていたのである。(9)

ポスト構造主義に関する文献が増大していくなかで、こうした倫理への関心がまったく省みられていないわけではない。ミシェル・ド・セルトー、ジョン・ライクマン、ジェイムズ・バーナウアー、アーノルド・デイヴィドソン、クリストファー・ノリス、リチャード・シュスターマン、トビン・ジーバースのような批評家たちはみな、熱意の度合いは様々ながら、ポスト構造主義倫理の多様な局面を探究している。(10) しかし包括的な説明が試みられたことはいまだになく、おそらくそれには十分な理由がある。倫理の問題がポスト構造主義者たちによって個々ばらばらに考察され、体系的な道徳の論考に組み入れられないでいるというだけではなく、肯定的な倫理理論などは支持できないものであり、かつ危険でもあるということが、ポスト構造主義者たちが共有する数少ない仮定の一つだからでもある。

もしポスト構造主義という拡散した一群の思想の最大の共通点を選び出さなければならないとすれば、その第一候補は、この思想が、規範、規則、法則あるいは価値などの体系といった、厳密な方法で成文化しうるものの視点から倫理を定義することへの抵抗を共有している点であろう。マックス・ヴェーバーの言葉を借用すれば、ポスト構造主義者の倫理は「究極的な目的」の倫理というよりも「終わりゆく究極の倫理」と呼んでいいかもしれない。こうして例えばフーコーは、古代ギリシャにおける倫理と社会的あるいは制度的なシステムの乖離に言及し、次のように問うている。「現代の問題はある意味でこれと似ているのではないか。というのも、われわれの大多数はもはや倫理が宗教に基づいているとは信じていないし、またわれわれは法体系がわれわれの道徳的、個人的、私的生活に介入してくることも望んではいないからだ。最近の解放運動は、新たな倫理を練り上げる土台となる原理を見出すことができないという事実に苦しんでいる[11]」。このディレンマに対する古代ギリシャ人の解決法を超歴史的な規範としてあげることには気乗りしないながらも、フーコーは明白に彼らの自由と道徳性の結合を賞賛している。彼は一九八四年、対談者にこう語っている。「自由は倫理の存在論的な必要条件です。しかし倫理は自由によって仮定されている熟慮された形式です[12]」。またそれ以前、彼自身の道徳的な姿勢に関して対談者にたずねられたときにはこう答えている。「私はモラリストです。私が人間存在の務めの一つ、人間存在の意味の一つ——つまり人間の自由の源泉——は、けっして何事も、決定的で不可侵で疑う余地なく明白で不動のものであるとして受け入れたりしないことである、と信じているかぎりにおいては」。そして彼は自分の道徳的な価値観を「拒絶、好奇心、革新」と定義している[13]。フーコーはとりわけモダニスト的な主観の倫理を支持した、とライクマンが主張しうるのはこのような理由のためである。「違反の倫理ではなく、経験の制度化された形式からのたえざる離脱の倫理、新たな生の形式の創出を求めて自らを解き放つ倫理……抽象的な義務よりも生の選択の問題である倫理なのである[14]」。

同じように、リオタールは『正しい／ただのゲーム』のなかで規範的言語ゲームと記述的言語ゲームの根本的な共約不可能性を擁護することによって、われわれがいかにして道徳的な判断をくだすべきかを決定するアプリオリの絶対的基準は存在しないというさらなる主張をすることになる。われわれにいかに行動すべきかを教えてくれる共通感覚（sensus communis）はないというわけである。「なんらの基準もなく正しいか正しくないかについて判断をくだす、アリストテレスの慎重な個人の立場にわれわれは置かれている[15]」。この状況を受け入れることは、従うべきいかなる外的な命令体系をも定めることを拒否する「異教的」倫理のしるしである。リオタールの倫理は、完全にギリシャ起源であるというよりも、デリダや他のポスト構造主義者に著しい影響を及ぼしたユダヤ人思想家、エマニュエル・レヴィナスに負うところが大きい。なんであるかについての存在論的な思索は、けっしてなんであるべきかについての倫理的な考察の根拠にはなりえない、という信念に対する非実証主義的な根拠をレヴィナスは提示している。倫理的命令の理論的な正当化などは存在しない。なんとなれば、命令は常に外部から来るからである。われわれは、われわれの倫理的な決断のための基準を定めることができないまま、判断しなければならないのである。

「存在の平面ではかくももろい無意識の状態が倫理的なのである」というラカンの主張[16]も、同じように解釈されよう。永続的で飽くことを知らぬ欠乏としての欲望を彼が擁護するのは、一つの体系の全体性を達成することへの抵抗、ある種の道徳的パトスを伴った抵抗と見ることができるからである。こうして、自我心理学に対する彼の世に名高い敵意は、自己の暴力的な閉鎖を容認することへの拒絶として、言語によって生み出される欲望の流れを不意に押しとどめるような、完全に充足的な人格なるものを作り出すことへの拒否として理解されうる。ド・セルトーはこの姿勢を正確にも「倫理的アナーキー」と呼んでいるが、その理由は、それがアンティゴネ伝説におけるクレオンの道徳命令であり、そしてマキアベリの国家理性の道徳命令でもあった「都市共同体のために欲望を犠牲にすること(17)」に疑問を呈しているからである。ラカンの姿勢はまた、想像的なものの知覚的全体化というより、象徴的なものの果てしない饒舌を評価するものであるから、「発話の倫理」でもある。ジーバースが述べているように、「その倫理的行為は、確信し名づけ押しとどめることを拒否しつつ、意図的な未完の戯れを、つまりラカンが呼ぶところのウンヌカンヌンを表すものとなる(18)」。この倫理的行為がさらに拒否するのは、ほとんどの伝統的な倫理学説を特徴づける利他的な相互関係である。ラカンにとってこの相互主義は、人間の間主観性の可能性が否定される「禁欲の倫理(19)」を意味している。

これらすべての場合に共通する一つのテーマが浮かび上がる。すなわち、倫理は道徳的命令の絶対的な体系、つまり理論的に正当化されうる規範的な秩序に対する抵抗として理解されている、ということである。これをわれわれは、ポスト構造主義思想における「否定的自律性」のモチーフと呼んでいいであろう。というのも、これが全体化と閉鎖という強制力に抗して、異質性、差異性、周縁性、非同一性を擁護するポスト構造主義の一般的傾向とぴったり一致するからである。自らに掟を与える（いうまでもなくこれが自律性の文字通りの定義である）存在あるいは衝動の正確な本性は、ポスト構造主義が首尾一貫した行為主体という概念を放棄する以上、確かに必ずしも明白であるわけではない。だからこそポスト構造主義による自律性の確信は、否定的としか呼びえないのである。否定神学はけっして神を名ざしできないが、その思想に似て否定的なのであるから。しかしそれにもかかわらず、外部から押しつけられたコードに対する何ものかの（あるいは、何ものかならざるものの）倫理性を帯びた抵抗は、ポスト構造主義思想の根強い主題なのである。

そういうものとしてポスト構造主義は、普通は実存主義と呼ばれているかつての倫理的言説を、言語学と、そしてしばしば精神分析学のほうにもっとずらされた音域で繰り返している。例えば、ラカンの欲望を構成する次元としての欠乏の強調とその暴力的な克服に対する嫌悪は、サルトルの類似した言動を思い起こさせる。[20] さらに、普遍主義的な規範体系へのポスト構造主義者の敵意は、キルケゴールの有名な「倫理の目的論的停止」を部分的に繰り返している。キルケゴールは倫理を、もっぱらヘーゲルの普遍的で没利害的な合理的観念論と同一視した。キルケゴールはこの停止を信仰の一跳びによって、神からの呼び声に基づくあれかこれかの決定によって正当化した。これはポスト構造主義者によるニーチェ的な神の死の承認とは一致し難いように思われるが、[21] 両者ともに、外的な理論に根拠づけられた道徳性に対する明白な不信を共有している。

逆説的なことに、ポスト構造主義の倫理は少なくともある種の外見において、キルケゴールの信仰主義的実存主義ともう一つの特徴を共有している。そしてこれは、権威に抵抗することができる自律性の弱い行為主体を彼らが擁護することと対立するものである。ここにおいて、リオタールと他のポスト構造主義者たちへのレヴィナスの影響力が働きはじめる。レヴィナスにとっては、道徳的命令の起源は常に外的なものであった。それは、聞き手にすれば服従という非相互的な関係しかない「他者」に由来する。[22] 倫理的な命令を受け取る者は、けっして話し手の役割を引き受けることができない。このため純然たるヒューマニズム的倫理は不可能になってしまう。このことはまた、自律性というよりも他律性の評価を意味するのであろうか。リオタールは暗黙のうちにフーコーから距離をとりつつ、この問いを避けようと試みる。「こうした場合には自律性か他律性かといった問題は生じない。……これは自由の問題に優先するのだから、隷属ではまったくない。それはレヴィナスが受動性と呼ぶものである……」[23]。さらに、レヴィナスの倫理のユダヤ的源泉と、リオタールの異教精神とのあいだには相違がある。前者は、神の倫理的命令には真理が含まれていると信じている点において明白に超越論的である。後者は、誰が命令の発信者であるかを言う確信を欠き、それゆえ命令の真の内容を判断することはできない。つまり、規範的な発話はなにものにも由来しないのである。義務という実際上の効力は、その内容からもその発話者からも生じはしない」[24]と。「束縛する権威としての発信者の地位は空白のまま残される。

J・ヒリス・ミラーの『読むことの倫理』は、規範的言語ゲームと記述的言語ゲームの共約不可能性を問題にするという点で、リオタールの『正しい／ただのゲーム』よりもっと首尾一貫してディコンストラクション主義的であるのに、人間の自律性の限界に関しては同じような結論に達している。ディコンストラクション的な解釈は批評家の至高の恣意を意味するという通説とは反対に、ミラーは、読むという行為は常にテクストからの命令に対する応答であると主張する。彼はこの命令を、物語自体の実際的な意味合いと連結させる。このため、法規にも似た命令の履行の一時的な延期が導入される。いわく、「こうした語りは、その読み手を物語の終わりでも依然として満足させず、なにか約束があってこその物語であるのに、その約束の履行をなおも待ち望ませたままにしておく。良き読み手に最後に立ちはだかるのは、明白な実例においてついに明るみに出される道徳律ではなく、テクストの読解不可能性なのである」[25]。それゆえ読むことの倫理とは、何が正しい解釈かを明確に決定しないという命令、「テクストを正しく理解したいという認識論的な欲望を妨害する命令なのである。

ミラーは明瞭にド・マンの読みの理論に依拠しながら、倫理的判断はあらゆる言語の不可欠な局面であり、閉鎖や確定的意味への寓意的、追補的抵抗であると主張している。というわけで、読むことはわれわれがするかしないかを決定できる何かではない。言語は常にわれわれに、未決定であるように、最終的な解釈を引き延ばすように強いるからである。「しかしながら読みは、『不確定的』とか『ニヒリズム的』とか、あるいはまた、勝手気ままな戯れや恣意的な選択といった事柄であるどころではない。厳密に言えばいかなる読みも、それが情け容赦のない必然性によって、カテゴリー的な要請に対する応答として生起するほかはないという意味で、また読み手はその読みと、それが個人的、社会的、政治的な世界にもたらす結果に責任を負わなければならない、という意味で、倫理的なのである[26]」、とミラーはわれわれにあらためて請け合う。

この主張の賭け金はきわめて高い。というのも、ミラーはド・マンに従って〈読むこと〉（これを彼は大文字で書く）の概念を「読むことそれ自体にではなく、もちろん文学作品を読む行為にではなく、感覚、知覚へ、それゆえにあらゆる人間の行為へ[27]」ふくらましているのだ。しかしもしそうであれば、もしすべてが一種の〈読むこと〉であり、さらに、もしわれわれが〈読むこと〉によって決定しないように常に強いられているのならば、われわれが責任を負わなければならない倫理的な選択とはいったいなんであるのか知ることは困難である。ところがミラーは、〈読むこと〉には決定的な強みがあると主張したがっている。すなわち、その倫理的な力は言語的なものであって、「それに影響を及ぼす社会的、歴史的な力によっては説明しえない。実は、倫理的な契機はこれらの諸力に異議を唱えるか、これらを破壊するかなのである[28]」、とミラーは言う。ここにもまた、倫理を外的な社会的秩序に対する抵抗と同一視するポスト構造主義に特徴的な身振りがある。ただしこの場合の抵抗は、上述の否定的自律性によってというよりも、テクスト性によって生み出されるものである。

しかしこの抵抗は、ミラーによればどのような働きをなすのであろうか。ジョージ・エリオットに関する議論のなかで、彼は言語の行為遂行的な機能の問題、すなわちこの世に何かを生起させる言語の能力の問題を扱って、次のような結論をくだしている。「行為遂行的発言は確かに何かを生起せしめる、と決定しうるとしても、その何かとは何か、その何かがいいのか悪いのか、はけっして正確には決定しえない。……行為遂行的に使用された言語は確かに何かを生起せしめる。しかし、知ることと行うことのつながりはけっして正確には予測されえないし、事後においても明瞭に理解されることはない」[29]。また、トロロープを読むことの道徳的な意味合いを考察している箇所で、彼はこれを補足するような次の結論に達する。すなわち、「トロロープの小説はすべて、一見確実な論拠に基づいた道徳的な選択と見えるものを識別することが、結局は不可能であることをめぐって浮遊している」[30]。

というわけでこれが意味するところは、そのすべてが一種の〈読むこと〉として理解されうるわれわれの行為が、道徳の見地からは世界にどのような影響を及ぼすかをわれわれは判断できないし、さらにわれわれは、われわれの決断の根拠をけっして知りえないが、それにもかかわらず道徳的に行動するように強いられているのであるから、唯一の賞賛に値する選択は、言語それ自体の限りなき決定不可能性を甘んじて受け入れ、判断を無限に宙づりにすることである、ということのように思われる。この種のポスト構造主義的倫理が、ジーバースのような批評家にとって疑わしく思われたのは驚くに値しない。ジーバースは次のような苦言を呈する。「言語的な決定不可能性とは、実際、文学および言語の差異化の能力として理解されるものに直面してもくろまれたロマン主義的な戦略なのだ。それは、願わくば言語における暴力的で脅迫的なものが、われわれのほうではいかなる努力も払わずにおのずと鎮静化してくれるようにと、この危険な要素を自己言及的で自己破壊的なものに転換しようとするのである。言語が、単に判断を許さないという理由で必然的に倫理的であるという（言語が差異を遅延するという）観念は、時がたつにつれていよいよその不合理性が明らかになるであろう[31]」。

ジーバースの予言が実現するかどうかは、それ自体決定不可能なことかもしれない。しかしこの予言は、常に破壊を必要としている社会的、政治的諸力に、道徳的な行為たらざるを得ない〈読むこと〉を対置する倫理理論の意味について、重大な問題を提起しているのは確かである。というのもこの予言は、様々な外貌を帯びつつポスト構造主義によって暗黙のうちに仮定されている社会のイメージに、われわれの注意を集中させるからである。もしマッキンタイアが主張したように、あらゆる道徳哲学が「それ独自の社会学を前提としている[32]」なら、われわれはこう問うていいだろう。ポスト構造主義陣営の著者たちによって、暗黙のうちにかそうでないかはともかく、想定されているその社会の姿とは何か、と。

その姿を肯定的な観点からよりも否定的な観点から記述するほうが、おそらく容易であろう。いうまでもなく、それはカントの目的の王国とも、アリストテレスの徳の共和国とも等しくはない。それはまた、ヘーゲルが人倫性と呼んだ生の肯定的な倫理形式からもほど遠い。事実、ポスト構造主義者が強制や抑圧へ通じると恐れているのは、まさしくこうした全体論的な共同体を達成しようという努力なのである。われわれが見てきたように、多くのポスト構造主義者にとって倫理は、体系的な道徳規範と統合された生の形態に対する抵抗を意味する。ひいては、倫理は自己意識的、内省的、自律的なヒューマニズムの所産である完全に自己生成的な社会というユートピア的イメージに懐疑的であり続けることを意味する。リオタールの、知られざる他者からの命令への受動的な服従の異教的な要請、ラカンの、欲望を支配する想像上の行為者への不信、ミラーの、テクストの決定不可能性を尊重する義務の強調。これらすべては、計画的で集団的な社会の自己決定という観念を無効にしようとするものである。

同じように、ポスト構造主義の倫理は、平等主義的な相互関係からなる社会の拒絶に基づいている。フーコーによる、ギリシャの性倫理の必然的に非対称的な性質の強調[33]、リオタールによる、他者を自己の変種に還元することに対するレヴィナスの批判の受容、ラカンによる、哀れみ、同情、愛しあうものどうしの気遣いあいの厳しい拒否。これらすべてが示唆しているのは、彼らにとって平等とは、質的な差異を交換原理という量的な還元によって均一化することでしかないということである。繰り返すが、倫理とはこうした強制的な還元に対する抵抗を意味するのである。

この信用を傷つけられた社会的諸モデルに代わるべき、積極的な対案を見出すことは容易ではない。ともすればポスト構造主義者は、徹底的に個人主義的な無秩序を擁護しているように見える。そしてこの場合、相互作用の様態は、倫理的というよりも美的と呼ばれるほうが適切と思われる配慮に導かれる。とりわけフーコーの仕事にはこうした解釈がうまくあてはまるが、それは彼が明白にニーチェの美的な自己形成という主張を理想として取り入れたからである[34]。サルトルのような実存主義者によって擁護されたいわゆる「真正な」自己に忠実である代わりに、フーコーは「われわれはわれわれ自身を一つの芸術作品として創造しなければならない[35]」と主張する。当然ながらその結果は、手練手管の人生をよしとして自然な自己の行きつく先など意図的に拒絶し、しかも他人に及ぼすその影響などほとんど顧慮しなかった十九世紀ダンディーの、エリート的でナルシスト的な世界によく似ていると言えるかもしれない[36]。ラカンの倫理題目もまた、「客観的に善である人間的取り決めという思想自体の専制に対して、一種の持続的な文化的抵抗」を生み出すものである「倫理の詩学[37]」として解釈されたのである。

しかしながら、もしポスト構造主義の倫理が道徳性よりも芸術を特権化したり、あるいは少なくとも、この両者を弁別する試みそれ自体を「知覚異常」として信じず、両者の差異をぼかすように見えるとすれば[38]、その「美学」ないし「芸術作品」のモデルとはいったい何であるのかを問う必要がある。この問題に適切に答えるためにはあまりにも主題から逸脱しなければならないが[39]、少なくともここで若干の説明をすることが有益であろう。芸術作品を有機的・美的統一体として、つまり、イデアの感覚的な現れを可能にする自己目的的な構造として、また、それ自体の内在的な法則に従う画定された対象として賞賛するよりも、ポスト構造主義者はモダニストの（もしくはある種の場合にはポストモダニストの）「危機に立つ」作品を受け入れる。すなわち、芸術はまったくの自給自足であるよりも、もっと外からの侵入に開かれているものとして、再現もしくは現前の純粋にどちらかであるよりも、再現と現前両者の複雑な混合物として、ヴァルター・ベンヤミンであれば象徴というよりも寓意（アレゴリー）と呼んだであろうものとして、考えられているのである。

倫理をこうした美学観に基礎づけることには、ある種の結果が伴うものである。個人のレヴェルに翻訳すれば、この立場は全体化された人格へと硬直化することを拒む、不安定で、拡散した、プロメテウス的な（もっとあたりさわりのない言い方をすれば、柔軟で、冒険心に富んだ、自己を問い続ける）「自己」を示唆している。一方、共同体的なレヴェルでは、これは有機的な芸術作品という理想に基づく社会と比べると、積極的な言葉で叙述することがはるかに困難なタイプの社会を意味している。こうしてリオタールが、よく議論の的になることだが美よりも崇高を好むということは、ポスト構造主義者が呈示しえぬもの――単に美的現象としてだけではなく、社会的現象としても――に対して抱いている偏愛のしるしなのである。この社会的秩序（もしくはむしろ無秩序）のもっとも明快な描写は、バタイユによる恍惚の消費共同体の記述であるが、そこでは交換原理が乗り越えられ、個々人はその画定されたエゴを自己犠牲のオルギアのなかで生け贄に捧げる。これをブランショは最近、その再現不可能性と不滅の事実性ゆえに「明かしえぬ共同体」と名づけた。[40] ジャン＝リュック・ナンシーはこれを指して「無為の共同体（communauté désœuvrée）」[41]と言った。それは、これが意識的な仕事や製作の所産ではなく、どこかよそから来たものだからである。ここにダンディーの華麗なる孤立は克服され、自己形成は終わりを告げ、人工的な自己の解体へと転じる。この自己の暴力的な解体は倫理的であると考えられる。というのも、この解体はそもそもそれを構成していたもっとひどい暴力を無効にするものだからである。[42]

暗黙のうちにポスト構造主義的倫理の根拠をなしている恍惚状態の、明言できない、実現しえない共同体というものに魅せられないものたちにとっては、そんなものは真剣な考察に値しないと思われるかもしれない。しかしある点では、これは、アラスデア・マッキンタイアやバーナード・ウィリアムズのような広く尊敬を集めている倫理学者が達した結論のいくつかと一致する。彼らのこの問題に関する謹厳な分析には、めくるめく恍惚の痕跡などはほとんどない。しかし例えばマッキンタイアは、理性的に正当化されうる普遍的な道徳命令体系へのカントの確信に対して、ポスト構造主義者に劣らず敵意を抱いている。[43] 彼が伝統の力を重視していることは、外部の源から来る命令に耳を傾けるリオタールの異教的倫理とも矛盾しない。彼の言う倫理的な「情緒理論」、つまり道徳は単に個人的な感情や態度を表すものにすぎないという主張に対する彼の批判は、いわゆる「真正な」自己なるものを、個々において実現することを最高の倫理的な目標とすることを拒絶するポスト構造主義者の姿勢に近似するのである。確かにマッキンタイアは、ポスト構造主義が抑圧的であると見なすタイプのアリストテレス的な徳の共同体の復興に郷愁を抱いてはいるが、両者の狙いは著しく似通っている。

同じことがウィリアムズについても言えるかもしれない。おそらくは彼がマッキンタイアの郷愁を軽蔑しているがゆえになおさらそうなのであろう。彼が倫理理論を、普遍的に妥当する道徳命令体系を構築しようとする不適切な企てとして批判していることは、一つの共通点である。いま一つの共通点は、ポスト構造主義では受動的な聞き入れを強調するために倫理的決断という強固な観念を否定しているが、彼もそれに不信を抱いていることである。実際彼は特に次のように述べている。「倫理的な確信には、他のものを確信している（being convinced）場合と同じく、必ず受動性の面が備わっており、言い換えればそれは、ある意味であなたのもとを訪れるものでなければならない[44]」。最後に彼は、道徳的な純粋主義に対する嫌悪をポスト構造主義者たちと共有している。つまり倫理を、互いに矛盾することになるかもしれない要素を含んだ実践の営みにではなく、一揃いの厳密に首尾一貫した義務に還元することに対する嫌悪である。「いまやわれわれの大問題は、実はわれわれの持っている〈倫理的な観念〉が多すぎるのではなくて、少なすぎるということである。そのためわれわれはできるかぎり多くを育てあげねばならない」と彼は書いている[45]。とはいえ彼は、一貫して強固なヒューマニズム概念を擁護する点で、ポスト構造主義者たちと袂を分かつ。彼らのほうはヒューマニズムを、倫理的な思想と行動を妨げるものとしか見なしてはいないのである。

結論としてわれわれは、ニヒリズムだと言われているにもかかわらず、ポスト構造主義は興味深く意義深いやり方で明らかに倫理的な問題と取り組んでいる、と言っていいかもしれない。その多種多様な、しばしば対立しあう倫理の装いについてどのような感慨を抱こうとも、ポスト構造主義はわれわれに、道徳上の絶対主義が、つまり、完全に現実化された倫理的な生の形式を打ち立てる試みに潜む暴力が、いかなる犠牲を払わせるかについて反省するよう強いる。その上ポスト構造主義はわれわれに、まったく自己だけによって作り上げられた倫理的な掟の危険性を警告してもいる。こうした自己生成的な掟は、われわれが規範的命令の強制を感ずる際に受動的契機があることを認めることができない。そしてポスト構造主義はわれわれに、肯定的な倫理的共同体と称する規範的秩序の含意を問題にするよう迫る。この共同体は、マッキンタイアには失礼ながら、近代の「破局」以前の失われた世界の復活でもあれば、想像上の幻影の表現でもあろう。

しかしポスト構造主義が与えないものは、現在の様々な、しばしば対立しあう倫理的主張をどのように判定するかという難問解決への手助けである。ミラーの言う無限の繰り延べは、ほとんどの状況でわれわれの手の届かない贅沢なのである。ド・セルトーによるラカンの読みに従えば、ポスト構造主義者たちがクレオンの国家の強制的な道徳性に反対して倫理的アナーキズムに与するとすれば、彼らは、とりわけヘーゲルが認めたように、アンティゴネ伝説における葛藤は二つの正当な倫理的要求のあいだにあったのであって、国家理性と道徳的良心のあいだにあったのではない、ということを見逃しているのである。現在のさらに破壊された倫理的世界にあって、われわれは各々それ自身の力を持ち、各々選択を求めながらしばしば対立しあっている倫理的命令のあいだで身動きとれないでいる。中絶をめぐる苦痛に満ちた議論はその顕著な一例である。妊娠を終わらせるか、それとも月満ちて出産するかの決断は、ミラーには失礼ながら、本を読むのとはわけが違う。

異なった様々な主張を理論的な方法で常に基礎づけることは絶望的かもしれない。しかし、われわれはそれでもなおそれらの主張を、一種の間主観的な理性的言説によって裁定しようと試みることができる。ユルゲン・ハーバマスが「倫理的ディスクルス」と呼んだものが、外からの命令の恣意的な受け入れというだけに終わらない、倫理のための必要最小限の枠組みを提供してくれる。(46) ここに、それぞれの立場での議論を比較考量するにあたって、相互作用という判断基準が、相互性や対称性に対するポスト構造主義者の疑いに挑むやり方で動き始める。ハーバマスの立場はここで探究するにはあまりに複雑であり、彼の立場にもそれなりの問題はあるにしても、少なくとも彼は、自らが感じている命令の力をどのようにして他者に確信させるか、に関する批判手続きという問題に光をあてているのである。コミュニケーション的言説がなければ、われわれには断言と喚情的なレトリック以外ほとんど残されているものはない。例えば、なぜわれわれは差異と異質性の保持を、それらの抹消に優先させるべきなのであろうか。なぜ美的な自己形成のほうが、他の理想に仕える禁欲的な自己否定よりも好ましいのか。なぜ衝動的な欲望と満たされぬ憧憬を持った無規律の肉体が、規律を求める自我やラカンの言う想像的なものの暴力から守られるに値するのだろう。なぜ恍惚の共同体が、ヘーゲルが人倫性と呼んだ生の全体化された形態よりも倫理的に優越しているのだろうか。いうまでもなく、これらについて、また類似の事柄について論争するとき、両者ともその言い分を擁護する主張をすることはできる。しかしそうした主張をするために議論を組み立てないかぎり、間主観的な言説がこれらの価値を秤にかけ、その複雑な含意を理解しないかぎり、マックス・ヴェーバーが「責任倫理」と呼び習わしたもののいくばくかをわれわれが取り入れないかぎり、われわれは倫理一般についての不毛な懐疑に陥るという危険を冒すことになる。その風評にもかかわらず、ポスト構造主義者たち自身はこうした不毛な懐疑を拒絶しようと、かくも骨を折ってきたのである。

第4章　危機の時にあっての主権の再主張
――カール・シュミットとジョルジュ・バタイユ

　一九三七年にフランスの小説家、批評家、文化理論家のジョルジュ・バタイユは、ニーチェ擁護の一文を発表した。その際、彼はニーチェをナチズムにつなげる誤りを暴露しようとした。そこで彼は書いている。「国家社会主義は考えられているほどロマン的ではなく、考えられている以上にモーラス的であり、そしてローゼンベルクはもっともニーチェに近いかたちで、それをイデオロギー的に表現していることを忘れてはならない。法学者カール・シュミット［Schmitt ではなく Schmidt とつづられている］はローゼンベルクと同じくらいそれを受肉化しているが、シャルル・モーラスに非常に近く、カトリックを背景にしていて、ニーチェの影響からは常に免れている」(1)。

　ニーチェとナチズムの関係は今でも興味深い論点であるが、右の文章を引用したのは、それを問題にするためではない。かといって、シュミットの政治理論のこと、それが第三帝国の最初の頃にナチスの「桂冠法学者」としての彼の役目を準備するものだったという似たような争点を持ち出したいからでもない。バタイユの言葉を紹介したのはむしろ、二十世紀思想史のもっとも魅力的でかつ不穏な二人の人物、カール・シュミットとジョルジュ・バタイユ自身のあいだに、これまでふれられなかった対応関係がありうることを示唆するためである。

リタ・ビショッフのいかめしいバタイユ論『主権と転覆』がシュミットの『政治神学』をわずかに論じていること、それよりさらに短いハーバマスの『近代の哲学的ディスクルス』のなかでの論及を除けば、この二人を比較した文献はこれまでほとんどない。[2] このようにほぼ無視されてきた理由はわからなくはない。私の知るかぎり、バタイユの著作のなかでシュミットにふれたのは右の箇所だけであり、彼がシュミットの名のつづりを間違えていることから見ても、どれだけシュミットに親しんでいたかはあやしい。シュミットの側からすれば、せいぜい漠然とでも知っていればよいほうである。バタイユの著作がヨーロッパ中に知られるようになるのは、一九六二年の死の後のことであり、その頃にはもうシュミットはきわめて高齢に達していた。[3]

にもかかわらず、この二人の名前を並べてみるだけで、その時代のもっとも興味深い知的現象の一つを把握するきっかけができるように思われる。どう見ても両者はそれぞれ非常に違っているのに、同じ熱心さで主権〔至高性〕概念の再評価をめざしている。たしかに違っているのだが、それを検討する前に、類似点を確認しておくのが適当であろう。ほぼ同世代で――シュミットは一八八八年生まれ、バタイユは一八九七年生まれ――二人とも第一次世界大戦から精神的傷を負い、両大戦間期のうち続く危機を強烈に受け止めていた。そうして彼らは、主権という根本問題をあらためて取り上げることにより、政治秩序の根底そのものを問うようになった。[4] 主権の範囲に関する自由主義的議会主義的解釈は、討議的合理性の威力への信頼に基礎を置くものであり、それを自分たちは取ることはできず、もう破産していると二人とも確信していた。そしてその結果、二人とも時代の政治的ディレンマを根底から解決しようという思いを抱くようになった。

二人の主権概念は、少なくとも表面上は非常に違って見えることは確かである。けれども両者はいくつかの点で相補的であることを私は示したいと思う。どちらも世俗化された宗教についての反啓蒙主義的概念の遺産に、多くを負っていることは見紛うべくもない。この点、お互いにかなり違ったかたちであるにしても、彼らの青年時代をおおっていたカトリックの教義が影を落としていることが考えられる。シュミットもバタイユも、主権についての自由主義的思考に颯爽として挑戦状をたたきつける。結局は疑問も多かったとはいえ、自由主義的思考のほうにしても、彼らの鋭い問題提起のすべてに答えを出せなかったのも事実である。バタイユの主権概念から始めるよりも、シュミットのそれから始めるほうがわかりやすいであろう。シュミットのもののほうが、ホッブズやボダンに遡るこの主題の思想の本流にきちんと位置づけられているからである。シュミットの一九二二年の著作『政治神学』[5]のなかに克明に記されている彼の主権概念は、私の知るかぎり彼の生涯を通じて実質上変わることはなかった。主権はシュミットにとって単なる理論的争点にとどまるものではなく、ワイマール期およびそれ以後の具体的政治問題についての、彼の思考の礎石の役も担っていた。独裁の諸形態、合法性と正統性、友・敵間に起こる命がけの政治的紛争に関する影響力に富む彼の研究はすべて、ワイマール憲法における大統領の役割、ヒトラーの全権委任法といったようなものについての彼の個々の政治的見解に密接に結びついていた[6]。これらすべてにわたって、主権という強力な概念の再評価が最終的な鍵になっているのが、容易に見て取れる。

シュミットの主権概念は、その本質を突きつめてみると、次の五つの原理が基礎となっている。(一)主権は最終的な政治的決断をくだす能力である。(二)この能力が現れる場面とは、憲法秩序の通常の発動が停止する「例外状況(Ausnahmezustand)」[7]である。(三)こうした事情のもとでなされる決断は、一連の一般的規範で拘束されえず、基準なしでなされる。(四)主権機能を引き受ける権力は一体不可分である。(五)主権の行使は唯一その意志に発しており、合理性とか自然法といったいかなる超越的原理によるものでもない。言い換えれば、意志（voluntas）が理性（ratio）に先立つ。

こうした要求が狙いを定めている主要な標的は、非人格的法律それ自体が主権者であり、主権の代理者の意志を拘束する法規範を提示しうるとするハンス・ケルゼンのような自由主義的法治国家（Rechtsstaat）論者の主張であった[8]。次にはオットー・フォン・ギールケやフーゴー・プロイスのようなコーポラティズムの理論家やレオン・ドギやG・D・H・コールのようなサンディカリスト、国家主権それ自体は論理的にも時間的にも政治世界に先行する社会集団から派生した働きだとするハロルド・ラスキのような多元論者の議論が標的であった。第三の標的は、合理主義的決断に信頼を置く自由主義的議会主義が、シュミットにしてみれば一般意志の統一にほかならない民主主義と両立可能だとする臆断である。シュミットの論ずるところでは、人民主権とは支配者と被支配者の同一性ないし同一視、一体不可分の権力において示される同権的同質性のことであるが、それはおそらくは国民投票で選ばれた独裁者によってもっとも明瞭に体現される[9]。

シュミットはホッブズ、ボダン、プーフェンドルフのような近世初頭の主権論者に立ち戻ってはいるけれども、彼の議論の究極の支柱が宗教にあることは明瞭に浮かび上がってくる。彼が次のように断定しているのはよく知られている。「近代国家論の意義ある概念のすべては、神学的概念の世俗化されたものであり、それも概念の歴史的展開――例えば全能の神が万能の立法者となるというぐあいに、神学から国家論に移されるような――からしてそうであるだけではなく、その体系的構造からしてもそうなのであり、この構造面を認識することはそれら概念の社会学的考察のために必要である」[10]。すなわち、政治的主権者はキリスト教的神概念の上にかたどられており、究極の権威なのであって、その主権者のくだす決断は神の宣布する自然法ないし道徳法によっても拘束されない[11]。こうした形があらわとなる例外状況は、神学における奇跡のような働きをする。つまり神のような主権者は、もし自分が望むなら、自ら立てた法律を停止しうるということを、例外状況は示す役割をする。

たしかに近代国家は、神が気ままに世界に介入する能力の忘れ去られてゆく風潮のなかで出現した、とシュミットは言う。例えば啓蒙主義の理神論は神を神自らが創造した機構の傍観者にしてしまい、カントは神を道徳法則に従属するものとした。近代国家論はロックの時代以来、こうした神の全能の抑制を反映しており、法律や憲法を規制するのはそれら自身であるという信念と衝突するようなものはすべて脇へ押しやった。しかし政治的例外状況が証明したのは、いまなお奇跡をなしうる神のように、主権者は自らの設定したいかなる規則も停止することができ、またかつて発したいかなる命令も破棄しうることである、とシュミットは主張する。(12)主権者の意志は、神の意志のごとく、論理、理性、自然その他のいかなる権威にもけっして拘束されない。

このような主権概念はシュミットの独創ではない。それはド・メーストル、ボナール、ドノソ・コルテスの反革命の理論に由来することをシュミットは認め、そしてプロレタリアート独裁というレーニン主義の概念とある面で重なりあっていると見る。これらすべての場合とも、合理的審議による討議的意志形成という基準を主権者の決断は停止するのだ、という理解があった。つまり決断の正統性はその合法性に優先しており、合法性などは主権者の創始にかかる規則体系にすぎないのに、そうした起源が忘れられているのである。(13)言い換えれば、合法性とは正統性の根拠ではなく、それを形式的に表現したものである。

ハンス・ブルーメンベルクが論難しているように、シュミットの世俗化テーゼは十分に説得的ではないにしても、(14)ともかく彼の政治理論に仕組まれている仮定を明らかにしている。自由主義的な合理性概念は決断の究極の根拠ではないことを彼は示そうとし、しかしまた権威の危機はどうしても避けようと考えて、代わりに責任を問われない立法者という、一体不可分の意志能力をもったメタ主体として概念化されたものに絶対的根拠を求めた。非規範的現実主義という、のちにはハンス・モーゲンソーのような政治的現実主義者にヒントを与えるような立場により[15]、彼は政治学のもっとも基礎的な概念の一つが、神性という神学にひそむ概念に究極的に依拠することを証明しようとした。

そうして、彼は国家を究極の決断者とするとはいえ、主権の概念をふたたび人格化した[16]。F・H・ヒンズレーがこの概念の歴史に関する重要な研究で示したように、支配者と人民主権のあいだの紛争が第三の概念、すなわち両者とは分離した国家主権の概念によって処理されるようになって初めて、近代の主権概念が現実に姿を現した[17]。つまり、王と共同体のいずれにも真の主権はなく、代わって国家と呼ばれる政治的虚構にそれがあることになる。したがって、主権国家とその実質たるべき支配者ないし被支配者とのあいだには、ある種の非同一性があることになる。

シュミットはこの第三の領域の重要性を認識したが、世俗化された神観念を借りてそれをふたたび人格化しようともくろんだ。かくして彼の国家には、意志する能力と決断する資格を主要特質とするメタ主体の役がふりあてられた。国家の政治的相互作用が友・敵というひどく人間的な用語で理解されえたのも、このためである。シュミットはこうした独演的な主権概念によったために、人格化されたこのメタ主体に先行するものなど、まじめに考えてみようともしなかった。そんなことをしたら、社会の領域のものを政治の領域に不当に侵犯させることになるとして、そうした可能性を排除した[18]。シュミットがコーポラティストの理論に敵対したのは、彼が人格的国家を第一の動者である神をモデルとして自己自身に基礎を持つものとして、自己創造的主体として、提示しなければならなかったからである。

まさにこの点でジョルジュ・バタイユの主権論が興味深い対応を示している。シュミットの場合と同じく、バタイユは文字通り思想家としての生涯の初めから終りまで主権〔至高性〕に魅了されていた。このテーマは一九三三年の消費（dépense）に関する論文で予示され、続くファシズム論で表面化し、彼の心をとらえて離さず、「主権（Souveraineté）」という題名の未完の遺稿にまで至っている。[19] このテーマについてのバタイユの思索は、確かにシュミットの典拠とは非常に違ったものに依拠していた。ホッブズやボダン、ド・メーストルやドノソ・コルテスではなく、モースやコジェーヴ、ニーチェやロートレアモンからバタイユは学んだ。彼の主権論はそれゆえ法的、憲法論的というよりは、人類学的、文学的であった。そしてまた、むしろアナーキズムに近い政治を支持して論陣を張っており、シュミットのような保守的秩序志向を取らず、その種のものをモーラス的として罵倒した。

とはいえ、ある点でバタイユの議論はシュミットのものと照応している。自由主義的法律とその合理的正当化という表看板の裏あるいは下に、より原初的な主権の領域が存することを、この二人の思想家はともに示そうとしていた。主権者は規範的強制ないし普遍的規則によって拘束されるとする主張に、二人は疑義を呈した。二人とも決断は実存的なものであり、基準なしにくだされると確信していた。[20] そして主権の宗教的起源は、一見もっとも世俗的な近代世界にあってさえ根絶することはできないという意見で、二人は一致していた。

とはいえ、なかでももっとも重要なのは、シュミットもバタイユも、近代世界の本質をなすと思われる物品や観念の無限の循環と交換に対する解毒剤として、主権に希望を託したということである。イタリアの政治理論家ジャコモ・マラマオが論じているように、[21] 一九二〇年代におけるシュミットの憤怒の鉾先は、主として対等な者どうしの約束や商品の交換を前提とした、契約的政治理論に向けられていた。マラマオによれば、彼の決断論は「生産的経済的理性（ratio）と政治的制度的秩序のあいだの分岐、不一致、非共時性」をきわだたせる効果はある。「主権とは、欲求の体系への、自由主義国家の危機から浮かび上がってくる利害と権力関係への、主権者の無関心にほかならない[22]」。かくして、ケルゼンの規範的理論の抽象的形式主義は、シュミットにしてみればブルジョア経済学の根底にある抽象的交換原理の焼き直しなのであった。普遍的媒介手段である貨幣を基礎とする物品の自由市場は、自由主義的な公共世界のなかでの観念の自由市場と似ている。例外状況で決断をくだす主権者の持つ交換不可能な権力を、両方とも銘記しそこなっている。

そうすると主権者は、別の点でも神に似ていることになる。絶対的共約不可能性、質的唯一性、無限の交換過程での中立的な相手方への還元不可能性といった点である。シュミットの政治的ロマン主義批判は有名であるが[23]、行動を先へ延ばし、際限のない議論に浸るその傾向は自由主義的議会主義にもあると彼は見ている。彼の批判は、終わりのない論争過程による政治的決断のもつ閉塞性への、もどかしさと取ることができる。物品交換、契約による相互性、討議による意見交換など、どの形をとるにしても主権の敵は同じである。それは唯一的なものの代替可能なものへの還元、質的に異なるものの量的に同じものへの還元である。

友と敵の区別を保持する政治のみが、この運命を免れることができる。すなわち主権を持つ決断者が、外部や内部の敵と対立する集合的友と理解される同質的共同体を代表しているときにのみ、その共同体の還元不可能な唯一性が保持されうる。そうした共同体は、多元主義的政治形態にみられる意見交換や契約による利害調整を、あまり長期にわたって許すわけにはいかない。また、国際的な規範や法律の体系に加わると自己決断能力が封じられたりするが、そうしたものによって、自らにある質的に共約不可能なものが制限されるのを認めることもできない。

バタイユの場合も、主権が交換というブルジョア的観念や自由主義的な法規則概念への牽制となっていることは、容易に見て取れる。アネッテ・マイケルソンが記しているように[24]、彼の批判的社会学は「資本主義的社会秩序の基礎をなす討議的理性への襲撃」であった[25]。主権についての彼の包括的な議論は、一九三三—三四年の「ファシズムの心理学的構造」に関する論文がたぶん最初である。主権という言葉が「優越した」という意味のラテン語の形容詞 superanus から来ていることに着目し、バタイユはこれをニーチェのいう高貴な支配と結びつける[26]。それは絶対的な王の無制約の権力のうちに現れる。バタイユによれば、こうした支配者は「神的な優越をほこる独立の権力を、完全に維持している。彼は同質的共同体のただの首長、国家の形式的法律を構成する権利と義務の相殺といったものから免れている。王の権利は無条件的である[27]」。

こうした定式化は、法律を超え、神的立法者をモデルにした主権者を擁護するシュミットの議論の反復である。ただし、肝心な一点を除いてはと言うべきであろう。相違は、主権は同質性の原理からの例外をなすとバタイユが主張する点にある。ところが同質性の原理は、シュミットの反自由主義的な民主主義論の礎石の一つであったことを思い出さないわけにはいかない。これに対しバタイユは、主権は「異質的存在による強制形式」であると説く[28]。バタイユを読んだことのある人ならすぐわかることだが、異質性は彼がもっとも大切にする用語の一つである。それは彼のいう生産と交換の「限定経済」に同化されえないものすべてを意味し、浪費、消費、過剰、過多の「普遍経済」のほうにかかわる。マルセル・モースの調査した北西アメリカインディアンのポトラッチ儀礼で、富を異様なまでに犠牲にするのに見られるが、そうした異質性は、人の恥とされる種々の日常の事柄にも現れてくる。排泄物、体液、狂気、中毒、猥褻、がらくた、性的倒錯など、文明の精神的、道徳的、知的ヒエラルキーをひっくり返すものすべてがそうである。

バタイユにとって異質性は最終的に、魔術から解放されたわれわれの世界にあって長く抑圧されてきた聖の概念に結びつく。主権〔至高性〕がこうした聖の概念を基礎としているかぎり、それは宗教にある種の支えを求めている点で、シュミットの語法と共通している。とはいえシュミットの主権者は神学的な神概念を政治にあてはめたものであって、神的な権力意志を決断の源泉としているのに対し、バタイユのいう主権者は、恍惚に満ちた異質性という無神学的な宗教経験のようなものに発している。[29] バタイユは次のように主張する。「神学者と哲学者のいう至高存在は、同質性に特有の構造を異質的経験の奥深くへ投入したものを表している。神学的側面からいうと、神がすぐれて主権の形式を満たしている。しかしながら、この可能性に見合うものには神的存在という虚構的性格が付与されることになり、そこにあるべき異質的本性は、現実の限定的価値を失い、哲学的概念のなかで黙殺されうる（けっして生きたものとならない形式的肯定に圧縮される）[30]」。

神学化された神ではない生身の神の持つ異質的本性は、共同の暴力の生け贄としてのその役割によりもっとも明らかになる、とバタイユは主張する。主権者の権力と権威が法律を超えているのとまったく同じく、主権者の優越性はまた、共同体の凝集力を創出するディオニュソスの八つ裂きにおける彼の役目によっても示される。つまり「神の死」というのは、超越的な迷信についての無神論者の思いつきよりはずっと重い意味がある。それはむしろ、共同体が生きていくために主権者の個的統合を犠牲にするということなのである。その結果は、バタイユのいう無頭の共同体である。[31] 彼の友人モーリス・ブランショが後に使っている用語でいえば、「明かしえぬ」あるいは「無為の（désœuvré）」共同体である。なぜならそれは、社会契約論が保証する積極的な主体の承認でもなければ、集合的作業の産物でもないからである。[32]

したがってバタイユの考えている主権〔至高性〕は、ある点でシュミットに近いが、他の点で非常に異なっている。合理的討論や法律的規範性を標的としている点では、それはシュミットのものに似ている。ブルジョア的市場の随伴現象に還元されるような政治に対して敵意を持つ点でも、両者は一致している。けれどもそれに代えてバタイユが提起するのは、一体不可分の意志に基づく決断の政治ではない点で、両者の概念は非常に異なっている。実際にどれほど異なっているかというと、バタイユの主権概念のほうは、ジャック・デリダによれば、西欧形而上学の伝統で特別の位置を占める主意主義や強力な主体に対する解毒剤、それればかりかあらゆる基礎づけ的哲学に対する解毒剤として理解することができる。「非原理であり非基礎であって、心安らぐ命令、可能性の条件、あるいは超越的言説への期待からは、決定的に免れている」とデリダは論じている(33)。

つまりバタイユの主権概念は、一体不可分の主権者の非合理的意志のうちになんらかの積極的基礎ないしは命令が見出されるはずだ、という期待に対して戦いを挑む(34)。シュミットが超越的な保証なしに世界の秩序を維持したいと切望し、法律はいつでも人間によって正統化されることを明らかにした上で、権威の後退を止めようとしたのに対し、バタイユは秩序を爆破したくて、後退が無限に進むにまかせた。創造者たる神を主権者の原形式として立てるのではなく、代わりに八つ裂きにされる神を立てた(35)。もっと正確にいうなら聖の概念を置いたのであり、それは主権者の権力の無形的母体である(36)。

このために主権〔至高性〕という用語は彼の著作のなかの非政治的な箇所で、すなわち文学的な箇所でもエロス的な箇所でもふたたび登場しえたのである。例えば一九五七年に書かれた『文学と悪』のなかで、バタイユは次のように主張している。「文学表現はいつもコミュニケーションの問題を提起し、そしてそれは詩であるかなにものでもないかのいずれかである……。この強力なコミュニケーションと私のいう主権〔至高性〕とのあいだには、なんの違いもない[37]」。ここでいうコミュニケーションは、ハーバマスのような哲学者たちの好む討議的合理性ではないのは確かであり、むしろ記号のポトラッチ、承認されない共同体を構成する意味の爆破である[38]。ここでは言葉の価値は、他者との交換の道具となりうるという点にあるのではなく、非表出的存在というほとんどハイデガー的概念でいわれる、露出そのものにある[39]。詩的主権と並んで、バタイユはまた、そのエロス的等価物を礼賛した。それは非再生的暴力、死、悪、法の侵犯と結びついているものである[40]。主権者の性的自己は恍惚のうちに解体され、身体の境界は侵犯され破られ、自我はどこにあってもおのれの衝動、ないし相手の衝動を制御しえなくなる。

性的暴力と自己毀損のこうした礼賛を彼がどの程度文字通りに考えていたかは、あれこれ推測されてきたが、今は取り上げることはできない。われわれの一般的テーマにもっとふさわしいのは、バタイユの主権論とファシズムという政治的暴力分析のあいだのつながりである。「ファシズムの心理学的構造」は左翼との連帯のなかで書かれたにもかかわらず、極右の側に見られるある種の急進的衝動にひかれているのがよくわかる[41]。同じ頃『この時代の遺産』を書いたマルクス主義理論家エルンスト・ブロッホの場合のように[42]、バタイユもまたファシズムに見られる侵犯的で正真正銘反ブルジョア的な契機を、急進左翼のためにぜひとも取り返したいと思った。とりわけファシズムの政治のなかに彼の嗅ぎつけた、異質性の爆発的表現を彼は賞賛した。毀損された恍惚の身体をもっと倒錯的に礼賛する立場から、それが唯物論の資本主義版と正統社会主義版のいずれをも批判するのを賞賛した。

ファシスト権力は軍事的次元と宗教的次元の両方から構成されている、と彼は論じる。それは両者の質を同時に表現している。すなわち「義務、訓練、服従といった同質性の投入から引き出された質と、本質的異質性、強圧的暴力、集合的感情の超越的対象としての首長の位置から引き出された質である。けれども実際には首長の宗教的価値がファシズムの（形式上はともかく）根本的な価値であり、一般の兵士とは違う国民兵の活動に固有の感情的色調を与えている[43]」。

ファシズムを支える資本家の利害関心は同質性の側に立っているが、ファシズムにおける破壊的異質性は沸騰していてブルジョア民主主義的社会におけるほど衰えていない、とバタイユは論じている。その結果、民主主義のもとで革命的運動がおこる機会については殺伐とした悲観的観測を口にしているだけなのに、ファシズムの前途には慎重ながら楽観的な態度をとっている。彼は次のように結論している。「ファシズムの事実は……呼び覚まされた感情的力に時宜をえて頼ることにより、何が期待できるかを明確に証明している。社会の運動についての、牽引と反発についての組織的理解が、あからさまな武器となる――目下のように広範な激動が、共産主義にファシズムを対立させるというよりは、人間的生活の解放を求め続ける根底からの転覆に徹底的強制形式を対立させるときにあっては[44]」。

こうしてバタイユもシュミットも、熱狂の度合いは異なりその全体的意味の評価は異なるにしても、ファシズムの勃興を主権の権力の再主張として解釈し、のみならず歓迎することができた。合理的規範あるいは等価交換という抽象的過程が政体を基礎づけうるという自由主義的幻想を掘り崩すものだとして、両者はこうした再主張を礼賛しえたのである。そして権力を得たファシズムが自分たちの期待したもの――シュミットの場合は統一国家におけるホッブズ的秩序復興、バタイユの場合はエクスタシー的消費をする聖なる共同体を旗印にしてのそうした秩序の解放的転覆――と非常に違ったものになってきたとき、自分たちの熱狂は見当違いだったことを結局は両者とも学ばざるをえなかった。

彼らの希望はかなえられなかったにしても、彼らの相補う主権概念はいかなる妥当性を持つのであろうか。主権は討議的合理性と契約的交換に対立するものだという彼らが共有する主張は、どれほど説得的なのであろうか。これらの質問に答えていく糸口の一つは、主権の概念は神学ないしは宗教的経験における前形態を参照することなくしては十分に評価しえないとする彼らの議論を、真剣に受け止めることにある。というのは、そうすることを通してわれわれは、シュミットが別の文脈のもとでなんとか収拾しようとした、政治の領域と非政治の領域がせめぎあう前線の突破を強いられるからである。政治的なものを随伴現象の位置に引き下げる十九世紀的傾向に反発し、多くの二十世紀の思想家たちは政治的なものの自律を断固主張した。だが、政治的なものの自律は少なくともその最強のかたちでは、結局、そうたやすく維持しえるものではないことをわれわれは認めなければならない。

この洞察を別の言葉で言えば、彼らの政治的主権概念のいずれにも、人間の相互行為のあり方についての隠れた人類学的前提が内在していることを認めることである。すでに目にしたように、デュルケムやモースに関心を持っていたバタイユのほうにはっきり現れているが、シュミットにも同様に見て取れる。彼らの相補う主権論の人類学的支えを把握するために、ここでヴィクター・ターナーの仕事、特に北西ザンビアのンデンブ族に関する彼の名著『儀礼の過程』(45)を一瞥しておきたい。

ターナーが自身の研究から一般化したところによれば、多くの社会は二つの主要な社会形式のあいだを揺れている。その一つと彼が見るのはヒエラルキー的階層構造であり、もう一つはコムニタスの境界の経験と彼が呼ぶものを通しての、そうした構造の崩壊である。これは多少の調整をほどこせば(46)、シュミットとバタイユによって提起された二つの主権の在り方に重ね合わすことができる。すなわちヒエラルキー的階層とは究極的決断の権力がピラミッドの頂点に集中しているものであり、そこではシュミット流の主権が規範的拘束にはばまれずに支配することができる。またそうした規範が存在する場合でも、首長はしばしばそれをいつ適用するか決断する位置にある。ヒエラルキー的階層構造は、シュミットのいう例外状況いる。

であるよりは通常の状況であるにしても、少なくとも強力な主意主義的主権が登場する可能性をはらんでいる。

ターナーの説くコムニタスは、われわれがバタイユのものと見なした第二の主権概念にさらに近い。ターナーの言葉を借りれば、「コムニタスは境界性において構造の裂け目を通って割り込み、周辺性において構造の先端部に入り、劣位性において構造の下から入ってくる。それはほとんどいたるところで聖ないし『神聖』とされるが、たぶんそれが構造化され制度化された諸関係を支配する規範を侵犯したり解体したりし、未曾有の威力の経験をもたらすからである」[47]。境界性の例は、通過儀礼、通常の位置関係のカーニバル的な転倒、教会機構の外にある修道会のような宗教共同体、に見られる。注目すべきことに、バタイユは彼の絶賛する主権〔至高性〕のコミュニケーションの例として、自ら農神祭の倒錯と狂人の祭りを持ち出している[48]。彼による聖なるものと猥褻なもの、もっとも神聖なものともっとも下品なものの侵犯的混合があぶり出しているのは、ターナーのいう境界性が、社会の通常のヒエラルキー構造に対して行っていることにほかならない。

ターナーはさらに別の仕方でもコムニタスを構造から区別しているが、それはわれわれの二つの主権概念の区別にかなっている。理想的コムニタスの区域は全人類をおおう一方で、構造はデュルケムの社会的連帯の概念に従っていて、「その力は内部集団と外部集団の対比にかかっている」[49]。すなわちヒエラルキー構造に基礎を持つ政治は、シュミットが政治的なものの事実上の本質であると主張する友・敵の区別を維持する。バタイユの主権〔至高性〕はこれとは対照的に、エクスタシー的で境のない開かれた共同体に生い立つものであり、敵対する他者との対立によって自己規定する必要はない。

ターナーによれば、社会過程全体はこの二つの契機のあいだを、永久に揺れ動かなければならない。彼の主張によれば、「確かなことは、いかなる社会もこの弁証法なしには適切に機能しえないということである。構造を誇張すれば、『法律』の外に、あるいはそれに対抗して、コムニタスの病的な出現を招くかもしれない。水平化をめざすある種の宗教的ないし政治的運動に見られるようにコムニタスを誇張すれば、急速に専制主義、過度の官僚化、その他の様式の構造的硬直化を引き起こすかもしれない」[50]。もしこれが本当なら、シュミットとバタイユの主権概念が十分補い合うものであることが、確認される。ちょうど宗教がその神学的契機と経験的契機を持っているように、あるいは神が決断する意志を持った統一主体としても八つ裂きにされてその死が共同体を基礎づけるような犠牲としても概念化されうるように、主権者もまたどちらか一つの在り方に還元することはできない。例外状況のなかですら、動揺は継続しえるのであり、ルーマニアの最近の事件はそうして生ずる両義性の興味深い一例といえるかもしれない。

だが主権者の概念自身、その中身が議論で揺れているのがわかったからには、最後に一つの考察をつけ加えておくのがよいかもしれない。シュミットないしバタイユがたぶん考えていたほど、主権が絶対的でも最後的でも自立したものでもないことがひとたび示されるなら、つまりそれが内側より亀裂がはいっていること、そしてこれこれのものと決めにくいことを知るなら、次にはその外部との境の確かさについてもあやしくなってくるであろう。たとえ主権は厳密な意味で政治的な領域に限られるものであり、社会的、経済的その他のそれに先立つとされる過程に依存するものではないというシュミットの意見を認めるにしても、政治的なもの自体、さらに議論さるべき領野であると理解される。主権は、政治的なものの根拠として例外状況においてその究極の真理があらわとなるというにとどまることなく、他の同じく政治的な要因とも協調しあわなければならないであろう。

主権にとっての政治的な他者を概念化するのに、広く議論を呼んだあのミシェル・フーコーの主張をたどるのも一つの方法であろう。統治の微視政治的過程は、近代世界にあって国家権力の外に発生したというのがそれである。彼は書いている。「この新しい型の権力は、もはや主権という言葉では定式化しえないものであり、ブルジョア社会の最大の発明の一つであると思う……。この非主権的権力は主権形式の外にあり、規律的な権力である」[51]。するとシュミットの説く決断論的主権を限界づけるのは、バタイユのエクスタシー的主権共同体ではなく、いかなる意識的統制も免れた政治的実践と装置のうねりである。

しかしながら、主権のこの政治的他者について考えるもう一つの方法は、シュミットとバタイユがともに必死に追い払おうとした考察をまさに再導入することであろう。討議的合理性と規範的基準が、それに優先する、創造者たる神かエクスタシー的な聖なる共同体として理解される主権者に寄生していると主張するのではなく、十分に基礎づけることがまるでできないでいる政治の領域にあって、それらに対等の位置を認めたらどうであろうか。自由主義と議会主義が破産したように見えたときには、それら討議的合理性と規範的基準を随伴現象に引き下げてしまうのは魅力ある選択であったかもしれない。どちらに進むべきかについての深刻な問題が同じくらい顕在化している今日、それらの威力を再検討するのは賢明なことではないだろうか。というのは、好んでポストモダンを自認し、そして究極的基礎を持たずに生きるのをいとわない時代にあって、決断論的ないしエクスタシー的主権者が、対する規範よりも優越するというのは、そうした規範が決断論的ないしエクスタシー的主権者に優越するというのと同じくらい維持しがたいからである。一方を捨てなければならないからといって、どうして他方を持ち続けられるというのであろうか。シュミットとバタイユの比較を試みた本論がきわだたせたように、主権概念そのものが不安定であることを理解した以上、政治的なものの概念は討論や理性的議論を排除するのではなく包含するのだと、結局は認識せざるをえないのではないか。そうでなければ、誰がいったい決断し続けるのであろうか。

第5章　暗い時代の女性たち
――アグネス・ヘラーとハンナ・アーレント

ニュー・スクール〔ニューヨークにある新社会研究学院〕のハンナ・アーレント記念哲学講座教授として、一九八六年にアグネス・ヘラーを選んだことほど、学界の栄誉がいとも適切に与えられたことはほとんどなかった。この講座に就いた人と講座名のもとになっている思想家は、あまたの重要な点で不可分に結びついているからである。二人が実際に会ったことは一度もないとはいえ、[1] アーレントは少なくとも過去二〇年のあいだ、ヘラーの密かな知的盟友であったと言ってもあながち誇張ではない。これからはっきりさせたいところであるが、ヘラーの仕事はアーレントの仕事に微妙に呼応するものとして解釈することができる。しばしば同じテーマを、後年の変化した文脈のなかで熟考するといったふうである。

だが知的類似性を超えたところでも、アーレントとヘラーは似たような伝記的運命によって結びついている。[2] 一世代の隔たりはあるものの――アーレントは一九〇六年ケーニヒスベルク生まれ、ヘラーは一九二九年ブダペスト生まれ――二人とも、文化的位置関係からいうと中欧のユダヤ人として知られる、あのめだって創造的な、とはいえたえず責め苛まれることの多かった層からの産物であった。[3] まったく同化し、ユダヤ教からも離れてしまっていたとはいえ、パーリア〔インドの最下級民〕の階層であることを彼女たちは思い知ることになった。社会的な解放を得ただけの成り上がりという選択肢を拒否したユダヤ人を、ベルナール・ラザールはこのパーリアになぞらえたのである。[4] おのが民族の悲哀の運命に個人的にもてあそばれ、二人とも親類や親しい友人をホロコーストのさなかに失い、全体主義一般のもたらすもののみならず、そうした恐るべき試練とも格闘せざるをえなかった。どちらも生まれ育った国にとどまることはできず、アーレントはパリに八年間、ヘラーはメルボルンに九年間亡命生活をおくったあと、最後には二人ともニューヨークに移住することになった。

彼女たちが今世紀のもっとも堂々たる、もっとも問題となる思想家の二人にそれぞれ指導をうけて知的形成を行ったという共通性もまた、見落とすわけにはいかない。アーレントの場合はマルティン・ハイデガーであり、ヘラーの場合はジェルジ・ルカーチである。[5] 政治的位置関係からいえば別の端にいるとはいえ、ハイデガーとルカーチは資本主義的近代化とブルジョア的価値の根底的批判を共有しており、そこから彼らはそれぞれ政治的に疑問のある道を選択することになった。それゆえ、アーレントとヘラーは結局、師の仕事のある面から身を引き離すのに苦闘しなければならなかったが、まぎれもないその影響を打ち消すようなことはしなかった。[6] 独立の思想家として立とうと努力していたとき、二人とも才能ある夫に支えられた。彼らは知的でもあれば感情ゆたかな協力者でもあり、妻たちが脚光を浴びるのをひがむようなことはなかった。[7]

二人はまた励みとすべき模範として、似たような人物に目をつけていた。そうした人物のなかでもっとも特記すべきなのは、たぶんローザ・ルクセンブルクであり、並はずれた勇気と人間的誠実さの点で、また思想の点で、この女性を二人は深く心にとどめていたのである。[8] ルクセンブルクの理論で二人が特に感銘を受けたのは、レーニンの前衛党独裁の考えに抵抗していること、そしてそれが彼女の労働者評議会の役割評価と連動していることである。ルクセンブルクが性（ジェンダー）の問題に無関心だったことを、アーレントもヘラーも気にとめていないことは注意しておいてよい。彼女たち自身、自分たちの著作でこの問題を表立って論じることはまれであった。(9)

アーレントとヘラーの両方にとってこれに劣らず魅力的であったのがゴットホルト・エフライム・レッシングであり、その独立独行の自己思惟（Selbstdenken）を前者は公然と、後者は密かに模範とした。(10)二人がともにハンブルク市からレッシング賞を授与されたこと(11)——アーレントは一九五九年、ヘラーは一九八一年——は適切であった。受賞講演ではそれぞれ、レッシングが多数の真理（アーレントの読み方によれば、意見）を掲げて絶対的真理を拒否したことを称え、原理主義的な道徳論を批判したことを称えた。また平等とか、友愛という共同体的きずなのような抽象的観念とは対立する、公共的世界のなかの具体的友情の重要性を彼が洞察していたことを賞賛した。そして二人とも『賢者ナータン』の重要性と、そのなかの名高い三つの指輪の譬え話を感動をこめて語っており、それは彼女たち自身がユダヤ人であることを意識してのものであった。(12)とはいえ、彼女たちの評価を勝ち得たのはとりわけ、哲学は個人の精神の事柄ではなく世界の事柄だというレッシングの理解ではなかろうか。アーレントにとってもヘラーにとっても、もっとも暗い時代にあってすら、哲学は世界を肯定しつつ、人間的交渉の間主観的領域、政治と文化の公共の場へのつながりを失ってはならないのである。

しかしそのつながりが正しくはどのようなものでありえ、どのようなものであるべきかという点について、二人の立場にある種の緊張を生み出すことになった。以下で私はヘラーとアーレントとの架空の対話（残念ながらアーレントは応答する機会を持ちようがないのだが）を、もう少しくわしく追ってみたい。それにより、彼女たちを分けた論点を明確にできればと思う。特に政治的なテーマに関してのアーレントに対するヘラーの応答から始めて、次にアーレントの哲学全体についてのヘラーのさらに一般的な評価と批判を検討してみようと思う。

一九五〇年代のブダペストにあって、アーレントの仕事は実際には知られていなかった。彼女の『全体主義の起源』は、ヘラーが加わった時期のルカーチのゼミナールでは、結局のところ読まれるべき本とはなりえなかった。他方、アーレントの側からいうと、ルカーチについて、あるいはそもそも西欧マルクス主義全体についてほとんど興味もなく、しっかりした知識を持つこともなかったように思われる。アーレントの著作のなかに『歴史と階級意識』への言及がないか探してもどこにも見あたらず、そしてその著作ではまさに非ルカーチ的な仕方で、マルクスと、エンゲルスに由来する弁証法的唯物論を一緒くたにする傾向があった(13)。それにまた、彼女はヘーゲルの歴史哲学を政治的生活の回復に対する主要な障害の一つと見なしていたので、ヘーゲル復興には我慢ならなかった。

アーレントとルカーチの輝ける弟子とが接近しうる最初の機会は、一九五八年に生じた。『全体主義の起源』のあとがきで、ハンガリー革命の教訓が熟慮された際にである。アーレントにとって一九五六年の事件は、誰かが国家に対して意図的に蜂起を「作為した」わけではなく、ルクセンブルクのいう「自発的革命」(14)にもっとも近いものである。さらに重要なことは、それが評議会モデルの活力を示したことであり、「独裁に対する民主主義、専制に対する自由の真の高まり(15)」を表現するものであった。自己批判して党と和解したあとのルカーチの仕事ではもうあまりはっきりしないものの、彼自身、一九一八年に共産主義に改宗したあとわずかのあいだは評議会の賛美者だった。ルカーチの批判的本能とユートピア的希望は、当時のイムレ・ナジ政権下にあって、彼を知的にも政治的にも重要人物たらしめるのに十分健在であった。のちに「ブダペスト学派」と呼ばれることになる彼指導下の学生たちは彼の革命への情熱を共有し、それが彼に(そしてまもなく彼らにも)もたらす政治上職業上の困難に共に屈することはなかった。

それゆえヘラーとフェヘールが、何年もあとで一九五六年の事件を自ら再検討した際に[16]、アーレントにある種の親近感をおぼえたとしても不思議ではない。革命は意識的になされたのではないという彼女の主張に同意しただけではなく、「参加したいと望むときにのみ参加する」という原理を具体化するものとしての評議会の重要性を説く彼女の考えにも、ある程度加担した[17]。ハンガリーの集権化傾向に反対する連邦主義者の出した進歩的な信任状についてのアーレントの歴史分析には異を唱えつつも、連邦主義は彼女のいう一九五六年の「新共和国」の議事日程に実際にあったのだという彼女の主張を、彼らは受け入れた。

もっとも、ヘラーの記憶によると、アーレントの仕事に最初にはっきりとふれたのは、一九五八年のあとがきではなく、同じ年の『人間の条件』の出版によってであった。ホモ・ファーベル（工作人）よりもアニマル・ラボーランス（労働する動物）という人間像をもとにして、マルクスはすべての作為を労働に還元しているというアーレントの批判は、ヘラーの気に入りようもなかったし、また物象化の必然性と効用をアーレントが擁護していること、マルクスは社会問題にとりつかれているのだという彼女の読み方[18]も同様であった。そして、マルクスは自由の価値を脇に追いやったというアーレントの主張[19]をヘラーはけっして受け入れなかった。けれども他の領域のアーレントの議論は、徐々に後年のヘラーの仕事に浸透していった。「人間の本性（自然）」に対立する「人間の条件」という観念自体、ヘラーの『一般倫理学』のなかで浮上してきているし[20]、「歴史哲学」という名称も、いかに未来が展開するか、展開すべきかを知ろうとする疑似科学的自負があるためにいさぎよしとせず、もっと穏当な「歴史理論」の名称をヘラーは用いるようになった[21]。

とはいえ、とりわけヘラーの興味を引いたのは、アーレントがアリストテレスにまで遡るヴィタ・アクティヴァ（実践的生活）の伝統を多元論的に取り入れていることであったようだ。特に公共的世界における政治的活動は良い生活の本質的構成要素であるとして、アーレントがその価値の復興をはかるのを評価した。けれどもアーレントとは違って、マルクスはこの教訓を理解しそこなったと主張するのではなく、マルクスはアーレント自身の立場をしっかりと先取りしていたとヘラーは考える。ヘラーは一九八五年に多少の皮肉をこめて質問者に次のように語っている。「ブルジョア（自己中心的な私人）が市民に勝利したことは将来の『右翼的』『左翼的』全体主義組織の下地を準備した唯一最大の破局である、とハンナ・アーレントが強調するとき、いつもは批判者である彼女もりっぱなマルクス学徒であるのがわかります」[22]。

アーレントによる労働、仕事、活動のカテゴリーの区別を示唆に富むものとしながらも、それらを分かつ境を絶対化すること、またアーレントのようにそれらにヒエラルキー的秩序を設定することにヘラーは抵抗する。プラクシス（実践）[23]とポイエーシス（制作）はアーレントの考えるほど共約不可能ではない。ヘラーは仕事と生産のカテゴリーを補強するために客観化の領域という第三のカテゴリーが必要であると主張する一方、人間的自由は特殊政治的な世界における活動の機能につきるとする想定には、どれほど政治が自由の必須条件であるとしても同意しかねた。「良い生活は良き人の生活であって、良い市民の生活ではない」とヘラーは強調した[24]。

ヘラーはまたアーレントとは違って、アリストテレスのいうテクネー[25]（技術）の持つ重みを積極的に評価した。それは公共の事柄を含んでもいれば、言論や思索をも含んでいる。日常生活の価値に長年興味を持ってきた彼女にふさわしく、社会的なものを古代のオイコス（家政）を水増しした程度のものに貶めているアーレントの見方も退けている。その見方によれば、そこでは必要を満たすという制約があるから、偉業をなすのは不可能ということになる。「社会的公正の政治化は、かつてハンナ・アーレントが考えたようにいわゆる『社会問題』に優先権を与えるのと同じだということには、けっしてならない……。社会的案件を政治化することによって、政治的なものの（自由の、そして自由・民主の権利の）優位が否定されるのではなく、再確認される」と彼女は論じる。[26] あるいはフェヘールが二人の共著『ポストモダンの政治的条件』に寄稿した論文で言っているように、「一方に自由にもっぱら就き必要からくるあまりにも物質的な要求をすべて拒否するような行為、他方に必要を満たすといった必然性の領域にのみ就くそれ以外の行為というように、世界を両断するのは、自由の誤った精神化である」。[27]

同じ感慨が実際、ニュー・スクールのハンナ・アーレント講座就任に際して、ヘラーが「政治的なものの概念再考」という題で行った講演にさえあらわれている。[28] 政治的なものの自律のもう一人の独創的擁護者カール・シュミットに対しても反論しつつ、政治的領域の及ぶ範囲を非社会的非経済的問題にカテゴリー的に限定してしまう排他性を、ヘラーは批判した。この立場を擁護する人々のなかにあって、アーレントのみは危険な急進的方向に歩を進めてはいないとしながらも、彼女がギリシャのポリスの市民のような政治的エリート階級の復活を夢みている点をヘラーは批判している。ヘラーは次のように結論する。「私がここで問題にしているのは、アーレントの政治的ヴィジョンのまぎれもない一面性ではありません。むしろ彼女が自ら生み出したディレンマ、つまり民主主義に依拠しながら、同時に、人々が日々の生活のなかでせっぱつまった政治的案件と考える種々様々の問題を排除している、というディレンマを問いたいのです」。[29]

とはいえ、アーレントが政治的なものを社会経済的な事柄からあまりに厳格に分離していることを責めながらも、逆の誘惑、つまりこの区分を捨てていわゆる「人間的解放」という高次の形式に高めようという誘惑に反対するアーレントの価値を、ヘラーはますます評価するようになってきた。こうした解放の希望は、マルクスの論文「ユダヤ人問題によせて」以来ずっとマルクス主義的ヒューマニズムの夢であり、そしてルカーチを生涯にわたって勇気づけてきたものであるのだが、ヘラーはこれをはっきりと退けるようになった。ヘラーは今日それを擁護するコルネリウス・カストリアディスのような人たちに――他の多くの点では同意するところがあるとはいえ――反対して、[30]自分やフェヘールが政治における「救済のパラダイム」と名づけるものの批判者として、アーレントを引き出してくる。[31]ヘラーにはどうにも気に入らない『エルサレムのアイヒマン』に見える、悪の陳腐さについてのアーレントの挑戦的な議論でさえも、政治になんらかの崇高な（または逆に悪魔的な）機能を与えることへの警告と理解できる。

アーレントがユートピア主義者であるとしても、それは大共和主義的伝統といえるもの、「ほとんど不可能なレヴェルでのユートピア」のかたちでのものにすぎない、とヘラーは説くにいたる。[32]こうした議論の流れからいえば、アーレントによる社会的なものと政治的なものの区別は、要するに見かけほど有害ではないことがわかるであろう。なぜならそれは、自由主義的な公と私の二分法を超越しているからである。「政治的なものと私的なもののあいだに『社会的領域』を『挿入』すべきだという彼女の主張は、（彼女を『保守的』だといつも考えていた）西側左翼に多くの誤解の種を与えてはいるが、大共和主義の伝統のなかで繰り返し出てくるテーマなのである。それゆえ一九五六年のハンガリー革命の『自由な十日間』に群がり起こった諸物にアーレントが熱狂したこと、ローザ・ルクセンブルクのうちに自分と相似た精神を発見し、意図するところをとてもよく理解したことは、少しも驚くにあたらない[33]」。

共和主義的伝統の意味内容全体は、『ポストモダンの政治的条件』に収録されているフェヘールの論文「パーリアと市民（アーレントの政治理論について）」のなかで描出されている。そこでは、アーレントが『革命について』のなかで行ったフランス革命とアメリカ革命の穏やかではない比較が、民主主義と共和主義の実際の区別の根拠とされた。[34]民主主義が、同質的一般意志によって正当化され完全なコンセンサス

（合意）を生み出す、人民主権という虚構によって基礎づけられているのに対し[35]、共和主義は意見の複数性を認め、多数決という形式的機構によってのみ妥協に達するものである。後者はまた、憲法形態をとることにより、権威を直接的政治権力から分離する知恵も身につけていた。こうして共和国は少数派の権利を守るのに対し、民主国はそれを根絶やしにしかねない[36]。アーレントのつづるアメリカ史は、彼女がそれ固有の人民主権の信念を見過ごしたために欠陥があるものの、彼女によるこれら二つの型の政府の対照は――より正確にいえば、現存の民主主義諸国を規制する理念としての共和主義への彼女の信頼は――「すぐれて洞察力に富む」ものであった[37]。

アーレントのはかないユートピア的希望がヘラーの徹底的（共和主義的）民主主義なる反救済的政治論に用立てられたとすれば、その対極にある徹底的専制について彼女が示す負のユートピアのヴィジョンもまたそうであった。「ハンナ・アーレントの『全体主義の起源』一九八四年版への仮想のまえがき[38]」のなかで、ヘラーはわずかの修正を求めたほかはアーレントによるその起源と作用の再構成を是認している。アーレントの掲げる理念型はいまでは時代遅れだと言い張る人々に反対してヘラーがかたくななまでに強調したのは、現在のソヴィエト連邦がまだスターリニズムの落とす影のなかで生き続けているだけではなく、全体主義は第三世界で勃興しつつあるということであった。政治的全体主義化に社会的全体主義化が伴っていないファシスト国家ないし共産主義衛星国家と、両方がともに起こっているソヴィエト連邦とを区別しながら、くまなく全体主義化した社会では変更を受ける現実的機会はないとヘラーは暗い結論を出した。一九六〇年代のアーレントのひかえめな楽観論はそれゆえ間違っていたと説きながらも、「私自身の予測のいくつかもまた、同様に誤りとされるようになることを望んでいる」とヘラーはつけ加えた[39]。

ヘラーへのルカーチの影響力が弱まるにしたがって、彼女の政治の理論化作業のなかでアーレントがさらに生き生きとした存在になってきたとすれば、ヘラーのもっと一般的な哲学的思索のなかでもアーレントが、鼓舞激励するものであり同時に批判の対象としてますますはっきりと姿を現してきた。この作用は、判断というテーマへのヘラーの関心におけるほどはっきり現れているところはないと言えよう。「判断の問題に立ち戻ったのはハンナ・アーレントの大きな功績であった」とヘラーは認めている[40]。アーレントは三部作『精神の生活』のうち、判断にあてられるはずだった第三巻を完成できずに終わったものの、没後出版された『カント政治哲学の講義』は彼女のそうした思想方向を示している。判断の重要性は、道徳的政治的事柄、美学的事柄へのかかわりにあり、認知的意志的思考様式とは区別されたところにある。

アーレントの最後の著作に捧げられた注目すべき論文のなかで[41]、ヘラーはアーレントが判断力を復興した意味、とりわけ道徳問題に関してそれを復興した意味を検討している。今は亡きアーレントが「ヴィタ・アクティヴァ（実践的生活）」よりも「ヴィタ・コンテンプラティヴァ（観想的生活）」に焦点をあて、思考をまったく非利害的現象と見ていることに注目し、こうした議論の意味しているのは世界からの撤退であるとヘラーは了解した。同じく彼女の注目したことは、アーレントが判断を直接的な政治活動の領域の外にいる傍観者の役割に結びつけていることである。実際、精神の生活はアーレントにとって絶対的な自律であり、『人間の条件』において称えられた自己目的的プラクシスに比べてもさらに純粋な、完全な自己思惟の形式である。

とはいうものの、判断はまた、「ヴィタ・コンテンプラティヴァ」と「ヴィタ・アクティヴァ」を媒介することにより、世界に立ち戻る道を与えるものでもあった。なぜなら「判断は傍観者によってくだされるにしても、行為者のうえにくだされるからである。判断力は政治的活動を判断する」[42]。さらに判断は認知とは違って真理よりも意味を、それもより正確にいうと複数の意味を追求するものである。のみならず、ヘラーの言うには、「判断によって構成される意味は多元的であるにしても、思考や意志の働きによって構成される意味とは違って、共有されうる。そこに観想的生活の能力である判断が『ヴィタ・アクティヴァ』における政治的活動に対応する理由がある。こうした分析を突きつめていくと、ビオス・テオレーティコス（観想的生活）にあってさえ、政治の次元が優位を占めることになる」[43]。

けれどもヘラーによれば、アーレントはいくつかの点で間違っていた。第一に真理からの意味の徹底的な分離は、彼女が真理を圧縮して、科学的知識による実証主義的な真理と同じものにしてしまっていることの反映である。アーレント自身の哲学的思索のなかで別種の真理要求がひそかに掲げられてはいるけれども、これは思考は真理と無関係であるとする彼女の主張に矛盾するものだ。アーレントが以前の著作で政治的なものと社会的なものを厳密にカテゴリー的に区別したのもそうであったが、彼女が意味を真理から分離し意見を認知から分離したのは、行き過ぎである。またアーレントのように、思考には進歩というものはないと主張するのも解せない。彼女自身の分析によると、判断はカントの時代まで主題として論究されることはなく、論究されたのは思考一般や意志よりもずっとあとになってからである。そうだとすると、ある種の進歩が実際に生じたということではないのか。

最後に、善悪という道徳的問題は認知を伴わず、思考にのみ関係するというアーレントの議論は誤りである[44]。アイヒマンについての本のなかで、彼が悪を犯したのはひとえに彼が思考しなかった結果だとする彼女の主張からは、なんらかの判断が可能となる前に、善悪の基準についてのなにがしかの予備知識が前提されなければならないということが理解できない。それゆえ、「善悪の事柄についての思考は、彼女自身の純粋思考の定義によるかぎり『純粋』ではありえない。というのはそれは完全に自律的ではありえないからだ」[45]。実際、「判断力でさえ、道徳的趣味の事柄において絶対的に自律的であるとは思われない。ここでもまたわれわれは、真実で正しい規範により強要される必要がある。知識、そしてまた知識の追求は、判断力の正しい使用のための必要条件である[46]」。

道徳的自律はしたがって、絶対的というよりは相対的なものと理解されなくてはならず、そしてこの論証をヘラーは別の場所でずっと詳細に行うことになる[47]。指令の源泉は、社会自らが語る代表的物語のなかに、つまりヘラーがその社会の文化と呼ぶ物語のなかに見ることができる。アーレントはこれと同じ結論をはっきりとは引き出していないにしても、彼女の著作はそうした方向に向かっている。ヘラーは次のように論ずる。「あらゆる哲学はそれぞれどんなに違っていても、われわれのうちにある善なるものを不滅のものにする。そこで精神の生活についてのアーレントの著作がわれわれにもたらす規範は、政治的活動を忘却に任せるなというものである[48]」。というのは、そうした活動を記憶することにより、単なる抽象的規則ではなく、道徳的判断、善悪の具体的例示を可能にするパラダイム的知識を得ることができるからである。そしてもちろんこうした判断力が、まさにカントが『第三批判』のなかで規定的判断力とは違う反省的判断力と呼んだものであり、この判断はこうしたパラダイムを基礎に弁別するのである。ここに美的趣味と政治的倫理との実りある接近が認められることは、アーレントが洞察したとおりである[49]。

以上がアーレントに対するヘラーの応答であり、この年下の理論家の思想の発展にアーレントが果たした役割は、これでもう明らかであろう。振り返ってみると、ヘラーのアーレント受容は、ある興味深いかたちをとっているのがわかる。アーレントに見られるマルクス廃棄の傾向をけっして受け入れなかったとはいえ、ヘラーはルカーチから吸収した強力なマルクス主義的ヒューマニズムから自身しだいに離れていく際に、アーレントの議論に自分に合ったものを数多く見出した[50]。とりわけ、ヘラーとフェヘールが「救済の政治」と呼んだものとの闘いのために、すなわち人間の解放には正義・自由・平等の完全に実現した共同体ですべての二律背反が根底的に克服されていることが必要だという信念に対する闘いのために、アーレントは願ってもない武器を提供してくれた。そうした夢想の全体主義版へのアーレントの批判がヘラーに影響を与えただけではなく、思考と認識、政治的なものと社会的なもの、ヴィタ・アクティヴァとヴィタ・コンテンプラティヴァといったカテゴリー間の彼女の区別も影響を与えた。それゆえ、最新の著作の一つで、ヘラーとフェヘールははっきりと次のように述べることができた。「『革命派』の立場と『改革派』の立場との論争はわれわれの視野から薄れていって、重みを失ったように思われる。時を同じくして、いくぶん無視されていた政治理論、例えばハンナ・アーレントの『共和国』、『市民』、『自由の条件としての基礎づけ行為』の分析は、われわれにとって意義を増してきた(51)」。

しかしながら、アーレントがそうした区別を共約不可能な対立として絶対化する傾向に対して、ヘラーは非難の目を向けた。政治は社会経済問題を十分に解決することはできないにしても、かといってそうした問題を無視するわけにはいかない。思考は意味の問題を含むであろうし、認知は真理にかかわるにしても、思考と認知はそれほど完全に分離することはできない。道徳はなるほど抽象的規則を適用するというよりは判断の働きということであろうが、そこには自分の文化が何を善とし何を悪と見なすかを認識することが必ず含まれており、それゆえ完全に自律的であるわけではない。共和主義的伝統は人民主権や一般意志といった徹底的な民主主義的観念に還元できないかもしれないが、政治的意志形成からコンセンサスという観念をすべて廃棄するのは間違いではあるまいか。判断はたいていは事後的に傍観者によってなされる二次的な活動であるにしても、政治的活動へのつながりを持たないわけはないし、また、文化の持つ倫理的規範のいわば内側からの認知を根拠としないわけはない。市民性というのは、良い生活にとって必要ではあるが十分な基礎ではない。

たぶん、アーレントの設定するカテゴリー間の共約不可能性についてヘラーが同意をためらっているもののうち、もっとも根本的なものは、近代と古典的政治とをアーレントが基本的に区別している点であろう。この古典的政治の特質は、現在では孤立してわずかのあいだだけ再現するとアーレントは言う。ある批評者が言っているようにアーレントの「思想は徹底的な反近代の形態をとっている」[52]とするならば、ヘラーの思想は近代を多少なりとも擁護するものであると見ることができる。ひとたび近代が社会問題を引き入れた以上、全体主義は実際上避けられなかったと主張するのではなく、全体主義はどちらかというと事の成り行き上、偶然的に生じたもので、別のより魅力ある過程を歩む可能性もあったとヘラーは言う[53]。

ヘラーはヘーゲル主義的ないしマルクス主義的歴史哲学を〈メタ物語〉であって支持しえないとして拒否するものの、近代化が示す相互に依存しあったいくつかの論理は組みあわさって、ある方向をとる傾向があるというもっと穏当な観念は、あくまで保持している。道徳性が累積的に増していくことはありえないが、倫理的政治的学習過程というのはあるわけで、それをかりに進歩と言ってもさしつかえないはずである。多くの人が学んだと思われるもっとも根本的教訓の一つは、普遍主義に必要なのは多元論や他者性を破壊するのではなく、維持することだというものである。「ヨーロッパの普遍主義、つまり絶対主義のシナリオは、現実的な企画であることが明らかになった。というのはそれにより地上のすべての国民は近代的世界に包含されたからである。そして相対主義もまた現実的態度になった。なぜなら具体的な文化の諸伝統は近代のプロジェクトによっては影響は受けないままであろうし、そして近代のプロジェクトはいかなる文化とも手をたずさえて歩むことができることがはっきりしてきたからである[54]」。

さてソヴィエトと東欧の全体主義の将来について立てたヘラーのひどく荒涼とした予測は幸いにも裏切

られたいま、近代擁護の彼女の控えめな楽観論の正当性が一段と確かめられたように思われる。この章で取り上げた二人のすぐれた思想家のあいだの最大の違いは、あとのほうの思想家はもう真実暗い時代にはいないといえることかもしれない。問題の多い救済の政治への憧憬はしばしば希望のなさの裏返しであり、こうした時代の成り行きから、やはり影がうすくなっていくであろう。ヘラーがアーレントをわが物とする際に駆使した繊細さと想像力のおかげで、われわれは裏側に隠れているものを一瞥できたといえるかもしれない。

第6章　イデオロギーとしての「美的イデオロギー」
——あるいは政治を美学化するとはどういうことか

一九三〇年にヴァルター・ベンヤミンは、保守革命家のエルンスト・ユンガーを編者とする『戦争と戦士』と題された論集の批評を書いた(1)。ベンヤミンは、論集の寄稿者たちによる死のテクノロジーと大衆の総動員の熱烈なロマン主義的美化に言及して、こうした美化は「芸術のための芸術（l'art pour l'art）の諸原理を戦争それ自体へと思う存分転用する以外のなにものでもない」と警告した(2)。六年後、ベンヤミンはその有名な論文『複製技術の時代における芸術作品』の結びの考察のなかで、分析の視野を戦争を超えて政治一般にまで拡大してこう非難した。ファシズムは政治の美学化を、「芸術に栄あれ、よし世界の滅ぶとも（Fiat ars-pereat mundus）」という〈芸術のための芸術〉の信条の致命的な完成を意味した、と(3)。

ベンヤミンの非凡な著作に含まれる他の多くの認識と同様に、この認識の受容と流布も、一九四〇年の彼の自殺の後、一世代ほど遅れたのである。彼の救済策——すなわち一九三六年の論文における、共産主義による芸術の政治化(4)、それ以前の批評における階級間の内戦への戦争の転換——はその時まで、もっとも戦闘的なマルクス主義の解釈者以外の誰からも忘れ去られた。しかし美学と政治の不吉な結合は、ファシズムの妖しい魅力に対するかけがえのない説明として、至るところで熱い視線を浴びることになった。ナチズムビル・キンザーとニール・クラインマンの『もはや夢ではなくなった夢』のような著作では、ナチズムは次のような事実によって説明されている。「ドイツ人の意識は、自己自身の現実をあたかも芸術作品のように扱い、その歴史を発展させ、それを生きた。それは美的想像力に委ねられた文化であった」[5]。挫折した芸術家としてのヒトラーの個人史が、J・P・スターンのような批評家によって思い出させられたが、スターンはナチズムのなかに、芸術的な形式賦与と政治的意志の合成というニーチェの遺産を見出したのである[6]。レニ・リーフェンシュタールの『意志の勝利』のような映像における現実と空想の混交は、例えばスーザン・ソンタグの批評によって、ファシスト政治の中心をなす幻想を演出するスペクタクルの象徴として受け取られた[7]。類似した傾向をアリス・イェーガー・カプランはフランス・ファシズムのなかにも認めたが、彼女は研究テーマの一つである映画史家モーリス・バルデシュから次のような告白を引き出すことに成功したのである。「唯美主義とファシズムのあいだには、あなたが言うように、つながりがあるのでしょう。私たちが美学と政治を結びつけたのはたぶん思い違いでした。美学と政治は同じものではないのです[8]」。ザウル・フリートレンダーなどは、ファシスト的過去の現代における再呈示でさえ、キッチュ・アートという意味においてではあるものの、あまりにも美学化されていると非難したのである[9]。

これらの分析や他の同様の分析の結果として、「政治の美学化」とファシズムの関係は確定された。そしてこのことがきわめて月並みなこととなった結果、その感情に訴える力のいくばくかはこの問題の歴史家による取り扱いから逸脱し、これと相関してはいるものの同一ではない議論、すなわち、「美的イデオロギー」と呼ばれるものをめぐって文学批評家を中心として営まれている議論の場へと移行していった。「美的イデオロギー」という語彙はポール・ド・マンの造語であるが、彼のイデオロギー批判への関心は、一九八三年の彼の死の直前まで高まりつつあったように思われる[10]。この概念は、すぐ後に検討することになる理由で、彼の戦時中のジャーナリズム活動が暴露されたことに端を発した論争のなかで、彼を擁護する者たちによって取り上げられた。[11] そしてこの概念はデイヴィド・ロイドとテリー・イーグルトンというマルクス主義批評家の最近の著作のなかにも姿を現している。この二人が掲げる論題はド・マンの支持者の大多数の論題とはかなり異なっている。[12]

しかし、議論が歴史学の舞台から文学批評の世界に移し変えられたことは、政治にしゃしゃり出たために有害であると断罪された美学の再評価という、重要だがいつでも容認されるわけではない結果をもたらした。この変化はまた、犯罪に責任があるとされたもともとの被告人の罪を問い直すことをも意味した。以下に私は、この転換の持つ意味合いを探究し、「美的イデオロギー」批判の様相のなにがしかが、それ自体神秘化に依拠しているかどうかを問うてみたい。もしそうであれば、今度はわれわれがこの批判をイデオロギー的と呼んでさしつかえないであろう。

政治の美学化の議論は必ず、その前提をなしている美学の規範的な観念を確定することから始めなければならない。というのも、もしわれわれがこの名うての多義的な用語によって意味されているものを特定しなければ、なぜ政治の領域への美学の拡大が問題をはらむのかを理解できないからである。文献に見られる多様な用法をくまなく概観することはこの章の範囲を超えるものであるが、いくつかの重要な選択肢を厳密な検証のために選ぶことは可能である。

ベンヤミン自身の評言が示しているように、一つのきわだった用法が〈芸術のための芸術〉の伝統に由来している。すなわち、この伝統は認知的、宗教的、倫理的、経済的など何であれ他の人間にかかわる営みから芸術と呼ばれる領域を区別するのである。ここではこの――しばしば美として知られているなにものかと同定されているが、必ずしも同一と見なされているわけではない――特異な領域の内容よりも、その絶対的な自律的・自己目的的な自己言及性への要求が重要なのである。というのも、この要求の裏面は、芸術の領分からの倫理的、道具的、宗教的、その他の考察の排除なのであるから。

この意味で美学化された政治は、その唯一の価値基準が美的価値であるために、こうした芸術の外側からの要求に対しては等しく無関心であるだろう。その上、かくも厳格な差異化に含まれているその価値の定義は、通常、芸術と俗世の生を結びつける感覚的な楽しみや肉体的な喜びのような美の諸相を抑圧する。代わって、形式への配慮が「感傷的な」考察を凌駕するのである。一八九一年、パリを訪れたオスカー・ワイルドはこう言ったと伝えられている。「ベンヴェヌート・チェリーニが死の苦しみにある筋肉の動きを研究するために生きた男を責め苛んだとき、教皇が彼に罪の赦しを与えたのは正しかった。曖昧模糊たる個人の死など、もしそのために不滅の作品が花開き、キーツの言葉によれば恍惚の永遠の源泉が生み出されるのであれば、何ほどのことがあろう[13]」。こうした態度のいま一つの古典的な表現が、一八九三年、アナーキストによってフランス国民議会に投げ込まれた死をもたらす爆弾に対する象徴主義詩人ロラン・タイヤードの悪名高き応答のなかに見られた。「所作が美しければ、犠牲者など何の問題になろう[14]」。それからほどなくして、F・T・マリネッティの〈未来派宣言〉は、軍国主義と並んでアナーキズム的破壊、女性の蔑視、「人を殺す美しき思想[15]」を賛美することにおいて、同じ感情を反響させたのである。一九三六年、ムッソリーニの女婿にして外務大臣チアノが、未来派の大仰なレトリックをも上回り、逃走するエチオピア人のなかで爆発する爆弾を開花する花々に譬えた話は有名である。彼は、この思想の実現がもたらした現実の結末を体現することとなったのである。

これらの場合における政治の美学化が不快を覚えさせるのは、単に美の基準を人間の死に適用することのグロテスクな誤りのせいだけではなくて、非美学的な基準が故意にかつ挑発的に考察から排斥されているそのぞっとするようなやり方のせいでもある。厳密に差異化された芸術の領域に限定されれば、このような反情緒的、形式主義的な冷たさはそれなりの正当性を持つこともありえよう。事実、現代芸術の大部分は、この冷たさなしでは理解することもおぼつかなくなろう。しかし領域の差異化を無視するという尊大なふるまいによって政治へと拡大されたときには、その帰結はきわめて問題の多いものとなる。というのも、普通は美学と固く結びついている没利害性は、まさしく、人間のもっとも基本的な関心事である生命の維持の場合にはまったくふさわしからざるもの、と思われるからである。人間の「自己疎外は、自分自身の破壊を最大級の美的享楽として経験することができる程度にまで達した」[16]というベンヤミンの辛辣な論評は、芸術を生に優越するものとして酷薄にも神格化することによってかき立てられた不快感を、生き生きと言い表している。

美的なものという用語の、これと関連してはいるがいくぶん異なった用法は、まだ形をなしていない素材を形作ることを通じて、彼の（あるいははるかにまれであるが、彼女の）意志を表現する芸術家の、エリート主義的含意に由来する。この用法の典型的な表現は、『道徳の系譜学』におけるニーチェの以下のような主張に表れている。すなわち、最初の政治家は生まれながらの統治者であり「その仕事は本能的な形式の押しつけである。彼らは存在するもっとも自発的な、もっとも無自覚な芸術家である。……これらの人々は罪、責任、思慮を何も知らない。彼らを駆り立てているのは、芸術家の恐るべきエゴイズムなのである……」[17]。ファシストがこの姿勢を採用したことは、次のようなムッソリーニの自慢話で明らかである。「群衆が私の手のなかで思いのままになったり、あるいは私が彼らに紛れ込んでほとんど彼らに押しつぶされそうなとき、私は自分が彼らの一部であるのを感ずる。それでも、私のなかでは、粘土をこねて型を作っている製作者がその粘土に対して抱くようなある種の嫌悪感が消えない。彫刻家だって時として大理石の塊を、自分のイメージ通りの姿に造形できないがために粉々に打ち砕くことがないだろうか」[18]。

この種の美学化された政治をこうも不愉快なものにしているのは、それが能動的な公衆を受動的な「群衆」に還元していることであり、その「群衆」が次には芸術家ないし政治家の意志の勝利のために、その言いなりになる素材に変えられるからなのである。

さらに、イメージと言葉のあいだの積年の闘いに依拠しているもう一つの用法がある。美学が、言葉によらない官能的悦楽に訴えて理性的思考を骨抜きにする、イメージの蠱惑する力そのものと見なされるかぎり、この意味での政治の美学化は、公共的領域に対するスペクタクルの勝利を意味している。ラッセル・バーマンはそのアリス・イェーガー・カプランの著書への序文のなかで、ファシストの批評家、ロベール・ブラジヤックとモーリス・バルデシュが無声映画をトーキーより優れたものとしてほめそやしたことを非難し、彼らの映画礼賛をベンヤミンの批評と比較している。「ファシストの映画理論家たちは、無声のイメージがもつ有機的な——そして組織化する！——均質性を、個体化と批評を通じて国民を解体する言葉の導入と対比させる。……バルデシュとブラジヤックがファシストの国民を生み出すために純粋なイメージ、大衆化された美学に価値を置くのに対し、偶像破壊者ベンヤミンは（彼にとってこの場合共産主義者の）大衆に発言を促すために、モンタージュによるイメージの破壊を賞賛する[19]」。イメージに関するタブーの宗教的な基礎づけを真剣に受けとめているバーマンは、さらに次のように主張する。「その結果として、ベンヤミンの報告する政治の美学化は、『意志の勝利』における雲間からのヒトラーの降臨というリーフェンシュタールの演出に見られるような、神の偶像への文明の退行のように見えてくる[20]」。要するに政治は、魔法で呪縛するスペクタクルと、移りゆく幻想に還元されてしまうことから救い出されねばならないのであるが、それは、もっと理性的な言説が、今やイメージ群と現実の模像によって消滅の危機に瀕している公共的空間を満たすことを可能にするためである。

こうした一連の用法においては、美学は多様にも、非合理、幻想、空想、神話、官能的誘惑、意志の押しつけ、そして倫理的、宗教的、認知的な思索に対する非人道的な無関心と、同一視されている。もしなんらかの由来を想定するなら、それはある種の情調におけるニーチェの、そしてタイヤードやマリネッティなどの美的モダニストたちの著作のなかに求められる。そこには、デカダンスと唯美主義とエリート主義は一つながりのものだという理解がほの見えており、このつながりは、ファシズムの温床が危機に見舞われた世紀末ブルジョア文化であったことを示している。換言すれば、われわれのいる世界はまさに、『ヴェニスに死す』から『マリオと魔術師』を経て『ファウスト博士』に至るトーマス・マンの作品によってその没落に絶大なお墨つきを戴いた世界なのである。

しかしながら、ド・マン、イーグルトンそしてその他の今日の文学批評家たちによって批判されている「美的イデオロギー」の場合には、攻撃目標はかなり異なって設定されている。問題の美学なるものは、理性の対立物として理解されているのではなく、むしろそれを完成させるものとして、非理性的な意志の表現としてではなく、より高次で包括的な合理性概念の官能的な変種として、言葉によらないイメージのスペクタクルとしてではなく、文学的絶対性の実現として理解されている。要するにこの美学は、観念論哲学の頂点、いやおそらくそもそも西欧形而上学全体の頂点であると理解されている美学なのであって、その抽象的な否定ではない。こうして、衰退しつつあると思われている時期のではなく、その絶頂期にあるブルジョア文化が、美学化された政治の出発点とされているのである。

この議論の初期の一形態が、一九七八年に出版され、一〇年後に英訳されたフランスの思想家フィリップ・ラクー＝ラバルトとジャン＝リュック・ナンシーによる『文学の絶対性』に現れた(21)。この書で彼らはイェーナ・ロマン派の救済としての芸術という観念を論じて、この観念が、本質的な形式の探究であるプラトン主義の形相学の、彼らが「形相美学」と呼んでいる新しい領域への転位を表現するもの、と主張している。この擬似宗教的な芸術の形而上学は、差異、矛盾、不調和の克服を任務とするような文学の絶対的観念に対して責任を負っている。彼らが「ロマン主義的多義性」と呼んでいる反対衝動によって暗黙のうちに問題視されているにもかかわらず、形相美学の目的は、イデアを感覚的な形に具現化する全能の主体の手で創り出された完全な作品の閉鎖なのである。こうして、イェーナ・ロマン派の詩的完璧さへの願望は、結局は形而上学的な企図に由来するものであり、この企図には政治的な意味合いも込められている。彼らの主張によれば、ロマン派が断片に魅せられたといっても、それは「理想的な政治……有機的な政治」[22]の可能性を前提としている。こうしてイェーナ・ロマン派は、ヨーロッパ初の自覚的な知的アヴァンギャルドとして、後の多数の知識人たちによって追求された芸術と政治の合体のプログラムを設定したのである。

「政治の形相美学化」とでも呼べるものは、ド・マンの叙述によれば、美的イデオロギーの主要な扇動者の一人であるフリードリヒ・シラーにおいてさらに明瞭に表現されている。ド・マンによれば、「美学は『人間の美的教育に関する書簡』の一節からの」シラーの定式より明らかなように、何よりもまず社会的・政治的なモデルであり、カントの自由の観念と想定されているものに倫理的根拠を置いている」[23]。それがハインリヒ・フォン・クライスト――ド・マンは彼の『操り人形劇について』を驚愕をもって読んだ――のような作家たちに及ぼした影響は致命的だった。クライストの操り人形のダンスは、そのなかで目的なき合目的性が見事に実現されている優美のユートピア的状態としてしきりに賛嘆されているが、これにはきわめて異なった意味合いがあることが判明する。「問題はダンスが失敗に終わり、シラーによる優美だが限定された自由の牧歌的な描写が常軌を逸している、ということではない」と、ド・マンは陰気に警告する。「美的教育はけっして失敗しない。それはあまりにも成功しすぎて、それを可能にする暴力を隠蔽するまでになってしまう」[24]。この暴力は、全体化と閉鎖の強要に抵抗するあらゆる文化衝動に、とりわけ言語における衝動に対して向けられている。

ド・マンは後の「カントとシラー」に関する論文[25]で、この議論がファシズムにとって持つ意味合いを取り出している。形而上学的閉鎖と認識論的行き過ぎに対するカントの抵抗におおむね理解を示しながらも、ド・マンはそれでもなおカントのなかに、いかに意図的でないとはいえ、災いをはらむ伝統を正当化する潜勢力を認めている。「政治は国家の造形芸術である」という主張を含むゲッベルスの小説『ミヒァエル』の一節を引きながら、ド・マンは「これがシラーの美的国家のゆゆしき誤読である」[26]ことを認める。しかし次に彼はこうつけ加える、「この誤読の原理はシラーが彼の先達に、すなわちカントに対してなした誤読と本質的に異なるものではない」と。換言すれば、その優れた解放への志向にもかかわらず、カント、そしてましてやシラーは、ファシズムの正当化に転化されうる潜勢力を内包する伝統を生み出したのである。

美的イデオロギーに対するド・マンの批判には、特別に反ファシスト的な意図が込められているが、ジョナサン・カラーはこの意図が見落とされることのないように、戦時期ジャーナリズムに関する論争においてド・マンを擁護してこの意図を詳細に説明している。「ヴァルター・ベンヤミンはファシズムを、政治への美学の導入と呼んだ」とカラーは書いている。「さて、ド・マンの美的イデオロギー批判は、かつて彼も知っていたファシズムの諸傾向への批判としても鳴り響いている」[27]。この批判は、ラクー＝ラバルトやナンシーが形相美学と共犯関係にあると見なしていたものとはきわめて異なった文学概念の名のもとで行われた。ド・マンにとって、美的イデオロギーに対抗しうるのは、まさしく閉鎖、透明、調和、完全性に対する文学の言語の抵抗にほかならなかった。カラーによれば、ド・マンのこうした抵抗の認識は、かつての対敵協力者としての彼の立場の拒絶を証している。「ド・マンの戦時中の初期作品は、作品自体が時としてドイツ民族の出現を美学の用語によって理想化する傾向を示すことがあったという事実は、この伝統が生んだもっとも炯眼の、文学的かつ哲学的テクストが、形式と理念、認識と遂行を融合するのに必要な不当な暴力をさらけ出す、という彼の証明を特別に適切なものにしている[28]」。

この弁明に十分に説得力があろうがなかろうが、それでもやはりこのことは、美的イデオロギーの概念がディコンストラクションのために機能する一つのやり方を明瞭に表現している。もう一つのあり方は美的快楽の感覚的次元に関係するが、これをわれわれは、カプランとバーマンによって行われた言葉の名によるイメージ批判のなかにもはっきりと現れているのを見た。ド・マンはそのハンス・ローベルト・ヤウスの「受容美学」に関する批評文のなかの印象的な一節で、こう主張している。「美学はその定義からして、快楽原則に訴える誘惑的な観念であり、快楽と苦痛の価値よりも欲望に抵抗力があるように思われる真実と虚偽の価値を押しのけ、隠蔽しかねない幸福主義的な判断である[29]」。皮肉なことに、ここで美学が攻撃されているのは、美学が形式上冷酷で反人間的だからではなく、むしろ人間的、あまりに人間的だからなのである。

幸福主義と欲望に対するド・マンの禁欲的な抵抗は、言語は知覚に還元できないものであり、気軽な楽しみなど何一つ提供するものではない、という彼の主張とうまく符合する。それはさらに、有機的全体性を表す自然のメタファーに対する彼の敵意にぴったり合致しているのであるが、こうしたメタファーこそ、クリストファー・ノリス[30]が正確に記しているように、ド・マンが美的イデオロギーの主たる源泉と見なしていたものなのである。こうして美学化された政治は、暗黙のうちに官能的な快楽、例えば疎外された自然との合一といった快楽を約束して誘惑しようとしたのであるが、そんなものは与えられるはずもなかった（あるいは少なくとも、堅忍不抜の反ユートピア的理想主義者にして厳格な自制の人であるド・マンはそう考えていた）[31]。

美的イデオロギーのまさにこの次元の分析が最近テリー・イーグルトンによって提示されたが、彼の分析はド・マンのそれに似てはいるものの、ド・マンのように一方的に否定的というわけではない。彼は十八世紀のアレクサンダー・バウムガルテンをもって嚆矢とする美学の言説における、身体と物質性の重要性にふれることによって始めている。決定的に重要なのは、イデアの認識というわけではなく、むしろ感覚的な形態という「女性の」声域におけるその具体的な発現である。こうして美学は、論理的・倫理的厳密さという高尚な領域を置き去りにして、混乱をもたらすとはいえ豊かな、特殊な経験という領域に向かう必然性を表現することになる。

しかし理性の脱超越論化と脱男性化のなかで何が進歩と見えようとも、イーグルトンは美学イデオロギーの政治的含意をド・マンに劣らぬ疑念をもって読んでいる。彼の主張によれば、美学イデオロギーは「われわれが今グラムシの用語を借りて、強制からヘゲモニーへ、と呼びうる歴史的な転換の兆候である。このヘゲモニーは、われわれの感覚生活を内部から支配し、活気づける一方で、この感覚生活がそのあらゆる相対的自律性のなかで繁栄することを許してもいる」[32]。またもや被告人はシラーである。シラーには、「カントのゆるぎなき命法が、手に負えない物質界を服従させる最良の方法ではけっしてないことを見抜く明察力はあった。……その代わりに必要とされるものは、シラーが『魂の美的転調』と名づけたもの、つまり基礎的なイデオロギー的構造の混じり気のない企てなのである」[33]。このように、近代の主体は認識的、倫理的というよりむしろ審美的なのであり、対立しあう諸要求の、内面化されているとはいえ偽りの和解の場なのである。そしてこれらの諸要求は、社会的世界のなかではどうしようもなく対立したままである。こうしたものとして美学は、真の苦悩を覆い隠す代償的イデオロギーとして機能し、フランクフルト学派が「文化の肯定的性格[34]」と呼んでいたものを補強するのである。

マルクス主義者としての姿勢を変えることのないイーグルトンは、確かに美学を弁証法的に解釈し、そのことによって美学の破壊的な潜勢力を認めている。彼はこう記している。「美学はただ単に初期に唯物論的であったばかりでなく、啓蒙主義の核心において、ブルジョアの占有的個人主義と欲望エゴイズムに対するもっとも力強く有効な批判を提供してもいる。……美学は政治的ヘゲモニーの言葉にもなりうるし、故郷を奪われたブルジョアジーのための想像上の慰めともなろう。だがそれはまた同時に、どれほど観念論的であろうともブルジョア的社会秩序へのユートピア的批判の言説でもあるのだ[35]」。自律的で自己目的的な生活という夢はすべて全体主義への処方箋である、というディコンストラクション主義者の前提を避けながら、イーグルトンは叙情的にも、マルクスその人が美学者であったと結論づける。「というのも、美学がその壮麗無比の無意味さにおいて、その的はずれな自己言及性において、そのすべての純血な形式主義において模倣するのは、人間存在それ自体にほかならないのだから。人間存在は自己自身に喜びを見出すこと以上の根拠づけを必要とせず、それ自体が目的であり、いかなる外的な決定に対しても身を屈するつもりはないのだ[36]」。

イーグルトンがマルクス主義のなかに美学的契機を復権させたことは、あまりに空想的と思われるかもしれない。事実この復権は、デイヴィド・ロイドのような、美的イデオロギーに対するより非妥協的なマルクス主義者の批判を浴び、拒絶されてもいる[37]。にもかかわらず、それは美学と政治の連結がどれほど明白に悪であらざるをえないか、という問いを再提起するのである。幸運なことに、この問題に関する新たな権威ある歴史書がちょうど出現し、より微妙なニュアンスを含んだ判断をくだすに十分な証拠を提供してくれる。ジョセフ・キトリの『美的国家』がそれである。[38] キトリはベンヤミンのファシズム解釈の有効性を認めてはいるものの、美的政治の初期の擁護者たちを、その後継者と言い立てられているファシストたちから解き放そうと努めている。ド・マンのように、シラー、クライストからゲッベルスにいたる宿命的な誤読の、本質的には単一化された一つの物語を提起するどころか、彼はむしろ非連続性を強調し、美的国家のリヒャルト・ワーグナー版ですら二十世紀の全体主義者のそれと混同されるべきではない、とまで論じる。エルンスト・ユンガーの論集に関するベンヤミンの論文を読んだことのあるキトリは、大衆動員と新しいテクノロジーの暴力に非合理主義的な美的解釈をくだすにあたって、第一次世界大戦の体験がどれほど重要であったかを知っている。彼は暗黙裡に、クライストの踊る操り人形によって犯された残虐行為と、ユンガーの「鋼鉄の嵐」のなかで挙行されたそれの違いを示唆している。

ギリシャ、ルネサンス、および他の先駆についての学識豊かな序文に続いて、キトリは美的国家のドイツ的伝統を概観しているが、この概観は、十八世紀中葉のヴィンケルマンによる美的古代ギリシャのポリスという神話の再発見から始まっている。彼は美的国家の運命をワイマールの人文主義者たち、シラー、ヘルダーリン、ヘーゲル、シェリング、マルクス、ワーグナー、ニーチェ、ハイデガー、そしてマルクーゼという系譜を丹念にたどって追跡する。彼の記述はヴァルター・シュピースの評価をもって終わる。シュピースは一九二〇年代にバリ島へ脱出し、そこで彼の芸術的信条であった「魔的リアリズム」の瞠目すべき実現を見出した――あるいはその創造に与った――ドイツのモダニストである。キトリにとって、シュピースの洞察力の確かさに対する学問的な支えとなっているのは、古代のヒンズー仏教に由来するバリ島の劇場国家についてのクリフォード・ギアツの有名な議論は、[39]

シュピースのバリ島解釈がいかに理想化されたものに見えようとも、バリ島の美的政治がリーフェンシュタールの『意志の勝利』や、チアノによる爆撃された人間の満開の花々への無情な還元とは似ても似つかぬものであることは明白である。またそれは、ド・マンをして言語的厳格さのベッドで悶々と寝返りをうたせ続けてきたように見える蠱惑的な官能性の悪夢に還元しうるものでもない。キトリの著作はさらに、あらゆる美的政治を大急ぎで専制政治への序論へと転換させることを避けたいと思うものにとって、注目に値するもう一つの教訓を含んでいる。シラーの『人間の美的教育に関する書簡』についての議論のなかで、彼は、われわれがド・マンにおいて見てきた批判的な読みにそっと異議を唱えている。彼はこう書いている。シラーは「道徳を美学と同一視してはいない。シラーは束縛を受けない唯美主義の危険性を十分に認識している。だが彼はこの落とし穴を、美の不十分な経験の帰結として解釈する。美意識の特徴である諸能力の自由な活動は、理性の力と道徳律の観念の認識に通じねばならない。そしてこの自由な活動と道徳律それ自体の同一視は、美の経験のゆゆしき誤解を反映しているのである」[40]。換言すれば、あらゆる差異が崩れ落ちてしまうような完全に美化された生の形式を創り出そうと切望する代わりに、シラーはある種の差異を温存する必要性を知っていたのである。支配的な芸術家兼政治家の形相美学的な命令に基づく完全な全体化を求めるよりも、シラーは同一ではないもの、異質なものを保存する価値を鋭敏に感じ取っていた。

キトリの解釈に従えば、シラーのもう一つの次元は、彼の美学の概念に含まれている普遍化する衝動に関係している。これを彼はヴィンケルマンによる、ギリシャのポリスの民主的性格の強調に結びつける。この意味での美的国家はまったく反プラトン主義的であり、ゆえに形相美学の所産というよりその対極にあるギリシャの観念である「フロネーシス」、すなわち実践知の所産である。「『もっとも完全なプラトン的共和国』に対抗して、シラーは意見の一致を優先させる。そして形式の整った芸術作品のメタファーに基づく、より大きな全体のための個人の犠牲というドイツ・ロマン主義の中心的な論題となるはずのものに対して、シラーは、そうした議論の背後に潜む根本的、カテゴリー的誤謬を指摘している[41]。シラーによれば、自然美を理解することを習得する訓練は、間主観的な関係に変換可能である。両方の場合とも、個人は異なった客体や主体の他者性を尊重するのであって、それを支配するのではない。『人間の美的教育に関する書簡』の末尾で、シラーは、彼の理想は少数のエリートによってしか実現の見込みがないという悲観的な認識に退却したとはいえ[42]、彼の遺産は、共感を覚える者も覚えない者も含めて、美的国家の多様性を認めるに十分なほど柔軟であった。

美学化する政治のより穏やかな意味合いを、そのいくつかの側面で表現するもう一つの方法は、判断力という厄介な問題に関係する。この難問がわれわれを芸術作品(あるいはその政治的相関物)の創造から、それらをいかに理解し、評価するかという問題に連れ去るのである[43]。言うまでもなく、判断力と美的趣味のつながりが古典的に練り上げられたのはカントの『第三批判』においてであった。美的(もしくは、カントの別な呼び方によれば反省的)判断力は、特殊なものを一般的なものに包摂しないので認識的(もしくは限定的)ではない。美的判断力はむしろ、特殊を判断するにあたって、普遍的な法則やアプリオリな原理を仮定せず、その代わりに他者に自己の評価の正しさを納得させる能力に依拠するのである。例えば、私がある絵を美しいと呼ぶとき、私は自分の趣味が個人的な気まぐれ以上のものであり、ともかくも普遍的な同意を約束してくれる判断を表していると考える。私はひょっとしたら私の評価を分かちあってくれるであろう人たちの視点を想像してみる。このように美的判断力は、一つの概念に抱摂されたり、普遍的な命法から導き出されたりすることによって正当化されうるものではない。それはむしろ一種の強制されざる同意の形成を要求するが、この同意形成には、正当に根拠づけられた主張能力としての合理性のコミュニケーション・モデルという意味合いが含まれている。

カントの判断力批判はそれ自体、美学イデオロギーに反感を抱く者たちによって批判されてきた。例えばジャック・デリダは『絵画における真理』のなかで、カントの（帰納と演繹に対立するものとしての）類推の原理への依存は、仮借なく差異を同一性に還元する人間中心主義の立法者に無言のうちに特権を与えることを意味する、と主張している。[44] ド・マンと同様に、デリダも美学をこのように暴力と共犯関係にあると見なしている。彼もまた次のように主張している。美的判断力を自己目的的な芸術作品に限定する企ては必ず失敗する。というのも、作品（ergon）と枠組み（parergon）の境界線は常に浸透されうるものだからである。その結果、一つの判断形式を他から厳密に区別することは不可能となる、と。

とはいえこの最後の論証は、政治の美学化の批判者たちに対して向けられうる。彼らは、二つの分離された領域とされているものの厳密な境界画定を維持しようとしているのである。もし境界が（完全に消し去られはしないものの）常に侵されうるものだとすれば、その帰結はどのような様相を呈するであろうか。これに対する否定的な回答についてはこれまでにすでに詳細に説明してきた。それらに代わるもっと魅力的な選択肢はあるだろうか。思い浮かぶものは三つある。第一の選択肢は、ド・マンにおける美学と文学の区別の絶対性を考慮に入れはするが、これを完全に受け入れはしない、というものである。美学が閉鎖、支配、統制、欺瞞的な暴力の隠蔽に向かう傾向を示すのに対し、文学はこうした結果に抵抗する言語内のすべてのものに対する、高められた感受性を示す。ド・マン自身は晩年の論文の一つで、このコントラストから政治的な結論を引き出している。そのなかで彼は、ほかならぬマルクスという権威を彼自身の仕事の規範として引き合いに出しているのである。「経済学を含めた他のどんな研究にもまして、文学性の言語学は、イデオロギー的逸脱を暴露する際の強力で不可欠な道具であると同時に、その逸脱の生起を説明する際の一つの決定的な要素でもある。社会的、歴史的（すなわちイデオロギー的）現実を忘却しているという理由で文学理論を批判する人たちは、自分たちが疑いをかけている道具によって自分たち自身のイデオロギー的神秘化が暴露されることに対する恐れを表明しているにすぎない。要するに、彼らはマルクスの『ドイツ・イデオロギー』のきわめて貧困な読者なのである」[45]。この議論が意味するのは、文学をディコンストラクションによって読む技能をその特質とする政治は、そうではない政治と比べて独裁に陥りにくい、ということである。美的イデオロギーこそ標的であるのにかかわらず、治療法は美の分析のいくつかの道具の、政治の領域への一種の拡大なのである。当然のことながら、いかにしてイデオロギー批評を超えた、建設的なものが出現するかはあまり明らかではない。

美学と政治の連結の寛大な解釈に対するもう二つの有望な弁護論は、カントの『第三批判』の教説に依拠してきたが、このカントの教説こそド・マンのような批評家たちが、自らが心底から忌み嫌っている、全体化し、類推によって説明しようとする衝動と同一のものとして、拒否しているものなのだ。その第一の論は、ジャン゠フランソワ・リオタールの政治的思考のなかに見出されうるが、なかでももっとも著名なのはジャン゠ルー・テボーとの対話、『正しい／ただのゲーム』(Just Gaming)[46]である。リオタールにとって政治と芸術、少なくともポストモダン芸術は、普遍的な基準によって対立の解決が統制されていない「異教的」実験の領域である。政治を超越論的な幻想のなかに基礎づけることの危険性、あるいは、規範、概念、認識といったものが行動の指針を提供しうると誤って信じ込む危険性をカントは暴露したのであったが、これはリオタールにとって、とりわけ革命政治に潜むテロリズムに対する貴重な矯正策なのである。われわれが一つひとつこうした判断基準なしで選択しなければならないという認識、リオタールが争異（différends）と呼んでいる対立は単一の基準のもとに抱摂することができないという認識は、美の実践と同じく政治的な実践も、全体化する理論に役立つようにはなりえない、ということに帰着する。正しい理解に立てば、この認識はまた、政治的共同体は芸術作品のように作り上げられ、製作されうるという誤信を利用する美学化された政治の、より疑わしい焼き直しをわれわれが受け入れることを、阻止してくれもするのである。(47)

リオタールにとっては、崇高の美学の意味において美学化されていると呼ばれうる政治が、帰結なのだ。つまり、崇高が自らの表現しようとしているものの表現不可能性を承認するかぎり、崇高は、政治的ユートピアのための理論的に喚起された青写真を実現する企ての手前で踏みとどまる。理性のイデアや道徳律を例示しようと努めるよりも、崇高は、共通の拠り所を求めながらも差異を保持する類推の側から議論することにより、美的判断に従うのである。リオタールの崇拝者の一人であるデイヴィド・キャロルの言葉によれば、「崇高は哲学と政治を反省的・批判的様態に推し進め、一つの目的を歴史的・政治的過程に押しつけることを無期延期するのに役立つ(48)」のである。

確かにこのように解釈された美的政治には問題が潜在している。結局すべての政治的問題が、解決の無期延期という贅沢を許すわけではない。崇高は、共通因子のない争異を、均質化する理論の原理に暴力的に服従させることに対する警告として有用であるかもしれない。しかしそれは、なされるべき選択への積極的な助力という点ではたいした貢献はしない。いかなる基準であろうとも、政治的判断のなかに基準を導入することに対するリオタールの懸念は、イーグルトンが言及しているように、粗野な直観の政治に門戸を開く。あらゆる言語には不可避的に一般化する機能が備わっているが、この政治はその働きを表現することができないのである。(49)

美的判断は、外部から合理的な規範を押しつけることを避ける政治のモデルとなりうる、という主張のより有望な見解は、ハンナ・アーレントの著作のなかに見出すことができる。[50] 彼女の言う美学も、従順な素材に対する芸術家の倨傲の意志の押しつけではなく、趣味判断の正当性を確認するにあたって用いられる技能に比せられる説得術の使用を通じて、共通感覚を形成することである。ここで、歴史に条件づけられた不完全な選択肢の限られた数のあいだの選択が政治にはつきものであるという認識が、政治家は創造的な芸術家と同じように、白いキャンバスや一枚の白紙から始められるという無謀な信念に、取って代わる。しかしこのことはまた、リオタールの、コミュニケーションに対する強烈な敵意がややもすれば覆い隠しがちな、判断の間主観的な基盤を承認することを意味する。[51]

アーレントの表現によれば、「判断する能力とはまさしくカントによって指示された意味での特殊に政治的な能力、すなわち、物事を自己自身の視点からだけではなく、たまたまいあわせるすべての人々のパースペクティヴにおいて見る能力のことである。この判断力でさえ政治的存在としての人間の基本的な能力の一つかもしれない。人間が公共的な領域、共通の世界で方位を定めることを可能にするものが判断力であるかぎりは。——これが明瞭に表現された政治的経験とほとんど同じように古い洞察なのである」[52]。判断力の働きは、一般的な概念よりも範例的な実例に訴えることによってなされるので、すべての個々の事例を同一の原理の例示に還元してしまうことを避ける。その代わり、判断力は想像力を必要とする。想像力が過程への関与者たちに、他者を自己の焼き直しに還元することなく、自己を他者の立場に置くことを可能にする。カントが名づけた、想像力に由来する「拡張された考え方」が、争いを超越した至高の主体である神の眼と言われている視点とは異なる、一種の間主観的な不偏性を生み出すのである。[53] この不偏性は超越論的なものではないが、にもかかわらず無限の異種混在性の承認や、呈示できないものの逆説的な崇高な表現以上のものである。それは普遍と特殊を対抗させる——リオタールならこのほうを好んだであろう——よりも、むしろこの両者を調停する。

確かにアーレントの判断力についての探究は、考え抜かれたものというよりむしろ暗示的なものである。リチャード・バーンスタインのような好意的な批評家でさえ、アーレントが、一方での行動の価値の強調と、他方での判断のスペクタクル的な役割の賞賛とのあいだの暗黙裡の緊張を解明することを怠っていると非難している。[54]さらに、政治的と推定される領域とその社会経済的領域との、彼女による疑わしい分離は、彼女の批評家たちの多くを悩ませてきた。この問題は、彼女が政治と美学の分離を廃止したことによって解決されるわけではない。

しかしその欠陥がなんであろうと、美的判断と政治の、幸運でもありえるかもしれない結びつきに関するリオタールとアーレントの思想はともに、政治の美学化の変種が一つ残らず同一の陰惨な結末に行き着くとはかぎらない、ということを有益にも思い出させてくれる。[55]われわれの最初の問いに戻れば、「美的イデオロギー」に対する十把一からげの批判は、こうしてそれ自体イデオロギー的であると見なされうる。もしこの批判が、政治への美学の適用の多岐にわたる意味合いを指し示しそこなうのであれば。というのも、もしそうであれば、皮肉にもこの批判は、自らがあまりにも性急に「美学」そのもののせいに帰した、あの同一の均質化し全体化する、暴力を秘めた諸傾向の犠牲となるのだから。

第7章　黙示録的想像力と悲哀の能力の欠如

覚えておこう。反復：非宗教的反復、悲しくも懐かしくもない、好まれざる再帰。反復：究極的なるものの繰り返し、一般的崩壊、現在の破壊。
モーリス・ブランショ(1)

疑いもなく、それはふたたび起こりつつある。一つの世紀が終わり、もう一つの世紀が始まろうとしている。事実、われわれは千年単位の転換点におり、そのような転換は過去千年間起こったことがなかったと考えてまずは問題ない。そして、新たな千年に向けて容赦なく秒読みが開始され、それとともに未曾有の大洪水、破壊と再生との加熱した幻想に満ちた洪水が押し寄せてきている。そうした幻想はどういうわけか、暦のページの大きな区切りをめくるときにはつきものらしい。

こうした幻想は、しばしば他のもっと強力な伝統と結びついており、そこから多大なエネルギー、イメージ、レトリックを得てきた(2)。紀元前二世紀以来、ダニエル書は、ヘブライ語の gālâ すなわち〈覆いをとること〉のギリシャ語訳によって黙示録として知られてきたが、それがパトモスのヨハネ〔伝承によると新約聖書のヨハネ黙示録の著者〕の不気味な想像力によって特別不吉なひねりを加えられた(3)。そこではまた、不安と期待の不穏な混合物が、暴力的な終末と新しい始まりという予言者的イメージのなかで表現されている。さらに、最近の文化史の書物『世紀末』の著者ヒレル・シュワルツが「双貌的（janiform）」論理と呼んだもの――「双貌的」とはヤヌスの二つの顔からとられている――が、啓示という幸福なイメージと消滅という不吉なイメージとをつなぎあわせている。[4]

今世紀の終わりがわれわれの身近になる以前に、はやくも黙示録的思考は荒々しく回帰してきた。事実、獰猛な獣並みの振る舞いのかぎりが、二十世紀全体を通じてやみくもにのさばっていたと言ってもよいほどである。そしてまさに今、一世紀単位の――むしろ千年単位の――神秘主義のはずみが加わり、その速度はさらに増したように思われる。[5] シュワルツが言うように、われわれの世紀の終わりは、「運命づけられていたかのように、まさにいま訪れた。世紀末を生きるわれわれは、中洲全体が黙示録のどちらかの極、すなわち啓示された栄光か荒廃した地球へと向かって地すべりしていくのを感じるであろう」。[6]

その両極の中間にはたしてこの先十年間踏みとどまることができるかどうか、そしてその極端な二者択一が現実にならずにすむかどうかをあらかじめ予測することが今の私の関心なのではない。それに私は、黙示録的想像力の過去の表現をもう一度細かく調べなおしてみたいわけでもない。この問題に関する文献はすでに数多くある。[7] 私がここで行いたいのはむしろ、黙示録的伝統のもっとも興味深い側面の一つに焦点を当ててみること、黙示録的伝統が一世紀単位あるいは千年単位の幻想と混ぜ合わされるときにとりわけ明白になる側面に焦点を当ててみることである。つまり私は、徹底的な終末と新しい始まりという考えにとり憑かれた一連の思想が、どういうわけかうんざりするような規則性を持って繰り返すように見える、という逆説的な事実を理解しようと試みたいのである。[8] 私が問いたいのは次のことである。黙示録との関連で正当に予言できる唯一確実なことは、なぜ、黙示録の四人の騎手が走路に繰り返し現れ続けるだろうという事実だけなのか。換言すれば、M・H・エイブラムズが黙示録の頂点となるイメージとした黙示録的「結婚」は、なぜ、避け難く離婚と新たな求婚に帰着してしまうのか(9)。

思弁的すぎるこの問いに答えるためには、われわれ自身の時代のなかに見分けうる黙示録的思想の多様なレヴェルを、真剣に取り上げてみる必要があるだろう。というのも、もしそれらの多様なレヴェルの相違のなかに類似性を見つけることができるならば、おそらく、それらの共通の源を示唆するあるパターンが現れてくることになるからである。政治学者マイケル・バーカンは、一九八三年の論文のなかで、現代アメリカにおける「黙示録の分裂」について書いているが、そこで彼が問題にしているのは、歴史はたぶんその終末に近づいているだろうと信じている二つの別個の伝統、宗教思想の伝統と科学思想の伝統のことだ(10)。前者は聖書時代と、後の千年王国説をとるもろもろのセクトに遡ることができ、そのようなタイプのセクトをノーマン・コーンが『千年王国の追求(11)』で描いたことはよく知られている。黙示録的思想は、世界が神の摂理によって構想された道徳的秩序であるという仮定のもとに、歴史的災厄ないし自然的災厄、あるいはその両方に人類の罪に対する神の憤激の不吉な表徴を読みとる。救われて残る者たちだけが、最終的なホロコーストを生きおおせるのだ。

一九四八年、終末一歩手前（ピナルティミット）のホロコーストの灰のなかからイスラエル国が建設された。また、合衆国南部のいわゆるバイブル・ベルトと呼ばれる地帯から起こったキリスト教ファンダメンタリズムが、都市を中心に新たな地域へと広がっていき、新右翼の台頭とあいまって政治的主流のうちに参入することに首尾よく成功した。こうした出来事に勢いをえて、いまや政治的黙示録主義が重要性を増しつつある。よく知られているように、ロナルド・レーガンがウォルター・モンデールとのある議論で、ハルマゲドンを引き合いに出したことは、多数のアメリカ人たちのあいだに共感を呼び起こした。彼らは明らかにそれを単なる隠喩以上のものと受け取ったのである。[12] 興味深いことに、一九七〇年代にもっとも成功した英語圏におけるノンフィクションのベストセラーは、千年王国主義の伝道者たるハル・リンゼーの『最後をむかえた偉大な惑星・地球』であり、それは七百五十万部以上という売れゆきを示した。[13] 湾岸戦争勃発に際して、チャールズ・H・ダイアーの『バビロンの勃興』のような類書が、一九九〇年代におけるその後継となりそうである。[14]

こうした著作の購読者のなかに知識人はほとんどいないとしても——バーカンが主張するには、一つの集団としての購読者たちは、一八四三—四四年のウィリアム・ミラーによる有名な再臨予言がはずれた後に生じたあの「大失望」からけっして立ち直っていない〔合衆国のバプテスト派の再臨待望運動の創始者ウィリアム・ミラーは、一八四三年にキリストの再臨を予言したがはずれた〕——、知識人たちもまた彼ら自身の黙示録的伝統を保ち続けているのである。しばしばわれわれは、科学的精神を、人間の状況は徐々に改善されていくというある種の楽観主義と結びつけるが、しかし、自然を支配し野蛮な仕方でその秘密を暴くことによって生じる意図されざる結果に対して、水面下ではいつも不安を感じてきたのである。一九六〇年代と一九七〇年代において、環境問題への関心の興隆、人口増大に関する新たなマルサス主義的警告、科学の基盤にある性差別に対するフェミニストの批判、そして核戦争の持つ意味に対する認識の高まりなどによって、こうした意図されざる結果にあらためて耳が傾けられるようになった。教養ある読者たちは、終末の日というあからさまに宗教的な幻想に対してはしばしば軽蔑的であったが、バリー・コモナー、ロバート・ハイルブロンナー、ジョナサン・シェルのような作家たちが描く地球規模の破壊と、多分ゴキブリだけを除くすべての生命の終焉という筋書は、彼ら知識人にも、もっともらしいものと見えたのである。[15]

皮肉にも、宗教的予言者たちが来たるべき終末の政治的表徴に心を奪われて、自然的前兆を無視するようになればなるほど、世俗的予言者たちは、自然界のうちにさし迫った災厄の兆しを読みとろうとするようになった。また、科学的黙示録主義は、神の怒りの象徴的表徴よりも統計的推定を好むという点において、その分身としての宗教的黙示録主義とは異る。科学的黙示録は、言いようもない神性の神秘的な働きを頼みとする言語よりもむしろ、因果的に事実を確認していく言語を語るのである。

しかし、これら二つの黙示録的言説は、しばしば強い道徳的語調を共有してきた。科学的に不吉な予言をする者に言わせれば、人間は自らにふりかかるかもしれない災難に対して大いに責任がある。たとえ同じ人間が、いま行動を起こして終末の日を遅らせることにまにあったとしても、やはり責任は免れない。黙示録主義の二つの亜種のあいだの類似性は、エイズの襲来に対する混乱した対応のなかに特にはっきりと現れてきている。つまり、両者の対応は、度過ぎた性的自由を悪疫が罰しているという幻想を容易に思い起こさせるのである。エレーヌ・ショウォーターが、世紀末における性と文化に関する最近の研究で述べていたように、「性病は性的アナーキーの黙示録的姿である。そして梅毒とエイズは、道徳的放縦の結果のように思える病気として、また道徳的パニックを引き起こした病気として、それぞれ十九世紀と二十世紀の終わりにおいて、同じ位置を占めているのである」[16]。そのようなパニックがもっとも明白に現れてきているのは、おそらく宗教的黙示録の信者たちのあいだにおいてであろうが、世俗的な黙示録主義者たちのなかにもそのようなパニックがまったくないわけではない。彼らもしばしば、いわゆる性革命の代償にまつわる不安を克服することができないでいるように見える。

バーカンは、二つの伝統は一緒になりそうにないと言って読者を安心させはするものの、次のことは認めている。すなわち、「黙示録的思考の両者の流れが出来事の解読において一致するならば、その時には、一つの予言がその予言どおりに実現される可能性は著しく高まり、そしてパニックは、かつて超自然的存在に帰されていたような効果を生み出すであろう……という気がかりな可能性は残るのである」[17]。バーカンは言及していないが、もしわれわれが現代の黙示録的思考に、今一つ第三の流れ、すなわち黙示録のポストモダン版とでも呼びうる流れを認めるならば、この暗い予言はいっそうの重みを増すことになるだろう。

というのも、ジャン・ボードリヤール、ジャック・デリダ、ジャン＝フランソワ・リオタールのような人物たちの文化に関する考察にも、やはり黙示録的形象や観念への明白な訴えかけが見出しうるからである[18]。これらの思想は、それが初めてというわけではないが、しばしば崇高の美学と結びついている[19]。つまり、その美学においては、恐怖が表象しえない栄光の暗示と混ぜ合わされているのである。彼らの着想の多くは、科学技術に対するフェティシズムと人間中心的超主観主義によって破壊される西欧の悲劇的運命についてのハイデガーの暗澹とした予言のなかに、その共通の源を見出すことができる。その結果、彼らの思想はしばしば、モーリス・ブランショのある著作の題名を借りるならば、「災厄の記述」のように見えるのである。

美的モダニズムの伝統のうちにも確かに同様の傾向が数多く見られるが、この問題に関しては、フランク・カーモードがローレンス、イェーツ、コンラッドのような人物たちの場合について明らかにしてきた[20]。イヴ＝アラン・ボワもまた、視覚芸術についてこう記している。「モダニズムのすべての企図、とりわけその象徴と見なすことができる抽象絵画は、黙示録的神話なしでは機能することができなかった[21]」。黙示録のポストモダン版をいくぶんそれまでと異なるものにしているのは、それが黙示録の双貌的な顔のうちの伝統的一面を抑圧していることである。すなわち、モダニズムは、一千年間の最後の日々の後に贖いとなる終章（エピローグ）――イェーツの「再臨」やローレンスの「〈慰め主〉の時代」――が訪れることにまだ希望を抱いていたが、ポストモダニズムはもっぱら破壊の永続性にのみ焦点を当てるのである。

ドイツの批評家クラウス・シェルペの用語によれば、こうして黙示録のポストモダン版は、再生ないし再建のいかなる希望をも捨て去り、伝統を「脱‐劇化」したのである。シェルペは言う。「黙示録的形而上学を退けることによって、また純粋で自足的なカタストロフィーの論理に固執することによって、ポストモダンの思想は、歴史を変えたり終わらせたりする出来事を期待する必要から自らを解き放つのである」[22]。ポストモダンの思想は、代わりに、美的無関心という情緒的に距離をとった態度を推奨する。すなわち、劇的ないし物語的解決という伝統的考えを捨て、けっして到来しない終末の瀬戸際にいることに抑え難くひかれるという態度を推奨するのである。リオタールが繰り返し強調していたように、ポストモダンの「ポスト」は、年代記的意味における「後」を少しも意味しない。むしろ、それは、現代性の裂け目のなかにいつもすでに現前しているのである。ポストモダンの思想家たちが贖いの希望を拒否するのは、歴史後(posthistoire)[23]の時代にわれわれは生きているというしばしば声高に唱えられる信念の反映であるが、シェルペによれば、そうした拒否の結果生み出されるのは、単に今現在にとっての黙示録ではなく永遠の黙示録なのである。

この態度をはっきり示している例を、次のデリダの講演のうちに見ることができる。「人間の目的＝終末」というデリダの初期の論文に関して、一九八〇年セリジー・ラ・サールで学術会議が開かれた際に、デリダ自身が「最近の哲学に見られる黙示録的語調について」[24]と題して行った講演である。その題は、この問題に関するポストモダン的な関心を単刀直入に表現している。デリダが強調するのは、黙示録的幻想の内容よりもむしろ、それにそえられた恐慌やヒステリーの予言者的語調である。デリダの立論の足がかりは、一七九六年のカントの論文「哲学において最近あらわれた尊大な語調」[25]にある。啓蒙の偉大な巨匠カントはそこで、増長した空想的気分が純粋な哲学的探究という地道な営みにもたらしている危険に対して、警告を発している。デリダの指摘によれば、カントが非常に懸念するのは、秘儀伝授者たちが、思考しうるにすぎないものを知りうる啓示的力を持っているかのごとく主張するために、哲学の死活問題が生じはしないか、ということである。[26] それに対するカントの処方は、彼が『学部の争い』において諸学科間の論争を仲裁するために提案した普遍的法廷に比すことができるある種の思想警察である。

しかし、デリダから見れば、カントは時代遅れの形而上学を終わらせるのだと主張しながら、同時に、自らある種の黙示録的思考を知らずしらず解き放ったのである。というのも、カントはその際、黙示録的思考を特徴づける典型的な終末論的予言を採用していたからである。「二千年前から哲学は終わりを告げていると宣言する人々をカントが非難するにしても、カント自身一つの限界、さらにはある種の型の形而上学の終わりを印づけることによって、哲学における終末論的言説のもう一つ別な傾向を解放したのです[27]」。すなわち、何であれ終末に関する以後のすべての宣言は、カントの意図せざる黙示録主義を反響させているのである。他より一歩先んじようとするあらゆる考え方、あらゆる「終末論的雄弁におけるエスカレート、……歴史の終末、階級闘争の終末、哲学の終末、神の死、宗教の終末、キリスト教と道徳の終末、……主体の終末、人間の終末、西欧の終末、オイディプスの終末、大地の終末、……目下現在の黙示録」[28]、それらすべては、哲学から黙示録的語調を消そうとするカントの目論見の失敗を明らかに示している。

さらに、デリダが示唆するには、黙示録的語調がもっとも明白であるのは、書き手が誰だかよくわからないとき、どこでもないところから声が来るときである。この主張の含意するところは深い。というのも、ディコンストラクションが常に証明しようと試みてきたように、著者の存在が廃棄できるフィクションであるとするならば、そのときには、すべての記述に黙示録的契機があることになりはしないだろうか。それゆえ、デリダが次のように主張しても驚くにはあたらない。「黙示録的なものは、あらゆる言説の、あらゆる経験そのものの、あらゆる刻印もしくはあらゆる痕跡の超越論的条件ではないでしょうか？……そして厳密な意味で《黙示録的》と呼ばれる著述のジャンルは、そのときこの超越論的な構造の一つの例であり、一つの範例的な啓示にほかならないでしょう(29)」。このように、黙示録に対する当時の「啓蒙された」批判者たちですら、暗黙のうちに黙示録的用語でもってその伝統を告発しているのである。「終末が近づいており、しかも黙示録は長期にわたって存続しています(30)」とデリダは皮肉な結論をくだしている。

しかし、もし黙示録が際限なくどこにでもあり、それを消してしまおうとするカントの思想警察による企てを永久に挫折させ続けるとしても、デリダにとってその黙示録が意味するところは、黙示録のかつての擁護者たち、とりわけ宗教的伝統におけるその擁護者たちが考えていたこととまったく同じではない。というのも、黙示録という用語のデリダの解釈には微妙な転換があり、そこでは双貌的な顔の一面が、典型的にポストモダン的な仕方で抑圧されているからである。ヨハネの黙示録における「来たれ」という命令をくわしく分析する際に、デリダは、ブランショとレヴィナスにおける規範的言明と記述的言明との根本的分離に依拠している(31)。デリダが主張するには、「来たれ」という命令は、世界に関するいかなる有意味な言明にも変換することはできない。倫理と存在論は同じものではなく、前者の行為遂行的機能は、後者の事実確認的機能とは共約不可能である。だから、「来たれ」という命令は「一個の対象、一個の主題、一個の表象＝代理再現、さらには、一個のカテゴリー、たとえそれが来ることあるいは出来事のカテゴリーであろうと、一個のカテゴリーのもとに抱摂されるべき通常の意味での一個の引用とはなりえないものだったのです(32)」。それは存在を越え、可視的外観を越え、啓示の約束する解き明かしを越えているのである。
したがって、黙示録的語調が、カタストロフィーに引き続いて起こる究極的啓示（illumination）という意味での黙示録的出来事をあらかじめ示すということは、実際にはないのである。デリダによれば、「まさしくここで約束あるいは脅威として告知されているのは、黙示なき一個の黙示録、幻視＝示現＝見神なき、真理なき、啓示なき一個の黙示録、……メッセージもない、宛先もない、発信人あるいは決定可能な受け取り人もない、最後の審きもない、〈来たれ〉という語調以外には、その語調の差異＝遅延作用それ自体以外には、善悪の彼岸の黙示録より以外には、なんの終末論もないもろもろの呼びかけです(33)」。そして、もし、最終的な結論を恐怖のうちにひたすら待ち続けるという感覚に、いかなる出来事も終わりをもたらすことができないとするならば、そのときには真のカタストロフィーとは「終末のない一個の閉鎖域、終末のない一個の終末(34)」のことなのである。

この論文に関する最近の論評のなかで、ジョン・P・リーヴィー・Jrは次のように論じている。デリダの戦略は、黙示録の完全な実現にあらがい、ある種の仕方でそれを無効にしてしまうために、まさに十分黙示録的なものを導入することなのである、と(35)。こうしてデリダが導入する黙示録的なものは、ある種の厄除け装置として役立つのであり、それは、去勢を避けるための生殖器の像や割礼の儀式、あるいは邪悪な眼を遠ざけるために描かれた眼のように、邪悪なものを回避する。リーヴィー・Jrはその結論の混合した性格を示すために、二つの用語を結びつけた「黙示祓い（apotropocalyptics）」という舌がもつれそうな新語を提案する。換言すれば、ファルマコンが毒と薬の両者を意味するという、あのおなじみのデリダの領域にわれわれはいるわけだ。その際さらに、リーヴィー・Jrは、「黙示祓い」をもう一つのデリダ的造語、メッセージが決して宛て先に到達することのないという不可能性を示す「宛《あて》差延（destinerrance）」という言葉に結びつけている。

ディコンストラクションの観点からすれば、そのような結果は一見満足をもたらすかのようである。なぜならそれは最終的な全体化を前もって防ぐからである。しかし、ポストモダン的黙示録の幻想化というより広い文脈においては、それが生み出す情緒的効果は、陰気な諦めにむしろ近く、ある観察者はそれを広く浸透した「喪失のレトリック」[36]と呼んでいる。それゆえ例えば、ボードリヤールはそこに流れる雰囲気を次のような言葉で描いている。

もはやそれは不機嫌でも世紀末の物悲しさでもない。それはまた、破壊によってなんとかすべてを正常化しようとするニヒリズム――ルサンチマンの情熱――でもない。いやむしろ、メランコリーこそが機能的組織、すなわちシミュレートし、プログラムし、情報提供する現代の組織の基調なのである。メランコリーは、意味消失の様態、操作的組織における意味の揮発の様態に固有な特性である。そしてわれわれはみな、鬱病患者なのだ。[37]

リオタールはポンピドゥー・センターにおける一九八五年の彼のポストモダン展「非素材(Les Immatériaux)」によって生み出される情動的な語調を描写するよう求められたとき、それは「現代の諸理念に関するある種の悲哀あるいはメランコリー、混乱の感覚」[38]だ、と答えた。さらに、それは、ある程度漠然とした躁状態のヒステリー発作と織り混ぜられているメランコリーであり、様々な論者たちもそれを敏速に感じ取っていたのである。[39]

こうした認識は、黙示録のポストモダン的変種のみならず、黙示録的想像力全体に接近するための重要な糸口をわれわれに与えてくれる。躁病という言葉がカタストロフィー後の再生と救済の啓示への信仰によって生み出される気分をとらえる一方で、最終的結末という幻想に伴う基本的な心的状態を描写するには、メランコリーという言葉がもっともふさわしいだろう。いつもであれば私は、文化的現象を心理学化することにはあまり気がすすまないのだが、黙示録的心性と文化的現象の病理とのあいだの適合は、無視するにはあまりに強力すぎる。[40] その病理は、もしわれわれがこれと同じテーマに関する古典的な精神分析のテクスト、フロイトの一九一七年の論文「悲哀〔喪〕とメランコリー」に立ち返ってみるならば、さらにいっそう明らかになる。[41]

フロイトによれば、正常な悲哀は、愛する人の喪失、あるいはそれに代わる祖国や自由といった抽象的な代理物の喪失に伴って生じる。現実吟味を行うことによって愛するものの消失が客観的に証明されれば、病理学的処置や保証処置をほどこすまでもなく、悲哀は正しい方向に進んでいく。喪失を認識することにより、それに備給されたリビドーを苦しみながらゆっくりと撤収させ、主体の精神的平衡を回復させる。ひとたびこの服喪作業（Trauerarbeit）がなされると、フロイトによれば、「自我は自由になりふたたび抑制されない状態となり[42]」、新しい愛の対象に備給することができるのである。

鬱病は、深い意気消沈や外界に対する関心の喪失のような正常な悲しみに見出しうる多くの性格をまねるが、そこにはまったく鬱病独自のものがつけ加わっている。すなわちそれは、「自分を責めたり自分を侮蔑したりすることのうちに表現方法を見出し、妄想的な罰の期待に極まる自尊心の低下[43]」である。フロイトの推測によれば、悲哀ではなく鬱病において経験される自尊心の著しい低下は、自我の分裂を表現している。そこでは、一方の自己が他方の自己に対立しているのである。その罰するほうの自己の部分を、フロイトは良心と同一視する。なぜなら、「鬱病の臨床像においては、道徳的な理由によるみずからの自我に対する不満足がもっとも顕著な特徴だからである[44]」。

この罰が向けられている先を見定めることは、その出所を見定めることよりもいささか困難である。というのも、もし患者の言うことを注意深く聞けば、彼の非難は実際には自分自身には向けられていないからである。むしろ、その非難は、鬱病患者がそのとき無意識のうちに一体化している失われた愛の対象に向けられているように見える。次のようにフロイトが述べたのはよく知られている。「そのようにして、対象の影が自我に襲いかかり、その結果、自我はそれ以降あたかも一つの対象、見捨てられた対象のように特別な心的力によって批判されることになるであろう[45]」。行き着く先はナルシシズムへの退行であり、そこではもはや愛の対象はまわりになく、後に残りうるのはその内在化された代理物との愛‐関係だけである。すなわち、対象に対する主体のエロティックな備給の一部が、その対象との自己同一化に退行してしまうのに対して、もう一方の部分は、主体の失敗と思われているものを理由に主体をサディスティックに罰するのであり、ときとしてそれは自殺の幻想や実際に自殺に導くことすらある。失われた対象から自分自身をうまく切り離すということ、つまり、客観的に見て対象が失われたときにはそれを諦めるということが、鬱病の主体にはできないのである。

フロイトはまた、鬱病的症候群にしばしば伴うもう一つの特徴にふれており、それはわれわれの一般的分析にも関係する。すなわちその特徴とは、普遍的というわけではないがしばしば鬱病が躁状態による回避へと形をかえることである。「鬱病のもっとも顕著なまた説明を要する特徴は、それがまったく正反対の症状を呈する躁病へと転換する傾向を示すということである[46]」、とフロイトは書いている。躁病は、一見したところ、正常な悲哀における悲しみの解除作業（ワーキング・スルー）に似ているように見える。なぜならそこでは、失われた対象が、もはやリビドー備給の対象ではないということが示されているように思われるからである。しかし実際には、躁病は鬱病に明白な特徴と同じいくつかの特徴を示し続ける。特に、躁病は、習慣的な心的消耗という長く続いた状態のなかで突然の断絶によって解放された余剰エネルギーを放出する。躁病もまた同一化というナルシシスティックな状態へのリビドーの退行から引き起こされるので、躁病は鬱病のようなものだ、という仮説をフロイトは提出している。

「集団心理学と自我の分析」において、フロイトはふたたびメランコリーと躁病の関係に立ち返ろうとした。(47) そこで彼は、それらがどのように結びついているのかについて十分満足のいく説明をしていなかったことを認めているが、それらは同一コインの両面であると論じている。鬱病においては、自我は今度は彼が自我理想と呼ぶものによって攻撃されることになる。他方、躁病においては、その二つの自我は一つに融合している。どちらの場合も、現実吟味を行うという自我の能力に基づいた解除作業がいまや妨害されているのである。そして、二つの状態のあいだでの定期的な動揺が、躁鬱状態という精神病的症候群を生み出し、その結果、理性的な用語で、すなわち、何よりも自分と他者との分離の認識を意味する用語で世界とかかわりあうことに、いつも失敗することになるのである。

悲哀、メランコリー、躁病に関するフロイトの探究は試験的なものであり、それはメラニー・クラインのような分析家たちによって引き継がれ、いっそう洗練されていくことになった。(48) とはいえ、フロイトの探究は、やはり、黙示録的想像力を理解するための助けとなってくれる。というのも、フロイトが描いて見せるメランコリーの諸徴候は、疑いようもなく黙示録的思考の諸徴候と非常に良く似ているからである。すなわち、深い苦痛を伴った意気消沈、日常的世界に対する関心の撤収、愛する能力の減退、意志の麻痺、そしてなかでももっとも重要なのは、道徳的逸脱と思われるものに対する罰の幻想を伴った自尊心の極端な低下、などである。さらに、鬱状態と躁状態とのあいだの循環が、双貌的症候群の二つの顔を揺れ動くなかで繰り返される。そしてわれわれが見たように、黙示録と百年ないし千年単位の神秘主義とが同時に起こるときにその動揺は強められる。

こうした類似は、おそらく黙示録の宗教版においてもっとも明白である。そこでは、罪に対する神の報いが、フロイトの分割された自我、他方の自我を過失を犯したといってサディスティックに罰するもう一方の自我の描写と一致するのである。その過失は意識のうえでは罪として理解されるが、もしフロイトが正しいとすれば、それは、愛する対象の喪失、自分が欲していたと無意識のうちに思っている喪失に対する鬱病患者の自己非難を、無意識的に表現しているのである。その際、非難の源泉は外界に投影されており、そこから、患者の打ちのめされた自我に対する攻撃となって帰ってくる。世界の終末の具体的予言がはずれるときにはいつでも、現実吟味が行われる。とはいえ、滅亡の予感は、自我の分裂と自己処罰の過程を再発火させる外傷性の出来事――戦争、地震、悪疫、天からのその他の「表徴」――によって、ふたたび引き起こされうるのである。

科学的黙示録思考の場合には、一元的な心理病理的解釈を擁護するのはより困難である。なぜなら、そこには恐ろしい推測や見通しを支えるに十分な証拠が常にあるからであり、その証拠とは、世俗的な「啓蒙された」精神の持ち主たちが真面目に受け取る類のものである。そして、進歩という神話を信じきっている極端な楽天家を除けば、そのような証拠を簡単に無視することは誰にもできないであろう。しかし、私の知るかぎり、実際にはいかなる予言といえども、少なくともデータを別様に解読する他の科学者たちによって異議を唱えられてきた。そのかぎりで、黙示録的幻想に向かう最悪のシナリオが好まれるということは、世界の終末に関する宗教的不安を決定づけているのと同じメカニズムによってある程度説明されうるだろう。すなわち、そういった不安は重層的に決定されているのであろう。このことは、そういった不安の持つ執拗な力を理解するのに十分な唯一の説明というものはないであろう、ということを示唆している。

罪と贖いといった言い方は、こうした科学的黙示録の思想家たちのあいだではもはやそれほど流行してはいないが、われわれの攻撃的な自然支配の報いとして破壊がもたらされるだろうという幻想は、なお健在である。世俗的批評家たちが、核戦争と宗教的な意味を担った裁きの日とを同一視することにいかに反対しようとも、彼らがしばしば用いる別の隠喩は、宗教的破滅の予言者によく見られるものと同じような不安を暗示する。(49) さらに、次の事態を思い起こしておくことも重要である。エルンスト・ユンガーやマルティン・ハイデガーのようなかつての思想家たちは、科学技術の奢りに対する批判を得意としたが、彼らは、自分たちの批判に非合理主義的エネルギーや神話的エネルギーを吹き込むことに、何の問題も感じなかったのである。(50)

黙示録の合唱におけるかなり冷笑的で、贖いという考え方を嫌うポストモダン的な声に関して言えば、すでに記したように、それもまた自らの幻想のメランコリックな語調をしばしばはっきりと強調している。そういった声が理論化される際にはたいてい、躁的な要素はさらにいっそう明白になる。それを、リオタールはリビドーの激しさへの魅惑において、デリダは無限で拘束のない言語の戯れへの価値付与において、ボードリヤールはシミュラークルによって過剰に負荷されたハイパー・リアルの世界への賞賛において表現している。ポストモダンの旋回はしばしば息つく間もないほど加速されているように見えるので、伝統的宗教支持者たちの黙示録的幻想にブレーキをかける現実吟味を行う暇さえほとんどない。その結果は、「黙示録よ永遠に」のあの容赦のない高揚なのであり、それをシェルペは黙示録的症候群の脱劇化されたポストモダン版に典型的なものと見なしたのである。

現実吟味の拒否を問題にするとき、われわれはふたたび悲哀とメランコリーのあいだにフロイトが設けた区別に立ち返ることになる。というのも、現実吟味を行う能力こそが悲哀をメランコリーから区別するものだからである。黙示録的思考が鬱的不安と躁的解放の循環にとらわれているかぎり、それはまさに服喪能力の喪失と呼ぶことができる。繰り返すと、服喪作業は、それをメランコリーから区別する二つの特徴を持っている。すなわち、一つは、服喪作業は失ってしまった愛の対象を意識しているのに対して、メランコリーはそうではないということである。もう一つは、服喪作業は対象が現に消失してしまったことについて現実吟味から学ぶ能力を持っており、したがってその作業はゆっくりと苦痛を伴いながらもその対象からリビドーを撤収するということである。愛する対象は記憶のなかに残るのであって、抹消されるのではない。しかし、それはもはや以前と同じような情動的備給の標的ではないのである。

これとは対称的に、メランコリーは、フロイトが他の場所で否認あるいは排除（Verwerfung）と呼んでいるものの論理に従っているように見える。そこでは同化できない素材が精神から放逐されているように見える一方で、それは幻覚の「現実」の領域に繰り返し現れてくる。神経症的抑圧においては、そうした素材は精神のなかにとどまり、転移による再上演をとおして解除されうるが、それとは異なり、排除はその素材を捨て去ってしまい（ver-werfen の文字通りの意味）、その結果、その素材をうまく象徴化し統合することができなくなる。失われた対象を記憶に再編入しうるどころか、鬱病患者は現実に失われてしまったものを意識的に確認することも、また自分のその対象に対するリビドー的固着を解除することもできない。むしろ、鬱病患者は、自己処罰の恐怖と躁的否定との永遠に止揚されない弁証法のうちにとらわれたままである。フロイトが言うには、「鬱病のコンプレックスは開いた傷口のように作用し、すべての面から自らへと備給エネルギーを引き寄せ、……自我がまったく貧困になるまで自我を枯らすのである」[51]。

このような考察が提起する問いは明白である。すなわち、黙示録的思考がその対象の喪失に向き合うことのできない、その対象（あるいは対象群）とは何か。そして、その対象（あるいは対象群）はなぜかくも断固として否認されたまま、意識的な解除作業に抵抗し続けるのか。ここで誠実な分析家はためらわざるをえない。というのも、われわれがここで扱っているのは、いかなる単純な解答も確信をもって提出しえないような複雑さと長い歴史を持った文化的現象だからである。ヒトラーを失ったことに対するドイツ人の反応のような集団的現象を解釈するために服喪能力の喪失が持ち出されたこともあるが、[52]そうした場合とは違って、ここでは悲哀の過程に抵抗する特殊歴史的な外傷を的確に位置づけるのは困難である。だが、この問題を扱う方法を示唆するだけだとはいえ、何らかの考察を行うことは可能だろう。

精神分析家モーティマー・オストウは、夢や精神病の幻覚や宗教的文書における様々な黙示録的原型を比較した最近の論文において、それらすべてが次のようなある共通の前提を共有していると主張している。「救世主による救いは個人を楽園へと連れていくのだが、その楽園は通常母の胎内の表象と考えられる。この母なる楽園への旅は、危険で残忍な生き物たちによってしばしば妨げられたり脅かされたりするが、それらの生き物たちは、父や兄弟、あるいはその両者の表象なのである」。[53]しばしば論じられているように、ユダヤ教やキリスト教のような一神教的宗教が、母なる女神としてかつてあったものを厳格な父性的神格に置き換えようとしたのだとすれば、失われた対象はおそらくある意味で母性的なものとして理解することができるであろう。そう考えていくと、M・H・エイブラムズによって強調された黙示録的文学にあまねく見られる結婚のイメージは、単に「自らのものである民や大地との神の和解」[54]以上の正確で含蓄に富んだ意味を持っていることになる。そうだとすると、悲哀とは、原初の母がいなくなることによって生じた喪失の解除作業のことであろう。取り戻された完全さという幻想のなかで母とふたたび一体化しようとする退行的な欲求を放棄する能力の欠如は、その母の死を実は欲しているのだという無意識の自己譴責が伴っているときには、むしろ鬱病に帰着するだろう。

これらの精神力学は、ジャン・ジョセフ・グーのような論者たちによってしばしば宗教現象に適用されてきた。彼は母との近親相姦の禁止を、ユダヤ教で重視される偶像に対する禁止やある種の美的傾向に対するキリスト教による禁止のような、他のタブーに結びつけている。[55] また、リオタールは同じテーマを「排除された形象」と題された論文で扱っている。その論文では、フロイトの鬱病の分析がユダヤ人の視覚に対するタブーと母の拒絶にはっきりと結びつけられている。[56] 彼が示唆するには、それはさらに、失われてしまったものに積極的な象徴的表象を与える能力の欠如と関連しているのである。この欠如こそ、このコンプレックス全体を、ポストモダンに特徴的な美に対する崇高なるものの支配に結びつけているのである。

しかし、おそらく、母の死に対する服喪能力の欠如という観点からメランコリーを説明しようとするもっとも洗練された企ては、『黒い太陽』[57] と題された抑鬱に関するジュリア・クリステヴァの最近の考察においてなされている。フロイトを越えて彼女は次のことを主張する。すなわち、その欠如は、実在の母のような現実の対象ではなく、むしろ彼女が「もの」と呼ぶものとかかわっており、この「もの」こそより基礎的でかつとらえどころのないものなのである。彼女はそれを「それ自体は意味作用を持たない現実、魅惑と嫌悪の中心、欲望の対象がそこから分離されてしまうセクシャリティーの座」[58] と定義している。ジェラール・ド・ネルヴァルの一八五四年の詩『廃嫡者』からの「黒い太陽」という隠喩が、その表象できない欠落をうまく表現している。「〈もの〉は想像された太陽であり、明るく、そして同時に黒いのである」。[59] 鬱病患者はこの「もの」に幻惑されているのである。自分の家がどこにあったのかわからない勘当された放浪者のように、彼はその「もの」に心休まる暇なく悲哀を感じる〔喪に服する〕。象徴的表象に抗して、その〈もの〉は精神のなかで暗号化され、いかにしても言語によって表現されたり解除されたりすることができず、壁の中に取り囲まれたままなのである。そのかわりに、メランコリーは絶望という——おそらくカントによって攻撃されデリダによって擁護された黙示録的語調のような?——感情的な語調を生み出すのであり、それは文字通り言葉を失っているのだ。

対象との関係が言葉にできないものとの関係に取って代わっているような、二つの段階がある。クリステヴァによれば、メランコリーに陥らないためには、この二つの段階をうまく処理することが必要である。まず第一段階として、男であれ女であれ、個人は、精神的成熟を獲得するために母を実際に「殺す」——あるいは、より正確に言えば、母から分離する——のでなければならない。「男性にとっても女性にとっても、母親の喪失は生物学的にも心的にも必要かつ必然のものであり、自立への道しるべである」[60]、と彼女は書いている。「母殺しは、……私たちの生の必然であり、私たちの個体化の必要不可欠の条件である」。こうした断絶が起こらず、主体が分離によって母を「殺す」かわりにナルシシズム的に母と一体化してしまうときには、結果は病的なものになってしまう。「母という対象が取り込まれるために、結果として母殺しのかわりに抑鬱的ないし鬱病的な自我の死刑執行が起こるのである」[61]。

第二段階は母殺しの行為によって引き起こされた罪の解除作業を伴う。この作業は父との言語的同一化を引き起こす、とクリステヴァは主張する。ここで「父—の—名（否）」というラカンの議論の多い概念が思い起こされるが、クリステヴァの議論は次の一点においてそれから微妙に離れている。つまりクリステヴァが主張するには、「そのような象徴的勝利の支えとなる父は、オイディプス的父ではなく、フロイトが『個人の先史時代の父』と呼んだあの『想像的父』であり、この父が一次的同一化を保証するのである」[62]。しかし、どちらの場合においても、母とのナルシシズム的な自己同一化に対する父の禁止と自己同一化しうることが精神的健康の源である。鬱病患者は否定を拒否し、シニフィアンを否定し、失われたものとの不可能な一体化をめざすのに対して、母殺しによる分離に成功した悲哀する〔服喪する〕者は、運命的な所行を解除するための象徴的な方法を見出すことができる。特に、ある種の芸術は、それが沈黙したイメージの肥大化を避ける場合には、とりわけそのような脱出の道を供給することができる、とクリステヴァは主張している。そして、クリステヴァは明らかに、そのような沈黙したイメージの肥大化を黙示録的想像力と同一のものと考えているのである[63]。

こうした議論が、かつてクリステヴァの設けた母性的でセミオティックな言語と父性的でシンボリックな言語という区別からの後退であるかどうかという問題は、彼女の仕事を真剣に研究している者のために残しておきたい。しかし、そのような研究者たちも、キリスト教的象徴化への回帰はポストモダンのメランコリーに解毒剤を与える、という『黒い太陽』における彼女の提案については、議論の余地があると考えるかもしれない。われわれの目的にとって重要なのは、メランコリーと「母なる対象に対して成就されていない悲哀[64]」とのあいだにクリステヴァが設けた関連である。というのも、彼女の考えは、多くの黙示録的思考の持つしばしば非常に激しい女嫌いの語調をわれわれが理解しようとするときの助けとなるからである。すなわち、母の必然的な「死」への悲哀を通過することなく、母とナルシシズム的に自己同一化してしまうことは、フロイトがメランコリー一般の特徴であるとしたあの逆転に帰着する。象徴的に統合されるよりもむしろ精神から追い出されることによって、母と同一化されたものは、いわば、パトモスのヨハネと彼の継承者とによって激しく罵られた復讐する「バビロンの大淫婦」や「淫売の母」として回帰する[65]。

こうした連想が単なる偶然以上のものであることは、黙示録的創造力の歴史におけるこれまでのさまざまなエピソードから証拠だてられる。前世紀末には、黙示録的幻想は、しばしば母としての女性の第一の役割と見なされたものが侵食されることに対する不安に明白に結びついていた。ブラム・ダイクストラが『倒錯の偶像』のなかで論証したように、ひとたび「家事を賄う貞潔な女」という理想がくずれ女性の性が解放されると、多くの芸術家や知識人たちは女性に対してサディスティックな憤激に満ちたイメージを投影したのである。彼女らはそこで、口やかましい女、両性具有者、吸血鬼、そのほかの破滅をもたらすものに投影された。[66]ドイツの画家エーリヒ・エーラーの一九一五年のエッチング『黙示録の獣』では、血まみれの裸婦が恨みを晴らす場面が描かれているが、それは、母の喪失に関する無意識的なアンビヴァレンスによって生み出された不安を統合する能力の、鬱病的な欠如を例示しているのである。

黙示録的想像力の科学版を失われた母の否認についての上記のような考察に還元するのはより困難であるが、母なる地球や母なる自然といった昔からの擬人化は、そこでもやはり宗教的な黙示録的思考と同じようなものが働いていることを示唆している。イヴリン・フォックス・ケラーやスーザン・ボルドーのようなフェミニストの科学史家たちは、近代の科学的企てが自らを正統化するために母からの分離という暴力的なイメージをどれほど身におびていたかを論証している。[67]このように、技術や科学の奢りへの批判における黙示録的契機を、近代主義的プロジェクトを支える母殺しに感ずる苦痛の複雑な表現として解釈することは魅力的である。実際のところ、近代主義的プロジェクトとは、母なる自然と呼べるもののなかにある起源から自らを引き抜いてしまおうとする人間の試み全体のことである。

もしわれわれがこの考え方の魅力に屈し、また、ある仕方で、というよりむしろ間違った仕方でなのだが、黙示録的な傾向のある鬱病患者によって否認された失われた愛の対象は母である、と認めるならば、母の喪失に対して悲哀をおぼえるのはなぜそんなにも困難なのかということが次の問いとなる。われわれが科学的とかポストモダン的と呼んできた明らかに宗教よりも後に起こった想像力においてすら、なぜ黙示録的幻想は盛んであり続けているのであろうか。ここでわれわれは、以前にもましてさらにぐらついた地盤の上にいることになる。それというのも、この重大問題の集団心理学的考察がまったく不確かな仕方でしかなされえないからである。それでも、二つの答えらしきものが心に浮かんでくる。

第一の答えは、ある対象を明白に喪失せず、したがってそれにわれわれが悲哀をおぼえることのできないような対象が、いわゆる現実の世界に持続的に存在している場合にかかわる。すなわち、個々人が自分の実際の親の喪失を解除しようとする場合、その真正の不在を悟るためには時が経過すれば十分であり、慰めの作業はそうして達成されるが、地球のような母の代理となるものの集団的「喪失」の場合には、そうした解決は不可能である。というのも、地球は、われわれの破壊によって傷つけられているとはいえ、依然として存在し、われわれを育んでいるからである。完全には消失していない対象に対してわれわれが持っているように思うリビドー的備給からわれわれを解き放つ現実吟味などありえない。だから、愛しているものを密かに殺したいと思っていると罪を感じても、その罪責感が解除されることはけっしてありえない。なぜなら、その罪は常に新たに犯され、常に改めて悔やまれるからである。

第二の説明は異なった面に関係がある。黙示録的語調を哲学からなくすことはけっしてできないというデリダの主張を手がかりとすると、以下の説明が示唆するのは、失われた素材を完全に解除するものとしての服喪作業それ自体が一つのユートピア神話だということである。すなわち、黙示録的鬱病に特徴的な反復や代替を越える方法を見出したいという希望は、必然的に失敗する運命にある。というのも、クリステヴァには申し訳ないが、否認された素材をすべて文化的無意識にふたたび組み入れ、それを解除することは、個人レヴェルにおいて完全な精神的平衡状態を獲得することと同じく不可能だからである。また、メランコリーと結びついた和らげられない悲しみがまったく残らないように、完全に解除された悲哀を求めたとしても、そうすることすら常に健全だというわけではないであろう[68]。それを健全だと信じるのは、ポスト構造主義の理論があれほど激しく論駁してきた完全な止揚という弁証法的幻想の犠牲になってしまうことである。それゆえ鬱病というのは克服されるべき病というよりも、人間の条件の恒久的な次元なのだ。そしておそらく、無数の異なった刺激によってかくも容易に結集させられる黙示録的幻想もまたそうなのである。

このあたりで、終末の反復に関するこの章を終わらせるのがふさわしいだろう。しかし、私は一つの最終的な考え方を先送りするとともに、ある避け難いものをも先送りにしたい。その避け難いものとは、事態を一挙に決着させる激音ではなく、むしろしくしくいう泣き声、抵抗の泣き声である。すなわち、前段で述べた議論の持つ憂鬱な意味合いをあまりに即座に受け入れてしまうことに対する抵抗の泣き声である。というのも、母なる自然の支配を取り戻す仕事は、善意のエコ・フェミニストたちが提案するよりはるかに困難であるとはいえ、そのために真正の希望の源を与えてくれる熟達の段階、別様の諸関係が存在するからである。今世紀に男女の関係に本当の進展があったのならば、そしてまた私は多くの意味深い証拠からそれはあったと思うのだが、われわれが母なる地球を蹂躙する代償についてもなにごとかを学んできたということもたぶん本当だろう。私はそれほど楽観的であってよいとは思わないが、黙示録的幻想にエネルギーを供給する集団的メランコリーの将来に対して、希望を持てるように保証してくれる何かがあるかもしれない。

同様に、和解による十分な贖いというシナリオをポスト構造主義者が疑うのはもっともなことだが、重要なのは、後退的ノスタルジーと悲哀の過程それ自体とを区別することである。前者においては、失われた対象は持続的なリビドー備給の源泉のままだが、後者においては、それは記憶のなかの思考対象にとって代わられているのであり、そのような思考対象は、もはやそれに見合う量の不毛な思慕を要求することはない。私が思うに、次の点ではクリステヴァの主張は説得力を持っている。つまり、必然的な母殺しを象徴的に受け入れるならば、表象作用に抵抗する暗号化されたりあるいは否認されたものに対する終わりのない悲哀を取りのけることができるのである。鬱病の化膿した傷は、傷跡がわれわれに犠牲にされたものを思い出させてしまうとしても、最終的には癒されうる。悲哀が完全な弁証法的止揚を意味する必要はなく、むしろ悲哀はそういった止揚の不可能性をすすんで耐え忍ぶことを意味する必要がある。喪失してしまったものを服喪能力によって解除することができるときにのみ、われわれは、黙示録的幻想がかくも貪欲に餌にしている陰気な否認を越えることができるのである。そのときにのみ、世紀の終わりが、あるいは一千年紀の終わりすらも、もはや崇高な恐怖の時ではなく、人工的時間区分における単なる任意の一時期となるであろう。それは、われわれが考案し、そう認知しているものにすぎないのである。黙示録の反対側、すなわち、月並みだがなお有益な啓蒙のプロジェクトのうちには、いかなる啓示も潜んではいないい。この啓蒙のプロジェクトの馬力は、その対抗馬〔黙示録〕ほど強力ではないかもしれないが、長距離の場合には完走するスタミナをより多く持ち合わせているかもしれない。

第8章　解釈学の興隆と視覚中心主義の危機

フランスの神学者ジャック・エリュールはこれまで多くの恨み言を吐いてきたが、ごく最近にも相当な憤りをあらわにしている。それは、つまり〈言葉〉への侮辱という、彼がわれわれの時代のおそらく最大の過失であると主張するものに対してである。[1] 予想されるとおり、罪は視覚の特権化にある。エリュールは、その特権化を、十四世紀の教会が極端な危機の時代に信仰を維持するための窮余の策とした偶像崇拝にまで遡って跡づけている。それ以降の、イメージを再生産し撒き散らす技術的方法の進歩――エリュールの科学技術に対する敵意はよく知られている――を通して、実質的にくつがえしえないほど、〈言葉〉の優位性の伝統は転覆され、その転覆は強固なものにされてしまった。その結果、われわれは今や「イメージの不節制」[2]の時代に生きており、こうした時代にあっては、〈言葉〉に対する憎悪に満ちた敵意のために、神的告知の真理を受け入れることができなくなっている、と彼は結論づける。

偶像的なイメージと神の言葉とのエリュールによる対比は、もちろん西欧宗教の歴史においては古くからのものである。エリュール自身、「眼の欲」[3]を糾弾するヨハネの第一の手紙のようなテクストまでこの対比を跡づけていく。そして彼は、彼が「言葉とイメージを一つに融合してしまおうとする今日の傾向に反して、聖書に見られる両者の対立」[4]と呼ぶものの存在を、はっきりと断言している。彫られた像（イメージ）や神の顔を見ることに対するユダヤ教のタブーと、受肉において形をとった〈言葉〉に対するキリスト教の寛容、すなわち眼に見える秘跡と模倣的な「神の倣び（imitatio Dei）」[5]を支持するキリスト教の寛容とを対比させる論者たちもいるが、エリュールは両宗教における偶像破壊の衝動を強固に主張する。キリスト教はギリシャ的衝動とヘブライ的衝動を二つながら持っているとする立場を彼はとらない。むしろ、彼がこだわるのは、キリスト教が、ユダヤ教と同じように、不可視の非顕現的神、すなわちただ聞くものにだけ語りかける神を礼拝するのだ、ということである。エリュールが執拗に主張するのは、偶像崇拝がユダヤ教やキリスト教とは異なる何か他のものであり、シチュアシオニストのギー・ドゥボールにいやいやながら従ってわれわれの世俗化された「スペクタクルの社会[6]」とエリュールが呼ぶものにおいて、その偶像崇拝は極まるのである。

こうした問題に対するキリスト教の態度の複雑さに関してエリュールが公平であるか否かについては、私よりもその歴史や神学に精通した者たちの判断に任せることにしたい。また、十四世紀において偶像崇拝への堕落が起こったという彼の説明がどれほど正当であるかについても、私は他の人に判断を委ねなければならない。ただし、中世後期芸術におけるテクスト性と形象性とのバランスに関する最近の解釈[7]が、エリュールの考えとは非常に異なった結論に到達しているということも、一言加えておくべきだろう。さらに私は、眼に示される幻想的「現実性」と言語によってのみ知られるより深い「真理」とのあいだにエリュールが設ける厳密な区別、すなわち、私が彼と共有できない神的告知への信仰に基づいた二分法の意味するところを、あえて考察したいとも思わない。

むしろ私が強調したいのは、次のことである。すなわち、エリュールは自らの主張を孤独な荒野の叫び声として描くが、その声は近年における解釈学への関心の高まりとあざやかにかかわっているのである。

つまり、エリュールの言っていることは、辻褄があっていない。というのも、エリュールが一見孤立しているように見えても、彼の視覚に対する痛烈な批判は、それ自体、視覚中心主義の罪と呼ばれうるものへの今や至るところで耳にする痛罵の単なる一例、おそらく他の批判よりも騒々しく黙示録的な例にすぎないからである。[8] なるほどエリュールは、しばしば、ポール・リクール、ミシェル・フーコー、ジャン＝ジョセフ・グーのような視覚の優位性に対する現代の他の批判者たちにもしぶしぶ言及しているが、彼自身の態度が、現在、特にフランスにおいて、いかに広がっているかということを、けっして認めようとはしないのである。

私が他のところで特にフーコーの場合に注目して論じたように、[9] フランスではベルクソンの時代以来ずっと、視覚の優位性に対する敵意が著しく広がりますます声高に唱えられるようになってきた。サルトルやリオタールの哲学のなかにであれ、メッツやボドリーの映画批評のなかにであれ、イリガライやコフマンのフェミニズムのなかにであれ、レヴィナスやジャベスの神学のなかにであれ、バタイユやブランショの文学批評のなかにであれ、ロブ＝グリエやボンヌフォアの文学のなかにであれ、そこに見られるのは視覚の特権化に対する根深い不信である。デュシャンの明らかに「反網膜的」[10] 芸術が何か目安になるとすれば、考えうる最終的な場所、すなわち視覚芸術それ自体においてすら、この不信ははっきりと現れている。おそらく長期間続いたデカルト哲学の支配のせいで、またそれに劣らずフランスにおける中央集権化された政治権力を維持するためにスペクタクル（見世物）や監視が果たしてきた強力な働きのせいで、[11] 視覚中心主義に対する反動はフランスでは特に強い傾向がある。

しかし、別な土地でも事情は同様に明白である。実際、ワーグナー、ニーチェ、そしてハイデガーといったドイツの思想家たちは、偶像破壊の合唱における重要な声に数え入れられなければならない。広く論議を呼んだハイデガーの論文「世界像の時代」[12]以上に、視覚中心主義に対する批判に影響を与え貢献したものは、ほとんどないと言ってよい。リチャード・ローティのような現代の哲学者の著作を通して、視覚の優位性に対するこの敵意は英語圏の世界へも広がってきた。[13]その結果、解釈学を受容するための地盤が広く整えられてきた。というのも、「解釈学はいかなる問いに対する答えであるのか」[14]といういかにも解釈学らしい問いを提起するならば、次の問いもその候補として考えられるはずだからである。すなわち、もし視覚がもはや諸感覚のうちでもっとも高貴なものでないとするならば、われわれはどの感覚に頼ることができるのか。他ならぬ解釈学の権威ハンス＝ゲオルク・ガダマーは次のように答える。「聴覚の優位性が解釈学的現象の基盤である」[15]、と。換言すれば、観察の方法よりも解釈の真理への関心が増しているということは、もっとも価値ある器官として眼よりも耳をあらためて重視する、ということを示しているのである。

それゆえ、エリュールの議論が自分で思っているほど特異なものではまったくないとしても、視覚に対してなされた多くの非難のうちの一つの誇張された表現として彼の議論にとどまるのは有益である。すぐ後で見るように、『言葉の屈辱』はそういった不満を言い尽くしてはいないが、それはそれらの不満の非常に広範囲にわたる総目録を提供してくれる。そうとは気づくことなくエリュールはベルクソンと同じことを語っている。すなわち、視覚的イメージは、いかなる持続をも欠いた外的現実の瞬間的なスナップショットだ、というのである。視覚的世界は点描的であり、過去と未来とのあいだのいかなる有意味な連続性をも持たない外的現在を生み出す。視覚的イメージは、自己の外部に対象を生み出すのだが、それはただわれわれに操作されるためにのみそこにあるのである。「視覚は効率の器官である」[16]とエリュールは主張する。イメージは外観と振る舞いをわれわれに与えてくれるだけであり、内的意味をけっして与えてはくれない。真理を再現するといいながら、視覚は実際のところ人を欺く人工物のレヴェルに影響を及ぼすにすぎない。さらに、見られたものは不安と動揺を生み出すことはできるが、真の神秘を生み出すことはけっしてできない。「視覚はわれわれに堪え難い衝撃を与える。現実は、目撃されると、戦慄を呼び起こす。恐怖はいつも視覚的なものである」[17]、とエリュールは視覚を非難する。

視覚に問題があるのはそればかりではないと彼は続ける。なぜなら、その共時的眼差しは瞬間的な全体性を生み出すからである。そして、その全体性は、継起的時間性を伴った言語によってなされる終わりなく開かれた真理の探求を妨げるからである。われわれが諸感覚の明証性を、なかでももっとも卓越した視覚の明証性を受け入れるならば、われわれは道を誤ることになる。というのも、「明証性は絶対的に悪だからであり、「デカルトの推奨に反して、われわれは明証性に基礎を置くいかなるものも受け入れてはならない」からである[18]。このように、視覚と堕落はエリュールにとっては隣接している。彼が主張するには、われわれの堕落した状況の現代版は、「金銭、国家、技術——もっぱら可視的領域に属し、まさに可視的偶像において現れる新しい精神の三位一体[19]——」の崇拝のうちに例示されているのである。

視覚中心主義に対するエリュールの批判から他の例をあげることもできるが、しかし、ここまでですでに、その批判の位置が重層的に規定されていることは明らかだと思われる。またその批判がはらんでいる問題のいくつかも同じく明らかだと思われる。今日の解釈学の流行に道を開いた反視覚的言説のさらに深い源泉のいくつかであると私が考えるものの考察に移る前に、しばらくそれらの問題について考えてみるのも価値があるだろう。最後に言及したエリュールの非難から始めるならば、金銭や技術が本来視覚的偶像であるなどと主張することは著しい時代錯誤である。というのも、どちらかといえば、コンピュータとデータ・バンクの時代においてはむしろ、金銭や技術のますます増大する非物質性こそが強調されるべきだからである。[20]実際、グーが注目したように、今世紀初頭の金本位性の放棄の決定こそが、金銭をかつてなかったほど抽象的で空虚なものにすることによって、なんであれ世界において金銭が持ちうる現実の視覚的対象物を金銭から奪ってしまったのである。[21]同様に、一望監視方式に関するフーコーの議論が正しいとすれば、国家についても同じことが言えるだろう。というのも、監視とは、すべてを見る眼それ自体の不可視性に基づいているからであり、その眼は専有された眼差しの権力を通して規格化し規律化するのである。その際、政治的秩序の権力を維持しているのは、人が見るイメージというよりも見られるという経験（あるいは見られていると信じること）なのである。邪悪な眼という古い迷信、[22]そのルーツはおそらく全知の神への信仰にあるのだろうが、その迷信のこうした現代版は、視覚が実は権力と共謀しうる、ということを言おうとしている。ただし、その共謀はエリュールの主張とは別の仕方でおこるのだ。

視覚に固有の共時的、点描的、反歴史的意味合いについてのエリュールの主張は、もちろん以前からも多くの人々によって主張されてきたことだが、[23]同様に問題の多いものである。というのも、視覚は単に、それに見つめられたあらゆる物を死んだような不動状態に凝固させてしまうメドゥーサの眼差しには還元されえないからである。運動は視覚経験にとってけっして疎遠なものではない。眼差しに対立するのは、休みなく次々とイメージを追う束の間のはかない一瞥である。[24]西欧の文化的伝統が、しばしば、視覚の過程のなかで、一瞬を把握しそれを永遠化する暴力的な行為を特権化した、ということはおそらく真実であろう。とはいえ、視覚におけるもう一つの別の潜在力が完全に抑圧されてきたわけではない。実際、一八七八年のフランスの科学者ジャヴァルの研究以来知られているように、眼はいつも不断に変動しており、ある一点にとどまってはまた次の点へと小さく飛んだり跳ねたりしながら動き続けているのである。[25]引きつったように（par saccades）というフランス語からそう呼ばれるこの眼の飛越的（saccadic）運動は、凝固した眼差しという考え方が生物学的に恒常的な機能ではなく、他にもある視覚の働きのうちの一つの可能な働きにすぎないことを示唆している。凝固した眼差しという考えは、彼方から見つめる肉体を離れた眼という問題の多いフィクションに暗黙のうちに基づいており、メルロ＝ポンティなどの哲学者たちがそれにかわって強調していたこと、すなわち、視覚がそこから現れてくる身体的・社会的文脈に受肉された視覚の現実性を取り入れそこなっているのである。[26]

さらに、先に述べたようにエリュールは「眼の欲」に関するヨハネの手紙を引用しているが、まさにこのことが、エリュールによって視覚に付与された静的・非歴史的な意味合いに対する反証となる。視覚に対する敵意の源の一つとしてしばしば言及されるのは、言うまでもなく、偶像崇拝に対するいっそう禁欲主義的で反快楽主義的批判者たちに見られるように、アウグスティヌスが「眼の欲」[27]と呼んだものによって引き起こされる不安である。こうした批判者が認めたものは、欲が限りない不満足の原因であり、人間たちが自分たちの運命に満足するのを妨げるということである。欲はイメージされた未来に生きるための刺激、あるいはおそらく悔やみの残る過去へ回帰するための刺激となる。すなわちそれは、十分に時間化する機能を持っているのである。なるほど、われわれは欲の多様な源泉を――存在論的に、心理学的に、社会的に、模倣的に、その他なんであれ、何らかの仕方で――概念化することができるかもしれない。しかし、どう概念化するにせよ、視覚が欲を生み出し維持するに際して鍵となる働きをなしているという認識の帰結として、エリュールの考えとはうらはらに、現在の非歴史的価値づけをはるかに越えたものとして視覚を理解しなければならなくなる。実際、今日のスペクタクル社会は、真に満たされることのない視覚の欲の刺激に基づいているのであり、そこで示唆されているのは、視覚と不在のいりまじった複雑さなのである。より積極的にはこう言うべきである。われわれが将来の計画を立てる能力を指すときに用いる遠望という隠喩は、メドゥーサの眼差しのみを強調する者たちによって忘れられている視覚の潜在的に時間的な次元をも示唆している、と。

すでに見てきたように、反視覚的言説における他の多くの者たちと同様に、視覚に対するエリュールの敵意は、聞くことに対する賞賛を伴っている。イメージは面前の死んだ対象のようなものだが、聞くことは間主観的対話を生み出す、と彼らは主張する。視覚は、自分の眼差しを何であれ自分の選択したものに向けることのできる主体の奢りを助長するのに対して、聞くことは外的影響、とりわけ神の声の健全な受容を促す。神の声というものは、われわれが眼を閉じるように耳を塞いでもとどめることはできないのである。聞くことは対話者の神秘を明らかにするために応答を要求する。[28] 聞くことはまさに、視覚によって強化される主観 - 客観操作には欠けている倫理的意味を持つのである。[29] それゆえ、真の宗教は開示よりも宣言に発している、とエリュールはリクールの二分法を借りて結論づける。

ここでは、われわれの諸感覚の本性のこうした特徴づけについても問いが提起されるかもしれない。ハンス・ブルーメンベルクが示唆したように、近代では知的好奇心は単なる怠惰な悪徳以上のものとして再評価されているが、それはかなりの程度、われわれが過去からの声への「盲従」から解放されたことによる。[30] 人々が自分自身のために物を見る自由が与えられたときにはじめて、不当な権威からの解放という近代のプロジェクトを開始することができた。嗅覚や触覚などの他の感覚よりも遠望できる眼にとって好ましいわれわれの直立姿勢を明確に価値づけることによってはじめて、人間の尊厳が確立されたのである。[31]

確かに、エリュールは近代のプロジェクトの味方などではまったくない。彼は、ブルーメンベルクのこのプロジェクトに対する擁護を説得力のあるものと考えようとはしなかった。しかし、視覚に対する聞くことの倫理的優位に関するエリュールの議論を顧慮するにしても、複雑な問題が起こってくる。というのも、多くの論者たちが指摘してきたように、視覚的相互作用は多くの場合他者の対象化へも導くとはいえ、そこには相互性や間主観性への可能性も潜んでいるからである。[32] 愛し合うものたちの相互の眼差しは、サルトルのような批判者たちの反視覚的言説における物化する「視線」の描写に反して、[33] 権力のサド・マゾ的相互作用をいつも生み出すわけではない。優しい眼差しの交換のなかにはまったく反対の結果を生む強い可能性、「注視」という言葉の二重の意味のなかによく表されている可能性が潜んでいる。

要するに、エリュールの厳密な二分法にもかかわらず、他の感覚に対して一つの感覚を特権化する意味は、それほど単純ではない。視覚や聴覚、ないし他の感覚の一つを本質的なものと考えるよりも、むしろ、それらの多様で相互に矛盾することすらある可能性を引き出し、異なった文化は異なった時期にそれぞれある感覚を他の感覚よりも強調するのだと認めるほうが、はるかに実り豊かである。解釈学の最近の流行が何かを示しているとすれば、[34] いまやわれわれは視覚を信用しない新たな時代、西欧文明におけるかつての大きな偶像破壊の時を連想させる時代に入りつつあるのかもしれない。しかしながら、振り子が新たな反視覚的方向にあまり大きく振れすぎてしまわないうちに、眼の蔑視にまつわるいくつかの相互に矛盾する意味合いをよく考えてみる価値はあるだろう。エリュールによる極端な視覚嫌悪に対するわれわれの議論のなかで、そういった意味合いのいくつかに関してはふれてきた。この論文の残りの部分では、他の三つの意味合いに焦点をあててみたい。それらは、解釈学の進展において特別な響きを持つものである。

第一は、ルークス（lux）とルーメン（lumen）として知られる光の二つのモデルのあいだに設けられた古代の区別にかかわる。この区別は、それがはらむ問題のために最後には捨て去られてしまった。第二は、反映性（specularity）とでも呼びうる伝統にかかわるものであり、それはギリシャ的・観念論的模倣理論に結びついている。第三は、最近ある論者が「バロック的視覚」あるいは視覚の狂気（la folie du voir）[35]

と名づけたものにかかわっている。いずれの場合も、視覚に関するある種の前提の危機が、他の感覚や言語へと関心を向けさせることに一役買っている。解釈学の興隆はこの転換に助けられてきたのである。しかしまた、いずれの場合においても、視覚的でないものを過度に特権化することに反対してある種の報復攻撃がなされてきた。その結果、視覚が解釈学的領域それ自体のなかにもふたたび現れてくることになったのである。文学批評家メアリ・アン・コーズの言葉を借りれば、われわれはいまや「テクストのなかの眼」の回帰を認めることができるのである。[36]

ヴァスコ・ロンキや他の人々が指摘したように、[37]古代の光の理論は、ロバート・グロッステストのような中世の著作家やデカルトのような近代の著作家たちによって復興されたが、それは可視的ルークスと不可視的ルーメンとを区別するものであった。前者は普通、人間の眼によって経験される光の現象、すなわち色や影を伴う光の現象を意味した。後者は、知覚されるか否かにかかわらず透明な物体を通り抜ける光の波動や粒子の物理的運動を意味した。後者では、どんな法則によってそうした運動が必然的に起こるのかを研究するために光学が発達した。グロッステストのような宗教的思想家にあっては、ルークスは単に死すべきものの眼によってとらえられる世俗的な自然の光の現れ（illumination）として理解されたのに対して、ルーメンは神的放射によって生み出される原初の光であった。デカルトのようにもっと世俗的な思想家にあっては、ルークスは光を発する物体のなかの運動ないし作用、および見るものの眼において色づけられた光の現れの経験の両方として考えられたのに対して、ルーメンは透明な媒体を通過する粒子の運動であった。[38]デカルトにとってはルーメンが、反射光学と屈折光学、つまり反射と屈折の幾何学的諸法則固有の対象であった。それらの幾何学的諸法則は精神における自然の幾何学に対応しているのであるから、演繹的に研究されうるだろう、とデカルトは主張したのである。

この二分法をどうとらえるにせよ――そしてその混乱によってそれは最終的に光そのものを意味するルーチェ（luce）という一つの言葉に置き換えられることになったのだが――、この二分法は一般にルークスとルーメンのある種の階層的関係を伴っていた。見る者の精神における神的放射ないしは自然光学を特権化して、単なる知覚の上に置くことのなかには、永遠の形相ないしイデアと、人間の知覚世界におけるそれらの不完全な類似物という、古いプラトン的区別の残響を聞くことができる。宗教的な言葉で言えば、その二分法は、しばしばルーメンを映し出す魂の高級な鏡と、ただルークスを見せるだけの精神という低級な鏡とのあいだの区別として表現された。後者によっては、人はただガラスをとおして（鏡によって）ぼんやりと見ることしか許されないのである。[39] もっと世俗的な言葉で言えば、それは、精神の眼による理性的思弁と実際の人間の二つの眼による経験的観察との二分法を示唆していた。視覚芸術におけるこうした対比の美学版さえ存在した。つまり、プッサンやルブランはデカルト的に明晰で判明なフォルムを好み、色彩を低く価値づけるのに対して、ルーベンスのような他の画家は、純粋なフォルムよりも色彩と影の復興に賛同しているのである。[40]

西欧における視覚中心主義のもっとも強力な源泉の一つは、まさに光の二重の性質というこの考えであった、と推測できるかもしれない。というのも、このモデルの一方に対する信頼が失墜しても、確かさの根拠を他方に求めることが常に可能だったからである。それゆえ、例えば、諸感覚に対するプラトン的な低い価値づけは、いわば真理へ至る道としての「第三の眼」を備えた内的視覚という力に身を寄せることができた。そこでは、ルーメンがルークスに優越するものとして理解されている。そしてこれとちょうど逆に、演繹的理性と生得観念に対する経験主義者による批判は、確実な知識の基盤として、実際の眼によるルークスの科学的に制御された観察の有効性に訴えることができた。プラトン主義には経験主義においてよりも主体と客体とのあいだの相互参入の名残が多いとはいえ、いずれの場合においても、外的対象を観照したりその現実性を反省する主体の独白的視覚がすべてに優越しているのである(41)。

視覚中心主義の危機は、この二つのモデルのあいだを行ったり来たりすることがもはやできなくなったとき、あるいは両者のあいだにある必然的な階層づけを受け入れることがもはやできなくなったときに生じる。宗教的な言葉でいえば、この転換は、神的放射の形而上学を放棄することを伴う。エリュールは、「初めに〈言〉があった。〈言〉は世の光であった(42)」という有名なヨハネ福音書のプロローグを解釈する際にこの転回を表現している。彼の読み方によれば、この一節は、光が単に神の言葉の結果であるということを意味している。「いかなる箇所においても神が光であるとは言われていない、いわんやまして光が神であるなどとはまったく言われていないのである(43)」。彼は続けて、史的人物としてのイエスを直視することを信頼するのも正しくないとする。なぜならば、そのことはイエスを真理の表現ではなく、単なる現実の像に還元してしまうからである。確かに黙示録だけには言葉と像の究極的調停の暗示があることをエリュールは認めるが、しかし、終末が到来するまでは人を誤らせる視覚の誘惑を避けなくてはならない。

ルークスのルーメンに対する優越ないしその逆を批判するもっと世俗的な批評家たちにとっては、光の一方の観念を本質的で優先するものとし、他方を見せかけで二次的なものとする階層性を措定する企てそれ自体が、まさに疑わしいことの一つとされるのである。モーリス・メルロ゠ポンティのような論者たちにとっては、むしろどちらにも還元できない交差的な相互作用における相互浸透こそが、光と光についてのわれわれの経験とを特徴づける(44)。もしそのような非決定性が光の現れとの関係において存在するならば、そのときには、思弁的装いにおいても経験的装いにおいても、視覚モデルが認識論的確実性の根拠として力を持ちうるかどうかが問われなければならない。この問いが持つ意味合いは、視知覚が意味や真実を探求する道具としては問題が多い、ということである。またさらに、言語はいかなる種類の知覚であれいつもすでに知覚と織り合わされており、そして知覚は言語が自らの重要性を新たに評価するための戸を開くのだ、ということである。このような考えによる一つの結果が、解釈学的解釈への関心の増大である。そして、そのような解釈こそが、必ず探求しなければならないというわけではないが、視覚の形式よりもむしろ想起された言葉のなかに真理を探求できるのである。[45]

解釈学に新しい焦点を当てさせる第二の刺激は、知識のモデルとしての反映性とでも呼ぶべきものの崩壊によって引き起こされた模倣的表象の危機から生じた。反映性ということで私が考えているのは、観察主体を再現する鏡の反射作用である。ロドルフ・ガシェは最近の彼の論考『鏡の裏箔』でその重要性を次のような言葉で描いている。

反射(reflection)とは、ある形象ないし対象と、磨き上げられた表面上に映るそのイメージとのあいだに生じる過程を意味している。この光学的比喩による結果として、反省(reflection)という言葉が、精神が精神それ自体やその作用についての知識を得る様態や作用を指すときには、物理的な光が反射する表面に依存しているような過程に類似したものとされる。自己反省によって構成されたものとしての自己意識は、初めから、この光学的作用の言葉で概念化されてきたのである。……反射・反省とは、対象を再現する鏡の働きを指すことに加えて、鏡それ自体を映し出す鏡の働きを伴う作用、その過程を通じて鏡が鏡自体に見えるようになる作用の構造と過程なのである。[46]

反省についてのこうした反射による理解の源泉は、ソーリーフ・ボーマンやスーザン・ハンデルマンのような論者によれば、ギリシャ人たちにまで遡ることができる。彼らは、こうした理解を視覚像に対するヘブライ的批判に対置する。[47] 彼らが指摘するのは、反映（speculation）は、観照（contemplation）という語とならんで、ギリシャ語テオリア（theoria）のラテン語訳によるということである。それは、「見る」や「注視する」を意味する「スペキオー（specio）」という語に由来している。より近代的な哲学においては、反映性についての主要な例は、同一性についての観念論的哲学者たち、とりわけヘーゲルのなかにもっとも明白に見出すことができる。そこでは、主観と客観の究極的な弁証法的統一が〈絶対精神〉の反映（speculum）に根ざしているのである。ガダマーが記しているように、「鏡像は、観察者という媒介を通して、ものの本来の視覚像と本質的に結びつけられている。鏡像はそれ自体の存在は持たず、『見かけ』のようなものなのであり、それ自体ではなくむしろ本来の視覚像を鏡像として現出させるのである。鏡像は二重化させているようでも、そのものは一つにとどまる」。[48] だから、反映的思考においては、視覚は外的対象を見る眼という観点からではなく、無限の反射において自身を見る眼という観点から理解されているのである。反映は、弁証法的思考と完全に等しいものと見なされる必要はないが、それとほとんど同一のものと見なされる。というのも、弁証法的思考は主観とイメージの差異を認めると同時に、その差異を大きな統一、つまり同一性と非同一性の同一性へと止揚するからである。

反映性というものが持つ問題の多い意味合いは、ルークスとルーメンの階層性の批判者におとらず視覚中心主義にとっても明白である。あるレヴェルにおいて、それは、独我論的な帰結を伴ったナルシシズムに陥るあらゆる危険を惹起する。ハインツ・コフートのような最近の心理学者たちが少なくともナルシシズムの有益な一形式を擁護したにしても、人格的観点における過度の自己陶酔は常に問題のあるものと見られてきた。[49] あまりにしばしば鏡を見つめることは、〈傲慢〉やうぬぼれといった重大な罪へと導く、と中世の道徳家たちは警告した。その罪とは自己自身を知れという格言の乱用である。[50] より哲学的なレヴェルにおいては、絶対的な反省は、世界の形而上学的統一性と同質性を決めてかかる危険を示した。ガシェは、デリダ的見地から、そういった可能性に特に敏感であり、反映的な同一性を逃れる還元不可能な他者性を解毒剤として擁護している。

> 反省（reflection）をそれ自体から分離し、その上でその反省を反省自体のなかに織り込む——自己を反省する——ことを可能にする他者性は、その構造的理由からして、反省がそれ自体に閉じ籠もることを不可能にするものでもある。反省するというまさにその可能性がまた、その反省自体の源の転覆でもある。……反省するということの一般化は同時に反省と思弁（speculation）の終わりとなる。この反省の一般化が他者性の思想、すなわち源と反射（reflection）、原理とその派生物、ある者と他者といった分極化した対立によっては説明されない差異の思想へと、自らを開くのである。[51]

ディコンストラクション主義陣営の外にいる他の最近の理論家たちもまた、同一性理論に批判的であった。アドルノの否定の弁証法はその明白な一例である。したがって、解釈学の主導者たちが反映性の危険を認めていたことを知っても、驚くにはあたらないだろう。つまり、ポール・リクールは、たとえ類似性を示唆するとしても差異を保持している非絵画的類似性として隠喩を考えることを擁護したのである。[52] ガダマーもまた、「反省哲学の議論は、有限な人間の意識に立脚した反映的思想に対する批判のなかになんらかの真実がある、という事実を隠し通すことができない[53]」、と記している。すぐ後で見るように、解釈学のある種の変種のなかに反映性の契機があるとしても、反映的すなわち観念論的同一性理論の土台の切り崩しが、解釈学の最近のはやりを刺激したものの一つである、と考えなければならない。

　視覚中心主義の危機の最後の事例は、バロック的視覚という異端的伝統とでも呼ぶべきものにかかわっている。これに関しては、フランスの哲学者クリスティーヌ・ビュシ゠グリュックスマンの最近の著作、一九八四年の『バロック的理性』と一九八六年の『見ることの狂気』がその意味合いを照射するのに役立ってくれる。(54) なるほど、照射するというのは正しい言い方ではないかもしれない。というのもバロック的視覚は、曖昧さや影、さらに形式と無形性とのあいだでのゆらぎに魅惑を感じるものだからである。見ることの狂気という考え方は、ビュシ゠グリュックスマンがメルロ゠ポンティから受け継いだものであり、それは、けっして完了することのない反映状態の止揚されざる弁証法的関係にある見るものと見られるものとの重なり合いを指す。(55) そこでは、反射する鏡は、凹面であれ凸面であれ、捩じれや混乱を表すだけの歪曲された像をつくるのである。(56) それは、眼と視線とのあいだの分裂病的なひび割れを生み出し、完全な相互性に回復されることにあらがう。

　バロック的視覚はまた深く反プラトン主義的であり、幾何学的光学の秩序づけられた規則性に敵対する。バロック的視覚はまさに、デカルト哲学にも絵画における遠近法にも対立する。その視覚が住まう場所は純粋に視覚的というよりは触覚的・触知的であり、一様なものというより複数的なものである。それは、人を当惑させる像の余剰、視覚的装置のいわば過剰な負荷状態を呈示する。すべてを見そなわす神の視線、全体の俯瞰（survol global）(57) のようなものすべてに抵抗するバロック的視覚は、線に対する色の勝利、透明な奥行きに対する不透明な表面の勝利なのである。それは表象不可能なものの表象を得ようとし、そして必然的にその獲得に失敗することによって、深いメランコリーと共鳴することになる。そのメランコ

リーは、ヴァルター・ベンヤミンによって探究された死と欲望の絡み合いへのバロック的陶酔のなかに明らかである。(58)

ビュシ＝グリュックスマンはバロック的視覚を賛美するが、暗黙のうちにポストモダン主義の見通しをもって書いており、彼女はバロック的視覚を恍惚を刺激するものとして叙情的に賞賛する。しかし、もしバロック的視覚が持つ意味合いについての彼女の肯定的な評価をかっこに入れるならば、視覚中心主義に対する敵意のさらにもう一つの源を見つけることができる。というのも、彼女の記述する視覚経験は、あまり恍惚を感じない魂に、容易に不安、不確かさ、消化不良を引き起こすからである。視覚の狂気への彼女の意識過剰で異教的な絶賛に対するエリュールの返答は、容易に想像がつく。もし、眼がかくも人を欺くものであり、また、不透明で浸透できない表面にのみ光を投げかける眼をくらますような光のきらめきによって視覚の場面がかくも充満しているのならば、安全を求めて他の感覚を頼みとすることが、視覚の人の眼をくらませる効果に対する明白な解毒剤のように見えるだろう。

それゆえ、視覚の優位性の危機が積もり積もった結果として、解釈学は盛んになってきたと言える。その危機とは、とりわけ以下の三つの刺激によってあおられてきた。(一) 経験されたルークスの表面下に幾何学的ルーメンを探し求める（あるいは、ルークスの科学的観察のみが感覚の確かさの源であると主張する）客観主義的認識論に対する信頼の喪失。(二) 反映性によるナルシシズム的で独我論的な誘惑と、それが引き起こした同一主義的哲学に対する疑念。(三) バロック的視覚の誘惑によって生み出された不安、その混乱した幻影の劇的な相互作用を伴った不安。こういった影響やその他の影響を一つひとつ数えあげていくことはできないが、こうした影響によって、二十世紀にはますます知覚一般、特に視覚は知識の基盤としての信頼を失い、しばしばそれに代わるものとして、その形はさまざまだが、言語へと目が向けられることになったのである。それゆえ、われわれは言葉よりもイメージに支配された文化のなかで生きているとエリュールが言うのは、あるレヴェルにおいて正しいかもしれないが、別のレヴェルでは間違っている。というのも、現在のように偶像破壊的言説が増大するなかにあっては、言葉の蔑視同様、眼の蔑視について語ることも容易だからである。[59]

解釈学が現在の栄誉ある地位に上ってきた跡を、少なくともある程度は視覚の低い価値づけという方向でたどることができるとしても、しかしながら、視覚と音声とのあいだの積年の戦いがはっきりと後者の勝利に終わったと結論するのは間違いであろう。W・J・T・ミッチェルが最近考察したように、

文化の歴史はある程度、絵画的記号と言語的記号とのあいだの支配をめぐる延々と続く闘争の物語である。それぞれの記号は、それのみが接近する「自然」に対して確実な所有権が自らにあると主張する。……この闘争のもっとも興味深く複雑な点は、転覆の関係とでも呼ばれるべきものである。その関係においては、言語や像が自身の中心を覗き込み、そこに自らの敵が潜んでいることを見出す。[60]

眼がテクストにおいてふたたび自己主張したり、眼差しや一瞥が声を中断したりするように、解釈学も、けっしてこのパターンを逃れることはできない。

眼の自己主張のこの再起は、主要な解釈学の理論家たちによって用いられる用語においてすら明白である。[61] 例えばハイデガーは、科学技術的世界像に敵意を抱き聴覚的比喩を頻繁に使用しているにもかかわらず、それらに代えて、世界における現存在（Dasein）の状況性を描くための方法として、配視（Umsicht）と呼ばれる注意深い視覚という観念を保持しているのである。[62] そして、よく知られているように彼

は言語を「〈存在〉のすみか」として強調するにもかかわらず、存在が単に宣言されるというよりも、存在が自らを現す道筋を示すために明るみ（Lichtung）のような視覚的隠喩を用いるのである。

ガダマーに関して言うと、彼が地平の歴史的融合を強調していることは、視覚と音声の絡み合いに彼がどれほど依拠しているかを示している。彼は次のことを認める。「地平とは特定の見晴らしのよい地点から見うるすべてを含んだ視覚の範囲である。……いかなる地平をも持たない人間は、十分遠くを見ることのできない人間であり、したがって、手近なものを過大評価してしまう。逆に、地平を持つというのは、近くのものに限られた存在ではなく、むしろ、それを越えて見晴らすことができる、という意味なのである」[63]。自己陶冶（Bildung）のような解釈学的鍵概念は、ある程度は神の像（イメージ）の模倣という古代の神秘的伝統に由来しているとガダマーは認めている。[64]像（Bild）とは模像（Nachbild）と模範（Vorbild）すなわちモデルとの両者を意味する、と彼は記している。

解釈学の用語法におけるこれらの明らかに視覚的な残滓は、視覚と解釈のあいだにある根深い何らかの親和性というよりも、西欧の言語における視覚的隠喩の蔓延に帰されるべきであろう。さて、そういった視覚的残滓に加えて、現代の解釈学の変種においては、もっと根本的な仕方で言葉とイメージとが絡み合わされている。例えば、もしわれわれが、ガダマーとの友好的な議論のなかでユルゲン・ハーバマスが展開した批判的解釈学を取り上げるならば、[65]ルーメン／ルークスの伝統が持っていた客観化し疎隔化する意味合いとでも呼ぶべきものが、いまだに重要なものとして続いているのを見ることができるかもしれない。というのも、批判的社会理論における説明と理解の相互作用に関する分析において、ハーバマスは、現代社会があたかも「第二の自然」のようにふるまう仕方を理解するための方法として、ある種の独白的で主観‐客観的な方法の必要性を擁護しているからである。[66]すなわち、われわれは直接性や透明性、あるいは完璧な間主観性を備えたコミュニケーション的合理性を持たない社会に生きているのであるから、自然科学に典型的な説明的な疎隔化という道具を放棄し、それに代えて共感による理解に完全に依存した方法だけをとることはできない。もし社会が少なくともある程度は物象化された第二の自然として働くなら、いつもすでに整ったかたちでそこにある解釈学的共同体の名のもとに、この現実を退けようとするのは間違っている。まさに、説明と解釈——見ることと聞くことと言ってもよい——とのあいだの緊張がなければ、われわれの社会の複合した性格の真の批判はありえない。そのどちらも、他方の全体化しようとする野心に対する不可欠の抑制なのである。

解釈学における反映性について言えば、ガダマー自身、それが言語にひそむ避け難い衝動であり続けていることを認めている。ガダマーは、ヘーゲルによる反映と弁証法の融合についてくわしい考察を行い、その融合がロゴスをめぐるギリシャ哲学に依存しているとして糾弾しているが、その後で彼は次のことを認めている。

> しかしながら、まったく異なった意味において、言語それ自体がなにか反映的なものを持っている。つまり論理的な反省的関係が直観的に先に形成されるというヘーゲルによって意図された意味においてだけではなく、むしろ意味の現実化、発話やコミュニケーション、理解の出来事といった意味においてである。そのような現実化は、言葉の有限な可能性が意図された意味のほうへ、あたかも無限へ向かうように向けられる、という点において反映的なのである。……もっとも日常的な発話においてすら反映的反省の要素、すなわち意味のもっとも純粋な再生産の把握不可能性が現れている。(67)

もし私がガダマーを正しく理解しているならば、ロゴス中心主義的というよりもコミュニケーション的な反映性についての彼の考えは、思考が終始あらかじめ言語的性格を持っているということを強調するものである。そして、思考のこの言語的性格は、精神の内にある観念とその言葉による表現とのあいだの亀裂を予防するのである。「言語で表現されたということは、第二の存在が獲得されたことを意味しない。あるものがそれ自体を呈示する仕方は、むしろ、その事物自体の存在の一部である。だから、言語であるものすべては反映的統一性を持っている。つまり、言語はその存在とそれがそれ自体を呈示する仕方とのあいだの区別を含んでいるが、しかし、その区別は実のところまったく区別などではない区別なのである」[68]とガダマーは記している。

言語の反映的次元、つまり言葉と観念の鏡像的再生産において意味が実現される次元に加えて、少なくとも目的論的衝動としてはもう一つのより生産的な次元がある。キャスリーン・ライトはガダマーにおける言語の反映的構造を綿密に論じた論稿で、この次元を浮きぼりにしている。「一つの同じテクストが異なったものになり、それ以上の意味を持ちうるのは、言語が解釈的な語り合いのなかで、鏡像のように、テクストに反射しかえし、その意味以上のものや真理を存在にもたらすからである」[69]。換言すれば、真の対話においては、問答やギヴ・アンド・テイクという鏡のような効果が、それ以前にあったものよりも、より豊かで発展した真理を生み出すのである。エリュールは受動的な聞き手に語られる神の言葉というモデルを擁護するが、それとは反対に[70]、ガダマーのさらに反映的な言語の考え方は、より権威主義的ではない解釈学、そして過去に方向づけられていない解釈学を用意している。そのような解釈学の認識によれば、彼が適用と呼ぶ契機が真理の産出にとって本質的次元をなす。そこでは、ガダマーが言語のなかに見出す非ロゴス中心主義的・非ヘーゲル的反映性が、言語の弱さではなく強さの源となっているのである。

もしわれわれが、解釈学のなかには変容されたかたちでの反映性があるのだということの主張を、少し前で論じたハーバマスの議論、つまり、説明においては少なくとも客観化する視覚的疎隔が有益であるという議論に結び合わせるならば、次のような結論が引き出せるだろう。言語的相互作用のなかには、透明な間主観的コミュニケーションがそこにおいて達成される反映的な解釈学的コンセンサスへと向かう暗黙の目的論があるのかもしれない。しかし、歪んで妨害されたコミュニケーションのやり取りをしている現在のわれわれの世界においては、阻害を吟味するために、「あたかも」という仕方で、独白的で客観化する眼差しの可能性を想定する必要がある。ガダマーが使っている意味での言語的反映性の現実化を阻む組織的な社会的障害は、たとえその障害の除去が間主観的コンセンサスと地平の融合によって生み出される行為を可能にするとしても、その障害自体は外在する仮想的立場からしか観察されえないのである。なるほどそうした完全に客観的で通観的なパースペクティヴを獲得し、われわれが世界の肉に埋め込まれていることから目をそむけるのはおよそ不可能であるが、非ロゴス中心主義的反映性の条件をより適切なものとして実現するためには、このことを模索する戦略が必要であろう。ガダマーはおそらくあまりに性急に、言語をそのような条件として措定してしまったのである。

もしこの二つのパースペクティヴを結び合わせることが、こうした本質的にハーバマス的な結論に行きつくとしても、しかし、それに代えて、われわれの第三の視覚モデル、ビュシ＝グリュックスマンの意味でのバロック的視覚モデルの持つ意味合いを考慮するならば、そういった結び合わせがいかに困難であるかということが示唆されるだろう。というのも、彼女もまたテクストのなかの眼に関心を抱いているとはいえ、その固有の位置づけに対する彼女の態度は、もっと楽観的な解釈学者たちのそれとは非常に異なっているからである。バロック文化に関する彼女の探究は、その視覚的側面に焦点を当てるだけでなく、その言語的次元に関しても注目すべき議論を含んでいる。その言語的次元を彼女はレトリックに対するバロックの関心に認める。彼女は次のように書いている。「バロック的レトリックは、イメージと概念とのあいだの伝統的図式と階層性を逆転し覆す。形象はもはや概念を『表象する』のではない。なぜなら、『概念』——綺想（concetto）——とはそれ自体、言葉とイメージの結び目、形象化された表現にすぎないからである」[71]。この結び目は、解きほぐされて透明な意味が明らかにされることに対して常に抵抗するのだ、と彼女は強調する。むしろ、この結び目は、交差的に作用して、いかなる反映的な止揚も差異の映し合いをも挫折させる。ガシェと同様に、彼女は純粋な反映性が常に忘れてしまっている鏡の物質性、その「裏箔」、銀の裏塗りを認めるのである。

ビュシ＝グリュックスマンは、世界は意味に浸透されているということに対するメルロ＝ポンティの楽観的な解釈学的信念にはっきりと反対して、バロック的レトリックの持つ意味合いを不透明性と表面性の維持であると解する。バロックのレトリックは、隠された意味と深層構造を探究することに抵抗するのであって、その視覚のはらむ狂気のようなものである。すなわち歪像画法的、非決定的で、いかなる十全さにも抵抗するのである。象徴表現よりも寓意がその本質的様態である。なぜならば、ベンヤミンが熟知していたように、寓意はイメージと概念とのあいだの完全な統一の不可能性を表現するからである。こうして、ガダマーによって強調された言語のなかの反映的契機は、バロックの寓意的レトリックと視覚的演劇性によって問いに付されることになる。代わりに残るものは、「不可視な（irregardable）ものが書き込まれた再生羊皮紙」である、とビュシ＝グリュックスマンは結論づける[72]。

バロック的視覚とレトリックのこの異端的伝統に対する彼女の賞賛は、ボードレールから始まって現代へこの伝統を拡大することによって最高潮に達する。現代においては、この伝統が、それと二者択一的な位置にあるデカルト的主観‐客観に基づく遠近法主義の視覚的モダニズムおよびヘーゲル的ロゴス中心主義と張り合っている。それは、ポストモダン的運動、少なくともポスト構造主義的運動と同一のものと見るほうがより正確かもしれない。ビュシ＝グリュックスマンも明らかにその運動のなかから出てきている。しかしこの伝統をどうとらえるにせよ、テクストのなかの眼というこの第三のモデルは、イメージの優位に対する解釈学的懐疑による一見したところ偶像破壊的なわれわれの時代においてすら、視覚中心主義の危機がけっして解決されているわけではないということの十分な証拠を提供している。エリュールの考えにもかかわらず、目と耳のあいだの積年の闘争は、一方か他方かで決着がつけられるにはほど遠い。そして、おそらくさらに重要なのは、どちらかの側の明確な勝利を望むことは、エリュールがそうしたように思えるが、賢明ではないであろうということである。というのも、その二つの著しく流動的で複雑な相互作用のなかにこそ、人間の文化の一つの偉大な原動力を見つけることができるからである。イメージを卑しめることは言葉を貶めることに対する解毒剤ではない。相互評価と呼ぶのがもっともふさわしいものを両者において養うことが、はるかに健全なのである。

第9章　近代の視覚体制

近代は視覚によって支配されてきたのであり、このことが近代を近代以前から、またおそらくはポストモダンからも区別しているのだ、としばしば主張される[1]。ルネサンスと科学革命から出発した近代は、これまでだんぜん視覚中心的であると考えられてきた。マクルーハンとオング[2]の周知の議論によると、視覚の特権化は望遠鏡と顕微鏡のような発明によって拍車をかけられ、さらに印刷の発明によっていっそう強固なものとされた。典型的な説明によればこう結論される。「このように構成された知覚野は、根本的に非反省的で、視覚的かつ量的であった[3]」。

こうした一般化は他の時代を視覚以外の感覚を好むものとして特徴づけるという含みを持ち、それゆえ額面通りに受け取るべきでないとはいえ[4]、視覚的なものが広範かつ多様な仕方で近代の西洋文化において支配的であったことは否定しがたい。リチャード・ローティとともに哲学における「自然の鏡」という比喩に焦点を絞ろうと、ミシェル・フーコーとともに監視の普及を強調しようと、またギー・ドゥボール[5]とともにスペクタクルの社会を嘆こうと、われわれが繰り返し直面するのは近代の支配的感覚としての視覚の遍在なのである。

しかし、正確に言って何がこの時代の視覚文化を構成しているのかは、それほど容易には見えてこない。

実際、クリスティアン・メッツの言葉を借りてこう問うことができるだろう。一つに統合された近代の「視覚体制」[6]というものがあるのか、それともいくつかの、おそらくは競合しあう視覚体制があるのだろうか。というのも、最近ジャクリーヌ・ローズは次のように注意を促しているからである。「われわれの前史は、単一の視覚空間からなる石化したブロックの塊ではない。なぜなら、角度を変えて見れば、そこにはいつも不安の契機が見られうるからである」[7]。それでは実際に、しばしば抑圧されたかたちではあれ、それと見分けうるいくつかの不安の契機が近代にあるのだろうか。もしあるとすれば、近代の視覚体制は、視覚に関する理論と実践との調和的統合体としてよりも、むしろ戦いの場としてこそもっともよく理解されることになるだろう。事実、近代の視覚体制は視覚的な下位文化相互の差異化によって特徴づけることができる。視覚の多様な含みを理解しうるのはそれらの下位文化を切り離してみることによってであり、その際の方法はようやく評価されはじめたばかりのものである。私が言いたいのは、その新しい理解は、近代の視覚体制における視覚的下位文化のヒエラルキーを根底から覆すことによって生み出されうるだろう、ということである。

近代の競合しあう視覚領域を私がどう理解しているかを説明する前に、次の点を明確にしておきたい。まず、私が呈示しようとしているのはごくおおざっぱな理念的かつ典型的な特徴にすぎず、そうして呈示された特徴は、それが特徴づけようとする複雑な現実から明らかに隔たっているとして非難されかねない、ということである。また次に、私が特に注意を引くものとして選び出した三つの主要な視覚的下位文化が、近代と呼ばれる長くゆるやかに定義された時代のうちに見分けうるすべての下位文化を尽くしている、と言うつもりも私にはない。にもかかわらず、すぐに明らかになるだろうが、私がもっとも重要なものとして強調したいと思っているそれらの視覚的下位文化を、かぎられたスペースではあれ、ここで扱ってみる価値は十分にあると考えられる。

まず、支配的で完全に覇権を握っているとさえ主張される近代の視覚モデルに目を向けてみよう。それは視覚芸術における遠近法というルネサンス的発案と、哲学における主観的合理性というデカルト的考えに認めることができる。これは便宜的に、デカルト的遠近法主義と呼ぶことができるだろう。デカルト的遠近法主義はしばしば近代の視覚体制そのものであるかのように考えられているが、そうした例として著名な論者たちの指摘から次の二つをあげることができる。第一は、一九四六年の『芸術と幾何学』における芸術史家ウィリアム・アイヴィンス・Jrによる主張で、それによると、「アルベルティがその著書を著して以来の五百年にわたる芸術史は、彼の考えがヨーロッパの芸術家たちと人々のあいだにゆっくりと広まっていく物語にほかならなかった」とされる。[8]第二は、一九七九年に出版され広く論議を呼んだリチャード・ローティの『哲学と自然の鏡』からの一節である。「デカルト主義のモデルにおいては、知性は網膜像の上にかたどられた存在者を視るのである。……デカルトの考え――それは『近代』認識論の基礎となった考えであるが――によれば、『精神』のなかにあるのは表象なのである」。[9]これらの引用には、デカルト的遠近法主義こそが近代に君臨する視覚モデルであるという想定が表現されており、さらにこの想定はしばしば次の主張と結びつけられる。デカルト的遠近法主義は、それが科学的世界観によって価値を与えられた「自然な」視覚経験をもっともよく表現しているがゆえに君臨するようになった、というのである。科学的観察と自然的世界が等価であるという想定が反駁されたときには、デカルト的遠近法主義というこの視覚的下位文化の支配もまた反駁されることになった。その顕著な例は、遠近法は単に慣習的な象徴形式にすぎないというアーウィン・パノフスキーの有名な批判に見ることができる。[10]

しかし非常に長いあいだ、デカルト的遠近法主義は近代の視覚体制と短絡的に(tout court)同一視されてきた。以下の説明が図式的なものにすぎないことは十分承知の上で、そのもっとも重要な特徴を明らかにしてみよう。十五世紀イタリアにおける遠近法は発見だったのか再発見だったのか、それとも発明だったのか――これらの言い方はすべて、古代の視覚的認識に関する著者の解釈に依存しているのが常である――、この問題についてはもちろん膨大な数の文献がある。遠近法の実作上の発明者ないし発見者の名誉は伝統的にブルネレスキに帰され、他方、それを初めて理論的に解釈したのはアルベルティであるとほぼ一般に認められている。アイヴィンス、パノフスキー、クラウトハイマーからエジャートン、ホワイト、クーボヴィ[11]にいたる研究者たちは、遠近法主義革命のほぼあらゆる面を――技術的、美学的、心理学的、宗教的、さらには経済的、政治的側面にわたって――研究してきた。

なお多くの論点があるとはいえ、以下の点についてはおおむね合意が成り立っているように思われる。線遠近法は光の持つ形而上学的含意に魅了された中世後期から起こってきたが、その光とは、知覚された光すなわちルークス（lux）というよりも、むしろ神的な光すなわちルーメン（lumen）であった。線遠近法はそこから、光学における数学的規則性と神の意志との調和を象徴するようになった。この調和という等式の宗教的土台がむしばまれたあとでさえ、客観的とされる光学的秩序は好ましいものだという考え方は強く残り続けた。光の呼び起こすこうした肯定的な連想は、初期の絵画で描かれたしばしば宗教的な内容を持つ諸対象から、遠近法によるカンバスの空間的諸関係そのものに置き換えられていった。この新たな空間概念は、幾何学的に等方位的、直線的、抽象的、均一的であった。アルベルティが空間を描くために用いたヴェローー（velo）、つまり繊維で織られたヴェールは、二十世紀芸術を特徴づける方眼網を予期させる仕方でその空間を様式化したのである。もっとも、ロザリンド・クラウスが思い起こさせてくれたように、アルベルティのヴェールが外的実在に対応するものと見なされたのに対し、モダニズムにおける方眼網はそうではなかったという違いはあるが。[12]

遠近法的視覚の三次元的で合理化された空間は、アルベルティの『絵画論』や後のヴィアトール、デューラーなどの書物で説かれた変形規則すべてに従って、二次元の表面に移し換えられた。基本的な仕掛けは、対称をなす視覚的ピラミッドないし円錐というアイディアにあった。その頂点の一つは絵のなかに後退していく消尽点ないし中心点であり、他方は画家ないし見る人の眼である。有名な比喩としてアルベルティはカンバスを透明な窓に譬えたが、その窓は平らな鏡であると解することもできた。その鏡は光景の幾何学化された空間を映し出すのだが、その光景は見る人の眼から放射する、同様に幾何学化された空間上に描き返されるものでもあった。

重要なのは、その眼が通常の両眼視におけるように二つではなく、一つだったことである。その眼は、一つの覗き穴から向こうの光景を見ている単眼として考えられた。さらにその眼は、動的な、後の科学者たちが一つの焦点から別の焦点への「飛越的」ジャンプと呼ぶ動きをするものではなく、むしろ静的で、瞬きもせず固定されたものとして理解された。ノーマン・ブライソンの用語で言えば、それは眺めることよりむしろ眼差しの論理に従うものであり、こうして永遠化された視覚把握を、つまり一つの「視点」に還元され脱身体化された視覚把握を生み出したのである。ブライソンがデカルト的遠近法主義の伝統による「知覚の創設」と呼ぶものにあっては、

画家の眼差しは現象の流れを止め、持続の可動性の外部にある優越した点から、視覚野をむきだしの現前という永遠の瞬間において見つめる。他方、見ている主体は、それを見る瞬間に、その最初の顕現の完全な再創造の瞬間において、彼の眼差しを知覚の創設と結びつけるのである。[13]

この視覚秩序の採用には多くの含意が伴っていた。遠近法的眼差しの抽象的な冷ややかさは、幾何学化された空間に描かれる諸対象に画家の感情がもはやかかわらなくなることからくる。見る者と光景との溝が広がるにつれ、光景に没入しそれを巻き込んでしまうような視覚様式は、完全に抑圧されはしないものの徐々に衰えていった。いわゆる脱肉化した絶対的な眼の名において、画家と見る者との肉体が忘れられるにつれ、視覚における性的投影という契機――聖アウグスティヌスが「眼の欲」としてやっきになって非難したもの[14]――は失われてしまった。もちろんそうした眼差しはなお欲望の対象に向けられる――例えば、デューラーの有名な版画における女性の裸体を考えてほしい、それは、糸を張った遠近法用のスクリーンを通して裸の女性をドローイングしている版画工を描いたものである[15]――とはいえ、それは主として男の視線を、見る対象を石に変える物化する眼差しにしてしまうことを、目的としていた。欲望を喚起する力を抜き取られた大理石のような裸体は、少なくとも意図的には、こうした展開から生み出されたものであった。時にカラヴァッジオが描く魅惑的な少年たちのような例外はあるにせよ、裸体それ自体は見る者を見ようとはせず、いかなる性的活力も発せず別の方に視線を投げている。見る者の眼差しと描かれた人物との眼差しがついに交じり合うことになったのは、西洋の芸術においてはずっと後のこと、マネの『草上の食事』や『オランピア』における大胆にも衝撃的な裸体においてであった。そのときには、デカルト的遠近法主義の合理化された視覚秩序は、すでに他の方法によっても攻撃にさらされるようになってきた。

視覚秩序の脱 - 性化に加えて、それはまた脱物語化ないし脱テクスト化とでも呼びうるものを促した。芸術家にとって、量として概念化された抽象的な空間のほうが、そこに描かれる質的に差異化された主題よりも興味深いものとなるにつれ、光景のレンダリングそのものが目的となってきた。たしかにアルベルティは歴史画（istoria）、つまり〈見る人を高揚させる物語〉を描くために遠近法を用いることを強調したが、結局のところそれらの歴史画は、そこに示される視覚的熟練と比べれば重要性に劣ると思われた。このように、二十世紀モダニズムを語るときの紋切型の一つである実質的内容からの芸術的形式の抽象は、すでに五世紀前の遠近法革命によって準備されていたのである。ブライソンがもう一冊の著書『言葉とイメージ』で絵画の言説的機能の減退(16)と呼んでいるもの、つまり図像的機能を活かして文字を知らない民衆に物語を語るという機能の減退は、宗教的であれ何であれ、どんな外的目的からもイメージがしだいに自立していくことを意味した。したがって、カンバスがいかなる物語的ないしテクスト的機能にも無関係に思える情報で満たされれば満たされるほど、写実主義の効果は高められることになった。このように、デカルト的遠近法主義は科学的世界観と手を組んでいたのであり、その科学的世界観はもはや世界を神聖なテクストとして解釈学的に読むのではなく、世界を自然的対象に満たされた、数学的に規則的な時空秩序に位置づけられたものとして見た。自然的対象はそこでは、中立的な探究者の無感情な眼によって外部から観察されうるのみであった。

多くの論者たちが主張してきたように、デカルト的遠近法主義は、近代世界の根本的にブルジョア的な倫理ともからみあっていた。エジャートンによれば、フィレンツェの商人たちは新たに発明された複式簿記というテクニックを身につけることで、「彼らが銀行元帳に適用した数学的秩序の整然とした原理に一致するような視覚的秩序へ向かう傾向を、しだいに強く持つ(17)」ようになったのである。ジョン・バージャーは、世界を映す窓というアルベルティの比喩よりも、「壁に埋め込まれた金庫、見えるものを蓄える金庫(18)」という比喩のほうがもっとふさわしいとさえ主張している。彼の主張によれば、遠近法の発明(ないし再発見)が、コンテクストから切り離され自由に売買できる油彩画の出現と実質的に一致したのも偶然ではなかった。カンバスの片面に描かれた視覚野は、画家と見る者から切り離され、資本交換のサイクルに入りうる持ち運び可能な商品となることができた。と同時に、もしマルティン・ハイデガーのような哲学者たちが正しいとすれば、自然的世界は技術的世界観を通して、支配する主体の監視と操作のもとにある「常備積立金」へと転換されたのである。[19]

実際、デカルト的遠近法主義は広範にわたり哲学的批判の攻撃目標とされてきた。その批判とは、非歴史的で無関心な脱身体化された主体の特権化を、すなわち自らは完全に世界の外部にあって、彼方からのみ世界を知ることができると主張する主体の特権化を非難するものであった。普遍的人間主義を特徴づける超越論的主観性というこの想定には問題が多く、それはモーリス・メルロ゠ポンティが好んで世界の肉と呼んだものへ、われわれが埋め込まれていることを無視する。かくしてこの想定は、この視覚体制を特徴づける「上空飛翔的」思考と結びつくのである。このように多くの説明において、この伝統は全体として間違っているとともに有害でもあるとして、おおがかりな非難にさらされてきた。

しかしながらより子細に見ると、デカルト的遠近法主義そのものに内在している緊張を見分けることができる。その緊張が示唆しているのは、デカルト的遠近法主義が、ときにそう想定されるような画一的強制を迫るものではまったくなかったということである。例えばジョン・ホワイトは、自然に向かって立てられた鏡が平らな場合の「人工的遠近法」と、平らな空間よりもむしろ曲った空間をカンバスに生み出すような、鏡が凹面として考えられた場合の「総合的遠近法」とを区別している。ホワイトによれば、この点においてパオロ・ウッチェロとレオナルド・ダ・ヴィンチは偉大な革新家であった。彼らは「均質ではあるがけっして単純ではなく、アインシュタインの有限な無限性の性質のいくつかを持つ球面空間」[20]を提示したのである。人工的遠近法が支配的モデルだったとはいえ、その競争相手が完全に忘れ去られたわけではけっしてなかった。

マイケル・クーボヴィが最近つけ加えた考察によると、ルネサンスの絵画は見る人の視覚ピラミッドの想像上の頂点以外からも十分に見うるのであり、このことを彼は「遠近法の豊潤さ」[21]と呼ぶ。彼は理論家たちによって確立された遠近法の規則と、芸術家たち自身が実際に行った実践とを素朴に同一視してしまう人々を批判している。その実践はプロクルステスの寝台ではなく、むしろ知覚の要請に実践的に従っていたのである。つまり、その失敗に対する非難は、しばしば架空の人物（あるいは少なくとも、架空の眼）に向けられたものだ、ということである。

同様に、デカルト的遠近法主義には認識論上の主体の位置に関しても問題がある。というのも、見る人のピラミッドの頂点にある単眼は、超越論的で普遍的なものと見なすこともできるが、逆にまた、偶然的なものと見なすこともできるからである。すなわち、前者の場合、その単眼は時間と空間において同じ点を占めるどんな人間にとっても正確に同じであるものと考えられるのに対し、後者の場合には、もっぱら見る人それぞれの個別的かつ個人的な視覚に依存し、目の前の光景に対する彼自身の具体的な関係を伴ったものと考えられるのである。前者があからさまに後者に置き換えられたときには、そこから容易に、遠近法主義が持つ相対主義的な含みを引き出すことができた。十七世紀においてさえ、この潜在的な可能性はライプニッツのような思想家たちの眼には明らかであった。もっとも、概して彼はそこに含まれているもっと厄介な問題を避けようとしたのだけれど。こうした厄介な問題はようやく十九世紀になってから、ニーチェのような思想家たちによってはっきりと強調され、賞賛さえされるようになった。ニーチェが得意げに結論づけたように、もしすべての人が覗き穴のまったくちがう各自のカメラ・オプスクーラ（camera obscura）を持っているならば、そのときにはいかなる超越論的世界観も不可能であった[22]。

最後に、デカルト的遠近法主義の伝統は、画家による光景の眺望は特定の観察者の眺望から切り離しうる、という論点を潜在的にはらんでいた。ここで興味深いのは、ブライソンがこの展開をフェルメールに認めていることである。彼にとってフェルメールは、アルベルティの遠近法主義よりもさらに脱肉化された第二段階の遠近法主義を代表する人物である。そこでは「見る人の肉体との絆は断たれ、見る主体はいまや、観念上の一点、非‐経験的眼差しとして提示され想定されることになる」[23]とブライソンは言う。

この最後の見解が示唆的なのは、それが、デカルト的遠近法主義の下位の一変種以上のものとして理解されるような、別の視覚体制を考察する口火となる点にある。もちろん、私には、ブライソンの解釈と論じあえるほど熱心にフェルメールの作品を研究していると主張することはできない。とはいえ、これまで議論してきたのとは別のコンテクストのうちにフェルメールを位置づけてみることは有益であろう。すなわち、フェルメールおよび彼を偉大な典型とする十七世紀のオランダ芸術を、ルネサンスの遠近法とは非常に異なった関係にある視覚文化のなかに置き入れてみてはどうかと思うのだ。つまり、最近になってスヴェトラーナ・アルパースが「描写の芸術」[24]と呼んだ視覚文化が、それである。

アルパースによれば、芸術史におけるイタリア絵画の主導的役割は、十七世紀ネーデルランドで開花した第二の伝統に対する正当な評価を覆い隠してきた。ジェルジ・ルカーチによる物語と描写の区別は写実主義小説と自然主義小説を対照する際に用いられたものだが、アルパースはそれを借りて、イタリア・ルネサンスの芸術は遠近法の技術に魅了されたにもかかわらず、これらの技術がそのために用いられた物語る機能にいまだ執着していた、と論じている。彼女によると、ルネサンスにおいては、アルベルティの窓の片面に映される世界とは、「様々な人物が、詩人たちのテクストに基づいた意味のある行為を演じる一つの舞台であった。それは物語的な芸術なのである」[25]。これとは対照的に、北方芸術は物語的でテクスト的な対象指示の働きを抑制し、描写と視覚的表面を好む。北方芸術は単眼的主体の特権化された構成的役割を拒否し、代わりに平らなカンバスに描かれた諸対象の世界、見る人が世界の前でとる位置に無関心な世界、そうした世界がまず先に存在するのだということを強調する。さらに、この世界はアルベルティの窓の枠内にすっぽりとおさまるものではなく、それを越えて広がっているように思われる。もちろんオランダの絵画にも枠組みはある。とはいえ、それらの枠組みは恣意的で、南方芸術で果たしていた全体化する機能を欠いている。もしオランダ芸術にモデルがあるとすれば、それはあくまで平らな表面であろうとし、対象とともに言葉をもすすんで視覚空間のうちに含み込もうとする地図である。描写の芸術とデカルト的遠近法主義の違いを要約して、アルパースは次のような対立点をあげている。「少数の大きな事物への注目に対して、多数の小さな事物への注目。光と影によって型取られた対象に対して、対象から反射してくる光。読解可能な空間のなかでの配置よりも、対象の表面、その色や肌理の処理。くっきりと枠どられたイメージに対して、枠どられないイメージ。見る人の位置がはっきりしているイメージと比べて、それがはっきりしないイメージ。この区別は、一般に第一性質と第二性質として語られる現象、すなわち、対象と空間に対して表面を、形態に対して世界の肌理を区別する階層的なモデルにしたがっているのである(26)」。

北方芸術と深いかかわりを持つ哲学があるとすれば、それは幾何学化され合理化された空間という本質的に知性的な空間概念を信奉するデカルト主義ではなく、観察を重んじるベイコン的経験主義の、より経験論的な視覚経験である。オランダのコンテクストにおいては、アルパースはコンスタンティン・ホイヘンスにそれを認める。この伝統における非数学的衝動は、デカルト的遠近法主義を特徴づけているヒエラルキー、プロポーション、類比的似像への無関心によく一致している。その衝動は代わりに、世界の断片的で複雑な、豊かに分節された表面にその注意深い眼を投げかけるのであり、その世界を説明するというより、むしろ描写することで満足するのである。十七世紀の顕微鏡技師——アルパースがもっとも典型的な人物としているのはレーウェンフックである——と同様に、オランダ芸術は、視覚経験の個々別々の特殊性に味わいを覚える一方、見ているものを寓意化したり類型化しようとする誘惑には抵抗するのであって、彼女によれば、南方芸術はその誘惑にたやすく屈してしまったのである。

描写の芸術は、対抗するデカルト的遠近法主義にどれほど従属させられていたにせよ、二つの重要な仕方で後の視覚モデルを先取りしていたと言える。すでに指摘したように、アルベルティのヴェローとモダニズム芸術の方眼網とのあいだに直接的なつながりがあるとするには問題があり、というのも、ロザリンド・クラウスが論じたように、前者は三次元的世界が外部の自然のうちにあると考えたのに対し、後者はそうではなかったからである。したがって、後者の先駆けはむしろ、地図作成への衝動に基づくオランダ芸術に見出せるだろう。アルパースは次のように指摘している。

プトレマイオスが提案し、のちにメルカトールが強制的に使いだす方眼網は、ルネサンス的遠近法における方眼網とその数学的統一性を共有している。とはいえ、位置づけられた観察者、枠組み、そして、外部の観察者がそこを通し眺める窓としての絵画という定義は共有していない。こうした理由から、プトレマイオスの方眼網、さらに一般的に地理学的方眼網は、遠近法的方眼網と区別されるべきであり、混同されてはならない。それによる投影はどこから見られたものでもないと言えるかもしれないし、また〔窓のように〕そこを通して何かが見られるものでもない。それは平らな作業面という性格を帯びているのである。(27)

第二に、描写の芸術は十九世紀の写真の発明によって生み出された視覚経験をも先取りしている。両者は多くの際立った特徴を共有している。すなわち「断片性、枠組みの恣意性、直接性——つまり草創期の写真家たちが、写真は自然に対して、人の手を借りず自分自身を直接に生みだす力を与えるのだと主張することによって表現したような直接性」[28]がそれである。したがって、例えばドガについてエアロン・シャーフが論じているように[29]、写真と印象派芸術の反遠近法主義とのあいだにはしばしば対応関係が見られるが、そこには、さらに広げて十七世紀のオランダ芸術も含めるべきであろう。そしてもしピーター・ガラシが『写真以前』で述べていることが正しいとすれば、地図作成的な絵画——現実の断片の略図的な風景画——の伝統というものもあったのであり、それはデカルト的遠近法主義に抵抗し、かくして写真と印象派双方に二次元のカンバスに帰る道を準備したのである[30]。そうした伝統がどれほど広まっていたのか、あるいは、どれほど自覚的に対立の姿勢をとっていたのかという問題については、芸術史の専門家たちに判断を委ねたいと思う。われわれの目的にとって重要なのは、支配的伝統の全盛期においてさえ、それに代わる別の視覚体制があったということをただ銘記しておくことにある。

もちろん、この別の視覚体制を特徴づけようとするアルパースの試みには批判の余地があるだろう。もし先に言及したように、遠近法芸術自身のうちに物語を脱しようとする衝動があったことを思い起こすならば、彼女が物語と描写とのあいだに立てる強い対立は、彼女が言うほど堅固なものではないように思われる。そしてもしわれわれが、資本主義の交換原理と遠近法の抽象的で相対的な空間とのあいだにある種の対応を見出しうるならば、同様に、オランダ芸術において物質的表面に高い価値が与えられたことと、やはりまた市場経済の特徴である商品の物神化とのあいだに、相補的対応を見ることもできるだろう。この意味で、まさにデカルト哲学とベイコン哲学が、異なった仕方においてではあれ、科学的世界観と協調していると言えると同様に、二つの視覚体制は、複雑ではあるが一体化された現象の異なった相を顕わにしていると言えるのである。

しかしながら、視覚の第三のモデル、あるいは支配的モデルのうちにある第二の不安の契機と呼びうるものに目を転じるならば、これまで見てきたものよりも、もっと根本的な別の選択肢がありうることがわかるだろう。この第三のモデルにもっともよく適合するのはおそらくバロックである。少なくとも早くは一八八八年のハインリヒ・ヴェルフリンによる画期的な研究『ルネサンスとバロック』以来、芸術史家たちは絵画と建築双方における二つのスタイルのあいだでの永遠の振幅を定式化しようと試みてきた。[31] ルネサンスの形態、つまり、透明で、線的で、堅固で、固定し、面積測定的で、閉じた形態に対して、あるいはのちにヴェルフリンが古典的スタイルと呼んだものに対して、バロックは絵画的で、凹面的で、焦点がぼやけ、多様で、開かれていた。少なくとも一つの標準的な語源説明によれば、バロックという言葉は不規則で歪んだ形の真珠を意味するポルトガル語に由来し、したがって、一般に形態の明晰さと透明さの擁護者たちからは軽蔑されていた奇異で異常な特色という意味を含み持っていた。

バロックを単に十七世紀に限定し、それをカトリックの反宗教改革ないし新たに興ってきた絶対主義国家による民衆文化の操作と関連させることが賢明ではあろうが――例えばスペインの歴史家ホセ・アントニオ・マラヴァルが行ったように[32]――、しばしば抑圧されたとはいえ、近代全体を通じて続いてきた一つの視覚的可能性としてバロックを見ることも可能だろう。フランスの哲学者クリスティーヌ・ビュシ゠グリュックスマンの最近の著作『バロック的理性』（一九八四年）と『見ることの狂気』（一九八六年）[33]にあるように、われわれがデカルト的遠近法主義と呼んできた支配的な視覚スタイルに代わるものとしてもっとも重要と思われるのは、まさにバロック的視覚が持っている爆発的な力である。バロック的視覚経験における眩惑的で混乱し恍惚とさせるようなイメージの過剰を賞賛することで、彼女はデカルト的伝統の単眼的幾何学化の拒絶を強調するとともに、神の眼で彼方から見られた均質な三次元空間というものが錯覚であることを強調する。そしてまた、彼女はそれとなく、絵画が写し取る世界の判読可能な表面と物質的堅固さに信頼を寄せるオランダの描写芸術を、描かれる現実の不透明さ、読みにくさ、解読不可能性へのバロック的陶酔と対比している。

ビュシ＝グリュックスマンによると、バロックは自覚的に表面と奥行きとのあいだの矛盾に大きな喜びを見出し、その結果として、視覚空間の多様性を何であれ一貫した本質に還元しようとするどんな試みをも軽視する。ここで重要なのは、自然に向かって立てられた鏡が平らな反射ガラスではなく、凹面であれ凸面であれ、むしろ歪んだ鏡だということである。エジャートンやホワイトのような論者によれば、平らな反射ガラスは合理化された遠近法ないし「分析的な」遠近法の展開において不可欠なものであった。それに対し歪んだ鏡は、視像をねじ曲げ、あるいは、より正確に言えば、視像が反射媒体の物質性に依存していることを示すことによって、「正常な」反射性というものが自然の性質ではなく慣習的なものであることを暴くのである。事実、その物質性——それは、最近の論者ロドルフ・ガシェが「鏡の裏箔」として注意を促したものだが[34]——をより強く意識するようになったために、バロック的視覚経験はその性質として著しく触覚的であり、このことが、対抗するデカルト的遠近法主義の絶対的な視覚中心主義に陥ることを防いでいるのである。

哲学に関して言えば、一つの哲学体系だけをあげて、それをバロックの相関者とみなすことはできない。とはいえ、モナド的視点というライプニッツの多元論[35]、パラドックスについてのパスカルの省察、そして恍惚という眩暈のするような経験への反宗教改革における神秘主義者たちの従順が、すべてバロック的視覚に関係するものと見なされるだろう。さらに、バロック的視覚が好む哲学は、多義性から純化された字義的な言葉で表現される知的明晰さのモデルを意識的に避け、むしろレトリックと視覚とが分かち難くもつれあっていることを認めていた。そのもつれあいが意味しているのは、イメージとは記号であり、概念は常にイメージ的要素を含んでおり、それを還元してしまうことはできない、ということであった。

さらにまた、ビュシ゠グリュックスマンによると、バロック的視覚は表象しえないものを表象しようとするが、その試みは必ずや失敗に終わることでメランコリーを生み出すことになった。それはヴァルター・ベンヤミンが特にバロック的感受性の特徴として見たものにほかならない。バロック的視覚はまさしく、長い美学の伝統において崇高と呼ばれているものにより近く、それは、けっして満たされえないものの現前を渇望するがゆえに美とは対照をなすものであった。実際に、形而上学的形態と同様その性的な形態への欲望が、バロック的視覚体制を貫いているのである。身体が回帰してきて、脱肉化されたデカルト的観察者の無関心な眼差しを廃する。メルロ゠ポンティのような二十世紀の視覚の哲学は、身体の回帰を賞賛し、世界の肉において見る者と見られるものとが意味を担って重なり合うのを夢見た。しかしそれとは違って、ここでは身体の回帰はただ曖昧さと不透明さに満ちた寓意を生み落とすにすぎない。かくしてそれは、ジャクリーヌ・ローズが支配的な視覚秩序の石化作用に挑戦するものとして見る「不安の契機」を、まさに生み出しているのである（実際、描写の芸術ははるかに世界に安住しているように思われる）。

これら三つの理念型としての視覚文化についてはさらに多くのことが語られるだろうが、ここで見通しなどという視覚に関する言葉を使ってよいならば、これら三つの視覚文化の現在の状況について、いくつかの見通しを与えることで結論に代えたいと思う。まず第一に、われわれが二十世紀において、これら三つの体制の階層的秩序に対する激しい攻撃を目撃してきていることは、否定しがたいように思われる。デカルト的遠近法主義が哲学の領野から閉め出されたと主張するのは馬鹿げているにしても、視覚芸術と同様に哲学において、それがどれほど権威を剝奪され激しく論難されてきたかは、まさに注目に値する。解釈学の隆盛、プラグマティズムの復興、言語学に主導された構造主義的ないしポスト構造主義的な多くの思考様式のすべてが、主としてデカルトに由来する認識論的伝統を著しく守勢の側に追いやってきた。そしてもちろん、様々なかたちの実証主義的思考において周期的に浮上してくるベイコン的観察のほうも、同様にもろくも攻撃にさらされてきた。たとえ、非遠近法的な芸術の形態（もしそう言いたければ、カウンター・アートの形態）としての写真の地位が向上してくるとともに、ベイコン的観察と親しい関係を持つ視覚的実践が、際立って柔軟な復元力を示してきたとしても。また、ドイツ出身のユダヤ人で今はイスラエルにいる画家ヨシュア・ノイシュタインのように、地図の平らな物質性に魅了されていることがアルパースがあげる十七世紀のオランダ人たちと比べられるとして、最近注目を浴びた現代芸術家たちがいることも確かである(36)。

それでもなお、われわれの時代になってついに本領を発揮してきた視覚体制を選ばなければならないとすれば、それはビュシ＝グリュックスマンがバロックに認める「視覚の狂気」であろう(37)。シュールレアリストたちに関するロザリンド・クラウスの最近の仕事が示唆しているところによると、写真でさえも、たんなる描写の芸術よりもこの視覚衝動を追求するための一手となりうる。崇高を美よりも上位に置くポストモダン的言説においては、ビュシ＝グリュックスマンがバロック的視覚と呼ぶ「不可視なものが書き込まれた再生羊皮紙(38)」からは、どうにも逃れようがないように思われる。そしてまた、レトリックをその正当な地位に復権させ、視覚のなかにある還元しがたい言語的契機を受け入れるとともに、言語のなかにも執拗に現存する視覚的契機を受け入れるべきだという要請が現に今なされていることを考え合わせるなら、バロック的視覚体制が時宜を得たものであることは、いっそう明らかなように思われる。

実際にはしかし、いくらか意地の悪い指摘で締め括らせてもらうなら、デカルト的遠近法主義に対する徹底的な廃位要求にはいささか行き過ぎの感があったと言えるかもしれない。デカルト的遠近法主義の権威を剝奪し、それが視覚そのものを表象しているのだという主張の正体を暴こうと急ぐあまり、私が手早くその概略を描いてきた他の視覚体制が、それ自身、より自然なものでもより「真の」視覚に近いものでもない、ということをわれわれは忘れてしまいがちである。眺めることがその本性において眼差すことよりも優れているわけではいささかもない。欲望の代理としての視覚が、冷たい視線を投げることよりもいつもよいとはかぎらないし、世界のなかに位置づけられた身体状況からの視覚が、必ずしも「上空飛翔」ないし「神の眼」の眺望に見えるものを見うるわけでもない。科学主義の行き過ぎをどんなに後悔しようと、西洋の科学的伝統はただデカルト的遠近法主義によってのみ、あるいはそれと補い合うベイコン的な描写の芸術によってのみ可能であったに違いない。そのような視覚体制、特にデカルト的遠近法主義の視覚体制が東洋になかったことと、一般に東洋固有の科学革命がなかったこととのあいだには、おそらく何らかのつながりがあるだろう。われわれが問わなくてはならないのは、視覚の合理化を視覚的流動性の有害な物象化として競って打ち壊そうとするに際して、あまりにも無批判にそれに代わるものを採用してしまうことがどれほどの代価を強いることになるのか、ということである。描写の芸術の場合、われわれはそこに三次元的奥行きに代えて物質的な表面を盲目的に信奉するという別の物象化が働いているのを見ることができよう。アルパースは言及していないが、文学における自然主義的記述に対するルカーチの批判は、絵画にも同様に当てはまるだろう。バロック的視覚の場合、われわれは視覚の狂気を賞賛してよいものかどうか決めかねる。それはある人たちには恍惚をもたらすだろうが、別の人たちにとっては当惑と混乱でしかない。マラヴァルのような歴史家たちが暗鬱な警告を発しているように、バロック的スペクタクルの夢幻を、その影響下にある人々を操作するために用いることは容易であった。十七世紀を説明するためにマラヴァルがホルクハイマーとアドルノから借用した用語を使って言えば、「文化産業」の現代版は、「見ることの狂気」におけるポストモダン的視覚実験によってさほど脅かされているようには見えない。むしろ逆に、後者が前者に脅かされているというのが事実かもしれないのだ。

したがって、別のヒエラルキーを選ぶよりも、むしろ現在われわれが手にしうる視覚体制は複数あるのだということを認識することのほうが有益だろう。どれかを悪魔扱いするよりも、長所短所を含めて、各々の視覚体制の含意を明らかにすることのほうが危険はより少ないだろう。そうしたからといって、西洋の視覚文化にこれほど長くつきまとってきた不安の感覚から、われわれがすっかり解放されることにはなるまい。けれども、われわれは差異化された視覚経験の様々な利点に対する見方を学ぶことができるようになるだろう。われわれが学びうるのは「真の」視覚というフィクションから身を引き離すことであり、代わりに、これまで発明してきた視覚体制によって、またいまは予期しがたいとしても疑いなく到来しつつある視覚体制によって開かれる、様々な可能性を堪能することなのである。

この論稿を最初に公にして以来(39)、ここで論じた三つの視覚体制が実現される際の、より実践的な仕方がしだいに気にかかるようになってきた。とりわけ、ロンドンの現代芸術協会で近代都市に関する会議があり、そのためにこの論稿を手直しするよう誘いを受けたのをきっかけとして、各体制と都市生活の様々なスタイルとのあいだにありうる相関関係について考えるようになった。視覚経験が近代のメトロポリスにおいてもっとも重要な地位を占めるというゲオルク・ジンメルの主張は広く繰り返されてきたものの、正確に言ってその経験がどのようなものであるのかについては、しばしばあまりにも曖昧にされてきた。これら三つの視覚体制を様々な都市の視覚文化にあてはめてみることは、「近代都市」という一つの型にならされてしまいがちな多様性を識別するための、有益な方法を提示してくれるだろう。[40]

デカルト的遠近法主義は合理的に計画された都市のモデルにもっともよく対応し、その起源は遠くローマにまで遡る。そこでは、幾何学的、等方位的、直線的、抽象的、かつ均一的な空間という理想が、それ以前のもっとくつろいで曲がりくねった居住地に対し、普通は方眼網ないし放射状の同心円といった規則的パターンを押しつけるかたちで実現された。都市空間の合理化は中世には一般に中断されたが、ルネサンス期になって復活された。シクストゥス五世（在位一五八五—九〇）のような教皇たちは放射線状のローマを再建し、初期の栄光を取り戻そうとした。ルイ十四世の治世に、枢機卿の城に沿った二重の矩形として建てられたリシュリューの街は、単眼の遠近法主義的主体と支配者の眼差しの権力とのつながりを例証している。[41] ヴェルサイユやカールスルーエ、マンハイム、さらにはランファンが計画したワシントンのような後世の王宮‐都市は、国家権力と、近代の支配的な視覚体制の視覚原理に従って建てられた都市空間との照応を示していた。

啓蒙時代には、ジャン＝ジャック・ルクー、エティエンヌ＝ルイ・ブレー、クロード＝ニコラ・ルドゥーのような空想主義的建築家たちが、理性に奉仕するような厳密に幾何学的な都市を造ろうと遥か壮大な計画を立てたが、それらの計画はいずれもすぐには実現されなかった。やっと十九世紀になって、オスマン男爵が設計したパリ、ニューヨークやフィラデルフィアのような方眼網状のアメリカの都市、そしてイルデフォンソ・セルダーが設計したバルセロナの「新市街」などにおいて、都市空間がデカルト的遠近法主義の観点から造り直された。ル・コルビュジエや、テクノロジーに鼓舞された他のインターナショナル・

スタイルの建築家たちの二十世紀の夢は、おそらく近代の支配的な視覚秩序のもっとも純粋な表現となっている。一九五〇年代にルシオ・コスタによって設計されたひどく評判の悪いブラジリアは、これらの企ての頂点をなすものであった。

これらの企てを誹謗する人たちは、オランダの描写の芸術と結びついている第二の視覚体制により近い都市空間などにその代わりを求めた。デルフト、ハールレム、そしてもちろんアムステルダム自体が、幾何学化された方眼網や、威嚇的な記念碑のある眺望を押しつけることのない都市を代表している。遠近法主義的効果は自覚的に避けられ、通りや運河は非形式的な曲線を描き、中心となる消尽点のことは考えられていない。建築素材の肌理、石や煉瓦や水の相互作用が純粋な視覚経験と同様に触覚的経験を作り出しており、そこでは明確な形態よりも全体の雰囲気のほうが大切にされている。結果としてそうした都市は、監視を通して市民をコントロールしようとする規律国家が視覚的に受肉したものというよりも、活動的な市民社会のための快適な場所となっているように思われる。

フェルメールやデ・ホーホ、その他描写の芸術の名匠たちによってしばしば描かれた見事な内装は、ブルジョア的繁栄によって生み出された私的空間で過ごされる満ち足りた都市生活を示唆している。オランダの都市には、政治的であれ文化的であれ、より公的な生活のための背景となるような記念碑のある広場や直線的な街路はまれにしかない。そしてアルパースが指摘しているように[42]、ロイスダール、カイプ、フェルメールによるその都市の眺めは、デカルト的遠近法主義の都市空間に明白な「文化」と「自然」との断絶とは非常に異なった、都市生活と田舎生活との緊密な連続性を見せている。そうした都市が計画的に複製されることはめったになく、他の都市モデルによって乗り越えられてしまう運命にあるとはいえ、そうした都市は支配的な視覚的／都市的体制に代わりうる非常に魅力的な体制の名残りをとどめている。

第三の可能性はもちろんバロック的都市であり、それは先のものより数多く実現され、ローマにおけるベルニーニのような設計者たちによって十七世紀にその真価を発揮した。ベルニーニは、教皇シクストゥスの直線的な遠近法主義を捨て、ルネサンスの合理的な新古典主義を覆そうとした。ジェルマン・バザンが指摘したように、「見る者を驚かせる効果が、バロックのまさに本質をなしている……バロック的設計は、……理性ではなく感覚に向けられていた。バロックの建築家は、平面の断片化、曲線の弾力性によって、取るに足らないささいな空間を優位に立たせることに熱中した。バロックの建築家は様々な家や建物のファサードを画一化することを望まなかった。それらのファサードは、その多様性によって見る者を魅了したのである」(43)。バロック的都市は大きな公共広場を持っていたが、それと対照をなすデカルト的遠近法主義の都市とは違って、そうした広場は密かな飛地(マドリードのマイヨール広場やローマのナヴォナ広場のように)になっており、商業交通の幹線路にはつながっていなかった。そうした空間は、しばしば宗教的祝祭から火あぶりにいたるあらゆる出来事の舞台となった。

もちろん、近代の視覚体制と近代の都市生活とのつながりについては、さらに多くの実例をあげて示すことができるだろう。しかし私としては先にそうしたように、新しいヒエラルキーを打ち建てるよりも、むしろそれらのヒエラルキーすべてが創造的な糧を持っていると訴えることで論を締め括りたいと思う。というのも、各々のヒエラルキーはある程度まで他のヒエラルキーを、少なくとも陰の伴侶として生み出す傾向があったからである。例えば、アンシャン・レジームの最盛期におけるフランス古典主義の幾何学化された規則性は、しばしばバロック的効果によって和らげられた。オスマンが設計した記念碑を備えた大通りは、同じ高さの家並と記念碑において絶頂に達する眺望を伴っているが、それはボードレールたち以来賞賛されてきた近代パリの路上生活という、あの夢のように去来する束の間の生活の場になった。セルダーの方眼網は、街路が交わる辻々の華やかに飾り立てられたアール・ヌーボーのファサードによって、たちまちのうちに活気を添えられた。

同様に、オランダの都市の景観は、運河に沿った家々の個性のゆえに、めだたないながらバロック的なものとして解釈されてきた[44]。そしてもちろん、バロック自体はその諸感覚のめまぐるしい散乱にもかかわらず、建物の古典的土台と完全に手を切ることはできなかった。目眩まし的な内装と大仰なファサードは、その土台のなかに、そしてその土台の上に装われたのである。もしポストモダニズムがビュシ゠グリュックスマンによって賞賛されたバロック的衝動を甦らせてきたと言いうるならば、それはまた、デカルト的遠近法主義のモダニズム的な外観を保持し続けてもいるのである。要するに、文化の介入に先立つ「自然な」視覚などなく、したがって本質的に優れた視覚体制などないのとまったく同様に、視覚的な刺激と快楽に対する人間の渇望をそれだけで満足させうるような、一つの都市スタイルなどないのである。

討　論

ハル・フォスター編『視覚と視覚性』（シアトル、ベイ・ヴュー・プレス、一九八八年）より

ジャクリーヌ・ローズ　「視覚体制の複数性」というあなたのお考えについて質問したいと思います。視覚体制の複数性が抑圧装置として用いられうる、という論点についてです。しかし、デカルト的遠近法主義への批判は常に、政治的なものという特殊な概念に、そしてブルジョア的主体という特異な観念に結びついてきました。そこで私にわからないのは、もしあなたのような定式化を行うとすれば、その政治的批判はどういうことになるのか、ということですが。

マーティン・ジェイ　視覚体制の政治的含意を調べ上げてみることは魅力的な仕事ではあるでしょう。しかし、あまりに還元的な仕方によっては、それを行うことはできません。遠近法主義的体制は、必ずしも政治的抑圧の実践とだけ絡み合っているわけではありません。ある状況ではそれは解放的なものでしょうし、実際それは、それがどのように用いられるかにかかっているのです。私が提示した他の視覚体制についても同様のことが言えます。

遠近法主義的体制は、孤立したブルジョア的主体、つまり、その身体性も間主観性も、世界の肉のうちへの埋め込みも認め損なってしまう主体という観念と絡み合っているでしょう。もちろん、この主体は現在はげしい攻撃にさらされており、私はそれを素朴に建て直したいと思っているわけではありません。それにもかかわらず、デカルト的遠近法主義はまた、政治的な自己理解の典型としても役立ちます。その自

己理解は疎隔——例えば、説明的な社会科学的モデル——に依拠しています。それは、世界のなかへの自己の解釈学的沈潜に対抗し、少なくとも、世界との客観的距離というフィクションを創りだすのです。ここで私が考えているのは、ユルゲン・ハーバマスが社会科学の論理について議論する際に導入したあの結合のことです——つまり、説明的理解と解釈学的理解との結合のことで、それは探究対象の外部にいるという遠近法主義的フィクションに大幅に依拠しています。われわれは常に世界に埋め込まれているのですから、このフィクションの正体を暴くことは簡単です。それにまた、このフィクションと科学主義との関係を批判することも簡単なことです。しかし、あまりに性急に反科学的立場に移る以前に、西洋の科学がこの疎隔化する視覚という実践的には有益なフィクションに依拠していることを認めなければなりません。いずれにせよ、私はここにある様々な危険——つまり、性や階級等にかかわる危険——を控え目に見積ろうとしたいわけではありません。それでもやはり、時によっては視覚的なものから政治的なものを切り離すことは可能なのです。視覚的なものにいつも政治的なものが伴っているわけではありません。

ノーマン・ブライソン　あなたが第二の視覚体制としてあげたオランダ芸術について質問があります。たしかに地中海芸術とは違って、オランダ芸術は典型的に枠組みを排しているように思われます。イメージに枠組みを与えることは恣意的——任意の切り取り——であるように思われますし、イメージのうちへの枠組みの影響として構成が現れるわけでもありません。それにもかかわらず、やはりオランダ芸術は地中海芸術と比べて、いわばハイパー・リアルであると言えるでしょう。それは枠組みの構造に制限されていないというまさにその理由で、より写実主義的でさえあるのです。そして、北方芸術は別の遠近法的システム——平面的というより曲面的な——に従っているとはいえ、遠近法とかかわっているという点においては、基本的には南方芸術と変わるわけではありません。要するに私がわからないのは、オランダ芸術と地中海芸術とのあいだに、ほんとうにそうした違いがあるのかどうか、そしてまた、デカルト的遠近法主義と他のモデルとの違いの本当のポイントは、むしろ行為遂行的ということ――つまり、行為遂行という考えと視覚野への受肉と関係しているのではないか、ということです。ここで私が考えているのはバロック芸術ですが、十九世紀芸術の形態もまたそうであり、そこでは相当程度、枠組みのうちに身体的なものが介入しています――つまり、絵具と身振りの可視性、スケッチの興隆、そしてドラクロワやドーミエのような勇壮的（bravura）スタイルにおける十九世紀の芸術形態のことを私は考えているのです。デカルト的遠近法主義との重要な断絶は、身体の登場に基づいた視覚空間のこの破壊のうちに見出すことができるように思われるのです。

ジェイ　ある意味では、私も同じ点を指摘しようとしていたのです。つまり、オランダ芸術はバロック芸術ほど根底的には遠近法主義と断絶していない、ということです。しかし、ここで私が写実主義ということで言わんとしていることを明確にすべきでしょう。スヴェトラーナ・アルパースが行っているように、写実主義と自然主義とのあいだに、周知のルカーチ的な区別（この区別は、おおざっぱなものと解されるべきでしょう）を設けることができるかもしれません。ルカーチが述べているように、写実主義は類型的で本質的な奥行きを扱うのであって――表面を扱うのではありません。物語は、文学的テクストの（あるいは、おそらくは絵画の）拡散し全体化されていない諸事実を越えた有意味性の類型的感覚を生み出します。デカルト的遠近法主義は、カンバスの二次元的な表面よりもむしろ三次元的空間を強調するのであって、この意味で写実主義的なのです。他方、自然主義は、単に表面に関心を持つだけです――つまり、諸形態の多様性を、象徴的に意味を持つ視覚的奥行きに還元したりせず、ただ描写することに関心を持つのです。それは、われわれの眼に映る光の視覚的経験で満足するのです。

ところで、写実主義と自然主義とのこれらの様式は、相互に補い合うものと見ることができるでしょう。どちらとも、現実‐効果を創り出しますが、一方は、現実は奥行きを持っているというわれわれの信念によって、他方は、単に表面を見せることによってそうするのです。そしてまた、どちらの様式も一種の科学的思考と絡み合っています。実際、現実はどこにあるのかということについて、科学はデカルト的な考え方とベイコン的な考え方とのあいだを往きつ戻りつしてきました。けれども、あなたのお考えは正しいと思います。つまり、第三の選択肢は現実‐効果というもの自体を行為遂行という考え方から批判することによって、これら両方に異議を申し立てているのだ、ということです。絵画について言うと、現実‐効果は、比喩的な言い方ですが、画家ないし見る人が絵のなかに入っていくことによって生み出されるのだと私は考えています。このことは、写実主義的な眼や自然主義的な眼で見られるような、外的な光景として絵画を見ることを不可能にします。そうした根底的な選択肢の歴史がどのようなものかを調べてみることは、興味深いことでしょう。私が報告の終わりのところで論じたように、たしかにそれは現在われわれの多くを夢中にさせているように思われます。

ハル・フォスター　あなたのお考えでは、デカルト的遠近法主義はどのように脱‐性化するのか、もう少し聞かせていただけませんか。

ジェイ　論点はこうです。遠近法主義は脱肉化した眼と描かれた光景とのあいだに距離を創り出し、したがって絵画は欲望との直接的な結びつきを欠いてしまう、ということです。しかし、このことはしばしば様々な美学的実践によって異議を申し立てられてきました。私が例としてあげたのはカラヴァッジオです。ここで一つ重要なのは眼差しの交差です。ほとんどの裸体においては、人物はわれわれを見返したりせず、むしろ対象化され、われわれの眼差しはけっして間主観的な見つめ返しに出会うことがありません。

けれどもマネには、相互性の震え（frisson）というものがあります。それはデカルト的遠近法主義の構成においては失われていたものであり、その結果が脱‐性化だったのです。

フォスター　それでは、あなたのモデルでは、脱‐性化はある意味で物神化に対立しているのですか。

ジェイ　面白い問題ですね。物神崇拝は性的なものとも見なされうるし、また、性的な相互性を欠いた一種の閉じた実体を生み出すものとも見なされえます。おそらく性的な関係性には二つのタイプがあるのでしょう。一つは物神崇拝的なもので、他方はそうではありません。たしかに物神崇拝は、カンバス上の対象という点ではオランダ芸術により多く現れてきます。もしデカルト的遠近法主義に物神崇拝があるとすれば、それは空間そのものに対する物神崇拝です。しかし、性的なものと脱‐性化されたものとを単純に対立させるよりは、性的な相互作用の様々な様式という考えを追求するほうが面白いでしょう。

聴衆（バーナード・フリン）　マーティン・ジェイに質問があります。あなたがデカルトを視覚体制の創始者と考えていることにはいささか驚かされてしまいました。デカルトのテクストは、まったく同様に、根本的かつ戦闘的に反視覚的な意味においても読まれうるように私には思われます。『省察』において蜜蠟がどうなったか考えてみてください。諸感覚を通して得られるすべての情報は誤っており、けっして復権されません。さらには『光学』においてさえ、遠近法についての彼の理論では（メルロ＝ポンティが『眼と精神』で読み解いているように）、人は何ものも見るのではなく、判断するのです。精神は脳を調査し、そうして遠近法‐効果を生み出すのであり――実際には視覚によってよりも数学的判断によってそうするのです。事実、デカルトはテクストという比喩さえ使っています。すなわち、人は脳を読むのだ、ということです。

ジェイ　すばらしいご質問です。ご質問を機会に、デカルトにおける視覚の次元を明確にしてみましょう。同じことがプラトンについても言えるでしょう。プラトンもまた諸感覚の幻影に敵意を抱き、それに代えて精神の眼を必死になって守ろうとしました。デカルト主義も同様にこの二元論を含み持っています。というのも、デカルトもまた観察の幻影を批判しているからです。しかし彼はそこで、精神は視覚的に構成されているという考えを提示します。デカルトにとって、精神とは「明晰」で「判明」な観念を含み持つものであり、そして明晰さと判明さとは、本質的に視覚的な用語なのです。さらに、精神は自然的幾何学を知覚するのであり、その幾何学は、われわれの実際の経験的視覚の基底にある幾何学と共約可能なのです。デカルトはこれら二つの領域（光についての二つの観念を表す用語、つまり輝く光線ないしルーメンと、知覚されたルークスという二つの用語でこれを特徴づけることができるでしょう）の共約可能性を信じています。望遠鏡のような発明は、それが自然的幾何学の経験と共約可能な視覚的経験を示してくれるがゆえに価値がある、と彼が論じることができたのはそのためです。

さて、判断の問題、テクストの問題もまたとても興味深いものです。この問題は、私が以前に視覚の意味論的次元に関して指摘したポイントと関連しています。あなたのお考えは正しい、つまりデカルトは比喩的で言語的な説明をしているのであり、その説明は精神の眼ないし実際の眼という単にイメージ的な考え方からわれわれを引き離してくれます。しかし、それはほとんど常に心的表象という強力な考え方に奉仕するように行われているのであって、その心的表象において、人は（彼が主張しているように）「明晰な精神の眼差し」をもって見るのです。問題となっているのは、実際の経験的観察（それはメルロ゠ポンティが身体と両眼視を強調することで再興しようとしたものですが）でもなければ、また完全に比喩的な、意味論的、判断的、あるいは言語的な代替物でもありません。それは第三のモデルであり、ここでふたたび私が考えているのは、心的表象というプラトン的伝統と類似したモデルなのです——つまり精神の眼、実際の経験の外部にある光学の純粋さというモデルです。

聴衆（ジョン・ライクマン）　私はジョナサン［クレアリー］とマーティンの両方に質問があります。ジョナサン、私はあなたの指摘に強い印象を受けました。特に、あなたの指摘に表れているフーコーの影響に興味を持ちました。あなたがフーコーを用いるやり方は、マーティンが別のコンテクスト［「眼差しの帝国にて――フーコーと二十世紀フランス思想における視覚の名誉剝奪」『フーコー――批判的読解』D・C・ホイ編、所収］で行ったような、フーコーを視覚に対する名誉剝奪者として提示するやり方とはかなり違っています。つまり、視覚的なものの「出来事」に、より深くかかわっているようなフーコーを問題にしているのです。

もちろんフーコーは、異常ないし逸脱はわれわれの近代という時代における中心的カテゴリーである、と論じています。狂気にいたる場合には特にそうです。（ジョナサンが言及したように――そしてジョルジュ・カンギレムもこのことについて語っていますが――フェヒナーとヘルムホルツは視覚を正常と異常という観点で考えていたし、またもちろん彼らの著作はフロイトによって読まれました。事実、『快楽原則の彼岸』には、フェヒナーとヘルムホルツ両者への言及があるように記憶しています）。フーコーにとって、異常としての狂気というこの近代的な概念と、別世界から到来する驚異ないし奇怪さとしての狂気というルネサンス的概念とのあいだには大きな違いがあります。したがって、マーティンは「見ることの狂気（la folie du voir）」について語り、クリスティーヌ・ビュシ゠グリュックスマンにならって、それはバロック的視覚の再活性化であるという考えを提示しているのですが、これについては私は賛成できません。バロックは、異常というわれわれのカテゴリーを持っていなかったし、われわれのいう視覚的非合理性（それはジョナサンが概略を描いたパラダイムによって影響を受けているのですが）は、それとは異なった類のものなのです。したがって、おそらくそれは再活性化というよりも、異常というものについてのわれわれ自身の合理性という観点からの、「見ることの狂気」の再考なのです。（このように考えることは、偶然ですが、ユルゲン・ハーバマスに由来する一種の非合理性恐怖症とは異なったパースペクティヴをわれわれに与えてくれるでしょう）。これらの歴史のあいだには、ある種の衝突があるのではないでしょうか。

ジェイ　ビュシ゠グリュックスマンが彼女自身の目的のためにバロック的視覚を構成しているというあなたのご指摘は妥当なものですが、私が考えるには、彼女はまた狂気についてのより肯定的な態度を取り戻そうとしてきたのです。彼女の解釈には明らかに現代的な関心――彼女の著作にはあらゆる頁にリオタールやラカン、その他の最近の思想家たちが登場します――が深く沁み込んでいます。それは単なる歴史的な説明ではないのです。

ところで、狂気の二つの捉え方について言うと、「見ることの狂気」は、しばらく前から流通してきた言葉です（ミシェル・ド・セルトーもこれについて書いています）。この意味での狂気は、悦び（jouissance）と結びついた恍惚として見られるのであり、抑制するものとは見られません。最後のところで私が行ったハーバマス的な指摘は、「狂気」は善でも悪でもなく、われわれが問題視する必要のあるカテゴリーである、ということを示唆するためのものでした。このことは、フーコーなら問題視したであろうような、ある種の観念への回帰を要求するかもしれません。しかし、彼は身体へのいかなる回帰に対しても警戒するよう教えているように私には思われます。フーコーにとって、身体が文化的、歴史的に構成されたものであることは言うまでもありません。したがって、身体を堅固な土台、あるいは視覚の誤った脱身体化に対する解毒剤として受け入れるよりも、われわれはもう一度身体の持つ様々な含意について考えることを余儀なくされているのです。

ロザリンド・クラウス　ジョン・ライクマンの質問に関連してマーティンに質問があります。私には十七世紀の視覚体制が十九世紀後期および二十世紀初期の実践とそんなに直接的に関連するものとして描かれうるとは思えないのです。そこにあるのは弱い対応関係か、さもなくば、それらはまったく異なった現象ではないでしょうか。モダニズムの方眼網と、スヴェトラーナ・アルパースによって十七世紀オランダ絵画のモデルとして提示された地図という、あなたの例を取り上げてみましょう。モダニズムの方眼網は地図作成学の方眼網とはおそろしく異なっています。というのもモダニズムの方眼網は反映的だからです。それは方眼網が投影される表面を作図します。その内容は、その表面それ自体です。それに対し地図はそういうことをしません。その内容はどこか別のところからやってきます。それは反映モデルとは何の関係もありません。

別の例として歪曲像をあげましょう。歪曲像に現れる不透明性は視点にかかわるものです。正しい位置をとることができれば、その像を正しく見ることができます。他方、モダニズムにおいて興った不可視性は、明らかにそうした物理的なものではありません。それは無意識によって染められ、あるいは影響を受けているのであって、この無意識的不可視性においては、どんな正しい遠近法も他の優越した視点もありません。それはただ言語のような異なった形態の様式においてのみ再構成されうるものです。それは歪曲像という考えを軽く比喩的に使ったものだと私は考えます。あなたはこのビュシ＝グリュックスマンの仮説を受け入れているように思われます。私は一歴史家としてこの問題を考えたいと思っているのですが、あなたはそうではないようですね。

ジェイ　私もまたそれらのつながりを問題にしたいと思っています。それら二つの場合において、この問題が何を意味しているのか見てみましょう。まず最初は方眼網です。アルパースがわれわれに語ってくれるのはこういうことです。つまり、遠近法的方眼網はモダニズムの方眼網とまったく異なっているけれども、地図作成上の方眼網（それは十七世紀のオランダ芸術にも現れています）は、モダニズムの方眼網にいたる途中駅だということです。それが途半ばであるというのは、地図作成上の方眼網は外的現実の幻影的再生産を強調するのではなく、むしろ記号秩序による外的現実の変形を強調するからです。したがって、そこにはすでにこの方眼網に対する一種の規約性、単に模倣的ではないある様式が必要だという意識があります。このかぎりで、それはおそらく完全に非模倣的な二十世紀の方眼網へいたる道を示しているのです。

歪曲像について満足のいく答えをしようとすると、いくぶん細かい点にまで入っていかなくてはならないでしょう。ラカンは『精神分析の四つの基本概念』で歪曲視に関心を示していますが、それは『ディスクール、フィギュール』におけるリオタールも同じです（重要なのは、どちらも歪曲した頭蓋骨が描き込まれたホルバインの『大使たち』を表紙に使っていることです）。視覚に関するラカンの議論によれば、視覚経験の交差した感覚を手に入れることができますが、そうした感覚は、真っ直ぐな視覚との緊張状態において見られたとき、歪曲視がわれわれに与えてくれるものです。したがってこのかぎりで、それは視覚の登録方式の複雑さをわれわれに理解させてくれます。その方式は平面をなでるようなものではなく、これらすべての複雑な光景を持っていて、一貫したどんな単一空間にも還元できないのです。

最後に、ビュシ＝グリュックスマンの議論について言っておきましょう。それをおおざっぱなものとして考えるべきだということには賛成です。それは一九八〇年代の観点から書かれたもので、単なる歴史的研究ではありません。しかし私の考えでは、それはデカルト的遠近法主義の全盛期においてさえ、西洋の伝統のなかにすでにあった別の視覚への潜在的な可能性を見る手助けをしてくれるのです。それはジャクリーヌ・ローズが「不安の契機」と呼ぶものを見せてくれます。それは隠れたものですが、おそらくいま、西洋の伝統のなかに再発見されつつあるものなのです——たとえ部分的には、それもまたわれわれが勝手につくりあげたものであるにしても。

第10章　イデオロギーと視覚中心主義

――鏡の裏箔の背後に何かがあるのか

マルクスの全著作中もっとも注目を浴びた比喩に、イデオロギーをカメラ・オプスクーラ（camera obscura）に譬えたものがある。カメラ・オプスクーラとは「暗箱」のことで、箱のなかの一方の壁に開けられたピンホールを通して、反対側の壁に外の光景の倒立像が映し出される。『ドイツ・イデオロギー』の有名な一節はこうである。「もしあらゆるイデオロギーにおいて、人々とその周囲とがカメラ・オプスクーラのなかのように逆さに現れるならば、網膜における逆転が生理学的な生命‐過程から生じるのとまさに同様に、この現象はその歴史的な生命‐過程から生じるのである(1)」。

歪んだ知識から正しい〔直立した〕知識を区別するためにマルクスが視覚の比喩を選んだことは、けっして驚くべきことでも異例のことでもない。というのも、西洋思想では長いあいだ、外的現実の真理をわれわれに教えてくれるもっとも有力な感覚として、視覚が特権化されてきたからである。「精神の眼」のうちにあるプラトン的イデア、「確たる精神の眼差し」によって得られる「明晰判明」なデカルト的観念、あるいは経験的基礎を「眼の信念」におくベイコン的観察(2)――いずれのかたちをとろうと、われわれにもっとも大きな影響を及ぼしてきた認識論は、決定的に視覚中心的であった。したがってハンス・ブルーメンベルクが示したように(3)、光とは真理を特権的に表現する比喩であり、啓蒙（enlightenment）とは真理の獲得を表すための比喩にほかならなかった。

しかし、視覚が諸感覚のなかでもっとも高貴なものとして特別な地位を享受してきたとすれば、人を欺くという視覚の能力もまた繰り返し問題の種となってきた。カーライルはかつて精神の眼に信頼をおく立場を「心的光学」[4]と呼んだが、精神の眼に対するこの信頼は、しばしば両の肉眼による実際の知覚に対する不信をもたらした。プラトン的伝統もデカルト的伝統も、いわゆる「質料的視覚」は不完全なものではないかという根深い疑いを抱き、人間の身体に具体的に埋め込まれた眼から距離を置こうとしてきた。[5]この不信感は、視覚よりも神の言葉を信じる宗教的思想家たちによって、また神の顕現を信じるよりも、その言葉を解釈しようとする解釈学的試みにおいて、繰り返し表明されてきた。それがもっと極端になると、異教の偶像崇拝を敵視するあまりに全面的な偶像破壊が生み出されることになった。それを引き起こすきっかけの一つは、眼のせいで休みなき渇望――アウグスティヌスが「眼の欲」と呼んだもの[6]――が駆り立てられるということにあった。これに対して耳は、上方からの権威ある声をひたむきに聞く能力を持つものとして、信頼を置かれていたのである。

他にも多くの理由があるだろうが、いまはあげている余裕がない。しかしそれらを含め上で見たすべての理由から、視覚は真理のモデルであると同時に虚偽の源ともなってきた。この二義性は、カメラ・オブスクーラとしてのイデオロギーというマルクスの比喩に巧みに利用されている。そこでは、転倒した誤った視覚と、対象に真っ直ぐに適合する真の視覚とが対照されているのである。閉ざされた箱の暗さと曖昧さは、イデオロギーがそこで啓蒙のまばゆい光のうちに消滅してしまうカメラ・ルーキダ〔明箱〕の透明な明晰さと暗黙裡に対比される。網膜上の視覚と、イデオロギー的錯誤との類比は実際には不正確であるとしても――精神は像を真っ直ぐに立て直すのに結局は困難を覚えなくなるのに対し[7]、イデオロギーの逆転はそれほど容易に払拭されるものではない――、視覚の比喩をマルクスが選んだことは、視覚中心主義がまだ玉座を占めていたその時代にあっては、策略をはらんだ強力なレトリックだったのである。

しかしわれわれの世紀になって、こうした想定の前提がしだいに激しく攻撃されるようになってきた。実際私が別の場所で示そうとしたように、(8) 最近の知的エネルギーの大部分は、視覚を頂点とする諸感覚の伝統的ヒエラルキーを解体することに注がれてきた。その結果、諸感覚のうちでもっとも高貴なものとされた視覚は、多くの領域でその玉座を追われることになった。真っ先に批判の鉾先が向けられたのは、歪んだイデオロギー的視覚に代わりうるもの、つまり、転倒した曖昧で不透明な視覚に代わりうるものは、真理をありのままにとらえる明晰判明な視覚であるという想定であった。

実際どういうかたちをとるにせよ、視覚が真理を語る力を持っていると信じること自体が、イデオロギー的神秘化の証しとして広く非難されるようになってきた。こうした形勢の逆転は、例えば、上から全体化する眼差しという考え方に対する攻撃、つまり、神の眼で見られた世界の眺望という考え方に対する攻撃が最近になって激増していることに、そしてまた、その考え方に基づいた監視と規律の実践に対する批判が激増していることにはっきりと現れている。ここでの代表例は言うまでもなくフーコーである。しかし、フーコーとは非常に異なった伝統、つまり、フーコーがいつも批判する現象学の流れを汲んだクロード・ルフォールのような人物も、その列に加えることができるだろう。ルフォールは「上空飛翔的思考」に対するメルロ゠ポンティの攻撃を引き継ぎ、特に、神の眼で見られた眺望に対する信頼と、誤ったイデオロギー概念とのかかわりを指摘している。

われわれは、……その諸特徴が実証的知識から成り立っているような現実との対比においてのみイデオロギーを考えるという、狭いとらえ方をするわけにはいかない。さもないと、イデオロギーは現実を構成する働きを持っているという、そうした意味合いは見失われ、われわれは、存在の鳥瞰図を持っていると主張する幻影的立場に陥ってしまうことになるだろう。……言説が自らの力で自分自身を生み出せずにいるからといって、その言説をイデオロギーと見なすということになれば、このことは言説のこの自己生成の不可能性を事実として肯定的に認め、言説を支配する可能性を信ずるということを意味するであろう。そうした場合、言説がそこから出現してくる分割はただ言説が自分自身のうちに暴き出しうるものであるにもかかわらず、またしてもわれわれは、その分割を「見る」ためにあらゆる言説を見おろすという幻影的立場に陥ってしまうだろう。(9)

視覚に対する新たな不信の表明は、反映性(specularity)と反映〔思弁〕(speculation)、つまり、鏡の反映と反省の形而上学に対する攻撃が繰り返し行われていることのうちにも見て取ることができる。マルクス主義の伝統においては、この批判はルイ・アルチュセールによってもっとも強力なかたちに仕上げられた。アルチュセールは、ラカンの鏡像段階と想像界というカテゴリーを借用し、イデオロギーとは「諸個人が実在の現実的条件に対して持つ想像的関係性の表象である」(10)と主張した。しかし、そうした想像的関係性は虚偽意識と等しいわけではない。というのも、どんなに解放的な社会システムであれ、その関係性はあらゆる社会システムの永続的かつ不可避的な要素だからである。イデオロギーがこれらの想像的関係性を構成する際のもっとも基本的なメカニズムは、彼が主体としての個人への呼びかけ(interpellation)と呼ぶものであって、そこには言語による呼びかけが含まれているものの、本質的には反映的な過程である。個人的主体とは鏡像に還元された超主体の姿にすぎず、その超主体とは、システムの諸矛盾が、その矛盾の働きを隠すために生み出した抽象にほかならない。この超主体を神と呼ぼうが、絶対精神、国家、あるいは人間性と呼ぼうが、そこにあるのは基本的には同じ現象である。イデオロギー的主体の小文字の「私」は、反省的ナルシシズムの過程のなかでひたすら自分自身のみを二重化する超主体の反映的な「眼」に基づいているのである。

イデオロギーの視覚中心的基礎に対するアルチュセールの批判は、たしかにマルクス主義的科学という いくらかは神秘化を免れた、イデオロギーとは対照をなす観念に基づいたものであった。しかし、その批判はなお、イデオロギーが覆い隠そうとする構造的諸関係の基層に達しうる可能性を前提にしていた。たとえその基層が、明晰判明な観念ないし外的現実の表象という伝統的な意味での「真の意識」と同じものではないとしても、である。アルチュセールは常に自分は構造主義を乗り越えたと抗議していたが、彼が構造主義の恩恵を蒙っていたかぎりで、彼の考える科学というものは、イデオロギーという一見不透明な表層を通して、透明な深層構造の輪郭を見うる透徹した視覚という視覚観念の代用品にほかならなかった。科学性というアルチュセールの混乱を誘う曖昧な概念は、多くの辛辣な批判の標的になってきた。それを信じて支持しつづけている人たちは、いるにしてもごくわずかであろう。しかしすでに見たように、ラカンとも共通する彼の反映性に対する批判は、マルクス主義者たちと同様に、非マルクス主義者にもいまなお非常に強い力を保持しているのである。

フェミニズムの思想においては、この批判は例えばリュス・イリガライの仕事にもっとも広範なかたちで現れている。(11) 彼女の主張によれば、西洋形而上学における平らな反射鏡は、男性主観性のファルス中心的な特権化と絡み合ってきた。そこでは、男性生殖器の可視性が、女性生殖器の見かけ上の「見るべき何ものもない」(rien à voir) 状態と不当に対照される。女性差別的な含意を伴った去勢恐怖についての古典的な精神分析的説明もまた、不可視性に対する可視性の特権化によりかかっている。イリガライのようなフェミニストたちにとっては――さらにまた、シクスーやクリステヴァのような人たちの証言を加えることができるだろうが――、視覚を触覚や嗅覚のような他の諸感覚よりも高貴なものと想定することは、少なくとも女性優位の立場から見ればイデオロギー的なのである。

視覚中心主義に対するいっそう根本的な批判は、サラ・コフマンのようなディコンストラクション主義者たちから提起されてきた。ただしコフマンは、他の感覚的ヒエラルキーを認めることにイリガライほど積極的ではない。コフマンは一九七三年の『カメラ・オプスクーラ――イデオロギーについて』で、『ドイツ・イデオロギー』におけるマルクスの視覚的比喩が持つ含意に対して、あからさまな対決の姿勢をとっている。[12] 彼女は、視覚的比喩がフロイトにあっても同様に重要性を保ち続けていることを指摘しつつ、それが伝統的な二分法、明晰／曖昧、透明／不透明、合理性／非合理性、真／偽という形而上学的対立を誤って生み出しているのだ、と論じている。マルクスもフロイトも、単にイデオロギーの幻影的イメージを転倒させようとすることで、階層的で二分法的な秩序への自らの郷愁を洩らしているのである。マルクスは、単に科学的意識を虚偽意識に対する解毒剤として対置しているわけではないとしても――それは彼の立場に対する誤った特徴づけであり、世界における諸矛盾がイデオロギー的神秘化を必然的にもたらしているのだが、その諸矛盾を実践的に解決する必要性を彼が強調していることを無視してしまっている――、コフマンによれば、彼の理想は「完全な眼、純粋な網膜という理想にとどまっている」[13] のである。

コフマンの結論によれば、カメラ・オプスクーラという比喩の誤用を乗り越えているのは、ひとりニーチェのみである。彼がそれを乗り越えたのは、それを比喩と認めることによって、そして、真理を科学的なものとしてではなく芸術的なものと考えることによって、そしてまた、その装置そのものの遠近法的含意を増幅させることによってである。ニーチェによれば、すべての人は各自のカメラ・オブスクーラを持っており、したがって、現実についてのいかなる集合的ないし間主観的な視覚もありえない。コフマンはニーチェを称えて言う。「カメラ・オブスクーラは、けっしてカメラ・ルーキダではなく、ニーチェがその比喩を用いるやり方には、明晰さへのいかなる郷愁もない。ニーチェは戦略的にこの古典的比喩を繰返しているのであって、それはまさに透明さという幻影を告発するためなのである」(14)。

ロドルフ・ガシェは、ディコンストラクションの哲学的正当性を擁護した最近の著作『鏡の裏箔』で、この議論をさらに押し広げている。彼の議論によれば、西洋哲学の主流は反映性の形而上学であり、それはドイツ観念論の絶対的反省において頂点に達する。なかでももっとも有名なのはヘーゲルであって、彼の思想においては、あらゆる他者性、差異、そして異種性は、超主観がただ自分自身のみを見る完全な鏡の反映という壮大な営みのなかでふたたび取り戻される。その過程で失われるものは、鏡の裏に塗られた見ることのできない銀の裏塗り、ガシェの本のタイトルにある物質的裏箔である。ディコンストラクションによれば、散種とは、鏡のこの裏側に自分自身を書きつけることにほかならない。しかし、その結果はまったくの盲目ではない。ガシェは次のように強調している。

> まず最初、デリダの哲学が立てる鏡はわれわれにその裏箔だけを見せてくれるように思われる。しかし、この不透明な裏箔は透明でもある。裏箔を通して、人は鏡が鏡自身を反映する際に起こる反映と反省の戯れを観察することができる。内側から見ると、この戯れは完全さの幻影を与えるが、しかし、裏箔を通して観察されると、この戯れは明らかに、それなしにはその戯れが生起しえない不可視の側に書き込まれた下部構造の媒介作用によって制限されているのである(15)。

それゆえ、ディコンストラクションにあって、視覚にはある位置が与えられている。が、それが見せてくれるのは、反映性の限界と、その機能における鏡の裏箔の干渉とにつきるのである。

これらの反視覚的議論のすべては、明晰な真理、媒介されない客観性、透明な視覚という肯定的な観念を欠くことで、イデオロギーに対するいかなる批判的観念をも放棄してしまったかに見えるが、それもやむをえないことだろう。アルチュセールはイデオロギーが克服可能であるということを否認するが、その否認は、彼がそれに代えて提示する科学というものの貧しさが暴かれたとたん、いっそう困惑に満ちたものとなる。とはいえ、これまで見てきた論者たちが最終的にめざしているのも、実際にはすべてこの否認であると言えよう。というのも、もしコフマンの主張するように、われわれが個人的遠近法の世界にのみ生きているならば、そしてもしアルチュセールが論じるように、われわれが主体の反映的呼びかけに基づいた想像的関係性のネットワークの罠に永遠にはまっているならば、また、もしイリガライがほのめかしているように、われわれが性的分割のゆえに、ファルス・ロゴス中心主義という姿見に穴を開けきることができないとすれば、そしてまたガシェが論じているように、鏡の裏箔を通した眼差しがただ純粋な反映性の限界を見せてくれるだけならば、何がイデオロギーに対する解毒剤になりうるかを見分けることは困難だからである。わずかながら言葉を変えて言うと、イデオロギーの「他者」という言葉がイデオロギーの対照概念であることを放棄したとたん、その言葉は批判的鋭さを失い、社会学の主流において使われているように純粋に記述的なものになるのである(16)。

われわれはこう問わなくてはならない。それでは、非視覚中心的時代にあって、イデオロギー批判の実践を擁護することはいかにして可能なのか、と。もしも完全に可視的な真理、すなわち、むきだしの、純粋かつ直立した真理を——もしそのようなものがあるとすれば、ファルス・視覚中心的像を——見ることができないとすれば、イデオロギー的歪みを測りうるような別の標準を確立することができるだろうか。「小文字の対象a」と「大文字の対象A」というラカンの有名な区別を使って言えば、もし大文字で書き出されるイデオロギーの視覚的「他者」を放棄しなければならないとすると、少なくともその代わりとして、われわれは小文字で書き出される非視覚的な他者を見出すことができるのだろうか。

諸感覚の幻影、とりわけ視覚の幻影に対して不信の眼を向けてきた人たちは、それに代わりうるものをしばしば言語の領域に求めてきた。もっとも広い意味においてヘブライ的（より視覚的に方向づけられたギリシャ的に対立するものとして）と呼びうる宗教的伝統は、常にイメージ的偶像よりも神の言葉により多くの信頼を寄せてきた。視覚中心主義に対するもっと世俗的な批判家たちの多くも、イデオロギーの批判的観念を保持するための方策として常に言語に眼を向けてきたのであり、このことは驚くにあたらない。しかし、ここにはもちろん、言語とは何か、あるいは真理を語ったり神秘化したりするために言語がいかに働くのかということについて、単純に一致を見るような見解はない。

議論の対象としては多くの思想傾向がありうるだろうが、話を簡単にするために、私は次の二つの思想傾向間の対立を強調することにしたい。その二つとは、大まかにディコンストラクション主義と批判的解釈学と呼びうるものである。どちらとも、現れのレヴェルとしての神秘化された表層の下に真理を見ることができると主張する独白的で科学的な視覚を疑う。どちらとも、リチャード・ローティが、外的な対象を鏡に映す「ガラスのような本質」(17)としての精神と呼ぶもの、そのようなものの想定を廃棄する。どちらとも、カメラ・オプスクーラというマルクスの比喩にある視覚中心的含意を拒絶する。しかし、それに代わりうるものを提示することにおいて、両者はそれぞれ言語の異なった次元を前面に押し出す。

まず最初に、ディコンストラクション——かりにディコンストラクションをそうした一貫した実質を持ったものとして均質化することができるなら――は、いかなるイデオロギー概念にも敵対するように思われるかもしれない。このことはたしかに、サラ・コフマンの徹底したニーチェ的遠近法主義から引き出されうる含意の一つであろう。そしてまた、ガシェの著作の索引が、イデオロギーに関する項目をまったくあげていないことも、その徴候を示している。しかし、ディコンストラクションの別の主要人物、後期のポール・ド・マンの著作に眼を向けてみると、ディコンストラクションの主唱者たちの少なくとも一人が、なおもイデオロギーの重要性を論じていたのを見ることができる。論文集『理論への抵抗』の最初の論文で、ド・マンは次のように書いている。

われわれがイデオロギーと呼んでいるものは、言語的現実と自然的現実との混同、対象指示の働きと現象との混同にほかならない。したがって、経済学を含めた他のどんな研究にもまして、文学性の言語学は、イデオロギー的逸脱を暴露する際の強力で不可欠な道具であると同時に、その逸脱の生起を説明する際の一つの決定要素でもある。社会的、歴史的(すなわちイデオロギー的)現実を忘却しているという理由で文学理論を批判する人たちは、自分たちが疑いをかけている道具によって自分たち自身のイデオロギー的神秘化が暴露されることに対する恐れを表明しているにすぎない。要するに、彼らはマルクスの『ドイツ・イデオロギー』のきわめて貧困な読者なのである。(18)

それでは、ディコンストラクション的様式での文学理論は、転倒したイメージを立て直すという視覚中心的観念に後戻りすることなく、いかにして『ドイツ・イデオロギー』をよりよく読むというのだろうか。ド・マンの答えはこうである。

文学理論はイデオロギーの作用のメカニズムを暴露することによって、根深いイデオロギーを転覆させる。それは、美学を主要部分として含む強力な哲学的伝統に反対する。それは文学作品の確立された規範を転覆させ、文学と非‐文学的言説とのあいだの境界線を曖昧にする。それは暗に、イデオロギーと哲学とのつながりをも暴くだろう。(19)

ド・マン自身の立場が暗に意味していることを見分けるのは困難でない。ディコンストラクションにとって、西洋文化における主要な神秘化的イデオロギーとは、哲学と科学におけるレトリック的契機の隠蔽、言語的指示と外的対象の実在との誤った混同、美的なものや文学的なものといったカテゴリーの実体化、あらゆるテクストにおける文学性のメカニズムの平順化、一冊の本に書かれていることへのテクスト性そのものの制限などである。これらがすべて問題をはらんだものであり、曖昧化の源泉となっているのではないかと問うてみる価値は十分にある。これらの含意の探究に関しては、われわれはたしかにディコンストラクションに多くを負っている。

それにもかかわらず、イデオロギーの批判的概念を救い上げようとするド・マンの試みの背後に、矛盾が潜んでいるのではないかという不安を感じたとしても無理はない。よく見てみると、彼自身のレトリックには警戒を誘うだけの理由がある。例えば、彼の最初の一文にある「われわれ」とは誰のことだろうか。もしコフマンのニーチェ的遠近法主義がその個人主義的帰結にまでもたらされるならば、ディコンストラクションのどこに、集合的主体、すなわち各自のカメラ・オプスクーラから抜け出て、イデオロギーの本性について共通の見方を共有できるような主体の占める場所があるだろうか。さらに、ド・マンはわれわれに、イデオロギーは言語的現実と自然的現実との混同であり、対象指示の働きと現象との混同であると語る。この意味でのイデオロギーの「他者」——小文字で書き出される——とは、おそらくその混同を克服することなのだろう。しかしこの克服を成し遂げたとしても、われわれがいつ言語的「現実」について語っており、いつそうでないかを言いうるようになるわけではないだろう。というのも、ディコンストラクションの主要な教訓の一つは、われわれには、このように考えられた世界に対する二つの接近法を明確に区別することはけっしてできない、ということだからである。自然についてのわれわれの知識は、あるいは他のどんな知識の場合であれ、語の強い意味において常にすでに言語的である。それゆえわれわれにできるのは、自分たちのレトリック的媒介をかっこに入れて世界を真っ直ぐに見ることができるという誤った信念を克服することにつきる。したがって、いかなる外的現実についても、すなわち、われわれの理解の程度を測り、それが適切かどうかを見る手がかりとなりうるようないかなる外的現実についても、われわれは無知なままにとどまらざるをえない。対象指示の働きを現象から解き放そうと試みる際にこれまで自分たちが混乱に陥ってきたと知ることは、混乱に陥っていないと考えることに比べればたしかに進歩ではあるだろう。しかしだからといって、人間的条件の不可避的で矯正しがたい次元としてのイデオロギーを大きく踏み越えたことにはならない。というのも、レトリックと自然の知覚との境界がディコンストラクトされたとしても、われわれの日常的実践のうちでは、なにごともなかったようにその境界は不可避的に回復されてしまうからである。われわれの誤った信念を認識することからは、根本的な治療法も革命的な治療薬も何一つ得られない。というのも、重要なのは、われわれがふたたび誤りに陥ることを防ぐことだからである。ディコンストラクションは、オーデンの有名な詩句にあるように、なにごとも引き起こさないのである。

とはいえ、ド・マンは、「文学性の言語学は、イデオロギー的逸脱を暴露する際の強力で不可欠な道具である」と主張している。しかしもし逸脱があるなら、その逸脱を測る規範がなくてはならない。すなわち、イデオロギー自体もしくはそれに類するものから自由な状態といえるものがなくてはならない。だが、まさにそのような十全な現前、直接性、そして透明性をこそ、ディコンストラクションは反駁しようと苦闘してきたのであった。もしイデオロギーの欺瞞を越えた規範的支点（point d'appui）があるとすれば、それは、観念とその指示対象との適合というすでに信用を失った主観／客観の形而上学に基づく、真なる意識と虚偽意識という考え方の枠組み全体に対するニーチェの拒絶のみである。しかし、われわれはここで古くからの問題に直面する。そうした主張がそれ自体真であるか偽であるかをどうやって判断するというのか。というのも、そのような二つのものを区別する基盤そのものがいまや拒否されたのだから。次のように言うことは、ある人たちにとっては満足のいく答えとなるかもしれない。われわれは、言語を事実確認的、述定的機能に還元することはできないということ、したがって、言語の外部にあると思われる対象を尺度に言語を測ることはできないということを学んできたのだから、そうしたディレンマをいくらかは越えたところにいるのだ、と。しかしこのことは、イデオロギー概念をうまく扱うための基礎としては、ほとんど何の役にも立たない。

最後に、ド・マンは、ディコンストラクションは「根深いイデオロギーを、イデオロギーの作用のメカニズムを暴露することによって」転覆させるだろうと、われわれに語っている。この主張はもちろん、装置を暴露するという昔のフォルマリズムのプログラムであり、それはブレヒトや彼の追随者たちの手でマルクス主義美学にも採用された。たしかにそれは、芸術作品における作者の天才や、有機的完全性という幻影を暴くための不可欠な道具であるとはいえ、イデオロギー批判の基礎としては、残念ながらやはり大いに問題がある。まず第一に、隠れたメカニズムを暴露するという目標は、それ自体暗黙裡に本質／現れモデルに基づいている。そのモデルは、ディコンストラクションが常々その信頼を失墜させようと苦闘している当のものにほかならない。ド・マン自身は表層／深層という区別を問題視しているとはいえ、彼の用いる暴露というレトリックは、それとは別のことを示唆している。というのも、それは、見かけ上は不透明な表層を見透かし、その下に隠されている深層を暴露することができるという、まさに視覚中心的な前提を伴っているからであり、それは多くの二十世紀思想における反視覚的転回が疑問に付してきたものなのである。底のないチェスボードというデリダの比喩が暗示しているのはこうである。隠されていると思ったメカニズムに到達したとたん、それはさらにディコンストラクトされ、この作業は無限に続いて行く。したがって、説明の究極的で本質的なレヴェルにはけっして到達しえないのである。

第二に、暴露機能としての文学装置が、文学批評の実践の外部で何かを実際に変えるということを示す有力な証拠はほとんど提示されていない。さらに、このことはすでにモダニズム芸術によって予期されていたことであり、その中心的戦略は、自身の策略を前面に押し出すこと、媒体の物質性を暴露すること、そして、作者の声を問題化することであった。アドルノならそう呼んだような芸術の脱美学化は、それ以前の美学概念のいくつかの正体を暴くためには有益であったが、それはいわゆるモダニズムという別種の新たな美学を見出すための契機となった[20]。その転回における脱美学化が、いくつかの点でイデオロギー的でないのかどうか、これについては議論の余地があるだろうし、またもちろん、これはルカーチからジェイムソンに至る批評家たちによって議論されてきた問題でもある。ド・マン自身は、自覚的にモダニストであったにしろそうでないにしろ、脱美学化をあらゆる文学の本質的性質と呼ぼうとする彼の傾向によって、脱美学化がイデオロギー的であるかもしれないという疑いに加担している。というのも、そのように脱美学化をあらゆる文学の本質的性質と呼ぶことで、様々な文学的実践の歴史的特殊性は失われてしまうからである。

最後に、ブレヒトは気づいていたが、彼ほど政治的なかかわりを持たなかった彼の追随者たちがしばしば忘れてしまっていることとして、イデオロギーはその働きを暴露するだけでは実際には弱められないということ、むしろイデオロギーが弱められるのは、イデオロギーを必然的なものにしている諸力のより広い配置そのものが変えられる場合のみだ、ということがある。たしかにド・マンは、文学性の言語学がイデオロギーの生起を説明する「一つの決定要素」であると言うとき、行きずりにではあれ、この洞察の重要性を認めている。しかし、その決定要素と、他の名指されていない様々な決定要素とのあいだのつながりに関しては、いかなる分析も実際には提示していない。われわれとしては、ディコンストラクションが最大の関心事として試みる神秘化の転覆が――その神秘化とは私が先にあげたものだが――、何であれ他の神秘化の転覆と連動しているという主張を信じなくてはならない。しかし実際には、これらの神秘化のあいだのつながりを明らかにすることはそう容易ではない。とりわけディコンストラクションは、抑圧された集団が、おそらく明確に自覚していないにせよ自らそれを勝ち取るために闘っているのだと考えてきた諸価値、つまり連帯、共同体、普遍性、国民主権、自己決定、代理権等の諸価値に対しても向けられうるからである。何がイデオロギー的逸脱でないのかということについての考え方がもっと展開されないかぎり、ディコンストラクションは神秘化ばかりでなく、神秘化に代わりうる肯定的な諸価値をもむしばみうるという疑いが残りつづけるだろう。

西洋思想のもっとも根本的な想定の多くに対して決定的にその土台を掘り崩そうとすること、西洋思想の伝統的ヒエラルキーをおびき出すこと――揺さぶりはかけるが、なお立ったままにしておくというデリダ的意味で――、そして自ら公言しているように転覆を図ること、こうしたすべての試みにもかかわらず、次の結論を避けることは困難である。イデオロギー批判は視覚中心的であり、それは信用を失墜してしまったが、それに代えてディコンストラクションをもってするだけでは十分でない。というのも、ディコンストラクションは、自身のシジフォス的労苦こそがそれであると示唆する以外には、小文字で書き出されようが大文字で書き出されようが、イデオロギーの他者を示唆することにおいて、ほとんど何の指針も提示してくれないからである。

それでは、私が話を簡単にするために選んだ、もう一方の批判的解釈学についてはどうだろうか。ポール・リクールやカール・オットー・アーペルのような他の思想家たちの貢献ももちろん認められるべきだが、ここでの代表的主唱者はユルゲン・ハーバマスである。しかしここでは、フランクフルト学派の批判理論へのハーバマスによる言語論的転回の導入をくわしく見ることはできないし、また、この問題に捧げられた膨大な研究を調べることもできない。私としては、イデオロギーの問題にかかわる二、三の指摘を行うにとどめたい。さて、ハーバマスの仕事は、彼が今日特に重要であると見る様々な実体的イデオロギー――例えば科学と技術の物神化[21]――についての議論を含んでいるが、彼がイデオロギー批判に対して行った主要な貢献は、その形式的土台に関係するものである。彼の議論は、構造主義的言語学よりもむしろ語用論的言語学を基盤とし、様々な伝統から得られた洞察を組み合わせることで、間主観的言説を通してのコミュニケーション的相互作用の過程を強調してきた。彼は言語の反事実的な目標として、歪みのない発話状況という想定を提示する。そこでは、偏見や操作や強制ではなく、よりよい議論の力が、認知的な事柄についても規範的事柄についてもコンセンサスを創り出すのである。「よりよい」ということを定義するのは、外的現実との一致ではなく、理性的な議論の過程を経た上での説得力であり、その際この過程はその後の訂正に対して常に開かれている。そうした事態はもちろん統制的理念であり、ただ漸近的にしか接近できない。有意味なコミュニケーションは常にすでに存在しているか、あるいは解釈の努力を通してのみ存在しうると想定する解釈学理論に対して、この議論が優れている主な点は――つまり、この議論を単なる解釈学よりも批判的にしているものは――、言語を権力につなげる点である。というのも、この議論によれば、歪みのない発話状況は、社会的条件そのものがヒエラルキー的支配から自由な場合にのみ近づきうるものだからである。諸解釈の戦いは、規則と手続きの形式的構造が整えられている場合、つまり、諸見解が強制されることなく互いに交換され、最終的に、よりよい議論の勝利が導かれるように整えられている場合にのみ合理的に裁かれうる。この条件が意味しているのは、ハーバマスを批判する人たちが攻撃したように、権力を停止させればそれでいいという素朴なことではなく、制度上の非対称的な権力関係に挑む必要があるということである。権力は残るが、それは、イデオロギーの存在理由（raison d'être）である支配に奉仕するためではなく、不当な権威を克服するために協力して活動するためなのである。そのような克服の道はただ間主観的努力によってのみ達成されるのであり、それはサラ・コフマンのニーチェ的遠近法主義の徹底した個人主義を、そしてまた、主体は単に反映的イデオロギーが生み出したものにすぎないと主張するアルチュセールの理論におけるような反-個人主義をも乗り越えて行く。

ハーバマスは、操作、偏見、神秘化に基づいたコンセンサスと、少なくとも傾向としては対称的な権力関係に支えられた合理的言説に根拠を置くコンセンサスをいかに区別するのかという厄介な問題に真摯に向きあうことによって、イデオロギーは逸脱なのだと言えるようなしっかりとした地歩をわれわれが固める手助けをしてくれる。ジョン・トンプソンは最近の著作『イデオロギー理論の研究』でこう述べている。「イデオロギーを研究することは……意味（意義）が支配関係を支えるために奉仕する仕方を研究することである」。[22] すなわち、イデオロギーとは隠された視覚の機能なのではないのだ。それはコミュニケーション的合理性の過程における歪みであって、その歪みが対称的権力関係の達成を阻止する。言い換えれば、イデオロギー批判が意味を持つのは、その批判が、装置を暴くこと、受け入れられてきた考え方を転覆することを越えて、まず最初にイデオロギーを必然的にもたらす諸条件に挑む場合のみである。なぜなら、イデオロギーは単に現実の誤った理解なのではなく、人間存在の搾取と支配の一要素だからである。

したがって、ハーバマスの企てがめざしているのは社会変化を通した解放なのであって、単なるテクスト解釈ではない。彼が先に論じた人たちほど視覚に対して激しい敵意を顕わにしていないとしても驚くにはあたらない。なぜなら、微妙なニュアンスはあるものの、彼は自ら進んで啓蒙的伝統の諸価値を擁護しようとしているからである。事実、彼が理解しているようなイデオロギー批判の手続きは、視覚の特権化と緊密に結びついた客観主義的認識論にある種の役割を与えている。イデオロギー批判の手続きは単にわれわれと自然との交わりにおける不可欠な手段であるだけでなく、有名なヘーゲル的マルクス主義の言葉で言うと、あたかも「第二の自然」であるかのように作用する物象化された社会秩序の様々な局面を、われわれに気づかせてくれるものでもある。すなわち、支配の階層的、非対称的諸関係がわれわれの社会にしみわたっているかぎり、それらを内側から掘り崩そうとするのはよいが、それと同時に外側から探究することも必要なのである。われわれは世界の肉に埋め込まれており、まわりを見回すために限定された地平しか持っていないのだから、完全な外からの視点というのはもちろんフィクションである。にもかかわらず、われわれのコミュニケーション的相互作用を制限しているより広範な構造的制約を把握しようとする試みにおいては、「あたかも」という概念がなおも有益である。ド・マンのようなディコンストラクション主義者は、イデオロギー作用のメカニズムを暴きうると想定することにおいて、この概念の必要性を暗黙裡に認めている。ある問題をある一つの観点から見ることにはそれなりの利点があるが、その利点を捨てることになっても、感情をまじえずに分析を行う冷めた眼差しを完全に捨て去ることはできない。それは、潜在的に共通な利害関心について合理的なコンセンサスに至るよう互いの話を聞き合うために必要なのである。リクールもしばしば強調しているように、われわれは、あらゆる歴史的理解の一つの肯定的条件として、疎隔という契機を、つまり、より通観的な見方を必要としているのである。

こうした議論すべてが持つ含意については、もちろん多くのことが語られうるだろう。また、その多くは、もっと展開しなければ、なおも問題をはらんでいるように思えるだろう。しかし私は別な方針をとることでこの論を締め括りたいと思う。つまり、ともに言語学的知見に基づいた、イデオロギーの視覚中心的概念に対するこれら二つの思想傾向を慎重に接近させてみようというのである。どちらもそれだけでは、イデオロギーは回避できるということを否定する人たちから浴びせられる恣意的だという攻撃に耐えうるような、イデオロギー批判の十分に強力な基盤を提供してはくれない。ディコンストラクション的立場は、非歴史的な観点から言語とテクスト自体にかかわろうとする。その結果、その唱導者たちはしばしば、ロゴス中心的、反映的等として特徴づけられる西洋思想の形而上学的伝統全体を均質化してしまう傾向がある。最近のある会議で、デリダがここ十年のディコンストラクションの隆盛を説明するように求められたとき、言語はいつだって自分自身に疑いの眼を向けるのだと言ってその質問をいなしたことは、その徴候を示している。[23] 歴史的変化に対するこの種の敵意が、神秘化は人間的条件の普遍的定数であるという無力な想定を越えて行こうとするイデオロギー批判の理論すべてにとって、致命的であることは言うまでもない。

それにもかかわらず、ディコンストラクションは受容されてきた真理全体に挑むことによって、イデオロギー批判にとって考慮すべき実に多くの刺激的な問題を提起してきた。しかし、肝心なのは、これらの問題の含意を徹底的に解明してゆけるという希望を持って議論を行いうるような、そうした諸条件を育むことにある。ここでわれわれの助けとなりうるのは、個々の歴史的状況における言語的操作と社会的支配とのつながりを真剣に受け止める理論だけである。完全に対称的な発話状況が、実際に反事実的な統制的理念以上のものであるとしても、それが観念とその対象との一致としての真なる意識という、古い視覚中心的観念の確実性のような何かを提示しうるという保証はたしかにまるでない。しかし、それは少なくとも、ある種の手続き的な標準をわれわれに与えてくれるのであって、それがあってこそ、われわれは自らの頼りない理性能力にもかかわらず、イデオロギー的幻影とその幻影に助けられた支配の彼方にまで赴くことができるのである。そうした基準なしには、われわれはふたたび、その外部の何ものによっても挑まれえない制度化された権威の強制的権力をなすすべもなく受け入れることになってしまうだろう（例えば、スタンリー・フィッシュ）。こうした立場にとっては、イデオロギーの「他者」とは何の意味もない概念にすぎない。

最後に一言、イデオロギーと視覚的なものとの関係について言っておかなくてはならない。二十世紀思想の多くにおける視覚嫌悪というコンテクストにおいては、事態はあたかも、偶像崇拝に対する昔の宗教的敵意がよみがえり、視覚的なものに対するいかなる肯定的評価にも反対しているかのようである。視覚に対する宗教的不信の源泉の一つは、すでに見たように、眼の欲によって解き放たれた渇望であった。より世俗的なわれわれのコンテクストでは、この感情はしばしば、ギー・ドゥボールによって有名になった近代消費資本主義の「スペクタクル」に対する深い不信に姿を変えたように思われる。(24) 監視とならんで、スペクタクルは現行秩序の視覚的支柱の一つとして攻撃される。その作用は、肯定的で十分な仕方ではけっして現実に満足させられることのない渇望を刺激するのである。

われわれの社会における欲求の生み出され方について、それが少なくとも部分的には視覚の誘惑によって生み出されるとするこの考察を拒否するのは馬鹿げていよう。しかしまた、カストリアディスやリクールのような人たちによって指摘されてきたように、いわゆる「社会的想像力」は、単なるイデオロギー的神秘化には還元しえない要素を含んでいる(25)。というのも、社会的想像力は幻影的幻想に加えて、別の社会秩序がありうるというユートピア的イメージをも提示するからである。アウグスティヌス以来、眼の欲は、聖書にある神の言葉の聴取からわれわれを引き離すという理由で罪あるものとされてきた。しかし、もはや神の言葉の力を信じてはいないわれわれのような者たちにとっては、眼の欲はより賞賛すべき機能を持ちうるだろう。それがいかに操作にさらされているとしても、不満足を引き起こす刺激として、それはまた、よりよい何かへの渇望の源泉でもある。イデオロギー批判が存在しうるのは、そのような渇望がなお生きづいていると見なせる場合のみである。すでに指摘したように、われわれの反視覚的時代にあって、イデオロギーを真に実在する世界の転倒したイメージとして示すカメラ・オプスクーラという古い比喩を維持することは困難であろうが、だからといって、イデオロギーと視覚的なものとのあいだに別のつながりがあるわけでもないだろう。すなわち、われわれがイデオロギーの歪みを批判するときに探し求めているものは、われわれがイデオロギーそのものの現れに見ているもののうちに現前しているにちがいない(26)。反映的相互性、透明な意味、真理の光のなかに立つことといったイメージを、キマイラとしてディコンストラクトすることはまったく容易だろう。しかし、それらはおそらくまた、到達不可能なイデオロギーの「他者」——今度は大文字で書き出される——の暗号でもあって、あらゆる批判は究極的にはそれに依拠しているのである。

第11章　モダニズムと形式からの後退

美的モダニズムの歴史は往々にして、内容に対する形式の勝利、芸術作品の外部にある何かの表象もしくは表現に対する自己言及性の神格化として描かれてきた[1]。モダニズムに対する批判的言説は、ロジャー・フライやクライヴ・ベルやロシア・フォルマリストたちのようにモダニズムを肯定的に受け止めるにせよ、また大部分のマルクス主義批評家たちのようにそうでないにせよ、いずれももっぱら形式の問題にかかわってきた。周知のように、後者にとって「形式主義者」という用語は濫用するのにもってこいの言葉で、ジェルジ・ルカーチとベルトルト・ブレヒトのように対立し合う者同士が、巧みにでっちあげ互いになすりつけ合うための言葉になった[2]。さらに、少なくともジンメルにまで遡る議論として、近代生活全般の形式的抽象化と美的モダニズムとのあいだにあると考えられるつながりについても、同様に白熱した議論が戦わされてきた。要するに、近代性とは内容からの形式の差異化そのものであり、さらには、意味と価値との特権的なありかとしての自己充足的形式の物神化とほとんど変わるところがない、としばしば考えられてきたのである。

以下で私は通説化したこの考え方を覆すというよりも、むしろ美的モダニズムにおける副次的傾向とでも呼びうるものの軌跡を追うことで、この考え方に疑問を投げかけてみたいと思う。その副次的傾向とは、形式の神格化や純化に挑戦してきたものにほかならない。すなわち、私が探ってみたいのは、モダン・アートにおける強力な反形式主義的衝動と呼ばれうるものである。その衝動の代表としては、ジョルジュ・バタイユによる〈無形（informe）〉の熱烈な擁護をあげておくのがもっともふさわしいだろう。[3] 私はまたそれを探ることで、一方のモダニズム、すなわち形式の覇権争いと、他方の、私が別の場所で視覚中心主義の危機と呼んだもの、すなわち、とりわけ二十世紀フランス思想で沸き起こった視覚に対する誹謗中傷とのあいだの、入り組んだ関係についていくつかの考察を加えたいと思う。[4]

〈無形〉という暗い迷路のような土地に足を踏み入れる前に、少し立ち止まって、形式という概念について、あるいはむしろ、形式に関する様々な概念について見ておこう。というのも、〈無形〉という概念はそれらの形式概念に対して意図的に対置されたものだからである。ここでは形式という用語にまつわる多様な意味をその全域にわたって調べてみることはできないが、美学の歴史において強力なインパクトを持ってきた五つの異なった意味を思い起こしておくことが有益だろう。[5] 第一に、形式は異なった部分や要素の構成上の配列ないし秩序であると見なされてきた。例えば絵画における形状や、旋律における音符の配置がそれである。この意味では、よい形式とは一般に、プロポーション、ハーモニー、それに構成部分間の比を意味している。第二に、形式は感覚に直接与えられるものを意味し、形式によってもたらされる内容と対立させられてきた。例えば詩の場合、形式とはそれが実質的に意味しているものではなく、むしろそれが音としてどのように響くかにある。この意味での形式的価値とは感覚的な喜びを意味し、言い換えうる意味の核に対立する。第三に、形式は対象の輪郭や形状を意味し、対象の重さや肌理や色に対立するものとされた。この意味では通常、明晰さと優雅さが最高の賞賛を受けることになる。第四に、形式は、プラトンがイデアと呼び、アリストテレスがエンテレケイアと呼んだもの、すなわち、事物の単なる現れではなく、むしろそのもっとも根本的な本質と同義であった。ここでは、形式的価値は形而上学的意味を担っており、日常的な知覚でとらえられるありきたりの真理よりも、より高い真理の啓示を示唆している。第五として最後に、形式は、感覚経験の世界に構造を押しつける精神の構成的能力を意味してきた。この形式観念の典拠 (locus classicus) はカントの第一批判であり、そこでは、人間知性にはアプリオリな認知的カテゴリーがあるとされる。カント自身は認知的カテゴリーに比しうる超越論的カテゴリーを美的判断には与えなかったが、コンラート・フィードラー、アロイス・リーグル、ハインリヒ・ヴェルフリンのような後の批評家たちは、認識論的経験と同様に美的経験をも支配している普遍的な形式的諸規則を探し求めた。

その時々によって力点は異なるが、モダニズムにおける形式の神格化はこれらすべての意味に関係してきた。例えば、アドルフ・ロース、ル・コルビュジエ、そしてバウハウスの建築における装飾に対する誹謗中傷が意味していたのは、構成部分の一部を切り離してそれを崇めたてるよりも、構造的なプロポーションや比といった全体のほうが優っている、ということであった。同様に、〈雄弁をとらえ、縊り殺せ〉というヴェルレーヌの有名な詩句に典型的に表現されているような詩の音楽的響きの強調は、媒介された内容に対する感覚的直接性としての形式の神格化を示すものであった。同様にモンドリアンやマレーヴィチの抽象絵画における線と形態との自律化は、肌理や色に対する輪郭の勝利を示すとともに、言うまでもなく模倣的・物語的・挿話的な対象指示よりも輪郭が優っていることを示すものでもあった。カンディンスキーのような画家の場合には、抽象的形式の解放が、実体形相というプラトンやアリストテレスの形而上学的観念を喚起させる宗教的本質主義の名において擁護された。そして最後に、あげるに事欠かないほど多くのモダニズムの芸術家たちが、自らの外部にあるカオスに対して、またおそらくは内部にもあるカオスに対して、意図的に形式を押しつけるものとして自分たちの作品を特徴づけてきた。

とはいえ、形式という意味の多くないしすべてにおいて、モダニズムの大部分が形式の異常な肥大化として解釈されうるとしても、モダン・アートにはその初めからそれに逆らう対抗衝動があった。つまりそこには、モダニズム美学全体を特徴づける差異化と純化との奨励に対する拒否があったのである。しかし重要なのは、この抵抗が、内容、主題、要素といった典型的な形式の反意語の名においてなされたのではない、ということである。この抵抗は、ルカーチのようなマルクス主義者が熱心に求めた、自己言及性に対する唯物論的解毒剤を提供するものではなかった。むしろ、この抵抗があえて自身を定義しようとしたならば、変形や、あるいはもっと徹底的に、無形性（formlessness）といった否定的な言葉で自身を定義するのを好んだであろう。それは理想的な形式美を特権化する代わりに、低劣さや無知に価値を与えようとした。純粋さと明晰さの代わりに、不純さと曖昧さを好んだ。

ここにはもちろん、美学概念としてのグロテスクの歴史が証示しているように、いくつかの先駆形態があった[6]。しかし、形式に背いたモダニズムの転回に特別な力を授けているものは、その転回が、視覚優位に対する批判、すなわち、そのもっともギリシャ的傾向における西洋的伝統の視覚中心的偏向に対する大がかりな批判とつながっていることである。もちろん、ラテン語の forma が、ともに視覚を表す言葉から派生した語であるギリシャ語の morphe と eidos の訳語に当てられたということが認知されて以来、形式と視覚とのつながりは再三にわたって強調されてきた。例えばジャック・デリダは、フッサールにおける形式と意味を批判して次のように言っている。「形式概念の形而上学的支配は、視覚へのある種の従属をおのずともたらす。〈感覚＝意味《センス》〉一般はあらゆる現象学的領野の概念そのものなのだから、この従属は常に視覚への〈感覚＝意味〉の従属であり、視－〈感覚＝意味〉に対する〈感覚＝意味〉の従属であった[7]」。さらにまた、言語学的観念としての形式でさえ、視覚のある特権化を含意している。アメリカのディコンストラクション主義者デイヴィド・キャロルによれば、ジャン・リカルドゥーとロシア・フォルマリストたちの構造主義は、「小説の形式の定義において、言語的働きの可視性を強調している。形式は小説のなかで働いている言語の視覚的働きによって構成される――それはあらゆる枠組みの枠組みなのである[8]」。

形式と視覚優位とのつながりがもっとも明らかなのは、形式という語が輪郭の明晰さや光輝く現れを意味する場合である。とはいえ、このつながりはまた、先にあげた形式の他の意味の背後にも潜んでいる。例えば、形式を離散的な要素間のプロポーションと同一視することは、しばしば、対称的な釣合いに関する視覚経験と結びついている。また、形式が本質的真理を意味するという信念は、イデアが「精神の眼」のなかにあるというプラトンの主張と結びついている。形式はもちろんソナタやシンフォニーのような聴覚的な時間的現象に適応されうるとはいえ、秩序づけられた規則性を持つ静態的で同時的な領野を遠方から記録する眼の能力は、眼が形式についてのわれわれの経験の第一の源であることを意味しているのである[9]。

もしそうならば、形式主義を特権化した美的モダニズムもまた、眼の支配を好む傾向があると予想されるだろう。この予想が間違っていないことを、アメリカの芸術批評家クレメント・グリーンバーグに代表される有力な批評学派が証明している。というのも、グリーンバーグは、モダニズムの視覚芸術、さらには彫刻を決定づける特徴として、光学的なものの「純粋さ」について熱を込めて語っていたからである[10]。文学に関してはこう言えるだろう。近代文学は、レッシングが設けた無時間的な芸術と時間的な芸術との区別をなくそうとしたが、近代文学におけるそうした空間的形式の考え方に対するジョーゼフ・フランクの有名な擁護のうちには、グリーンバーグたちと同じ衝動を見ることができる、と。[11] そして同様に思い起こしておくべきこととして、ロシア・フォルマリズム的批評が抱いた希望の一つは、ジェイムソンが指摘しているように、まさに「知覚の刷新、新たな光のうちで、前代未聞の仕方で突然に世界を見ること」[12] だったのである。

支配的傾向に関するこうした特徴づけがどれほど妥当であるとしても、また、それはけっして的はずれなものではなかったのだが、こうした特徴づけでは無形性という副次的伝統を十分に評価することはできない。その副次的伝統もまた、モダニズムの展開のうちに位置を占めるものとして認められるべきである。無形性へのこの衝動が登場してくる一つの道筋は、モダニズム美学の初期の展開における、いわゆるプリミティヴ・アートの役割のうちに見出すことができる。プリミティヴ・アートは、それの持つ抽象的な形式的特性が再認識されたために高い地位が与えられるのだ、とたいていは説明される。[13] 実際、ヴィルヘルム・ヴォリンガー、ロジャー・フライ、レオ・フロベニウスのような批評家たちは、プリミティヴな工芸品のなかにリーグル的意味での普遍的な「形式への意志」を発見したのであり、まさにその発見によって、それら工芸品は美学的に価値あるものの領域へ高められることになったのである。

しかしながらこうした動きには、これらの作品をコンテクストから切り離してしまうという代償が伴い、文化的実践の対象としての民俗誌的価値をこれらの作品からすっかり奪ってしまうことになった。同様に、後の西洋帝国主義のコンテクストにおいて、これらの作品がイデオロギー的に流用されたことも一般には忘れられてしまった。[14] そして、それらの純粋に形式的な性質が、コンテクストないし起源と、その受容とのもつれ合いから差異化され、普遍的な美学と考えられるものの実例の地位に高められることになった。こうしてそれらの形式的性質は、そのコンテクスト的不純さにまるで無関心だったモダニズムの形式主義にインスピレーションを与えることができたのである。

批評家たちの仕事によって、われわれがモダン・アートの起源におけるプリミティヴィズムの両義的な役割に気づくようになったのは、ごく最近のことである。とはいえ、彼らの批判は、われわれがモダニズムの無形性と呼んだ対抗潮流のうちですでに先取りされていた。特にその批判は、フランスのシュールレアリストたちが異国趣味をまったく異なった仕方で流用したことのうちにすでに伏在していた。彼らは、美学的意義において価値のある諸対象が、同時に民俗誌的な次元を持っていることをけっして見逃しはしなかった。[15] 雑誌『ドキュマン』の周囲に集まった人たちは、工芸品の聖的、儀式的、神話的機能を強調することを忘れなかった。彼らはそうした考えを、デュルケムやモースを読むことによって、またアルフレッド・メトローのようなフィールドワーカーたちとの交流から吸収したのである。

彼らのなかでもっとも中心的な位置を占めていたのは、ジョルジュ・バタイユである。彼はプリミティヴな文化の聖的局面への関心を、ニーチェとサドに由来するディオニュソス的な狂乱と暴力的性についての評価と結びつけ、侵犯、異質性、過剰、浪費といった諸価値を断固として擁護するにいたった。バタイユによれば、侵犯されるべき価値の最たるものは、あらゆる偽装をまとって現れる〈形式〉の物神崇拝であった。一九二九年、バタイユが『ドキュマン』の「批判的辞典」にはじめて〈無形〉という言葉を登場させたとき、彼はそこでこう主張した。すなわち、辞書は語に固定した意味を与えるのをやめ、それに代えて語の無制限な働きを示唆するときに真に始まるのである、と。彼は続ける。「かくして、無形的とは、単に所与の意味を持つ形容詞であるだけでなく、各事物に形式を持つよう全般的に命じることによって、それらの事物を世界のなかにおいておとしめるのに役立つ言葉なのである。この語が指し示すものはいかなる意味においても権利を持たず、蜘蛛やみみずのように、至るところで踏みつけにされるのである」。[16]

通常の哲学者たちはすべてのものに固有の形式を割り当て、世界を常にカテゴリーという拘束衣に押し込めようとするが、その際に、事実確認的な意味と行為遂行的な機能との葛藤を忘れてしまう傾向がある。バタイユはこう結論する。「宇宙は何ものにも似ておらず、ただ無形であると認めることは、つまるところ、宇宙が蜘蛛や唾液のような何かであると言うことに等しい」[17]。このように乱暴に何かを「言うこと」は、それ自身の真理を主張することではなく、世界を形式的真理に還元しようとする主張すべてを攻撃することなのである。

バタイユが問題とした概念的・美学的形式の支配は、彼によれば、明らかに西洋形而上学の視覚中心的偏向と結びつくものであった[18]。彼は太陽の照明に関する二つの伝統を区別する。第一の伝統は、本質的真理に光を投げかける、理性と秩序という上昇させるプラトン的太陽であり、第二の伝統は、あまりにも直接にそれを見たときには視覚を破壊してしまうまばゆく輝く太陽である。彼の主張によれば、イカロスの神話は並はずれた説得力を持ってこの二元性を表現したのであった。「それは太陽を真っ二つに裂く——一つはイカロスの上昇の瞬間に輝いていた太陽であり、もう一つは、イカロスが近づきすぎたとき、蠟を溶かし、絶叫とともにイカロスの失墜を招いた太陽である」[19]。伝統的絵画が理想的形式に向かうプラトン的探求を反映していたのに対し、近代絵画はピカソやファン・ゴッホにもっとも明らかなように、それとはひどく異なった目標を持っていた。「アカデミックな絵画は、多かれ少なかれ、精神の——度を越すことのない——上昇に対応していた。しかし現代絵画においては、上昇を断絶させる最たるものの探求、そしてまばゆい輝きの探求が、形式の仕上げ、あるいは解体に関与しているのである」[20]。

伝統的形而上学やマルクスの弁証法に見られる唯物論とは非常に異なっているものの[21]、形式を解体しようというバタイユの願望は、唯物論に対する彼の肯定的態度にも表れていた。彼の唯物論は、対象

(object) の唯物論というよりも、打ち捨てられたもの (abject) の唯物論であった。ロザリンド・クラウスが指摘しているように、「〈無形〉とは、変質が生み出すもの、つまり、意味や価値の還元を指し示しているが、変質がそれを生み出すのは、矛盾——それは弁証法的なものだろう——によってではなく、腐敗によってなのである。その語を取り巻く諸限界に穴を開けること、死体の同一性への還元——それは侵犯的なのである」[22]。バタイユは、物質を精神や心の代理となる肯定的なものに変えてしまうことを拒否し、代わりに、グノーシスによる原初の闇の評価のうちに働いていると彼が見る低落の原理に物質を結びつけた[23]。その結果、いわばシラーがより高次の総合を生み出すために「遊戯衝動」という概念を提起することで希望したような、物質と形式との媒介は不可能となった。〈無形〉の唯物論は、そうしたいかなる上昇的衝動にも抵抗したのである。

同様に、形式の高貴さに対する物質の低劣さは、バタイユによって、冷たい精神的眼を賞賛することによって抑圧されていた身体の回復に結びつけられた。しかしながら、彼がもっとも価値あるものとしたのは、グロテスクな、手足をもぎ取られた無頭の身体、境界を侵された穴だらけの身体であった。身体の排泄物は、通常、汚いものや淫らなものとして隠され卑しめられるが、バタイユにとっては、それはプリミティヴな宗教で行われる聖なる過剰、エクスタシー的消費 (expenditure) の経験にもっとも近いものであった。そこには要素間の均衡のとれたプロポーションも、暴力的な苦痛によって汚されない官能的な快楽も、くっきりと引かれた輪郭も、前方を照らし出す本質的観念の啓示もない。反対に形式美は、彼がその派手な富の蕩尽を称え上げたアメリカインディアンのポトラッチ儀礼の炎のような、象徴的な大火災の炎に焼き尽くされることになったのである[24]。

またバタイユの理論のなかには、構成的主観が世界のカオスに構造を押しつけるというカント的意味での形式もまるでなかった。彼独特の主権〔至高性〕概念は、同質的な代理者の意志による制御の喪失を意味し、代わりに、その統合性を炸裂させる異質な諸力への服従を意味した[25]。彼が求めた「無頭の」共同体は、個人であれ集団であれ、主観性のエクスタシー的犠牲に基づいているのであって、意識的な選択行為に基づいたものではなかった[26]。それはまた、政治的自由という不毛で活力のないシミュラークルを生み出すにすぎない単なる形式的民主主義には対立するものでもあった。

さらに、バタイユ自身の著作は、主観による形式の押しつけに対して断固たる抵抗を示すものとしても読むことができる。ドゥニ・オリエは次のように主張している。「おそらくバタイユの作品は、形式の誘惑に対する拒絶において最大の強みを発揮する。この拒絶は、彼の作品が『完結したもの』であることを予め不可能にする禁止であり、彼の本が単なる本であることを不可能にし、彼の死が彼の言葉をとだえさせてしまうことを不可能にする禁止なのである。侵犯とは形式の侵犯であり……、言説が自身を立ち止まらせ、自身の上に固着し、自身の目的を産出しわがものにすることによって自身を完了させようとする誘惑の侵犯なのである。バタイユの著作は、反言説的である（果てしなく自身を変形し、変装し、果てしなく自身から形式を奪い去る）[27]」。

バタイユの形式批判から別の例をあげ、それを西洋文化の視覚中心的偏向に対する彼の同様に厳しい攻撃に結びつけることは容易だろう。しかしながら、もっと重要なのは、他の重要なモダニストたちのなかにバタイユと同様の傾向を持つ人物がいたことを明確にしておくことである。そのための手段をわれわれに提供してくれたのは、バタイユの〈無形〉擁護を評価するいく人かの最近の批評家たちである。例えば、クリスティン・ロスは、ランボーとパリ・コミューンに関する一九八八年の研究で、彼の詩に見られる階級の性格を検討し、それを、ランボーが高踏派詩人たちの模倣的な眼への依存をきっぱりとはねつけ、諸感覚の攪乱への有名な呼びかけを行ったことに結びつけた。彼女の読み方によると、ランボーにあっては、「資本主義的発展が人間的な普通の知覚として定義する（限界を設けるという意味で）ものに対抗して、すぐさまグロテスクで、高慢で、異常で、超人間的な知覚が唱道されるのである」[28]。彼の詩に予示される空間は、幾何学的に秩序づけられた空間や透明な明るい空間、つまり党や官僚組織のような形式的集団化によってまとめあげられた人々の空間ではない。そうではなく、それは視覚空間というよりは、むしろより触覚的な空間であり不規則な領野であって、そこを通してエネルギーと力が、視覚的に認知しうる構造のうちに癒合することなく奔流していく領野なのである[29]。

ランボーの階級観念を表すためにロスが選んだのは「群れ」という言葉である。彼女はこの言葉を、訓練されたプロレタリアートという、より伝統的な観念と積極的に対比させている。伝統的な観念のほうが表現しているのは、前衛党の指導に従ういわゆる成熟した階級意識にほかならない。彼女は言う。「もし、『成熟した』階級意識が、党や国家のような系列的集団化という性質を帯びるとすれば、ランボーの群れの運動は、それよりもはるかに〈無形〉の運動に近いものである（「詩人は、形なきものにはその形なさを与える」）。すなわちその運動とは、集団の自発的な、沸騰する要素なのである」[30]。詩人を見者の役割へと高めるという有名な言葉にもかかわらず、ランボー自身の作品は、精神の眼に対して性的身体の重要性を強調し、日常生活からの詩的形式の差異化に抵抗するものであった。ランボーは、自らがブルジョア的形成を通して社会化されることを拒んだのと同様に、芸術のための芸術を美的形式のうちへ社会化することも退けた。したがって、危険に生きるために詩を完全に放棄するという彼の有名な決意は、すでに詩そのものにおいて先取りされていたのであり、ロスはそれを、マラルメが純粋な語を物神化したことに表れているような、生活を拒否した審美主義に対するアンチテーゼとして解釈している。

同様に、大戦間にシュールレアリストたちによって行われた写真における注目すべき実験は、形式的純粋さに対するモダニズム的転回を典型的に示すものであった。これは最近になって、ロザリンド・クラウスによってバタイユとの関連で解釈されている。彼女はジャック＝アンドレ・ボワッファール、ブラッサイ、マン・レイのような写真家たちを研究し、彼らの作品に痕跡を残しているのがアンドレ・ブルトンの考えというよりは、むしろバタイユの考えであることを発見した。彼女は言う。「シュールレアリズムの写真家たちは〈無形〉の巨匠たちであった。〈無形〉は、マン・レイが見たように、身体の単純な回転と、その結果生じる方向攪乱によって生み出されうるものであった[31]」。彼女によれば、マッソンやダリのようなシュールレアリズムの画家たちでさえバタイユに負うところがあった。「ダリは特殊な歪んだスピンという言葉とともに、〈無形〉という言葉をブルトンにではなく、バタイユに負っているのである[32]」。

クラウスによれば、エドワード・ウェストンやジョン・シャーコフスキーのようないわゆる「ストレート・フォトグラフィー」の代表的人物に典型的に見られるように、支配的モダニズムは厳密に形式主義的観点から写真の美学的身分を擁護したが、シュールレアリズムが純粋なイメージのなかへテクスト的で時間的な中断を導入したことによって、その擁護は挑戦にさらされることになった。彼女は言う。「ウェストンとストレート・フォトグラフィーが主張する権威とは、その本性上、明確に焦点を絞られたイメージに根拠を置くものである。それは、観察者が見るものに統一された形態を与え、他方、観察者自身を統一された主体として見出す全体性を与えようとする決意なのである。現実のなかに深く分け入ることができる視覚を備えた主体、写真という代理物を通して現実を支配しているという幻影を与えられた主体は、カテゴリーをかき消し、代わりに物神崇拝、〈無形〉、不可解さをもたらす写真を耐えがたいものと見なすように思われる[33]」。

純粋な視覚的形式の正体を暴こうとする別のモダニズム的伝統から、さらにもう一つの例をあげよう。それは、崇高の美学の受容のうちに見ることができる。崇高はしばしば、ハイ・モダニズムよりもロマン主義やポストモダニズムにより近いものとされるが、崇高の重要性を次のように賞賛しているのは、ほかならぬジャン゠フランソワ・リオタールその人である。「モダン・アート（文学も含めて）がその起動力を見出し、アヴァンギャルドの論理がその公理を見出すのは、まさに崇高の美学においてである」[34]。彼によると、マレーヴィチからバーネット・ニューマンにいたる画家たちは、バークやカント、そして他の崇高の理論家たちが、現前しえないものを現前させようとする衝動、刻み込まれた像に対するヘブライ的禁令への忠誠を強調したときに言わんとしていたことを、例示しているのである[35]。リオタールは言う。「考えることはできるが、見ることも見えるようにすることもできない何かがあるということを、見えるようにすること。このことが近代絵画において問題となっていることなのである。しかし、見ることができない何かがあるということを、どうやって見えるようにするのか。その方法は、カントが『無形性、形式の不在』を現前しえないものの可能な指標としてあげる際に、彼自身が示してくれている」[36]。リオタールが好むポストモダニズムに対して、モダニズムは現前しうる形式になおも郷愁を抱きつづける。にもかかわらず、彼にとってモダニズムとは、芸術が形式美の明晰さと純粋さを壊しうる方法を例示するものなのである。モダニズムはそうすることで、形態的表象と言説的表象双方の穏やかさを装う表面を通して炸裂する、混乱したリビドー的欲望の働きを暴き出す。

モダニズムにおける形式からの後退の最後の例は、音楽のうちに見ることができる。シェーンベルクによる無調音楽とシュプレヒシュティンメ（Sprechstimme）の大胆な実験は、単なる伝統的諸価値への挑戦ではなかった。いわゆる音楽上の〈無形〉のもっと極端な例は、おそらく騒音音楽（bruitismo）の創始者の一人ルイジ・ルッソロのような未来派作家のうちに見ることができるだろう。[37] そこでは騒音、しばしば近代テクノロジーのきしむ音に満ちた世界のあの騒音が、明確に楽音よりも重視された。いかなる音高も聞き分けられない音響現象が、伝統的な音階に則り、目に見えるかたちで譜面に書き写すことのできた音響現象に取って代わった。未来派の作曲は、その成果としては比較的に慎ましいものであったが、近代音楽のなかに騒音を注入しようとする傾向は、イゴール・ストラヴィンスキーの『兵士の物語』(一九一八年)やエドガー・ヴァレーズの『イオニザシオン』(一九三一年)のような作品に、しだいに明確なかたちをとって現れてきた。そこではシェーンベルクとベルクのいわゆる「音色旋律」(Klangfarben)においてそうであったように、音色とコロルが、音高に通常与えられていた役割を奪ってしまった。コロルの新たな重要性は、その語が音楽用語としてどんなに比喩的であるにしても、われわれが論じてきた他の諸現象とのある一致を示している。というのも、それは一般に視覚的形式に対置されてきたからである。

モダニズム芸術のうちにある〈無形〉を再評価しようという動きは、ほかにもベルやフライやグリーンバーグたちの伝統的な考え方がしだいに激しい攻撃を受けるようになってきたことのうちに見てとることができるだろう。[38] しかしいま行うべきことは、この新しい評価の含意をもっとくわしく調べてみることである。われわれは出発点として、モダニズムを内容や素材等からの形式の抽象として捉えたが、その抽象は様々な装いのもとに現れるものであった。けれども次に、われわれは、モダニズムをそこにおいて反対の衝動もまた働いている戦いの領野としてとらえた。そこでこう問おう。そこで問題となっているのは何なのか、と。少なくとも、モダニズム芸術のうちにある一つの重要な対抗潮流として無形性の重要性を認識することで、いったい何が得られたのか。

まず第一に明確にしておかなくてはならないのは、〈無形〉とは単に形式の否定を意味するのではない、ということである。〈無形〉とは、形式をカオスや空虚で完全に置き換えてしまうことを意味するのではない。バタイユが主張しているように、〈無形〉とは積極的な定義ではなく、分裂と無秩序によって機能する作業用語なのである。すなわち、〈無形〉はまず先に形式の存在を必要とし、その上ではじめて、〈無形〉が形式を侵犯するということが意味をなす。グロテスクが形式上対立しているように見えるものどもをでたらめに並置したり統合したりすることによって働くのとまさに同様に、[39] また、崇高が現前化と現前不可能性との緊張を保持するのとまさに同様に、〈無形〉もまた、その魔法を効かせるためには対立者を必要とするのである。実に多くの批評家たちが正当にも見て取ったように、モダニズムのうちには形式主義的衝動が強力に働いていたのであって、もしそうでなければ、〈無形〉がこれほど執拗にそれを侵食しようと奮い立つこともなかったであろう。

われわれが跡づけてきた形式と無形性とのあいだの緊張を概念化し説明するには、いくつかの方法がありうる。一つは、その緊張を、構造とエネルギー、静止と運動、不変的なものとかりそめのものとのあいだで戦われる、より無時間的な闘争になぞらえてみることである。ここでわれわれは、マルクス主義者になる前のルカーチの著作『魂と形式』[40] によって、おそらくは古典的な仕方で探究された領域に戻っていく。ルカーチは形式を「生の最高の裁判官」[41] と呼び、カオス的エネルギーに満ちた生の無能力に打ち勝とうと苦闘した。彼は、形式の苛酷な裁きの前に立とうとしたのである。しかし、われわれがこの論稿で調べてきた伝統は、それとは反対の動きを伴っていた。物質的不純さを清め低次の衝動を追放することで形式的パターンのうちに氷浸けになっている状態は、形式を擁護する人たちには賞賛に値するものでも、〈無形〉を賞賛する人たちにとってはまさに生の失敗にほかならないのである。

もう一つ、こうした傾向にさらに深いかかわりを持っている精神分析の観点からの実りある考察を加えておこう。それは『精神分析の四つの基本概念』[42]における、眼と眼差しとの交差配列的な絡み合いに関するラカンの有名な分析である。そこで彼は、眼と眼差しとのあいだに引き裂かれた視覚野のうちに主体が位置する仕方について、込み入った説明を行っている。眼は自らの前にある幾何学的に秩序づけられた空間を見るが、他方、眼差しにおいては、諸対象が、見ている眼を備えた身体を「見返す」。モダニズムの形式主義は、デカルト主義に典型的な、眼と同一視される遠近法主義的視覚体制を乗り越えようとした。とはいえ、それに取って代わったのは純粋な光学性であり、そこでは眼と眼差しとの緊張は抑圧されてしまうことになった。[43]かくして、グリーンバーグのような批評家たちによって賞賛されたモダニズムの形式主義は、〈無形〉に敏感な批評家たちが思い起こさせてくれたもの、すなわち、視覚野は純粋な形式が常にその他者によって引き裂かれる戦いの場であることを忘れてしまったのである。その他者とは、言語学的用語でいえば、象徴界と想像界との衝突として、あるいは、視覚の領域自体のうちでの闘争として解釈されるかもしれない。しかし最終的にどう理解されようと、それが意味していたのは、モダニズムにしても、またどんな芸術にしても、純粋な形式の勝利に終わることなどありえないということなのである。

ラカン自身の分析がバタイユのものと同じ母型から発していたこと、[44]スラヴォイ・ジジェク[46]が最近思い起こさせてくれたように[45]彼自身が崇高に魅せられていたこと、ユルギス・バルトルシャイティスのような批評家たちによる歪曲像の再発見から興ってきた純粋な光学性に対する攻撃を彼が十分に承知していたこと、こうしたことは、ラカンの考え方そのものが、われわれがいま説明しようとしている無形性の再評価に負っていたことを意味している。論者の一人ホアン・コプヘクは、次のようにさえ主張している。「形式を存在の原因とする観念論的立場とは反対に、ラカンは存在の原因を〈無形〉のうちに位置づける。すなわち、未形成のもの（視覚野のうちにシニフィエとしての姿も、シニフィアンとしての姿も持たないもの）、探求（表象のいわゆる沈黙に向けられた問い）のうちに」[47]。したがって、ラカンの分析でモダニズムにおける形式と無形性の特殊な弁証法が十分に説明されたと考えるには問題があるだろう。というのも、眼と眼差しに関する彼の分析は、時もところもかまわずに、視覚の働きを暴き出すことに向けられていたからである。

より歴史的に特殊なアプローチをとるには、ペーター・ビュルガーによるモダニズムとアヴァンギャルドとのよく知られた区別を手がかりにするのが有益だろう[48]。モダニズムが芸術制度のうちにとどまり、美的自己言及性の限界を探求しようとしたのに対し、アヴァンギャルドは芸術を生と結び直そうとし、そして芸術の解放的エネルギーをもって生を再活性化させた。ハイ・モダニズムにおける純粋な形式の神格化は、これらのカテゴリーのうち第一のカテゴリーに適合すると言えるかもしれない。すなわち、われわれが形式主義の背後にある中心的衝動の一つとして指摘してきた他の諸感覚からの可視的形式の差異化は、生活世界からの芸術制度の差異化に対応しているのである。他方、われわれが〈無形〉に認めた対抗衝動は、おそらく、ビュルガーが用いている意味でのアヴァンギャルドの企てにかかわるものとしてよりよく理解される。すなわち、それは美的領域の純粋さを疑問視し、高い芸術と低い生存との区別を壊し、視覚と他の諸感覚とを結び直すのである。バタイユや他の〈無形〉の擁護者たちが、しばしば未形成の大衆の革命的潜在力を現実化する方法として、〈無形〉の政治的価値を主張していたとしても驚くにはあたらない。ランボーの群れとしての階級観念に対するクリスティン・ロスの賞賛は、この衝動の一例であろう。それは形式を与える前衛党の代表者たちからプロレタリアートを守ろうとするのである。

こうした説明のすべては、美的モダニズムにおける形式と無形性との闘争をわれわれに理解させてくれる。しかし、私が先に論じたように、ここから最大の示唆を引き出すことができるのは、この闘争を西洋文化における視覚中心主義の危機というコンテクストのうちに位置づけることによってである。すなわち、諸感覚のなかでもっとも高貴なものとしての眼を玉座から追放することで、また、その境界が世界と交じり合った「無頭の」身体を再評価することで、そしてまた、明晰さと輪郭に対してノイズと力を賞賛することで、リーグルのような批評家たちが美学の根拠と見た「形式への意志」は、それとは反対の「無形性への意志」に取って代わられてきた、あるいは少なくとも、それによって強力に補完されてきたのである。

ある観点から見れば、これらの変化はすべて、危険な反啓蒙的非合理主義やリビドー的政治学と結託するものとして非難されるかもしれない。そしてある点では、つまり、少なくとも形式と無形性との複雑な弁証法が忘れられ、その代わりに単純な反形式主義が標榜されるならば、こうした非難は有効であるだろう。しかし、別の観点からすると、それほど警戒するにはおよばない。というのも、生と形式が調和的に結びつけられえないということについて、われわれがもはやジンメルやルカーチのようにおびえていないということは、おそらく一種の文化的成熟を印づけるものであろうから。

実際、こう結論してよいだろうか。形式と〈無形〉とのモダニズム的拮抗は、可知性と不可知性との混交、境界づけられた全体性と侵犯的力との混交、精神化された視覚性と身体の残余の混乱との混交に耐える心構えをわれわれに与えてくれたのだ、と。そしてこのことは、不安のより少ない世代の到来を告げるものである、と。われわれは、形式を与える構成的主観の限界を受け入れることを学び、満ち溢れる束の間の現れのただなかに無時間的な本質を探求することを放棄したのであり、エルゴンとパレルゴン、テクストとコンテクストとの区別が見かけほど固定的なものでないことを理解してきたのではないだろうか。もしそうならば、「宇宙が蜘蛛や唾液のような何かである」と言うことの行為遂行的な力は、実際にその仕事のいくらかを果たしたのであり、生を解放する（贖うのではない）ために、モダニズム芸術の――あるいはビュルガーの言葉では、アヴァンギャルド芸術の——エネルギーを利用するという希望は、つまるところ、それほど空しいものではないだろう。

第12章　思想史へのテクスト的アプローチ

動揺と興奮の混ざり合ったなか、思想史家たちは、今や人文科学全体を特徴づけている理論的論争の渦のなかに自分たちがじわじわと引きずり込まれていることに気づいてきた。われわれはいつも、自分たちが研究する様々な観念に誘惑されがちであるとともに、それらの観念を生み出す知識人たちと転移的に自己同一化してしまうきらいがある。そのわれわれが、いつにない自意識をもって、自分たちの言説の諸前提を反省するよう強いられていることに気づいてきたのである。一九六〇年代と一九七〇年代に他の人文諸学科を引き裂き始めた理論的闘争が、この十年においてはわれわれ自身に身近な用語で繰り返されることになってきた。少し前には、『グリフ』や『ダイアクリティクス』や『クリティカル・インクワイアリー』のような雑誌においてしか聞くことができなかった議論の衝突音が、いまや『アメリカン・ヒストリカル・レヴュー』の誌面にも反響しているのである。

思想史におけるこれらの戦いの再演をとりわけ典型的に示す論争があるとすれば、それはおおざっぱに言って、コンテクスト主義的説明を強調する人々に対してテクスト解釈を重視する人々が向けている論争である。その論争においては、ドミニク・ラカプラ、ハンス・ケルナー、ロバート・F・バークホファー・Jr、デイヴィド・ハーランなどの思想史家たちが、自分たちは、ジョン・トゥーズ、デイヴィド・ホリンガー、アンソニー・パグデン、ジェイムズ・クロッペンバークのような他の思想史家たちによって攻撃されているると考えているのである。(1) 前者は哲学や文学批評から移入された言語論的転回を熱心に支持し、後者は、前世代の思想史家たちによって広められ、いまでは時に経験に関するプラグマティックな解釈学の観点から擁護される一種の観念の社会史を固持する。

私はどちらの陣営にも与しないし、またいかなる場合においても一つのアプローチを領域全体に規範的なものとして定めることにはためらいを覚える。それゆえ、私は、この機会を利用していまやわれわれの学科の片隅において激しく続いている論戦にさらにまた別の砲撃を加える、などということはしたくない。むしろ私がここで行いたいのは、様々なアプローチのなかからテクスト主義的アプローチと呼ばれてきたものだけを取り上げ、それが持つ意味合いを明らかにすることである。そして、そのアプローチが引き起こした明白な不安のいくつかを論じることにしたい。そうすることによって、思想史がもっとも力を持つのは、ばらばらのアプローチすべてを強制的に一つの和解にもたらす支配的方法論を夢みることに自らが抵抗するときなのだ、ということを示したいと思う。

テクスト主義とコンテクスト主義との闘争が行われたのはこれが最初ではない、ということを思い出すことから始めるのが、有益かもしれない。二〇年前クエンティン・スキナーは「観念史(ヒストリー・オブ・アイディアズ)における意味と理解(2)」と題された広範に影響を与えた論文を公刊したが、それは戦闘的コンテクスト主義の宣言となった。しかしながら重要なのは、そのコンテクスト主義に対置されたテクスト主義が、今日のコンテクスト主義者たちを恐れさせているテクスト主義とは非常に異なっていた、ということである。要するに、スキナーが問題視したテクスト概念とは、テクストの意味を把握しうる能力をそなえた読者に獲得可能な一貫した有限な一揃いの意味と、テクストそれ自体とを、同一視するというものである。文学批評の用語で言えば、問題のテクスト概念とは、著者の署名によって正統化された自律し自己完結したテクストをその典型とするものであった。ニュー・クリティシズムの批評家たちは、そういったテクストをテクストの産出や受容の条件――心理学的、社会学的、あるいはその他なんであれ――から切り離そうとしたのである。テクストの境界線を越えようとする試みを、彼らが「著者の意図を知ろうとする間違い」あるいは「情動的間違い」として糾弾したことは有名である。必要なのは、テクスト自体の言葉によるテクストの説明につきる、と彼らは主張した。

　他の学科においても同様に、似たようなテクスト概念が広がっていた。例えば、政治哲学の領域においては、この意味でのテクストにあたるのは偉大な古典的著作とされた。そうしたテクストが持つ意味は歴史的状況を超越し、人類すべてに語りかけるものであり、この立場は、レオ・シュトラウスと反歴史主義的な彼の追随者たちによって熱烈に支持された。歴史に対してそれほどあからさまな敵意を抱くことができなかったいく人かの思想史家たちにとっても、やはり同様のテクスト概念が広まっていた。そこでは、テクストが様々に言い換えられうる重要な諸観念の核と同一視され、それゆえそれらの諸観念を、それ以前やそれ以降に生み出される類似の諸観念と比較することができたのである。しばしばこのことは、アーサー・ラヴジョイや彼の追随者たちの場合のように、もろもろのテクストのなかに広く散らばっている「観念の単位」を探すことを意味したが、それらのテクストの輪郭を定めているコンテクストの特殊性に対してはやはり明らかに無関心であった。その結果、肉体を離れた観念史が生じたのである。

　これに代えてスキナーはコンテクスト主義を選択したが、この選択によって彼は、前記のように理解されたテクストをその最初の社会的文脈の機能、あるいは単なる著者の動機の表現に無差別に還元してしまおうとしたわけではない。この二つの誤読に対して、彼は非常に注意深く警告している。しかし、テクストを歴史的に理解するということは、発語内的あるいは行為遂行的力を持った言語行為、彼がテクストの意図と呼ぶ言語行為としてテクストを扱うことを意味する、と彼は確かに論じているのである。テクストは読者に影響を与えようという目的で書かれた行為なのだから、テクストが十分理解されうるのは、その著者によってテクストが置き入れられた諸関係のネットワークを正しく評価することによってのみである、と彼は論じていた。

その後のいくつかの論文で、(3) スキナーは、テクストに先立つ動機をテクストに埋め込まれた意図から区別するのに妥当な定式を見出そうと努力し、著者の意図の再発見と、その意図の発語内的力が明らかになる言説的コンテクストを再構成することとのバランスを得ようと試みた。後のテクスト性という考え方――これについては後でふれる――に照らして、彼は最終的には以下のように認めるようになった。すなわち、テクストの意味はしばしば著者の意識的な意図を越えてしまうのだから、著者の「主要な関心は、意味ではなく、むしろ発語内的行為の遂行にあったのである」(4)。スキナーの立場を精巧に仕上げていけば十分説得的になるか否か、ということがわれわれの目的にとって重要なわけではない。むしろ重要なのは、彼が最初に反対していたテクスト主義の性格である。彼によれば、そのテクスト主義とは、テクストを内在的意味をもった、不連続ではあるが一貫した対象であると信じる立場である。その内在的意味は、自己充足性を破らずに完全に理解することができるものであり、テクストに対するこうした信頼は、ニュー・クリティシズムの批評家たちやシュトラウスばりの政治理論家たちも共有するものであった。このアプローチを、われわれは「統合的テクスト主義」のアプローチと呼ぶことができるかもしれない。それは、純粋なテクストがなんであれその境界の外にあるものによって汚染されてしまうことを避けようとする。これに対して観念の社会史は、テクストをそのもともとのコンテクストから隔てている少なくとも一つの境界線を破ることを目論むのである。

これとは対照的に、今日のコンテクスト主義の擁護者たちを非常に不安にさせているテクスト主義は、統合的テクストという考え方をきっぱりと捨て去った。しかしその際、テクストとコンテクストのあいだの壁を完全に取り壊すことによって、今日のテクスト主義は以前のコンテクスト主義者たちよりもさらに一歩前進した。観念の社会史家たちはその壁に多少の孔をあけようとしただけであった。それに加えて新しいテクスト主義は、コンテクストとテクストとのあいだの因果系列を逆転させてしまった。あるいは、因果的優先性の探求そのものをすっかり放棄してしまった。テクストを世界から孤立させたり、テクストを世界によって説明しようとする代わりに、両者の境界線を開いて、以前はテクスト外のものとして考えられていたものを、それ自体なにがしかテクスト的なものとして再記述したのである。かくして、「非統合的テクスト主義」とでも呼ぶべきものが、コンテクスト主義の擁護者たちに対立する。そうなるのは、その「非統合的テクスト主義」が内と外というカテゴリーの相違を否定するように思えるからであり、したがって、テクストを喚起し、統合し、可能にする外的コンテクストによってテクストが説明されうるという考えに抵抗するからである。

しかしながら、非統合的テクスト主義それ自体は、三種類に分かれてきた。記述の手間をはぶくために、解釈学I、解釈学II、ディコンストラクションとしよう。非統合的テクストの第一の解釈学版は、世界に関する情報を明らかにする資料の中立的・客観的観察者としての読者の役割を疑問視する。ここでは、テクストと起源のコンテクストというよりも、テクストと受容のコンテクストとのあいだの境界線が問題となっている。デイヴィド・カズンズ・ホイがハンス＝ゲオルク・ガダマーの解釈学に関して述べたように、「テクストは、様々なパースペクティヴから見られるべき、あるいは異なった輪郭において見られるべき対象自体ではない。むしろ、テクストは、何かについて何か意味のあることが言われているという期待によって方向づけられた対話の産物なのである」[5]。だから、われわれがテクストと呼ぶものは、その基本的次元の一つとして、ガダマーが「影響史」と呼ぶものの評価、すなわちそのテクストのその後の一連の読解や解釈を含んでいるのである。言い換えれば、テクストをその受容史から孤立させることはできないのであって、受容史こそがテクストの潜在的意味作用を実現させるのである。現在の読者が、受容史という終わりのない過程の一部であるかぎり、われわれのテクストへの応答はその外部にはなく、テクストの意味はわれわれの応答に先立って存在しつつも、その応答と避けがたく絡み合っているのである。この意味で、ニュー・クリティシズムの批評家たちが「情動的間違い」を警告することで擁護したテクストと受容のコンテクストとのあいだの厳密な区別は崩れてしまう。

この立場がもっとも極端な場合には、「このクラスにテクストはありますか」という問いに対するスタンリー・フィッシュの挑発的な答えへとつながっていく。答えは端的に、「いいえ、ありません」である[6]。その代わり、ただ解釈共同体があるのみである。その共同体は自らの判断基準に即してテクストを解釈するのであって、テクストに内在する性格やテクストの著者の意図に対する反省によって解釈するのではない。同様の主張は、イギリスの批評家トニー・ベネットによってマルクス主義的言葉遣いでも表明されている。彼が主張するには、「マルクス主義の文学史に固有の対象とは、テクストの研究ではなく、読解の形成の研究……、読解の実践を組織し活気づける言説的で間テクスト的な一群の決定作用の研究にある。……それは結局、テクストはそのような読解の形成と独立には存在しないし、存在しえない、と論じることになる」[7]。ここでは、皮肉なことに、境界線の解消が、テクストの帝国主義的強大化へではなく、その明白な消失へと立ち至るのである。

もし、思想史家たちが、一般的に文学批評のこの方向に従うのに二の足を踏んできたとすれば、それは、部分的には、彼らがこの方向に対立する非統合的テクスト主義の第二の解釈学版に引きつけられたからである。その見解は、クリフォード・ギアツのような文化人類学者から手がかりを得ている。彼は、周知のように、バリ島の闘鶏に関する論文のなかで、「人々の文化とは、それぞれが一つの総体である諸テクストの総体なのである。そのテクストの総体としての文化を、人類学者は彼が属する同じくテクストの総体としての文化の肩にのって読むことを強いられるのである」[8]、と主張している。この拡張されたテクスト主義の考え方は、統合的テクスト主義者が探究の固有の単位と考えたものと、それを取り巻く無関係な実践、構造、制度といったコンテクストとのあいだの、区別を解消してしまうことを意味した。だから、すべての文化、なかんずく人間のすべての行為はテクストとして読まれうることになる。

ポール・リクールが、人間の有意味な行為はすべて、行為者の意図からの自律、後の解釈に対する解放性、話者どうしの直接的関係への還元不可能性のゆえに、ある種の記述のようなものである、と主張したとき、彼は、テクストの文化主義的モデルとでも呼ぶべきものが持つ意味合いを明確にしたのである[9]。思想史に対するその結果は、「観念史から意味の歴史へ」[10]の転換を論じたウィリアム・ブースマによってもたらされた。エリートの伝統であるいわゆる「高尚なテクスト」に焦点を当てるよりもむしろ、すべての文化の普遍的有意味性を認め、ギアツがギルバート・ライルに従って文化の「厚い記述」と呼んでいるものをわれわれは供給し続けるべきである、とブースマは提案した。

かくして、非統合的テクスト主義の上記二つの解釈学版は、ともにテクストとコンテクストとのあいだの境界線を解消してしまうが、その際、以前のより限定されたモデルが持つある種の意味合いは保持しうるようにする。例えば、リクールは、「テクストは一つの全体、統一性、……一個の動物や一つの芸術作品のような個物である」[11]と主張した。そのようなテクストの意味は、全体から部分へと、そして部分から全体へとふたたび戻る循環的な弁証法的運動を通して把握することができるが、その運動こそが解釈学的方法を特徴づけているものであった。バリ島の闘鶏を一種のテクストとしてとらえるギアツの卓越した解釈は、次のような楽観的仮定に基づいていた。すなわち、一度その循環のなかに入り、彼が効果的な比喩にならって「現地人（ネイティヴ）の肩にのって読む」ことができるようになれば、人類学者や歴史家はなんとかそのコードを解読し、一見もっとも測り知れなく見える文化さえも理解できるであろう、というのである。[12]

スキナーによって批判された統合的テクスト主義の場合と同様に、非統合的テクスト主義のこれらの解釈学版も、次のような批判を免れないことがはっきりしてきた。つまり、それらの改訂版は、自らが吟味するテクストの指呼的特殊性——独自の時と場所へのそのテクストの原初的位置づけ——を抑圧することによって、探究の主体と対象とのあいだの歴史的差異をあまりにも容易に消去してしまうということ、そしてそうするのは主体の意味付与能力を重視するためである、という批判である。ガダマーの対話的な地平の融合は、差異の調和的克服に対する障害を低く見積もりすぎている、としばしば攻撃されてきた。ギアツ自身もヴィンセント・クラパンザーノのような他の人類学者たちによって批判の場に引き出された。クラパンザーノは、「ギアツの現象学的 - 解釈学的主張にもかかわらず、実際には、『ディープ・プレイ』には現地人に対する現地人の観点からの理解はなにもない。彼が行っているのは、現地人といわれるものを構築し、その現地人の構築された視点から、その現地人についての理解を構築することにすぎない。……構築を構築するというギアツのやり方は、彼の観点の投影以外のなにものでもないように思えるし、あるいは少なくとも彼の観点によって対象を曇らせることでしかないように思える」[13]、と告発する。こうした投影は、全体としてのバリ文化はそれと確認できる意味を持った一貫したテクストである、という虚構によって助けられているのであり、その意味は、秘密に通じた敏感な解釈者によってのみ読み解かれうるものなのである。同様に、ブースマの全体化を志向する意味の歴史も、権力や身分に基づくヒエラルキー的差異化を平板化してしまうとして批判されてきた。そのヒエラルキー的差異化とは、文化を統一されたテクストとして読むことを妨げ、その文化の産物をすべて同一の意味作用の過程の諸事例へと均質化してしまうことを妨げるものにほかならない。[14]フィッシュが解釈共同体に大規模な力を保証している点についても、別の形式においてではあるが、意味‐構成の源をテクストの受容のなかにそっくり位置づけることによって同じ間違いを犯していると言いうる。残る一貫した意味という仮定も、その意味はこの場合、読解制度によって生み出されたものとされる。

現在流行している非統合的テクスト主義の第三の変種を、われわれはディコンストラクションであるとした。それは、前の二つにおとらず執拗に境界線を開こうとし、あるいは少なくともそれがどれほど浸透性のあるものかを示そうとし、したがってコンテクストをテクスト化しようとしているように見える。この企図のもっとも注目すべき表現は、汎テクスト主義的均質化を非難する憤慨したコンテクスト主義者たちによっていまやひっきりなしに引き合いにだされるものだが、まさしくジャック・デリダの「テクストの外部には何もない」である。それはまた、「絶対的な外部テクストはない」と言い換えることもできる。[15]

この主張をどう翻訳し解釈しようとも、また、それを正当化しようとしていかに多くのエネルギーが費やされてきたとしても、それはこの主張が解釈学や文化人類学の理論家たちによって表明された非統合的テクスト主義と同じ改訂版であることを意味するわけではない。というのも、ディコンストラクションは、意味のある一貫した全体としてのテクストの観念を維持し、さらにそのモデルをより広い意味での文化に適用してみたり、あるいはそれを解釈共同体に置き移したりするよりも、テクストが意味を混乱させ、妨害し、意味に抵抗する仕方を強調するからである。これに対するリクールのよく知られた反論をあげてみると、ディコンストラクションは、いやしくも解釈学であるならば、意味の回復の解釈学ではなく懐疑の解釈学なのだ、ということである。しかし、ディコンストラクションが解釈学だなどというのは必ずしも確かなことではない。われわれが意味を著者の意図の表現と解釈しようが、全体としての文化のもっと匿名的な意味作用の実践の一例と解釈しようが、あるいは受容の歴史的過程の結果と解釈しようが、ディコンストラクションは次のことを主張する。そういった意味は、まさにテクストによって媒介されているために決して自己充足的でありえず、その意味を生み出したものに対してすら透明であるわけではなく、後の読者の地平との調和的な融合に開かれているわけでもない、と。

すなわち、意味を必然的に媒介するレトリック装置の言語の網目のうちに、意味が絡めとられていることをひとたび認めるならば、意味の完全な歴史的回復を解釈学の目的とすることは不可能となる。デリダがテクストの反復可能性と呼ぶテクストの引用可能性、そして言うまでもなく、テクストからの諸断片の引用可能性は、まさにテクストがその起源の瞬間から絶えず逃れてしまうことを意味している。スキナーには失礼だが、どんなにテクストの発語内的力を再構築しようとしても、われわれにはその意図を呼び戻すことはできない。というのも、発語行為がどのようになされるかを把握するに先立って、われわれはそういった行為の事実確認的意味ないし発語的意味を理解しなければならず、それを理解しようとすると、テクストの読解に影響を与えるレトリック装置、すなわち転義的装置の網目に否応なく絡めとられてしまうからである。(16)

もちろんこれらの議論は、いまでは非常によく知られている。その複雑で、いくつかの面で問題の多い意味合いをここで探究することはできない。ここではむしろ、思想史に対してそれが持ついくつかの意味合いを示してみよう。古いテクスト主義的アプローチも、それに対するスキナーのコンテクスト主義的応答も、ともに、テクストとコンテクストが多かれ少なかれ浸透し合っていることを認めつつも、両者の区別を維持しており、両者が異なるのは、ただそのどちらを説明原理として優先させるかという点だけであった。これに対して非統合的テクスト主義は、その境界線を問題にする。その二つの解釈学的改訂版は、文化主義的メタ・テクスト主義ないし対話的な地平の融合の名において、その境界線をすっかり消去してしまい、すべては意味のシニフィアンと解されうると主張する。他方、ディコンストラクションにおいては、痕跡に対するデリダの有名な強調と十分に一致するかたちで、その境界線は消されると同時に保存される。もっと正確に言えば、その境界線はテクストと同時にコンテクストのなかに再記入されるのであり、テクストは、統合的全体というよりも内的な論争の所在地となり、コンテクストは、意味の一貫した包括的領域というよりも織物（コンテクスチュア）ないし間テクストとなる。したがって、デリダの用語を用いれば、「テクストとは、もはや完成された記述資料、一冊の本やその余白に閉じ込められたなんらかの内容ではなく、それ自体とは異なるもの、他の差異化された痕跡を果てしなく指示し続ける差異のネットワーク、痕跡の織物なのである。それゆえ、テクストはそれに割り当てられたすべての限界をはるかに越え出てしまう（それらの限界を差異のない同質性のうちに覆い隠したり押さえ込んだりするのではなく、むしろそれらをより複雑にし、筆致や線を分割し多様化するのである）」。[17]

この引用で特に強調に値するのは、テクストがそれ自体とはなにか異なるものを果てしなく指示し続けるというデリダの主張である。すなわち、テクストは、ときにその比喩的な相対物と見なされる編まれた織物にすら還元しえない痕跡の全体化されていない体系だ、という主張である。[18] この主張が意味するのは、テクストのそれ自体に対する異質性を登録しそこなっているときには、純粋なテクスト中心主義には疑問がある、ということである。ディコンストラクション的テクスト主義は、ニュー・クリティシズムが行ったように自己目的的・自立的テクストを特権化するのではなく、むしろ、読みの対象に選ばれたテクストの非自己充足性を強調する。この自己充足性の欠如は、孤立したかに見えるテクストのなかにも、それに先立つ間テクスト性が認められるというよく言われる主張に明らかなように、他のテクストを考慮に入れなければならないということを意味しうる。しかしそれはまた、テクスト性の「他者」が、テクストを読んだり解釈したりしようとするわれわれの試みのうちに登録されなければならない、ということをも意味しうる。すなわち、ディコンストラクションはときに、弁別的記号体系の純粋な相互作用の名において対象指示作用の重要性を否定していると言われるが、むしろ、ディコンストラクションはその対象指示作用の不可避性を強調していると理解されるべきである。たとえテクストが指示している世界に直接的には接近できないとしても——この意味で「テクストの外には何もない」にしても——、それが何か外部のものを指示するということを抑圧することはできない。ドミニク・ラカプラは、単なる資料を読むようにテクストを読むことのないようにと警告してきたが[19]、われわれがそうした読み方にどれほど抵抗しようとも、われわれは、テクスト——もっとも内在的に思えるテクストすら——を、それ自身のうちに繰り広げられた単なる言語世界以上のものにしている他者性の痕跡に反応せざるをえないのである。

この洞察を表現するもう一つの方法は、テクストの意味作用の象徴的本性に対置される寓意的本性と呼ばれてきたものをきわだたせることである。ヴァルター・ベンヤミンとアンガス・フレッチャーによって復権され、ポール・ド・マンによって読解理論の基礎に据えられた寓意は、最近では、ハンス・ケルナーやジェイムズ・クリフォードのような思想史家たちの方法論的議論のなかで用いられている[20]。ケルナーによれば、すべての歴史記述は、知ってか知らずか、一つのことを言うと同時にもう一つのことを意味しようとする傾向がある。この傾向は、両者の架橋しがたい隔たりゆえに、まさしく寓意的と呼ぶことができる。「複雑なテクストの唯一の意味論的等価物は、テクストそれ自体である」と彼は書いている。「寓意論者がしていること、そして歴史家もしていること、それは、対抗言説(カウンター・ディスコース)を創造することなのである。対抗言説は、『証拠』をその実際の意味、その証拠とは異なる意味、あるいはその証拠のなかに隠されていると見なされる意味に出会わせる。したがって、対抗言説は、証拠と、その対抗言説を必然的なものにしている理解の体系との両者に依存しているのである[21]」。

私が他の場所で論じたように[22]、原初の意味に対照できる言い換えとしてこの対抗言説を考えるというフィクションは、コミュニケーション的合理性の目標に貴重な貢献をするにしても、その目標達成に対する障害を知っておくことも同様に有益である。というのも、それによって、統合的仕方で解釈しようがあるいは非統合的仕方で解釈しようが、テクストという領域のなかに十全な意味を見出すのは不可能だということに気づかされるからである。すなわち、たとえテクストという考えを文化全体を含むまで拡張したとしても、文化の分析がそもそも寓意的であるということは、われわれが常に非テクスト的な痕跡を暴きだす過程に巻き込まれているということを意味しているのである。純粋な内在というモデルは、純粋な記述というモデルと同様に、テクストがいかに働くかを説明するモデルとしてはユートピア的なのである。

クリフォードは次のように主張するとき、この考察の持つ一つの意味合いを前面に押し出している。「文化の説明において、事実的なものを寓意的なものからはっきりと外科的に分離する方法はない。民族誌の［あるいはこう言ってよければ、思想史の］データは、パターン化された配列と物語においてのみ意味をなすのであり、それらは慣習的、政治的であり、指示的意味以上の意味を持っている。文化的事実は真理ではないし、文化的寓意は虚偽ではない」。(23) それゆえわれわれは、われわれの再構築それ自体が文彩に満ちたテクスト、レトリックによって構築されたテクストであることを認めなければならない。このテクストは、それが再構築しようとする現象から寓意的に隔たっているのである。

この主張の持つ意味合いについては、ヘイドン・ホワイトのいまや古典となった『メタヒストリー』の与えた余波のなかで広く論じられてきたが、この主張はしばしば、コンテクスト主義者たちの側にある種の不安を引き起こしている。彼らは、この主張が死者を食い物にして演じられる詩的ごまかし以外のなにものをも生み出さないのではないか、と恐れているのである。しかし、以下の最後の二つの考察は、それとは別のことを示唆してくれるであろう。第一に、過去のテクスト的再構築が、「現実」の出来事の生のデータに押しつけられた文学的物語によってのみなされると考える必要はない。他の寓意的関係も同様に存在しうるのである。例えば、ユルゲン・ハーバマスは、進化的発展という社会学理論に基づいた合理的再構築と歴史物語とのあいだにある複雑な関係を論じている。(24) 彼は寓意の理論に与しないが、ケルナーがわれわれの不可避的な対抗言説と呼んだものと、ハーバマスの合理的再構築とを同じものと考えていけない理由はない。後者も、自らが「実際に起こった」ことの忠実な再生産でないことを認識しているからである。

もっと重要なのは——というのも、前段の議論は現在の過去への押しつけを懸念するコンテクスト主義者を納得させないように思えるので——、いくらわれわれが過去をその布地全体から構築するように見えても、そこから帰結するものに抵抗する何かが常に存在することを寓意が示唆しうる、ということである。私が思うに、この何かとは、ケルナーが、対抗言説は「証拠と、その対抗言説を必然的なものにしている理解の体系との両者に依存している」と言うときに言わんとしているものである。それはまた、思うに、デリダの痕跡という概念が間接的に指し示しているものでもある。ひょっとすると、われわれは、伝統的な思想史があれほど熱心に探し求めた言い換え可能な意味の核が、テクストの「他者」として機能しうるとさえ論じてよいかもしれない。その「他者」とは、背後に痕跡を残し、その痕跡はテクストの文彩的、レトリック的、言語的例示や、テクストの内在的な自己指示作用の見かけ上の網などに完全に吸収されてしまうことに抵抗するのである。慣習的に著者の意図、あるいはテクストがそこから出現してくる言説領域と見なされているものも、同じような機能を果たしていると言えるかもしれない。この種の非統合的テクスト主義にあっては、境界線はもはや昔のものと同じではないとはいえ、それを完全に払拭してしまうこともできないのである。

つまり、ディコンストラクションは、汎テクスト主義だと一般に言われるにもかかわらず、単にコンテクストをテクストに折り込めという要請だけでなく、テクストのなかにもっともひろい意味で理解されたコンテクストの影を見よという要請をも含んでいる。そしてそう要請することで、ディコンストラクションは、意味をテクストかコンテクストかのどちらかの領域に完全に押しやってしまうのは不可能だということをわれわれに気づかせ、内と外、言語現象とその表現的ないし指示的な「他者」とのあいだの多様な緊張に注意を向けさせるのである。それゆえ、この意味でのテクスト主義的アプローチをとろうとする思想史家たちは、むりやり文学批評家にされてしまうことを心配する必要はない。むしろ今日では、文学批評家たちのほうに新歴史主義者（ニュー・ヒストリシスト）となってしまう危険がある。もっとも優れた文学批評家のうちにも、もうすでにその誘惑に屈してしまった者が何人かいるように思える。

第13章　〈名前を挙げる〉のか〈名前を落とす〉のか
——人文諸科学における正統化の諸様式

おそらく君には、語り手が誰であるかとか、どこの国の人であるかといったようなことが、重大な問題となるのだね。なぜなら君は、もっぱらそれがほんとうにそのとおりかどうかという、ただそのことだけを考えるのではないのだから。

『パイドロス』275c

よく知られた一九二〇年のアーネスト・ジョーンズ宛の手紙で、ジクムント・フロイトはハヴェロック・エリスの主張をやっきになって反駁している。その主張とは、フロイトは実際には科学者というより芸術家である、というものである。「それはまったくの間違いだ」とフロイトは言う。「私は確信しているが、二、三十年後には私の名前はすっかり消え去り、われわれの業績だけが残っていることになろう」[1]。フロイトはこう語ることで、いまと変わらず当時も広く受け入れられていた次のような想定への忠誠心をはからずも漏らしてしまっている。すなわち、科学的業績は集合的、間主観的過程の産物であり、そこでは個人の名前が単に挿話的な役割しか演じないのに対し、芸術的創造はその創造者の固有名と分かちがたく結びついている、という想定である[2]。精神分析という用語はフロイトが一八九六年に作り上げたものだが、精神分析とはまさにその創始者の名を忘れ、言うならば抑圧さえして、科学制度によって保証された、利害関心にとらわれない批判的探究に身を委ねるべきなのである。精神分析は、オーギュスト・コントが実証主義的な無名の歴史(histoire sans noms)[3]と呼んだものの一部をなす、あの科学の歴史に入るべきだ、ということになろう。

想像力を働かせるまでもなく、エリスに対するフロイトの当惑に満ちた返答にアイロニーを見ることは容易である。それを匿名化と呼びうるならば、自分の理論が将来において匿名化されるだろうと信じたことは、残念ながらひどく誤った確信であった。というのも、アドルフ・グリュンバウムのような現代の論者たちは、科学性に対するフロイトの要求を大真面目でいまなお評価しているが[4]、その要求にもかかわらず、フロイトの思想はこれまでずっと彼自身の名前と権威にしっかりと結びつけられたままだからである。精神分析は、フロイトが最初にその科学的信用性を確立しようとしたときと変わらず、いまなおフロイト主義なのである。治療技術としてのその実践上の権威は、分析訓練における一連の歴史に大幅に依拠しているのであって、それは一種の使徒伝承により、フロイトと最初の弟子たちとのあいだの個人的な分析交流に遡ることができる。しかも彼の理論の適切さは、実験テストという独立した手続きによって擁護されるとともに、彼の原テクストを熟読することによっても擁護されているように思われる。もっとも、分析治療が困難な場合には、テクストの解釈に幅が出てくるのだが。したがってジャック・ラカンのようなもっとも革新的なフロイト主義者たちでさえ、その姿にはプロテスタントの宗教改革者を髣髴とさせるものがある。というのも、彼らはフロイトの著作がそれまでの読み手たちに誤って解釈されてきたとして、フロイト自身の著作に帰ることを強調するからである。

語り手を忘れてお話だけを覚えていることができないとなれば、フロイトの思想は単なる芸術的直観に還元されてしまわないだろうか。しかし、こうしたフロイト自身の危惧に反して、彼の影響が損なわれる結果にはいたらなかった。実際、彼の呪文の多くがいまなお強い力を誇っているのは、そうした「失敗」、つまり語り手を忘れてお話だけを覚えていることに失敗したからであり、少なくとも、彼を範とする人文諸学科の場合にはまさにそう言ってよいだろう。

こうした歴史的顚末に至った理由を、フロイト理論とその受容に的を絞って追求してみるのも興味深いだろう(5)。しかし私としては、そこに潜むもっと大きな含意を探究してみたいと思う。というのも、匿名の権威に対立する個人的権威の疑わしさと格闘しているのは、明らかに精神分析だけではないからである。ここですぐに思い浮かぶのは、マルクス主義の場合である。マルクス主義は客観的科学性を主張してはいるものの、その創始者の名を執拗にとどめている。とりわけ、「私はマルクス主義者ではない (Moi, je ne suis pas Marxiste)」というマルクスの有名な否認宣言は、彼の思想を父なる創始者の聖典に基づいた党派的教義に還元しまいとする彼の願望を示したものと言ってよい。マクシミリアン・リュベルによれば、マルクスの死後でさえ、エンゲルスはマルクス主義者という呼び名に根深い敵意を抱き続けた。マルクス主義者という用語は、第二インターナショナルで、アナーキスト陣営からの非難の言葉として作られたものなのである(6)。

しかし、字義的にであれ、あるいはアルチュセールが行ったように徴候的にであれ、精神分析の場合と同様に、創始者の原テクストを憑かれたように熟読するというパターンが、マルクス主義の歴史のなかにも現れてきた。しかも、しばしばそれは、十分な説得力を提示しえない実験的ないし実践的検証の不確実性に対する解毒剤として役立ってきたのである。

理論的言説の父なる創始者や母なる創始者の例として、ほかにも多くの人物をあげることができるだろう。彼らは個人的権威の力をきっぱりと否認したにもかかわらず、なおもその権威を維持している。例えば、フリードリヒ・ニーチェ、マルティン・ハイデガー、ハンナ・アーレント、レオ・シュトラウスといった人たちの名前を包み込んでいる独特の雰囲気を考えてほしい。現代の人文科学の言説において、彼らはすべて正統性のカリスマ的源泉として異彩を放っている。ある思想家が後世にどれほど影響を与えているかは、特定の世界観を表す便利なレッテルとして、彼ないし彼女の名前がどれほど形容詞化されているかのうちに見うるとさえ言えよう。こうした転用が起こらない場合は――何かと騒がれるニューヨークの知識人たちの場合がそうだ――、彼らの影響が結局は弱いものであることを示唆している。もちろん、そうした転用が起こったからといって、その影響が長く残るという保証はないが。

フロイトが信奉した科学の自己理解という観点からすると、こうした事態は困惑以外の何ものでもない。というのもそれは、検証ないし反証確認の手続きは不偏不党で中立であるはずだ、という考え方を疑わしいものにしてしまうからである。このことはしかし、自らの論証に真に科学的な身分をけっして要求したりはしない人文科学者たちをも、同様のディレンマに追い込んでしまわないだろうか。人文科学者たちは、正統化の様式として〈名前を挙げる〉ことに固執することで、どう信用を落とすことになるのか。これらの問いに答えるためには、次の点を明確にしておかなくてはならない。ここで言う人文科学者たちによる名前の引用とは、他の様々な目的、例えば、研究対象や指示言及の便宜的な簡略化、また思想や情報の源泉を正直に認めるものとしてなされる引用のことではない。この章自体がそうした引用の使用例を数多く提供することになるだろう。これに対して、しばしば見逃されがちであるとはいえ、ここで問題となっているのは、論証を正統化するために用いられる、いわゆるカリスマ的名前の機能にほかならない。例えば、「ベンヤミンが言ったように……」とか「ラカンによれば……」とか、「アルチュセールの言葉で言えば……」といった言い回しがちりばめられた論文が山ほどあるのを考えてみてほしい。それを書いた学者たちは、自分たちが引き合いに出す権威の思想が疑われていても、十分な正当化が必要であると感じることさえほとんどないのである。

これらの正当化は、なにもフロイトやマルクスが考えたように自然科学の正当化をまねる必要はない。例えば、この章のエピグラフで引いた『パイドロス』におけるソクラテスの言葉に含意されているような、超越論的真理という哲学的モデルに基づいて正当化を行うこともできるだろう。しかし、反基礎づけ主義というわれわれの時代における正統化のモデルとしては、社会学者アルヴィン・グールドナーが「批判的言説の文化（culture of critical discourse）」と名づけたものが、はるかにふさわしいものに思えるだろう。グールドナーによれば、彼が好んでそう呼んでいる「ＣＣＤ」とは、

歴史的に徐々に展開されてきた一組みの規則である。すなわち、（一）その主張を正当化することにかかわるが、しかし（二）その正当化の様式は、権威に訴えることによって進むのではなく、（三）ただ提示された論証に基づいてのみ、自発的な同意を引き出そうとする言説の文法なのであり、……批判的陳述の文化は、自らの主張を正当化するために、話し手の人格、権威、あるいは社会的身分に頼ることを禁じるのである。(7)

スタンリー・フィッシュのような例外もたまにはあるにせよ、大部分の学者たちは人文科学者であろうとなかろうと、彼らの企てに関するこうした特徴づけを受け入れるだろうと言ってよさそうである。

しかし、われわれの努力にもかかわらず、われわれはこれまでこの企てを実践に移すのに十分に成功してはいない。フーコーとバルトによって高らかに唱えられた「作者の死」(8)が何を意味しているとしても、

少なくともそれは、カリスマ的名前による正統化の終焉を意味していたのではない。実際、フーコーやバルトのような大思想家たちが自ら放つ催眠術的な魅力が明らかにしているように、彼らの固有名を情動的力から切り離し、非人称的な「作者‐機能」のうちに溶かし込んでしまうことはきわめて困難であるように思われる。その情動的力こそが、われわれが彼らの仕事から引き出してくる主張を支えているのである。正統化の様式として〈名前を挙げる〉ことには疚《やま》しい思いがつきまとう。にもかかわらず、やはりなお〈名前を落とす〉ことは実際には困難であるように思われる。

それでは、なぜこうした奇妙な慣習が残りつづけるのか。精神分析がなおフロイト主義であるほかなく、科学的社会主義もまた不可避的にマルクス主義であるのはどうしてなのか。われわれはなぜこうもしばしば、真理主張の暗黙の根拠として、鳴り響くそうした名前の力に頼ってしまうのか。はたしてわれわれは、こうした慣習から自らを完全に解放し、それに代えて、よりよい論証への信頼にのみ基づく批判的言説の文化の上に、われわれの主張を基礎づけることができるのだろうか。

こうした問いへの月並みな答えの一つは、宗教的伝承において聖典注釈が果たしてきた伝統的な役割を強調することであろう。そのモデルは、意識的であろうとなかろうと、もっとも世俗的な人文科学の言説のうちにさえ受け継がれている。(9) 正典化されたテクストが正典の一部となるのは、それらのテクストに帰される署名に、ある種の聖なる雰囲気がまとわりついているためだと言えるかもしれない。聖典や偽典が神の言葉や霊的預言の表現と見なされるかぎり、それらのテクストの背後にいると考えられる人物たちは根源的力を保証され、それが彼らの名前を神聖さで包むのである。人文科学はあまりにも頻繁に研究対象としてそうした正典に焦点をあててきたために、正典の権威をそのまわりに積み上げられてきた注釈の伝統に転移させてしまう傾向を持つことになる。かくして、一次的な正典とならんで、その文化的副次物として二次的な批判的正典が出現してくる。われわれはこうして、先行する大批評家や理論家たちに、彼らが研究する聖典の持つカリスマのいくらかを授けることになるのである。

もちろんこの種の議論は、精神分析やマルクス主義、そして宗教に代わる他の類似の伝統を攻撃するために繰り返し提示されてきた。この議論に力がないわけではないが、ここには他の世俗化的説明の場合のようにいくらか還元的な傾向がある。この議論は、宗教の歴史において存在してきた正統化の複雑な様式──それが皆一様に権威主義的というわけではないが──を単純化してしまうだけでなく、聖から俗への内容転移を安直に考えすぎている。ハンス・ブルーメンベルクが示したように[10]、その二つの関係は、単純な世俗化理論が示唆するよりも、はるかに込み入っている場合が多いのである。

おそらくこれに代わるもっと有望な議論は、フロイトの転移概念のうちに求めることができよう。それは最近になってドミニク・ラカプラが、過去との交流における不可欠な要素として前面に押し出したものである[11]。われわれが、自らの個人的過去における人物たちとの情動的葛藤を、研究対象である人物たちだけでなく、参照に引く注釈者たちにも投影するかぎりにおいて、われわれは自らに優る代理親のごとき力を彼らに授けてしまう。ラカプラによれば、この相互作用はしばしば、いくらかの罪の意識を引き起こす。そして、罪の意識はその補償として、われわれの学問的実践のなかにある情動的次元をまるごと否定してしまおうとする試みを生み出す。彼は言う。「転移は、過去によって取りつかれるのではないかという恐怖を呼び覚まし、過去および自分自身に対する抑制を喪失させる。転移は同時に、おそらくフロイトが『ナルシシズム』として論じた現象と関連する、あのイデオロギー的にはあやしげな手続きによって、研究の『対象』に対する完全な支配を主張したいという誘惑を生み出す[12]」。ナルシシズムの誘惑はその代償を伴う、とラカプラは警告する。というのも、「ナルシシズムは不可能なもの、つまり、完全に統一された遠近法を作り上げようとする想像的努力を伴っているからであり、その自己視の『純粋さ』は、常にいくらかはそのうちにある『他者』を、悪魔祓いするかのようにスケープゴート化することを必要とするからである」[13]。

言い換えれば、ラカプラによれば、知識の完全な基礎づけを、真理に到達しようとするわれわれ自身の努力のうちに求めようとする試みは、まさにそのことにおいていくらか神経症的混乱をきたしているのである。この指摘に照らして見ると、皮肉にもフロイト自身のナルシシズムがはっきりと見えてくる。彼は自らの知的先行者たちの重要性をできるかぎり低く見積もり、精神分析を『夢判断』に描かれた自己発見の叙事詩的旅程から出現してきたものとして提示しようとしているが、この試みには多くの疑いの目が向けられてきた。精神分析を科学として正統化しようとする彼の欲望は、彼が自らの知的負債を認めるのを嫌がっていたこととといくらか関連しており、このことがフロイト思想を歴史的に記述する際に、「英雄神話」として非難されてきたのである[14]。

われわれが過去ないし同時代の諸権威と関係する際の情動的次元を照らし出すためには、なるほど転移モデルは有益である。だが、こう疑うことができるだろう。その転移モデルは、はたしてわれわれを越えた権威の変わらぬ力をいかんなく説明してくれるだろうか。というのも、フロイト自身は転移を分析治療の過程で解除しうる一時的な現象と見ていたからである。それゆえラカプラのように、転移を越えて行こうとするあらゆる試みは神経症的なナルシシズムであると主張することは、転移関係の解除という治癒可能性をアプリオリに否定することにほかならない。これに対して、先行者たちの思想を流用する際の情動的次元にわれわれがいったん気づくようになった以上、少なくとも目標としては、転移関係の解除作業と同様の手続きを考えてみることができるのではないだろうか。

しかし、なぜこの目標を達成することがそれほど難しいのか。その理由は、最近になってサミュエル・ウィーバーが『制度と解釈』(15)で論じた、『道徳の系譜学』における負債と罪(ともにドイツ語の Schuld の訳である)との相互作用に関するニーチェの考察に示されている。ニーチェによれば、あらゆる世代は祖先に多大な負債を負っており、時とともにその返済がますます不可能になっていくにつれ、負債はより大きな罪に変わっていく。かつては等価物の交換を通して返済可能な負債であったものが、過去と現在との距離が増すにつれて支払い不可能になる。ますます自分たちの罪を償うことができなくなった後の世代は、先の世代の英雄たちを神のごとく崇め、その英雄たちの業績をただうらやむことしかできなくなるのである。

ニーチェはこの議論の系として、過去と現在とのあいだの諸解釈の葛藤を説明しているが、そこではハロルド・ブルームを先取りして、その闘争的次元が強調されている。ウィーバーは想像力豊かにこれら二つの議論を結びつけ、こう結論する。「まさに解釈の闘争的説明こそが、負債を必然的に罪に変換するのである。なぜなら、批判としての――すなわち、真理の言説としての――いかなる解釈の自己肯定も、それが排除し、退位を迫り、置換するものへの構成的依存を否定することによってのみ、闘争に打ち勝ち、自らを確固たるものにしうるからである」(16)。言い換えれば、先行者たちの権威に挑戦する罪は、一種の反動形成を通して、力があるとされる先行者たちの前での過度の卑下へと転換されると言えよう。ここでは、転移関係を解除する可能性は、ウィーバーがあらゆる批判の「原罪」と呼んでいるもの、つまり、過去に対する罪ある負債によってむしばまれているように思われる。

たしかに、歴史的に形成されてきた他のものと同様に、この「原罪」が実際にどれほど普遍的であるかを疑うことは可能だろう。それは単に、交換可能な思想や洞察の私的所有権を前提とする知的財産というある種の観念を反映しているだけではないのか。もしそれに代えてハーバマスのように、人間は種として自らのたどってきた過程を習得していくのだという、もっと集積的な知識についての考え方を認めるならば、負債と罪との心理主義的相互作用を避けるとともに、〈名前を挙げる〉ことへの依存をも避けることができるのではないか。

ヴラド・ゴズィッチがサミュエル・ウィーバーの著作へのあとがきで示した考察は、いくらか異なった地平での説明を示唆してくれる。ゴズィッチによれば、現行制度で扱われる意味の源をその制度自身の活動のうちにあると見なし、それゆえ現行制度は自らの負債を認める必要はない、と考えるのは誤った信念である。彼はそうした信念に代えて、普遍的な他律というものを率直に認めなければならないと言う。彼によれば、この主張はディコンストラクションのうちに暗黙裡に含まれているものである。ディコンストラクションは「その第一段階としては、普遍的負債の復活をこそめざしている。なぜなら、それは、平等が社会的事実として考えられうるための唯一の根拠であるように思われるからである」[17]。グールドナーの批判的言説の文化にあっては、よりよい議論の力に対する自律的な信頼が強調される。だが、それよりもむしろ、「ディコンストラクションの支持する認識論的基礎からすれば、意味領域から追放されているがゆえに、あらゆる人間の平等を主張することが許されるのである。アポリアや非決定性の強調、言語と転義的ゲームへのわれわれの思考過程の依存という事実、これらはすべて一様に人間の無力さを示すものであり、それは、宗教思想において、超越的次元とはなんら関係なく認められていたものである[18]」。

このように普遍的な他律と意味領域からの追放を自認することによって、正統化の様式として〈名前を挙げる〉ことへの傾向をどう理解しうるようになるのか。いずれにせよディコンストラクションは、名前の背後にいかなる人物の実在を認めることをも常に疑ってきた。例えばデリダは『グラマトロジーについて』で強調している。「作者や学説の名前は、いかなる実質的価値も持たない。それらの名前は、同一性も原因も示しはしない。〈デカルト〉〈ライプニッツ〉〈ルソー〉〈ヘーゲル〉といったものが、作者の名前であると考えること、つまりわれわれがこのように指し示している運動や置換の作者の名前であると考えることは軽率であろう。私がそれらに帰する指示力は、まず第一に、問題の名前なのである[19]」。

ディコンストラクションは典型的なかたちで「言語と転義的ゲームへのわれわれの思考過程の依存」を強調するが、ゴズィッチが提起しているのは、まさにこの点をしっかりと見据えるべきだということである。というのも、ここには不断の人称化効果とでも言えるものをもたらすある種の転義が見出されるからである。わけても、ポール・ド・マンとJ・ヒリス・ミラーが何よりも重要視した、パラバシスと活喩法という転義に注目しなければならない。

パラバシス、すなわち〈見かけ上はまったく非人称的なテクストのうちへの、語り手である作者の声の侵入〉が意味しているのは、同時に主観的でも客観的でもある効果を生み出す著述の二重構造を完全に消し去ることはけっしてできない、ということである。パラバシスがもっとも明瞭に現れるのはスターンの『トリストラム・シャンディ』のような意識的に書かれた作品であるが、ド・マンが好んで語ったように、それはパラバシスを完全に抑圧しようとする作品にさえ見出しうるだろう。一つの例は、ヘーゲルの『精神現象学』における感覚的確信の議論に見ることができる。ド・マンによれば、書かれた言語は、

ヘーゲルのテクストにおいてはもっとも字義的なかたちでしか現れてこない。すなわち、書かれた言語は、われわれを現実の紙片に突如として直面させるパラバシスによって出現するのである。その紙片とは、まさにあの瞬間、この箇所にヘーゲルが書きつつあった紙片、ヘーゲルが、語りたい唯一の事柄を語ることがで

きないということ、つまり、感覚的確信を語ることはできないということについて書きつつあった紙片である。……話し言葉における〈ここ〉と〈いま〉とは異なって、記銘における〈ここ〉と〈いま〉は誤ったものでも誤解を与えるものでもない。ヘーゲルはそれを書きつけたのだから、彼のテクストの〈ここ〉と〈いま〉の存在は、まったくの空白であるとともに、拒みえないものでもある。それは、例えば『精神現象学』のテクスト全体を、この紙片、この紙片、と果てしなく繰り返されるどもりにも近い言葉に還元する。(20)

ド・マンが言っているのは、作者の手になる最初の記銘行為によって刻まれた転義的痕跡はけっして完全には克服しえない、ということであるように思われる。スティーヴン・メルヴィルが指摘しているように、アイロニーの遍在性についてのド・マンの有名な議論は、彼が言語のうちに見たパラバシス的契機を主たる土台としている。メルヴィルは言う。「われわれはド・マンが『絶え間ないパラバシス』として描いている徹底的なアイロニー化について考えることができる。それはあたかも、実際に各語にアイロニー的な『私は言う』をくっつけることで、所与のテクストのすべての語を引用符で括るようなものである」。(21)したがって、ある語を引用符で括るという一種の痙攣的操作は多くのディコンストラクション主義の著作に頻繁に見られるものであり、それはしばしば恣意的にも見えるが、その操作はテクストの背後、しかもすべてのテクストの背後にいる作者のパラバシス的な現前を自覚しているということを示しているのである。なるほど、それは転義的現前であって字義的現前ではない。しかし、その効果を解除することはやはり不可能である。したがって、議論は常に名前と絡み合っているのだ。もしこの転義の力がド・マンの主張するほど強力ならば、次の結論を避けることはできない。すなわち、過去の文化的遺産とのわれわれの相互作用において、どう試みようと〈名前を挙げる〉ことを避けるのは実際にはきわめて困難だ、ということである。

もう一方の活喩法とは、ある思想に顔を与えることであるが、このレトリック的転義が持っている力のために、〈名前を挙げる〉ことはいっそう避けがたくなる。ド・マンは「顔の消去としての自伝」という論文でこう指摘している。「碑文的ないし自伝的言説を支配している文彩は、……活喩法、すなわち、〈墓の彼方から来る声〉というフィクションである[22]」。すなわち、自伝作家は、自らの実際の死後でさえもよみがえってくるかのように思える〈語る顔〉の転義的構成に依拠しているのである。ド・マンは別の場所で、ミカエル・リファテールによるいわゆるハイポグラムの用法、つまり、ハイポグラムとはテクストを支えている下位ないし下部テクストであるとリファテールは言うのだが、そうした用法を批判するなかで、その重要性を狭義の自伝を越えたところにまで拡張している。彼は問う。リファテールの読みは、いかにして「ハイポグラムの語彙性と文法性を寸断したり崩したりしてしまう転義を、つまり、呼びかけの転義としての活喩法、読者と読みの関係のまさに文彩である活喩法を処理するのだろうか[23]」。言い換えれば、頓呼法の契機、つまり、明示的であれ暗黙裡であれ、作者が彼ないし彼女の聴衆に呼びかけることは、あらゆるテクスト、あるいはリファテールにならって言うなら、そのハイポグラムである下位テクストの対象指示の次元を複雑なものにしているのである。ド・マンは一例としてヴィクトル・ユゴーの詩を取り上げ、その読みに関してこう結論づける。

したがって、このテクストはシニフィアンの模倣ではなく、活喩法という特定の文彩の模倣なのである。また、模倣はそれじたい文彩であるから、それは文彩の文彩（活喩法の活喩法）であって、いかなる点においても、見かけにおいても現実においても、記述ではないのである……[24]。

すべてのテクストが自覚的に自伝的ないし頓呼法的であると見なされうるわけではないが、ド・マンは、パラバシスと同様に、活喩法を実質的に普遍的な意義を持つものと見ている。というのも、それは「リファテールの体系も含めて、あらゆる意味論的体系が依存している対象指示と意義との区別をなくしてしまうからである」[25]。かくして彼は叙情詩を論じた別の論文でこう主張することができた。「擬人化は、転義の意味論的力によって凍りついて石となった言語が持っている自然の息吹を、幻影的に復活させることであるように思われる。文彩的断言こそが、文彩が帯びている死せる否定的力を克服できると標榜するのである」[26]。

J・ヒリス・ミラーは「顔と顔を合わせて――プラトン『プロタゴラス』における活喩法」と題された最近の講演で、この議論を拡張して、匿名の超越論的真理を求めるプラトン的探究にまで適応した。この論文の冒頭における『パイドロス』からの引用に見られるように、一見したところプラトン的探究は個人的権威の拒否にその根拠を置いている。ミラーはこれに対し、プラトンの思想がそこで表現される対話形式の破壊的含意を指摘し、次のように主張している。「『プロタゴラス』全体は、一つの拡張された多様な活喩法である。死せるソクラテス自身を呼び出すだけでなく、彼にもう一度顔と声を与えるということにおいて」[27]。この矛盾を嘆く代わりに、彼は想像力を駆使して次のように主張する。人文諸科学における集合的探究のプログラムは、一種の活喩法的交換によって行われると言ってよいかもしれず、そこでは特定の作者に最初に結びつけられた「顔」は互いに交換されるので、それぞれの立場は特定の作者との同一性を失ってしまう[28]。一種の非自己化を通して、様々な思想は交差配列的に交雑し、経験にとってより豊かに分節されたものとして現れる。しかし、たとえ同一性のある種の循環があったとしても、それらの思想はけっして、ある顔、ある言語的に生成された作者の声とのつながりを完全に脱ぎ捨てるわけではない。諸個人とは思想がそこを通して顕在化するフィクションであるが、ミラーがほのめかしているように、思想はけっして「顔と顔を合わせて」の人称化から逃れることはできないのである。論証がいかに非人称的に見えても、「名前」は常に論証のうちに侵入してくる。したがって、匿名性という伝統的な言説観念を支持する人たちにはスキャンダルに思えるものが、ド・マンやミラーのような論者たちにとっては、けっして現実には〈名前を落とす〉ことができない人文科学的言説の、必然的な、そしておそらくは健全な特徴になるのである。

こうした考察はなるほど強力であるとはいえ、少なくとも統制的理念としての非人称的言説モデルをあまりに性急に放棄してしまうことには、やはりある種の危険が伴うだろう。ド・マン自身、自伝に関する議論でこうした危険の一つに注意を促している。彼は、「活喩法に宿る潜在的脅威、すなわち死者に語らせることによって、転義の対称的構造により次には生者が唖になり、彼ら自身の死のなかに凍りつかされてしまうことを含意する脅威」[29]について語っている。リファテールはド・マンに捧げられた記念論集で、この含意が持つ論理を推し進めてこう記している。「交差配列、つまり活喩法の対称的構造がもたらすのは、死者に語らせることによって、生者が唖になるということ——彼らもまたモニュメントになることである」[30]。言い換えれば、サミュエル・ウィーバーも『道徳の系譜学』に関する議論で考察しているように、現実的にであれ転義的にであれ、墓の彼方から来る声に対してわれわれの負債を認めることはあまりに奴隷的な認識であり、そこから引き出されうる含意は、生を否定するということにほかならない。もっとメロドラマ的でない言い方をすれば、われわれは過去から強力な人物の権威を呼び起こすことで自らの論証を正統化しようとするが、そのことに依りかかりすぎると、現在と未来におけるその論証の有効性を判断するというわれわれ自身の能力を手放してしまう危険を冒すことになる。ゴズィッチによる他律の平等の擁護は、もしそれが文字通りに受け取られるならば、むしろ冷ややかな意味合いを持っていたのである。

過度に〈名前を挙げる〉ことの弱点があらわになるのは、言うまでもなく、権威を授けてくれる人物のその権威が疑われるような劇的な出来事が起こる場合である。精神分析やマルクス主義のような運動に対する多くの批評家たちが、その運動の父なる創始者の性格のうちに何としても個人的欠点を暴き出そうともくろむのはそのためだ。最近では、ジェフリー・マッソンの『真理への強襲』が、フロイトに関するその格好の例を提供してくれている[31]。われわれは現在、ド・マンの初期著作にまつわるスキャンダルの影響に同じ過程を目撃している。あらゆる徴候から見て、ド・マンのいわゆる「権威のレトリック」[32]の主要な源は、彼の個人的カリスマにあった。ディコンストラクション主義者たちは、自分たちの議論の多くを正統化するために好んで彼の名前を持ち出してきたために、いまや厄介な立場に立たされている。彼らは、いまや汚されてしまった彼の個人的権威から、彼の思想がなお保っている力を切り離そうと懸命なのである。

フロイトが精神分析を匿名の科学に転換することで避けようとしたのは、言うまでもなくこうしたディレンマにほかならなかった。人文諸科学においては、多くの場合この方向は、少なくともグールドナーの「批判的言説の文化」のかたちをとるかぎり追求に値すると考えられてきたが、同時に多くの攻撃をも受けてきた。一つのあからさまな攻撃方法として、利害関心にとらわれない妥当性テストの規範としての科学的方法と、現実の制度としての科学的実践とのあいだに避けがたいギャップが存在しているのを指摘するという手が使われてきた。自然科学のなかでさえ、名前の力は何らかのかたちで自らの場所を保持してきた。例えば、悪気はないものの、若手の仕事に威信を与えるために年長の同僚たちによって署名された詐欺まがいの医学論文にまつわる最近のスキャンダルは、自然科学の検証手続きにおいて、〈名前を挙げる〉ことが依然として重要であることを例証している。(33) サミュエル・ウィーバーによって引用されているブルーノ・ラトゥールとスティーヴ・ウルガーによるソーク研究所に関する研究のような、科学的制度のより実質的な研究は、(34) 科学の企てが自認するものとその現実的実践とのあいだの食い違いを、よりいっそう明瞭に示している。このギャップに気づいているがゆえに、スタンリー・フィッシュのような論者たちは、政策が新聞に盲従していることを痛烈に批判し、人文諸科学における仕事を判断する際、あたかも利害関心にとらわれない中立性を保っているかのようなふりをするのは断固として放棄すべきだと論じているのである。(35)

とはいえ、こうした方策がいかに心をそそるものであっても、この方策はそれ自身に対するあからさまな反動を伴っている。というのも、脱人称化された利害関心にとらわれない探究という理想的モデルを、実践におけるそのモデルからの逸脱を容易に指摘できるからといって捨て去ってしまうならば、行き着くところ皮肉で自滅的な仕方で、あらゆる区別をだいなしにしてしまうという危険を冒すことになるからである。それよりも、科学的モデルを反事実的な統制的理念として考えたほうがよいだろう。それは、実践においていかんなく例示されるというよりも、手続き上の規範、予期の地平として働くものである。こう考えるならば、ニーチェやフーコーが真理への意志を権力への意志の付随現象であると看破した際にひそかに犯していたように見えるカテゴリー・ミステイク、つまり妥当性要求の超越論的力と呼びうるものを単なる経験的な権力関係に還元してしまうというカテゴリー・ミステイクを犯さないですむことになる。と同時に、言語における転義的衝動と非転義的衝動とのあいだの緊張も有益なものとして維持されることになるだろう。

妥当性要求ということで再度思い出されるのは、明示的であろうとなかろうと、科学と同様に人文諸科学も、自らの主張が保証されるよう要求しているということである。もしそうでないならば、正統化の暗黙の様式として〈名前を挙げる〉ことがかたくなに守られ続けられることに、これほどあからさまな当惑を覚えることはなかったであろう。われわれは単に、中世の神学者やルネサンスの人文主義者たちのように振る舞い、無自覚に宗教的権威や古典の権威を引用し、その本来の意図を取り戻そうと努めることだろう。われわれがそうした方策に抵抗感を覚えるのは、今日の人文諸科学と科学との境界が透過的であることに気づいているからにほかならない。われわれのポスト実証主義、ポスト経験主義の時代において、多くの科学者たち自身が主張可能性の保証ということで言わんとしていることを思い出すならば、この境界侵犯の重要性は明らかである。[36] というのも彼らもまた、観念と外的対象（自然的対象であれ、文化的対象であれ）との指示対応に基づいた真理主張を擁護するよりも、むしろ資格を与えられた共同体による、言説的にあがなわれる真理という観念を頼みとしているからである。

このモデルを自然科学以外にも適用しうることを論じた最近の代表的人物は、ユルゲン・ハーバマスである。コミュニケーション的合理性という彼の考えは、過去からくる名前の非合理的権威を最小限に抑えること、そしてまた、ゴズィッチのようなディコンストラクション主義者たちが幻影を克服する唯一の手段として擁護した他律の平等を拒否することに根拠を置いている。それに代えて彼は、批判的言説の目標《テロス》として、制度的に対称的な発話状況における自律した諸個人間の制約も強制もされないコンセンサスを強調する。彼によれば、そうした条件は反事実的であるとはいえ、われわれの主張の言説的正統化を求めるというまさにその行為において、かならず必要とされるものなのである。

先にあげた自然科学的手続きの場合のように、実際にはそうしたモデルからはずれていると指摘することによって、つまり、個人的権力と、独特な雰囲気を放つ名前への尊敬が完全な発話状況のなかにノイズを導入する仕方を指摘することによって、そうしたモデルの正体を暴露するのは簡単なことである。しかしここでもやはり、超越論的な妥当性要求と単なる記述とを区別しておかなくてはならない。というのも、ハーバマスが力強く示したように[37]、われわれにコミュニケーション的合理性の不可能性を説得しようとする人たち自身が、その説得のために言説による論証に訴えようとする場合、そこで行為遂行的矛盾を犯しているのは見えすいているからである。かくして、正統化する名前の力を論証の力が完全に抹消してしまうような完全に対称的な発話状況に到達することはけっしてないとはいえ、科学においても人文諸科学においても、そのような成果に向かう努力の目標を、批判的言説にまったく無関係なものとして払いのけることはできないのである。

したがって、正統化の支えに使われる〈名前を落とせ〉という命令は、けっして十分には実現されえない統制的理念にすぎないにせよ、その命令に従ってみる価値はある。聖なる霊を吹き込まれたテクストを注釈するという宗教由来の伝統は、われわれが集積された意味の解釈学から身を引き離すにつれて弱められていくだろう。過去との転移関係の解除は、もしわれわれが自分たちのエディプス的固着のいくつかを解くことに成功するならば、ナルシス的自己満足以上のものをもたらしてくれるだろう。もしわれわれが祖先に負っている一見償いがたい負債の源に正面から立ち向かうならば、彼らを崇拝するためであれ、彼らの力に戦闘的に挑むためであれ、疚しい思いで祖先たちを召還するのを制御しうるだろう。そしてもし、ド・マン自身が「文学性の言語学」[38]におけるイデオロギー批判と呼んだものを続行するならば、われわれに対するパラバシスや活喩法のような転義の支配でさえ、いくらかはぐらつかせることができるであろう。

しかしながら、ここで最後に取り上げる考察は、これらの障害をすべて克服し、言説的な妥当性テストの手続きから正統化する名前を完全に〈落とす〉ことがいかに困難であるかを示唆してくれるだろう。

『近代の正統性』におけるハンス・ブルーメンベルクの考察によれば、理論の主体、つまり、もっぱら真理にのみかかわり、過去への盲従から解放されたいわゆる利害関心にとらわれない超個人的主体が登場してきたのは近代初期においてであり、そのときになってはじめて、主体は彼の呼ぶ「成功した人生の主体」[39]から解き放たれたのであった。前者は、その存在が個人の人生の長さを越えて続いて行く種的主体であると解される。その主体は、飽くことを知らぬ好奇心に駆られ、果てしなく前進する探究の企てに参画する集合的で不死の主体である。後者は、彼ないし彼女自身の個人的な天国での救済ないし地上での幸福に気を揉む、特定の有限な偶然的主体である。

ブルーメンベルクの主張によれば、二つの主体の分裂が起こったのは次の二つの先行条件による。「第一は、救済への関心が、人間が自由に扱える領域、彼の自由な決心とその当然の報いの領域から大きく移っていった、ということである。自己意識と自己実現から救済の確実性を切り離すことは、もはや人間の『仕事』には結びつかない、選別の計りがたい神命にのみ正当化と恩寵の起源を求めた神学によって完成されたのである[40]」。言い換えれば、マックス・ヴェーバーの議論によってよく知られているように、プロテスタント倫理と資本主義精神とのあいだには選択的親和性があったが、同様に、プロテスタント倫理と科学精神とのあいだにも選択的親和性があったのである。皮肉な言い方をすれば、救済における他律が、種的主体の知的好奇心における自律を促進したのだ。

第二の先行条件は、後にヴェーバーによって有名になった言葉だが、シラーが「世界の脱魔術化」と呼んだものである。ブルーメンベルクによれば、

創造物としての世界は、もはや神的叡知の表現としては人間には関係づけられえなかったし、また、人間は

世界を最初の自然的啓示として理解することもできなかった。世界はあたかも物言わぬものになったかのように、解釈学的には接近不可能なものであった。かくして世界に対する人の態度は、もはや対象によってあらかじめ形成されるものではなかった。(41)聖なる霊を吹き込まれた世界の有意味性が消失するとともに、過去の権威に対する受動的で観想的な尊敬に満ちた態度を破棄した、新たな集合的人間の自己主張が始まったのである。

しかし、これまでたびたび指摘してきたように、先の態度は少なくとも部分的には保持されてきたし、人文諸科学においては〈名前を挙げる〉ことによる正統化がかたくなに守られてきたのであって、このことは精神の習性が完全に自律的であるよりも、むしろ他律的であり続けていることを告げている。西洋近代における自己主張の勝利にもかかわらず、そこにはなお、〈名前を挙げる〉ことによって正統化しようとする傾向がある。ブルーメンベルクの議論は、そこで何が問題になっているかを理解する助けとなってくれるが、それをもとにこう推測することができようか。すなわち、個人的救済と幸福、あるいは少なくとも、何らかの個人的意味を獲得しようとする消えやらぬ関心は、われわれが普遍的で非人称的な種的主体、つまり理論の超主体という観点を、何のためらいもなく採用することを妨げる、と。一見したところもっとも非人称的に見える散文にあってさえ、パラバシスと活喩法という転義によって導入される死者の声や顔にわれわれが開かれているということは、そのような個人的意味が獲得されるのは文化的先行者たちと何らかの仕方で折り合いをつけることによってのみであるという、根深い直観を示唆してはいないだろうか。われわれが完全に〈名前を落とす〉ことができないのは、そして「われわれの」思想の主張可能性の保証を端的に論じることはできないのは、根拠づけられていない自己主張の限界と、デカルトにもっとも典型的に見出されるような、過去をお払い箱にして無から始めるという近代に特徴的な所作の不十分さを、真摯に再確認しているためではないだろうか。言い換えればこうなるだろう。残酷に作者の死を宣告しつつも、なお先立つ作者たちにその起源を認めることによってわれわれの思想を正統化しようとすることは、なるほどわれわれの弱点であり、われわれを当惑に陥れる。しかし、その弱点とは、人文科学的な理解のうちに潜んでいるわれわれの利害関心という不可避的な個人的次元をこそ表現しているのではないだろうか。そしてその次元とは、われわれが自らを理論の種的主体と完全に同一視することを妨げるものではないのか。要するに、精神分析がもたらしたより大きな真理とは、皮肉にも、その創始者が渇望した科学としての地位を引き受けることができないということ、したがって、フロイト主義になるのはどうにも避けがたい、ということではないだろうか。

訳者あとがき

本書は、Martin Jay, *Force Fields : Between Intellectual History and Cultural Critique*, Routledge, New York & London, 1993 の全訳である。

マーティン・ジェイは一九四四年生まれで、まだ五十歳を越えたばかりの思想史家であるとはいえ、我が国では、かなり以前からその名を知られている。それは彼の著書『弁証法的想像力』が早い時期に邦訳され、多くの読者を得たことによっている。これを含めて、ジェイの著書で邦訳されているのは次の通りである。

『弁証法的想像力——フランクフルト学派と社会研究所の歴史　一九二三—一九五〇』荒川幾男訳、みすず書房、一九七五年
『アドルノ』木田元・村岡晋一訳、岩波書店、一九八七年、(新装版) 一九九二年
『永遠の亡命者たち——知識人の移住と思想の運命』今村仁司他訳、新曜社、一九八九年
『マルクス主義と全体性——ルカーチからハーバーマスへの概念の冒険』荒川幾男他訳、国文社、一九九三年

西欧現代思想史研究の伝統が、アメリカの学会で確立しているように思われる。いずれも生松敬三・荒川

幾男訳でみすず書房から出版された『意識と社会』（一九七〇年）、『ふさがれた道』（一九七〇年）、『大変貌』（一九七八年）を通して私たちになじみとなっている思想史家、ステュアート・ヒューズがいる。ジェイはハーヴァード大学のヒューズのもとで博士号をとっており、社会的背景を踏まえた思想史の傾向を受け継いでいる。ヒューズやジェイ以外にもアメリカのこの種の思想史研究として、（ドイツ生まれであるが）リンガーの『読書人の没落』（西村稔訳、名古屋大学出版会、一九九一年）、またジョンストンの『ウィーン精神1・2』（井上修一他訳、みすず書房、一八八六年）などもある。これら著作は、私たち日本人にとって、西欧の思想の背景を明らかにしてくれる点で有益である。哲学や思想は原典自体を読み解くことが大切だとはいえ、それを支える文化的伝統、歴史的背景を知らなければ思わぬ誤解につながり、ひいてはそれが哲学や思想の解釈の際に致命的になることもある。アメリカの学者・知識人たちは、私たちからみれば同じ西欧の伝統のなかにいるようにも見えるのだが、彼らは、ある程度の距離を自覚しているのであろう。イギリス人ですらドイツ、フランスなど大陸ヨーロッパに対して、多少の距離を感じているようなので、当然ともいえる。もちろんヨーロッパの学者たちも、十九世紀以前の思想史を取り上げるときには、文献を渉猟して歴史的に詳細な追究をしている。けれども現代思想史、あるいは十九世紀末以降の思想史を扱うときには態度に差が出てくるように思われる。

ジェイは、思想家たちの背景を丹念に掘り起こす。フランクフルト学派の歴史をたどるときがそうである。特にアドルノはその晦渋な文章、難解な哲学により、近づきがたいところがある。それが『弁証法的想像力』や『アドルノ』におけるジェイの手にかかると、輪郭のはっきりした、身近な思想家として姿を現す。そしてジェイの手腕に驚くとともに、他方では若干の戸惑い、違和感をおぼえることにもなる。ジェイの思想史の方法に対するこうした戸惑い、違和感はどこから来るのであろうか。たとえば、本書の第5章は二人の女性哲学者アグネス・ヘラーとハンナ・アーレントにふれている。女性でありユダヤ系でもある彼女たちの哲学に、その個人生活が色濃く影を落としているのは確かであり、それゆえジェイの筆も他の箇所以上にそのあたりに立ち入っている。そしてその夫（同時に思想上の同志でもある）との関係にもふれ、最後に「両方の場合とも、再婚であることに留意すべきである」（原注三九ページ）と言う。この事実の軽重はともかく、知っておくにこしたことはないともいえる。けれども、そうした事柄にかかわりすぎることにより、その哲学や思想のもつ本質的性格を曇らせることにならないだろうか。哲学や思想は個人の生活体験から汲み取られるべきであるにしても、そこからある程度自立したものであり、両者を過度にかかわらせることは邪道ではないだろうか。そうした違和感を持つ人があると思う。

思想史（intellectual history）の方法について、ジェイは本書序文でふれている。そこを見れば、彼が自分たちにむけられた批判をしっかりと見すえていることがわかる。「雑種の哲学、知識人と彼らの制度の歴史、広い意味での文化史などとしばしばいわれながらも、思想史はそのどれもまともに果たしていないという非難を受けてきた」（二ページ）。そうした非難に対するジェイの回答は続いて述べられている（三―四ページ）のでその箇所を参照されたい。多様な思想の織りなすなかで、それら思想を理解し解釈しつつ、しかもそれを傍観するのではなく、みずからをも相対化しながら、現代史に参与していこうとするのがジェイの思想史研究の立場である。そうしたジェイの思想史研究が成功しているか否かは、その成果である著作を見て判断するしかない。

本書も思想史研究の一環をなしているとはいえ、すでに翻訳・紹介されているジェイの著作とは多少、性格を異にしている。すなわち本書は多様な対象を論じており、一つの思想的系譜をたどったものではない。多岐にわたっていて統一を欠く面は若干あるものの、現代の私たちが抱える思想的アポリアにじかにふれていて、これまでの書物とはまた違ったインパクトを私たちに与えてくれる。本書を構成する十三の論文の背景、および意図については著者自身が序文で解説しているので（六―一二ページ）、ここでは概括的なこと、気のついたことだけを述べておきたい。

第1、2、3章はジェイの得意とするフランクフルト学派にかかわる。第1章ではこの学派形成に際しての都市フランクフルトの役割、メンバーたちの後の亡命先ニューヨークとの関わり方をたどりながら、この学派の性格が描き出される。第2、3章ではこの学派の次世代の旗手ハーバマスの理論と、フランスのポスト構造主義の理論が突き合わされ、検討される。一つは実践的場面における矛盾の問題であり、他は既成の倫理を退けてきたポスト構造主義の倫理的含意の問題である。

第4、5章では、二人の思想家を対比させ、両者が接近し、背反するところに現代の思想的課題を読み取ろうとしている。シュミットとバタイユにおいては、“sovereignty” が重要な概念となっている。シュミットの用語としては「主権」、バタイユの用語では「至高性」と訳すべきことばであるが、それらを覆うこの概念を手がかりとして、現代の政治・社会論の理論的問題が検討される。続く章も政治・社会論にかかわるが、そこでは同じユダヤ人として生まれ、亡命生活をよぎなくされた二人の女性哲学者、アーレントとヘラーが対比される。その共通性とともに、二人のあいだにある世代的、地域的差は、微妙な対照を生み出している。そこから浮かび上がる論点は、一方の社会主義の崩壊、他方の自由主義の将来の不確かさという現状に光を投げかけてくれる。

第6、7章では、現代の思想的争点が取り上げられている。一つは政治における美学の問題であり、ファシズムの美学により汚されてしまったものの、いまだ決着のついていないテーマである。これはカント『判断力批判』の見直しと相まって、あらたな地平を示しつつある。他は黙示録的思考にかかわる。アメリカなどでは繰り返し現れているのであろうが、縁がないように見えた我が国でも、昨年のオウム真理教事件のなかで、ハルマゲドンだの世界最終戦争だのということばが氾濫した。この章でいわれているような思想的根拠があるとすれば、黙示録的思考は、我が国においても単に一過性の偶然的なものとして片づけることはできないのかもしれない。

第8、9、10、11章について、これらはすべて「フランスにおける視覚問題に関する私の計画から降ってわいた副産物」（九ページ）だと言っている。彼が言及している計画は本書のあとまもなく、著書として出版された（Martin Jay, *Downcast Eyes: the denigration of vision in twentieth-century French thought*, Univ. of California Pr.: Berkeley, Los Angeles & London, 1993）。近代は視覚の時代だといわれる。哲学・思想史の上ではデカルトの明晰・判明という理念もそうであるし、またイデオロギー概念も視覚をモデルにして成り立っている。こうした視覚の優位に対して批判が強まっている。それは「眼の欲」に対する神学的批判にまで遡及されうるが、近年ではむしろ解釈学の興隆と重なっている。批判は視覚に対する聴覚の優位という方向にも進む。とはいえ、それによって視覚が打ち捨てられるわけではなく、あらたな地平で再検討されることになる。近代の視覚体制はデカルト的遠近法主義が主流をなすにしても、それとは別のバロック的視覚やオランダの描写の芸術がそこで取り上げられる。さらには、イデオロギー概念の救出がはかられる。イデオロギー概念は視覚的図式に依拠しているために、視覚批判はイデオロギー概念批判にも進んだ。そうした批判を受け止めつつ、イデオロギー概念の再提示を試みている。ところで近代の視覚体制は、モダニズム芸術は、形式の優位を基本とすると言われてきた。けれどもそれと並存ないし対立して、形式否定の潮流もあったことを見落としてはならない。美的モダニズムにおけるそうした〈無形〉の思想とその位置がたどられ、この部分は締め括られる。

終わりの第12、13章は、思想史の方法や、思想の流儀にかかわる。先の章はテクスト論の展開のなかでの思想史の方法の問題である。そこでテクストそのものを重視するか、その背景にあるコンテクストを重視するかで立場が分かれる。しかしそうしたテクスト主義とコンテクスト主義を超えたところに、テクストの「他者」の確認を通じて迫ろうとする。次章は人文諸科学における、また私たちが哲学や思想を語るときの、名前の引用の問題である。プラトンやデカルトやマルクスを引くことはなぜなのか。不可避なことか。「名前を挙げる（Name-Dropping）」ことと「名前を落とす（Dropping Names）」こと、言い換えれば過去の権威者の名前をひけらかして正当化する立場と、逆に自然科学に擬して実証性を重んじ、名前のしがらみを捨てるために名前を抹消する立場の、双方が検討される。それを通して人文諸科学の正統（正当）性の根拠が検討される。

最後に本書の表題にふれておきたい。ジェイは以上の諸章からなるこの書に、「力の場」という表題を与えた。ベンヤミンに由来するこの概念が指示するのは、過去と現在がせめぎあう場であり、星のように点在する様々な要素が牽引し反発しあう場である。思想史はこれを星座として、当初は気づかれなかったような布置のもとに把握する。とはいえ、思想史家はそうした力の場の外部にとどまってばかりはいられない。彼の思想史研究自身がそうした力の場から出てくるものであり、また自身がその場のなかで力として働く。思想史もまた、思想表現の一つの形態だと言いうる。さらに、この力の場は、過去と現在にかぎられるものではなく、未来からの力も働いている――歴史主義が崩れてきた今日、その力が弱まってきているにしても。ジェイが本書の副題を「思想史と文化批判のあいだ」としたことからいえば、他方で文化批判、あるいは現代文明論を課題として見すえていたことがわかる。それを通して見えにくい未来を予想し、構想することは私たちの大きな課題である。本書の各章は直接的な答えを与えてくれるものではないにしても、それぞれがそのための基礎的作業となっているように思われる。

今からちょうど三年前に、花田圭介先生（元北海道大学文学部教授）からこの翻訳の仕事を紹介いただいた。私は十数年来、思想史研究に傾いているので関心はあったものの、時間的な都合と、また内容が多岐にわたっているため、共訳ということでお引き受けした。幸い、吉田、佐々木、富松といった、北大での先生のゼミナールや職場を通しての旧知の人たちを、それぞれ内容的にも得意とする各章に配置することができ、先生にも喜んでいただいた。（ちょうど、そうした相談をしていた頃の平成五年七月二十七日、アメリカ研究・札幌クールセミナーにジェイ氏が来られ“The German Migration: Is There a Figure in the Carpet?”という題で講演があり、吉田氏とともに聴講にいったのが思い出される。）

本書での翻訳分担は次のとおりである。謝辞、序論、第4、5章＝今井道夫、第1、2、3、6章＝吉田徹也、第7、8、12章＝佐々木啓、第9、10、11、13章＝富松保文。それぞれ訳文を交換してチェックし、訳語や仮名遣いの統一にも努めた。その上で、全体にわたって今井がある程度の調整や統一をはかった。ただし、最終的な判断とまとめはそれぞれの分担者に委ねた。索引作成には主として佐々木があたった。

残念なことに、この訳書の初校を私たちがしていた本年二月十六日、花田先生は東京の自宅で病のため逝去された。ここに哀悼の気持ちをこめて私たちのささやかな訳書を先生に捧げる。

本書にいち早く着目し翻訳の企画をされた稲義人さん、翻訳上の助言を種々してくださった藤田信行さんをはじめ、法政大学出版局の皆様には、厚くお礼申し上げたい。

平成八年六月　札幌にて

訳者を代表して

今井道夫

著　者

マーティン・ジェイ（Martin Jay）　1944年生まれ。1977年ハーヴァード大学哲学博士（歴史学）。以来、カリフォルニア大学バークレー校でヨーロッパ思想史を担当。現在は同校教授。「フランクフルト学派」の「批判理論」の思想史的領野をアメリカからの視座で分析する研究を開始。のち、ヨーロッパ（とくにフランス）20世紀思想を「視覚の名誉剥奪」の契機から読み解く思想史的分析などに研究対象を広げている。邦訳書に『弁証法的想像力』（みすず書房）、『マルクス主義と全体性』（国文社）、『アドルノ』（岩波現代文庫）、『永遠の亡命者たち』（新曜社）、『暴力の屈折』（岩波書店）、『世紀末社会主義』、『文化の意味論』（以上、小局刊）、編著に『ハーバーマスとアメリカ・フランクフルト学派』（青木書店）、『アメリカ批判理論の現在』（こうち書房）ほか。

訳　者

今井道夫（いまい・みちお）　東京大学文学部哲学科卒業。北海道大学大学院文学研究科（哲学専攻）修了。札幌医科大学名誉教授。科学論、ドイツ・オーストリア思想史。著書に『生命倫理学入門』（産業図書）、『思想史のなかのエルンスト・マッハ』（東信堂）、訳書・共訳書にハート『レオナルド・ダ・ヴィンチ小伝』、マクギネス『ウィトゲンシュタイン評伝』、ブロッホ『チュービンゲン哲学入門』、リュッベ『ドイツ政治哲学史』（以上、小局刊）ほか。

吉田徹也（よしだ・てつや）　北海道大学文学部独文学科卒業。北海道大学大学院文学研究科（独文学専攻）修了。北海道大学名誉教授。ゲーテの文学、ドイツ現代思想。共著に『魔法の角笛――ドイツ文学の森に遊ぶ』（北海道大学出版会）、共訳書にアイク『ビスマルク伝（5）』（ぺりかん社）ほか。

佐々木啓（ささき・けい）　北海道大学文学部西洋哲学科卒業。北海道大学大学院文学研究科（宗教学専攻）修了。北海道大学教授。新約聖書学、フランス現代思想。共著に『リクール読本』（小局刊）、『旅と交流』、『新渡戸稲造に学ぶ』、『聖と俗の交錯』（以上、北海道大学出版会）、共訳書に『リクール聖書解釈学』（ヨルダン社）、『エリアーデ＝クリアーヌ往復書簡』（慶應義塾大学出版会）ほか。

富松保文（とみまつ・やすふみ）　北海道大学文学部西洋哲学科卒業。北海道大学大学院文学研究科（哲学専攻）修了。現在、武蔵野美術大学教授。西洋哲学、フランス現代思想。著訳書に『メルロ＝ポンティ『眼と精神』を読む』（武蔵野美術大学出版局）、著書に『アリストテレス――はじめての形而上学』、『アウグスティヌス――“私”のはじまり』（以上、NHK出版）、共訳書にパノフスキー『イデア――美と芸術の理論のために』（平凡社ライブラリー）ほか。

《叢書・ウニベルシタス　542》

力の場

思想史と文化批判のあいだ

1996年12月 6 日　初　版第 1 刷発行
2017年 3 月10日　新装版第 1 刷発行

マーティン・ジェイ
今井道夫／吉田徹也／佐々木啓／富松保文 訳
発行所　一般財団法人　法政大学出版局
〒102-0071 東京都千代田区富士見 2-17-1
電話 03(5214)5540 振替 00160-6-95814
製版，印刷：三和印刷　製本：積信堂

Printed in Japan

ISBN978-4-588-14040-2

人 名 索 引

（　）内は原注ページ

ア

アイヴィンス　Ivins, William　179f.
アイヒマン　Eichmann, Adolf　100, 103, (28)
アインシュタイン　Einstein, Albert　184
アウグスティヌス　Augustine　159, 182, 212, 231, (33), (59), (64), (67)
アクィナス　Aquinas, Thomas　(33)
アドルノ　Adorno, Theodor　2-4, 6, 14f., 24, 28-29, 33, 40-42, 45, 48, 50, 56f., 167, 195, 224, (13), (21), (23), (36), (68), (70)
アーペル　Apel, Karl-Otto　44f., 51, 226, (24)
アリストテレス　Aristotle　39, 43, 50, 63, 69, 72, 97f., 233f., (26), (29), (59), (70)
アルチュセール　Althusser, Louis　214f., 218, 227, 268f.
アルパース　Alpers, Svetlana　9, 186-189, 193f., 197, 202, 208f.
アルベルティ　Alberti, Leon Battista　179-183, 186-188
アレイトー　Arato, Andrew　(14)
アーレント，パウル　Arendt, Paul　(39)
アーレント，ハンナ　Arendt, Hannah　7f., 93-107, 126f., 269, (15), (33) f., (38)-(44), (49) f.
アロン　Aron, Raymond　(68)

イ

イエス　Jesus　164, (53)
イェイツ　Yates, Frances　(63)
イェーツ　Yeats, William Butler　133.
イェーリング　Ihering, Rudolph von　(32)
イーグルトン　Eagleton, Terry　110, 114, 118, 119, 125
イーストマン　Eastman, Max　(19)
イリガライ　Irigaray, Luce　61, 155, 215f., 218, (40)

ウ

ヴァイル，フェリクス　Weil, Felix　20
ヴァイル，ヘルマン　Weil Hermann　19f.
ヴァリツキー　Walicki, Andrzej　(42)
ヴァレーズ　Varêse, Edgard　245
ヴィアトール　Viator, Jean Pelerin　181
ヴィットフォーゲル　Wittfogel, Karl August　(19)
ウィトゲンシュタイン　Wittgenstein, Ludwig　36, (26), (62)
ウィーバー　Weber, Samuel　274f., 280, 282.
ウィリアムズ　Williams, Bernard　60, 72
ウィルデン　Wilden, Anthony　(27)
ヴィルヘルム２世　Wilhelm II　19, 24, (19)
ヴィンケルマン　Winckelmann, J. J.　120f.
ウェストン　Weston, Edward　243
ヴェーバー　Weber, Max　15, 30, 32, 62, 75, 285, (31), (38)
ヴェーラー　Wehler, Hans-Ulrich

(14)
ヴェルフリン　Wölfflin, Heinrich 190, 234, (76)
ヴェルレーヌ　Verlaine, Paul　234
ウォーリン　Wolin, Richard　(39)
ヴォリンガー　Worringer, Wilhelm 237
ウッチェロ　Uccello, Paolo　184
ウルガー　Woolgar, Steve　282

エ

エイブラムズ　Abrams, M. H.　130, 145, (52)
エジャートン　Edgerton, Samuel Jr. 180, 183, 191
エピメニデス　Epimenides　46
エーラー　Erler, Erich　149
エリオット　Eliot, George　68
エリス　Ellis, Havelock　266f.
エリュール　Ellul, Jacques　153-161, 164, 169f., 173, 176, (58), (61), (63)
エルヤヴェツ　Erjavec, Aleš　(16)
エンゲルス　Engels, Friedrich　20f., 40, 96, 268, (22), (40)

オ

オースティン　Austin, John　44, 48
オストウ　Ostow, Mortimer　145
オスマン　Haussman, Georges Eugene 196
オット　Ott, Hugo　(39)
オーデン　Auden, W. H.　222
オリエ　Hollier, Denis　10, 241
オング　Ong, Walter　177

カ

カー　Kar, Prafulla　(15)
カイプ　Cuyp, Aelbert　197
カイヨワ　Caillois, Roger　(37)
ガシェ　Gasché, Rodolphe　46-48, 52, 54, 165, 167, 175, 191, 217f., 220, (25)
カストリアディス　Castoriadis, Cornelius　100, 231, (41)-(43).
ガダマー　Gadamer, Hans-Georg　1, 38, 156, 166f., 171-175, 255f., 258, (59)
ガタリ　Guattari, Fêlix　(71)
カーツィン　Kazin, Alfred　(39)
カーモード　Kermode, Frank　133
カフカ　Kafka, Franz　33
カプラン　Kaplan, Alice　109, 113, 117
カラー　Culler, Jonathan　116f.
カーライル　Carlyle, Thomas　212, (66)
カラヴァッジオ　Caravaggio, Michelangelo da　182, 203
ガラシ　Galassi, Peter　189
カンギレム　Canguilhem, Georges 206
カンディンスキー　Kandinsky, Wassily　234
カント　Kant, Immanuel　7f, 49, 55, 60, 69, 72, 80, 102-104, 115f., 118, 122-124, 126, 135f., 147, 234, 244, (14) f., (38), (40), (43) f., (49) f., (54), (60)

キ

ギアツ　Geertz, Clifford　120, 257f.
キーツ　Keats, John　111
キトリ　Chytry, Josef　120f.
キャロル　Carroll, David　125, 236
ギールケ　Gierke, Otto von　79
キルケゴール　Kierkegaard, Søren 65
キンザー　Kinser, Bill　108

ク

グー　Goux, Jean-Joseph　146, 155,

158, (58), (62)
クーボヴィ　Kubovy, Michael　180, 185
クライスト　Kleist, Heinrich von　115, 120
クライン　Klein, Melanie　141, (56)f.
クラインマン　Kleinman, Neil　108
クラウス　Krauss, Rosalind　9-10, 180, 188, 193, 208, 240, 243, (70)
クラウトハイマー　Krautheimer, Richard　180
クラカウアー　Kracauer, Siegfried　23-26, (17), (20)
グラシアン　Gracián, Baltasar　(65)
グラッドストーン　Gladstone, William　38
クラパンザーノ　Crapanzano, Vincent　258
グラムシ　Gramsci, Antonio　118
クリステヴァ　Kristeva, Julia　4, 8, 146-148, 150, 152, 216, (57)
クリフォード　Clifford, James　262f.
グリュンバウム　Grünbaum, Adolf　267
グリューンベルク　Grünberg, Carl　21, 31, (19)
グリーンバーグ　Greenberg, Clement　236, 245, 247
クルーケ　Kluke, Paul　(17)f.
グールドナー　Gouldner, Alvin　27, 270, 275, 281, (21)
クレアリー　Crary, Jonathan　9, 206
クレオン　Kleon　64, 74
グロッステスト　Grosseteste, Robert　162
クロッペンバーク　Kloppenberg, James　252
グンペルツ　Gumperz, Julien　(19)

ケ

ゲッベルス　Goebbels, Joseph　116, 120
ゲーテ　Goethe, Johann Wolfgang von　23, (18), (20)
ケネディ　Kennedy, Ellen　(14), (31)
ケラー　Keller, Evelyn Fox　149
ケリー　Kelly, Mary　(72)
ケルゼン　Kelsen, Hans　79, 83, (31)f.
ケルナー　Kellner, Hans　251, 262, 264

コ

コジェーヴ　Kojève, Alexandre　82, (27)
コーズ　Caws, Mary Ann　162
ゴズィッチ　Godzich, Wald　275f., 280, 283
コスタ　Costa, Lucio　197
コフート　Kohut, Heinz　166
コプヘク　Copjec, Joan　247
コフマン　Kofman, Sarah　155, 216-218, 220f., 227
コモナー　Commoner, Barry　131
コリーニ　Collini, Stefan　(14)
コール　Cole, G. D. H.　79
コルシュ　Korsch, Karl　20, 31, (21)
コレッティ　Colletti, Lucio　(23)
コーン　Cohn, Norman　130
コント　Comte, Auguste　267
コンラッド　Conrad, Joseph　133

サ

サド　de Sade, Marquis　59, 161, 238
サール　Searle, John　44
サルトル　Sartre, Jean-Paul　65, 70, 155, 161
サントナー　Santner, Eric　(55)

シ

ジェイ　Jay, Martin　200, 202-204, 206-208, (31)
シェイクスピア　Shakespeare, William　(68)
ジェイムソン　Jameson, Fredric　224, 237
シェリング　Schelling, Friedrich　120
シェル　Schell, Jonathan　131
シェルペ　Scherpe, Klaus　134, 143
シェーン　Schoen, Ernst　24
シェーンベルク　Schoenberg, Arnold　33, 244f.
シクスー　Cixous, Hélène　216
シクストゥス5世　Sixtus V　196, 198
ジジェク　Žižek, Slavoj　247
ジーバース　Siebers, Tobin　61, 64, 68 f.
ジーモン，エルンスト　Simon, Ernst　18
ジーモン，ハインリッヒ　Simon, Heinrich　23
ジャヴァル　Javal, Émile　158, (59)
シャーコフスキー　Szarkowski, John　243
ジャニク　Janik, Allan　36
シャーフ　Scharf, Aaron　189
ジャベス　Jabès, Edmond　155
ジュス　Süss, Walter,　(43)
シュスターマン　Shusterman, Richard　61
シュタイナー　Steiner, Peter　(15)
シュッテ゠リホツキー　Schütte-Lihotsky, Grete　22
シュトラウス　Strauss, Leo　253f., 269
シュネーデルバッハ　Schnädelbach, Herbert　(25)
シュピース　Spies, Walter　120f.
シュミット　Schmitt, Carl　6f., 76-86, 88-92, 99, (14), (30)-(34), (36), (43)
シュレーバー　Schreber, Daniel Paul　(55)
シュワーブ　Schwab, George　(31), (33)
シュワルツ　Schwartz, Hillel　129
ショウォーター　Showalter, Elaine　132
ショースキー　Schorske, Carl　33
ショーペンハウアー　Schopenhauer, Arthur　49
ショーレム　Scholem, Gershom　(40)
ジョーンズ　Jones, Ernest　266, (75)
シラー　Schiller, Friedrich　115f., 118, 120-122, 240, 285, (47)f.
シルズ　Shils, Edward　(68)
ジンメル　Simmel, Georg　16, 195, 232, 249, (20)

ス

スウィード　Swede, Oscar　(19)
スキナー　Skinner, Quentin　252-254, 258, 260
スタイナー　Steiner, George　34
スターン　Stern, J. P.　109
スターン，ローレンス　Sterne, Laurence　276
スティーヴンス　Stephens, Anthony　(37)
ストラヴィンスキー　Stravinsky, Igor　245
ストラットン　Stratton, G. M.　(67)
スピヴァク　Spivak, Gayatri Chakravorty　(74)
スモック　Smock, Ann　(28)

セ

セルダー　Cerda, Ildefonso　196, 198f.
セルトー　de Certeau, Michel　61, 64,

74, 207, (60)
ゼルナー　Söllner, Alfons　(14)
ゼンケンベルク　Senckenberg, Johann 18

ソ

ソクラテス　Socrates　270, 279
ゾルゲ　Sorge, Richard　(18) f.
ソンタグ　Sontag, Susan　109
ゾンネマン　Sonnemann, Leopold　18, 23
ゾンバルト　Sombart, Niklaus　(30)

タ

ダイアー　Dyer, Charles　131
ダイクストラ　Dijkstra, Bram　149
タイヤード　Tailhade, Laurent　111, 114, (46)
ダ・ヴィンチ　da Vinci, Leonardo　184
タタルキェヴィチ　Tatarkiewicz, W. (69)
ターナー　Turner, Victor　89f., (37)
ダニエル　Daniel　128
ダリ　Dali, Salvador　243

チ

チアノ　Ciano, Galeazzo　111, 121, (50)
チェリーニ　Cellini, Benvenuto　111

テ

デイヴィドソン　Davidson, Arnold 61
テイラー　Taylor, Mark　(15)
デカルト　Descartes, René　9f., 155, 157, 162f., 168, 176, 179, 181-194, 196-200, 202-205, 209, 211f., 247, 276, 286, (61), (65), (67)
テボー　Thébaud, Jean-Loup　61, 124
デ・ホーホ　de Hooch, Pieter　197
デュシャン　Duchamp, Marcel　155
デュビエル　Dubiel, Helmut　21
デューラー　Dürer, Albrecht　181f.
デュルケム　Durkheim, Émile　89f., 238
デリダ　Derrida, Jacques　4, 8, 45, 47f., 56f., 61, 63, 86, 123, 133-137, 143, 147, 150, 167, 217, 224f., 229, 235, 259f., 261, 265, (49), (52)-(54), (68), (74)

ト

トゥーズ　Toews, John　251
ドゥボール　Debord, Guy　154, 177, 230
ドゥルーズ　Deleuze, Gilles　(71)
トゥールミン　Toulmin, Stephen　36
ドゥンス・スコトゥス　Duns Scotus, John　(33)
ドガ　Degas, Edgar　189
ドギ　Degui, Léon　79
ドノソ・コルテス　Donoso Cortés, Juan　80, 82
ド・マン　de Man, Paul　4, 8, 46, 48-52, 54f., 59, 67, 109f., 114-118, 120f., 123f., 220-225, 228, 262, 276-281, 284, (45)-(47), (49), (55), (74)
ドーミエ　Daumier, Honoré　202
ドラクロワ　Delacroix, Eugène　202
トロロープ　Trollope, Anthony　68
トンプソン　Thompson, John　227

ナ

ナジ　Nagy, Imre　96
ナンシー　Nancy, Jean-Luc　8, 72, 114, 116, (49)

ニ

ニーチェ　Nietzsche, Friedrich　45,

48-52, 54-57, 59, 65, 70, 76, 82, 84, 109, 112, 114, 120, 155, 185, 216f., 220f., 223, 227, 238, 269, 274, 282, (26), (28), (30), (35), (45) f., (53), (65)
ニューマン　Newman, Barnett　244, (71)

ネ

ネルヴァル　de Nerval, Gerard　146

ノ

ノイシュタイン　Neustein, Joshua 193
ノイマン　Neumann, Franz　28
ノイラート　Neurath, Otto　(46)
ノート　Noth, Ernst Erich　24
ノーベル　Nobel, Nehemiah　18
ノリス　Norris, Christopher　61, 117, (49).

ハ

ハイデガー　Heidegger, Martin　59, 87, 94, 120, 133, 143, 155f., 170, 184, 269, (24), (37)-(39), (44), (47), (53), (58), (62), (65), (68)
ハイルブロンナー　Heilbronner, Robert　131
バウムガルテン　Baumgarten, Alexander　118
バーカン　Barkun, Michael　130-133
バーク　Burke, Edmund　244
パーク　Park, Robert　16
バクスバウム　Buxbaum, Richard (33)
パグデン　Pagden, Anthony　252, (73)
バークホファー　Berkhofer, Robert Jr. 251
バザン　Bazin, Germain　198
バージャー　Berger, John　183
パスカル　Pascal, Blaise　191, (65)
ハースト　Hirst, Paul　(34)
バタイユ　Bataille, Georges　4, 6f., 10, 59, 61, 71, 76, 77f., 81f., 84-92, 155, 233, 238-241, 243, 246-248, (30), (34)-(37), (69)-(72)
バーナウアー　Bernauer, James　61
ハーナディ　Hernadi, Paul　(15)
パノフスキー　Panofsky, Erwin　179f.
ハーバマス　Habermas, Jürgen　4, 6, 8-11, 15, 35, 38f., 41-45, 48-50, 52-58, 74f., 77, 87, 171, 174, 201, 207, 226-228, 264, 275, 283f., (16), (25), (28), (36), (41), (43), (50), (62)
ハーファム　Harpham, Geoffrey Galt (72)
バーマン　Berman, Russell　113, 117, (46)
ハムスン　Hamsen, Knut　16
ハーラン　Harlan, David　251
バルデシュ　Bardèche, Maurice　109, 113
バルト　Barthes, Roland　270, 271, (57)
バルトルシャイティス　Baltrušaitis, Jurgis　247, (62), (72)
バーンスタイン，リチャード　Bernstein, Richard　2, 127
ハンデルマン　Handelman, Susan 166, (60) f.

ヒ

ピカソ　Picasso, Pablo　239
ビショッフ　Bischoff, Rita　77
ヒトラー　Hitler, Adolf　78, 109, 113, 145, (45)
ビュシ＝グリュックスマン　Buci-Glucksman, Christine　9, 168f., 174-176, 190-193, 199, 206-209, (60),

(65)
ビュルガー　Bürger, Peter　248, 250
ヒンズレー　Hinsley, F. H.　81, (30)

フ

ファリアス　Farias, Victor　(39)
ファンケンシュタイン　Funkenstein, Amos　(51)
ファン・ゴッホ　Van Gogh, Vincent　239, (70)
フィッシュ　Fish, Stanley　230, 256, 259, 270, 282
フィードラー　Fiedler, Konrad　234
フィヒテ　Fichte, Johann Gottlieb　33
フィンリー　Finley, M.　27, (21)
フェーヴル　Febvre, Lucien　(63)
フェヒナー　Fechner, Gustav　206
フェヘール　Fehér, Ference　97, 99f., 104f., (38) f., (41) - (43)
フェルメール　Vermeer, Jan　186, 197
フォイヤー　Feuer, Lewis　20, 26f.
フォシヨン　Focillon, Henri　(51)
フォスター　Foster, Hal　9, 200, 203f.
フーコー　Foucault, Michel　2, 4, 46f., 52f., 56, 61-63, 66, 70, 91, 155, 158, 177, 206f., 213, 270f., 282, (24) f., (28), (30), (58), (67), (69), (74) f.
ブースマ　Bouwsma, William　257
フッサール　Husserl, Edmund　235
プッサン　Poussin, Nicolas　163
プトレマイオス　Ptolemy, Claudius　188
ブーバー　Buber, Martin　18
プーフェンドルフ　Pufendorf, Samuel　79
フライ　Fry, Roger　232, 237, 245
ブライソン　Bryson, Norman　9, 181, 183, 186, 201
ブラジヤック　Brasillach, Robert　113
ブラッサイ　Brassaï　243
プラトン　Plato　61, 114f., 121, 163f., 168, 205, 211f., 233f., 236, 239, 279, (57)
フランク　Frank, Joseph　236
ブランショ　Blanchot, Maurice　46f., 59, 61, 72, 85, 128, 133, 136, 155, (28)
フリートレンダー　Friedländer, Saul　109
ブリュヒャー　Blücher, Heinrich　(39)
フリン　Flynn, Bernard　204
ブルデュー　Bourdieu, Pierre　(13)
ブルトン　Breton, André　243
ブルネレスキ　Brunelleschi, Filippo　180
ブルーム　Bloom, Harold　274
ブルーメンベルク　Blumenberg, Hans　80, 160, 211, 272, 285f., (33), (53)
ブルンクホルスト　Brunkhorst, Hauke　(19)
ブレー　Boullée, Étienne-Louis　196
フレイザー　Fraser, Nancy　(73)
フレッチャー　Fletcher, Angus　262
ブレヒト　Brecht, Bertolt　20, 223, 225, 232, (18), (20)
フレーマン　Vreeman, Dick　(49)
プロイス，ウルリヒ　Preuss, Urlich　(14)
プロイス，フーゴー　Preuss, Hugo　79
フロイト　Freud, Sigmund　8, 23, 33, 139-142, 144, 146-148, 206, 216, 266-273, 281, 287, (27), (55), (57), (60) f., (74), (75) f.
ブロッホ　Bloch, Ernst　87, (52)
フロベニウス　Frobenius, Leo　237
フロム　Fromm, Erich　24, 33
ブロンバート　Brombert, Victor

(15)
フンボルト　Humboldt, Wilhelm von 18, (18)

ヘ

ベアサーニ　Bersani, Leo　(29)
ベイコン　Bacon, Francis　187, 189, 193f., 203, 211, (57)
ベイナー　Beiner, Ronald　(50)
ベケット　Beckett, Samuel　33
ヘーゲル　Hegel, Georg W. F.　15, 20, 30-32, 39-43, 45, 60, 65, 69, 74f., 96, 106, 120, 166, 172f., 176, 217, 228, 276f., (27), (35), (63)
ベネット　Bennett, Tony　256
ヘラー，アグネス　Heller, Agnes　4, 7, 93-107, (38)-(44)
ヘラー，パル　Heller, Pal　(38)
ヘルダー　Herder, Johann Gottfried von　(60)
ベル，クライヴ　Bell, Clive　232, 245
ベル，ダニエル　Bell, Daniel　27, (21)
ベルク　Berg, Alban　245
ベルクソン　Bergson, Henri　155f.
ヘルダーリン　Hölderlin, Friedrich 120
ベルニーニ　Bernini, Giovanni Lorenzo　198,
ヘルムホルツ　Helmholtz, Hermann 206,
ベン　Benn, Gottfried　(37),
ベンダー　Bender, Thomas　34
ベンダースキー　Bendersky, Joseph (31), (33)
ベンヤミン　Benjamin, Walter　1f., 4, 12f., 16, 24-26, 33, 71, 108, 110, 112f., 116, 120, 169, 175, 192, 262, 269, (13), (16)f., (20), (45), (52)

ホ

ホイ　Hoy, David　206, 255
ホイヘンス　Huygens, Constantin 187
ボーヴォワール　de Beauvoir, Simone (40)
ボダン　Bodin, Jean　78f., 82
ホッブズ　Hobbes, Thomas　78f., 82, 88
ボドリー　Baudry, Jean-Louis　155
ボードリヤール　Baudrillard, Jean 133, 138, 143
ボードレール　Baudelaire, Charles 175, 198, (16), (45)
ボナール　Bonald, Louis　80
ポパー　Popper, Karl　38, 40
ボーマン　Boman, Thorlieff　166
ホリンガー　Hollinger, David　251f.
ホルクハイマー　Horkheimer, Max 16f., 21f., 24, 28-30, 195, (17)f., (21) f., (36)
ボルドー　Bordo, Susan　149
ホルバイン　Holbein, Hans　209
ポロック　Pollock, Friedrich　29
ボワッファール　Boiffard, Jacques-André　243
ボワ　Bois, Yve-Alain　133, (53)
ホワイト，ジョン　White, John　180, 184, 191
ホワイト，ヘイドン　White, Hayden 264
ホワイトブック　Whitebook, Joel (24)
ホワイトヘッド　Whitehead, Alfred North　48
ボンヌフォア　Bonnefoy, Yves　155

マ

マイ　May, Ernst　22

マイケルソン　Michelson, Annette 84
マイトナー　Meidner, Ludwig (53)
マキアベリ　Machiavelli, Niccolò 64
マクドナルド　MacDonald, Dwight 29
マクルーハン　McLuhan, Marshall 177
マッカーシー　McCarthy, Thomas (24)
マッキーバー　MacIver, Robert 27
マッキンタイア　MacIntyre, Alasdair 60, 69, 72, 74, (26)
マッソン，アンドレ　Masson, André 243
マッソン，ジェフリー　Masson, Jeffrey 281
マネ　Manet, Éduard 182, 204
マラヴァル　Maravall, José 190, 195
マラマオ　Marramao, Giacomo 82
マラルメ　Mallarmé, Stéphane 242
マリネッティ　Marinetti, F. T. 111, 114
マルクヴァルト　Marquard, Odo (58)
マールクシュ　Markus, Maria (40)
マルクス　Marx, Karl 15-17, 20-22, 25, 30-32, 39f., 42f., 45, 96-99, 104, 106, 108, 110, 119f., 123f., 211-216, 219f., 223, 228, 235, 239, 246, 256, 268, 270-272, 281, (18) f., (22) f., (34), (39)-(42), (63), (68),
マルクーゼ　Marcuse, Herbert 28, 40, 43, 120, (21)
マルサス　Malthus, Thomas Robert 131
マレーヴィチ　Malevitch, Kasimir 234, 244
マン　Mann, Thomas 114
マンドルー　Mandrou, Robert (63)
マン・レイ　Man Ray 243

ミ

ミグダル　Migdal, Ulrike 19f., (19)
ミッチェル　Mitchell, W. J. T. 170, (58)
ミュンツェンベルク　Münzenberg, Willi 21
ミラー，ウィリアム　Miller, William 131
ミラー，ヒリス　Miller, J. Hillis 61, 66-69, 74, 276, 279f., (77)
ミル　Mill, John Stuart 38
ミルズ　Mills, C. Wright 27, (21)

ム

ムッソリーニ　Mussolini, Benito 111f.

メ

メーストル　de Maistre, Joseph 80, 82
メッツ　Metz, Christian 5, 155, 178
メトロー　Métraux, Alfred 238
メルヴィル　Melville, Stephen 277
メルカトール　Mercator, Gerardus 188
メルトン　Merton, Wilhelm 18f.
メルロ＝ポンティ　Merleau-Ponty, Maurice 159, 164, 168, 175, 184, 192, 204f., 213, (60)-(62), (72)
メング　Meng, Heinrich 23

モ

モーゲンソー　Morgenthau, Hans 81
モース，マルセル　Mauss, Marcel 82, 84, 89, 238
モース，ルース　Morse, Ruth (14)
モーラス　Maurras, Charles 76, 82
モルゲンシュテルン　Morgenstern,

Soma 23
モンデール Mondale, Walter 130
モンドリアン Mondrian, Piet 234

ヤ

ヤウス Jauss, Hans 117
ヤスパース Jaspers, Karl (38)
ヤング＝ブリュール Young-Bruehl, Elizabeth (38)

ユ

ユゴー Hugo, Victor 278
ユンガー Jünger, Ernst 108, 120, 143, (37), (46)

ヨ

ヨハネ（パトモスの） John of Patmos 128, 148
ヨハネ（福音書記者） John the Evangelist 164

ラ

ライアン Ryan, Michael (68)
ライクマン Rajchman, John 61, 63, 206, 208
ライト Wright, Kathleen 173
ライフェンベルク Reifenberg, Benno 23
ライプニッツ Leibniz, Gottfried Wilhelm 185, 191, 276, (65)
ライル Ryle, Gilbert 257
ラヴァン Lavan, Paul 23
ラヴジョイ Lovejoy, Arthur 253
ラカプラ LaCapra, Dominick 1, 11, 36, 251, 262, 272f., (51) f., (73)
ラガルド de Lagarde, Paul (30)
ラカン Lacan, Jacques 10, 61, 63-65, 69f., 74f., 147, 207, 209, 214f., 219, 247f., 267, 269, (62), (72),
ラクー＝ラバルト Lacoue-Labarthe, Phillippe 8, 114, 116, (47), (49)
ラザースフェルト Lazarsfeld, Paul 27
ラザール Lazare, Bernard 94, (38)
ラスキ Laski, Harold 79
ラッセル Russell, Bertrand 48, (24)
ラトゥール Latour, Bruno 282
ラートブルフ Radbruch, Gustav (32)
ランダウアー Landauer, Karl 23
ランファン L'Enfant, Pierre-Charles 196
ランベルト Lambert, José (15)
ランボー Rimbaud, Arthur 241f., 248

リ

リーヴィー Leavy, John Jr. 137
リヴィングストーン Livingstone, Jane (66)
リオタール Lyotard, Jean-Frnçois 8, 61, 63, 65f., 69-72, 124-127, 133f., 138, 143, 146, 155, 207, 209, 244, (24), (26), (28), (44), (49)-(51), (54), (62), (71) f.
リカルドゥー Ricardou, Jean 236
リクール Ricœur, Paul 155, 160, 167, 226, 229, 231, 257, 260, (29), (58), (61)
リーグル Riegl, Alois 234, 237, 249
リシュリュー Richelieu 196
リーフ Rieff, Philip (27)
リファテール Riffaterre, Michael 278-280
リーフェンシュタール Riefenstahl, Leni 109, 113, 121
リプセット Lipset, Seymour Martin (68)
リャザーノフ Ryazanov, David 21
リュベル Rubel, Maximilien 268

リンガー　Ringer, Fritz　17, (13)
リンゼー　Lindsey, Hal　131
リンド　Lynd, Robert　27

ル

ルイ14世　Louis XIV　196
ルカーチ　Lukács, Georg　7, 19, 31, 40, 94, 96, 100f., 104, 186, 194, 202, 224, 232, 235, 246, 249, (38)f., (63), (72)
ルクー　Lequeu, Jean-Jacques　196
ルクセンブルク　Luxemburg, Rosa　94, 96, 100, (38)
ル・コルビュジエ　Le Corbusier　196, 234
ルソー　Rousseau, Jean-Jacques　276
ルッソロ　Russolo, Luigi　245
ルットマン　Ruttman, William　23
ル・デーフ　Le Doeuff, Michéle　(40)
ルドゥー　Ledeux, Claude-Nicolas　196
ルフォール　Lefort, Claude　213
ルブラン　Lebrun, Charles　163
ルーベンス　Rubens, Peter Paul　163
ルーマン　Luhmann, Niklas　38
ルーリー　Lurie, Alison　(75)

レ

レイイェン　Reijen, Willem van　(49)
レヴィナス　Levinas, Emmanuel　61, 63, 65f., 70, 136, 155, (28), (44), (54), (59)
レーウェンフック　Leeuwenhoek, Anton van　188
レーガン　Reagan, Ronald　130
レクレ　Röckle, Franz　24
レッシング　Lessing, Gotthold Ephraim　95, 236, (40), (44)
レーニン　Lenin, Vladimir Ilyich　80, 94, (67)

ロ

ロイスダール　Ruisdael, Jacob van　197
ロイド　Lloyd, David　110, 119, (48)
ロヴェ　Llovet, Jordi　(14)
ローウェンタール　Lowenthal, Leo　16, 24, 28, 33, (22)
ロス　Ross, Kristin　241f., 248, (71),
ロース　Loos, Adolf　234
ローズ　Rose, Jacqueline　9, 178, 192, 200, 210
ローゼンツヴァイク　Rosenzweig, Franz　18
ローゼンベルク　Rosenberg, Alfred　76, (30)
ロック　Locke, John　80
ローティ　Rorty, Richard　156, 177, 179, 219
ロート　Roth, Joseph　23
ロートレアモン　Lautréamont, Comte de　82
ロブ＝グリエ　Robbe-Grillet, Alain　155
ローレンス　Lawrence, D. H.　133
ロンキ　Ronchi, Vasco　162

ワ

ワイス　Weiss, Allen S.　(36)
ワイルド　Wilde, Oscar　111, (46)
ワーグナー　Wagner, Richard　120, 155, (30)

原　注

序　論

1　Walter Benjamin, “N [Re the Theory of Knowledge, Theory of Practice],” in *Benjamin: Philosophy, History, Aesthetics*, ed. Gary Smith (Chicago, 1989), p.60〔『パサージュ論 4 』今村仁司他訳，岩波書店，1993年〕.

2　例えば Dominick LaCapra, “Canons and Their Discontents,” *Intellectual History Newsletter* 13 (1991) を参照．そこで彼はコンテクスト主義的再構成の批判者として，ベンヤミンも引いている．対話の問題一般については Tullio Maranhão, ed., *The Interpretation of Dialogue* (Chicago, 1990) を参照.

3　それをしようという大胆な試みとして，Susan Buck-Morss, *The Dialectics of Seeing: Walter Benjamin and the Arcades Project* (Cambridge, Mass., 1989) の終わりの何節かを参照.

4　Benjamin, pp. 63-64.

5　その分析については私の *Fin-de-siècle Socialism and Other Essays* (New York, 1988) のなかの，本の題名に取られた論文を参照.

6　彼の著作のなかでのこの問題の分析として，私の *Adorno* (Cambridge, Mass., 1984), pp. 14-15〔『アドルノ』木田元・村岡晋一訳，岩波書店，1987年〕を参照.

7　Richard J. Bernstein, *The New Constellation: The Ethical/Political Horizons of Modernity/Postmodernity* (Cambridge, 1991), p. 9.

8　Martin Jay, “Positive and Negative Totalities: Implicit Tensions in Critical Theory's Vision of Interdisciplinary Research,” reprinted in *Permanent Exiles: Essays on the Intellectual Migration from Germany to America* (New York, 1985)〔『永遠の亡命者たち』今村仁司他訳，新曜社，1989年〕.

9　思想の場についてのピエール・ブルデューの示唆的な観念を援用する歴史家がいるが，私としてこれと多少距離を置きたいと思っているのはこのためである．私の“Fieldwork and Theorizing in Intellectual History: A Reply to Fritz Ringer,” *Theory and Society* 19, 3 (June, 1990)，またリンガーのもとの論文（それは *Fields of Knowledge: French Academic Culture in Comparative Perspective, 1890-1920* [Cambridge 1992] の序論として再刊されている）と，収録した同書中での彼の対応を参照.

10　ニューヨーク大学で開催されたこの会議の議事録は，Thomas Bender, ed., *The University and the City: From Medieval Origins to the Present* (Oxford, 1988) というかたちで出版されている．会議はたいへん刺激的であ

り，バルセロナ大学のホルディ・ロヴェは2年後にカタロニアでその多くをそのまま再現させたほどである．私の論文は1988年にロッテルダムで企画された別の会議の議事録，Ph. v. Engeldorp Gastellars, Sl. Magala and O. Preuss, eds., *Critical Theory Today: The Frankfurt School: How Relevant Is It Today?*（The Hague, 1990）にも収録された．

11　Axel Honneth et al., eds., *Zwischenbetrachtungen: Im Prozess der Aufklärung*（Frankfurt, 1989），英語版は *Philosophical Interventions in the Unfinished Project of Enlightenment*（Cambridge, Mass., 1992）.

12　これは会議録 *The Subject in Postmodernism*, ed. Aleš Erjavec（Ljubljana, 1989）の第1巻に収録され，ルース・モースとステファン・コリーニにより多少縮めたかたちで *The Cambridge Review* 110（June, 1989）に収録された．

13　シュミットはフランクフルト学派の一部理論家たちの誕生に重要な役割を果たしたとするエレン・ケネディの主張に答えるように，私はハンス＝ウルリヒ・ヴェーラーから依頼されたのであった．私の評論は最初，“Les extrêmes ne se touchent pas. Eine Erwiderung auf Ellen Kennedy: Carl Schmitt und die Frankfurter Schule,” *Geschichte und Gesellschaft* 13, 4（1987）として発表された．その後 “Reconciling the Irreconcilable? A Rejoinder to Kennedy” in *Telos* 71（Spring, 1987）として発表されたが，同誌にはケネディのもとの論文と，アルフォンス・ゼルナーとウルリヒ・K・プロイスによる，それに対する答えも収録されている．ケネディの反論は *Telos* 73（Fall, 1987）に見られる．

14　それはその後，“The Disenchantment of the Eye: Surrealism and the Crisis of Ocularcentrism,” *Visual Anthropology Review* VII, 1（Spring, 1991）として発表された．

15　会議はアンドルー・アレイトーにより，ニュー・スクール・オブ・ソーシャル・リサーチで組織された．会議録は近刊予定である．

16　John Burnheim, ed., *Agnes Heller, Poznan Studies in the Philosophy of the Sciences and Humanities*（Amsterdam, forthcoming）．そして Martin Jay, “The Political Existentialism of Hannah Arendt”は，最初“Hannah Arendt: Opposing Views”の題で *Partisan Review* LXV, 3（1978）に発表され，そして *Permanent Exiles: Essays on the Intellectual Migration from Germany to America*（New York, 1985）に再録された．

17　Hannah Arendt, *Lectures on Kant's Political Philosophy*, ed. Ronald Beiner（Chicago, 1982）〔『カント政治哲学の講義』浜田義文監訳，法政大学出版局，1987年〕.

18　これもまた，その記事欄に載せるには話が細かくなりすぎてしまい，場所をかえて *Cultural Critique*, 21（Spring, 1992）に発表された．

19　Jay, "The Political Existentialism of Hannah Arendt," p. 252. この主張は最近，Maurizio Passerin d'Entrèves, *Modernity, Justice, and Community* (Milan, 1990), p. 117 で批判された．アーレントの判断力分析にもっともよくあらわれている間主観的コミュニケーション的次元とは対立する，彼女の初期の著作における表現的次元を彼は認めているのだが，それは美学化された政治に伴いがちな暴力とはなんの関係もないと言う．彼女の初期の著作における美的衝動を評価するにしても，後期の著作でカントの第三批判によりそれが提示されてこそ魅力的になる，と私はいまでは主張したいと思う．先の私の論文では，「美的イデオロギー」の批判者たちが，美学には暴力がつきものであるとするのに反論している．

20　会議はプリンストンのクリスティアン・ガウス・セミナーのヴィクター・ブロンバートによって組織された．私はその年のうちにメルボルンで開催された2回めの集会でも，"Reason and Imagination in Modern Culture"の題で発表した．この集会はオーストラリアの新聞『テーシス・イレブン』の後援を受けており，会議録はそこから出版されることになっている．

21　会議はプリンストン神学校のマーク・クライン・テイラーによって組織された．原稿はその年のうちにカリフォルニア大学サンタ・バーバラ校での解釈学コロキウムでも発表され，ポール・ハーナディ編による論集として最初は *Poetics Today* IX, 2 (1988)として，その後 *The Rhetoric of Interpretation and the Interpretation of Rhetoric* (Durham, 1989) として出版された．その後まもなくインドのハイデラバードのアメリカン・スタディーズ・リサーチ・セミナーでプラフラ・C・カーによって組織された現代の理論に関する会議でも発表され，*Journal of Contemporary Thought* (Baroda, India, 1991) に収録された．

22　Hal Foster, *Vision and Visuality, Dia Art Foundation Discussions in Contemporary Culture*, vol. 2 (Seattle, 1988).

23　その会議録は，Scott Lash and Jonathan Friedman, eds., *Modernity and Identity* (London, 1992)として出版された．

24　David Bennet, "Postmodernism and Vision: Ways of Seeing (at) the End of History," *Restant* XVIII, 3 (1990), p. 274.

25　会議はベルギーのルーヴァン大学にある文学と文化研究のためのユーロピアン・インスティテュートで，ペーター・シュタイナーとホセ・ランベルトによって組織された．1989年度アメリカ社会学会大会でも発表されたこの話題は，Charles Lemert, ed., Intellectuals and Politics: Social Theory in a Changing World (Newbury Park, 1991) に収録された．

26　Tony Green, review of Hal Foster, ed., *Vision and Visuality* and Steve Benson, *Blue Book*, in *M/E/A/N/I/N/G* 5 (May, 1989), p. 37.

27　会議はリュブリャーナのスロベニア美学会の援助で開催され，アレ

シュ・エルヤヴェツが組織した．会議録は *Filozofski Vestnik* XII, 1 (1991) に収録された．

28　これは Gisela Brude-Firnau and Karin J. MacHardy, eds., *Fact and Fiction: German History and Literature, 1848-1924* (Tübingen, 1990) と，「批判的歴史」を特集した *Strategies*, 4/5 (1991) に収録された．

29　LaCapra, "Canons and Their Discontents," p. 9.

30　Derrida, "But Beyond....(Open Letter to Anne McClintock and Rob Nixon)," *Critical Inquiry* 13 (Autumn, 1986), p. 168.

31　カナダのウエスタン・オンタリオ大学の，理論と批評・研究センター発足記念の会議であった．会議録は，Martin Kreiswirth and Mark A. Cheetham, eds., *Theory Between the Disciplines: Authority/Vision/Politics* (Ann Arbor, Michigan, 1990) として出版された．

32　Michael Jennings, *Dialectical Images: Walter Benjamin's Theory of Literary Criticism* (Ithaca, 1987), p. 204 を参照．

33　こうした傾向への有効な批判として，Lutz Niethammer, "Afterthoughts on Posthistoire," *History and Memory* I, 1 (Spring, Summer, 1989) を参照．

第1章

1　Theodor W. Adorno, *Negative Dialectics*, trans. E.B. Ashton (New York, 1973), p.41.

2　Jürgen Habermas, *Autonomy and Solidarity: Interviews*, ed. Peter Dews (London, 1986), p. 49.

3　Martin Jay, *Adorno* (Cambridge, Mass., 1984)〔『アドルノ』木田元・村岡晋一訳，岩波書店，1987年〕.

4　古典的批判理論からのハーバマスの逸脱は，時として彼自身の《シュタルンベルク学派》を立てて，フランクフルト学派から彼を排除することを正当化するほどに，はなはだしいものに思われた．例えば Gerhard Brandt, "Ansichten kritischer Sozialforschung 1930-1980," *Leviathan*, Sonderheft 4 (1981), p.25 を参照．それにもかかわらず存続している連続性を概観するためには，David Held, *Introduction to Critical Theory: Horkheimer to Habermas* (Berkeley, 1980) を参照．

5　現代のメトロポリスに関するベンヤミンの著作は，ベルリン，パリ，マルセーユ，モスクワ，ナポリの研究を含んでいる．とりわけ *Charles Baudelaire: A Lyric Poet in the Era of High Capitalism*, trans. Harry Zohn (London, 1973)〔『ボードレール』(ヴァルター・ベンヤミン著作集 6) 川村二郎他訳，晶文社，1975年〕; *Reflections: Essays, Aphorisms, Autobiographical*

Writings, ed. Peter Demetz, trans. Edmund Jephcott (New York, 1978)〔『都市の肖像』(ヴァルター・ベンヤミン著作集11) 柴田翔他訳, 晶文社, 1975年〕; *One-Way Street and Other Writings*, trans. Edmund Jephcott and Kingsley Shorter (London, 1979)〔『一方通行路』(ヴァルター・ベンヤミン著作集10) 幅健志・山本雅昭訳, 晶文社, 1979年〕を参照. ベンヤミンの都市論を論じたものとしては Henning Günther, *Walter Benjamin: Zwischen Marxismus und Theologie* (Olten, 1973), p. 165f. を参照.

6 Leo Lowenthal, *Literature and Image of Man: Studies of the European Drama and Novel, 1600-1900* (Boston, 1957), p. 212f.

7 *Gemeindestudie des Instituts für sozialwissenschaftliche Forschung* (Darmstadt, 1952-54). 研究所はこのプロジェクトに関して協議している. これについて論じたものとしては *Aspects of Sociology* by the Frankfurt Institute of Social Research, preface by Max Horkheimer and Theodor W. Adorno, trans. John Viertel (Boston, 1972), 156f. を参照.

8 *Aspects of Sociology*, p.163.

9 Max Horkheimer, *Gesammelte Schriften, Band 8: Vorträge und Aufzeichnungen 1949-1973*, ed. Gunzenlin Schmid-Noerr (Frankfurt, 1985), pp.361-453. 戦後に設立されるはずの国際学会のための1945年から1946年にかけての備忘録の草稿も参照. Volume 12 of the *Gesammelte Schriften: Nachgelassene Schriften*, ed. Gunzelin Schmid-Noerr (Frankfurt, 1985) に収録されている. パウル・クルーケにその浩瀚なフランクフルト大学史を書くよう促したのも, ホルクハイマーであった. Kluke, *Die Stiftungsuniversität Frankfurt am Main 1914-1932* (Frankfurt, 1972), p.7 を参照.

10 Max Horkheimer, *Dawn and Decline: Notes 1926-1931 and 1950-1969*, trans. Michael Shaw (New York, 1978), p.75.

11 Perry Anderson, *Considerations on Western Marxism* (London, 1976), p.32.

12 Fritz Ringer, *The Decline of the German Mandarins: The German Academic Community 1890-1933* (Cambridge, Mass., 1969)〔『読書人の没落』西村稔訳, 名古屋大学出版局, 1991年〕.

13 近代初頭のフランクフルトの歴史については, Gerald Lyman Soliday, *A Community in Conflict: Frankfurt Society in the Seventeenth and Early Eighteenth Centuries* (Hanover, N.H., 1974) を参照. 1920年代のフランクフルトの評価については, Madlen Lorei and Richard Kirn, *Frankfurt und die goldenen Zwanziger Jahre* (Frankfurt, 1966) を参照.

14 フランクフルトのユダヤ人についての古典的な研究は, 次のものである. Isidor Kracauer, *Geschichte der Juden in Frankfurt*, 2 vols. (Frankfurt, 1927). 著者はジークフリート・クラカウアーの叔父である.

15　フランクフルトのユダヤ人の同化は，1920年代における大祭日の礼拝への比較的低い出席率によって示されている．Donald L. Niewyk, *The Jews in Weimar Germany*（Baton Rouge, 1980）p.102 によれば，ブレスラウ58%，ベルリン49%，フランクフルト41%である．近代化に対するフランクフルトのユダヤ人の創造的な対応に関する論議については，次のものを参照．Jacob J. Petuchowsky, "Frankfurt Jewry—A Model of Transition to Modernity," *Leo Baeck Yearbook* XXIX（London, 1984), pp.405-417.

16　フランクフルト大学はハンブルク大学，ケルン大学と並んで，この時期に創設された三つの新大学の一つであった．この大学は1932年には，フランクフルトのもっとも著名な市民に敬意を表して，公式にヨハン・ヴォルフガング・ゲーテ大学と命名された．詳細な説明についてはクルーケを参照．

17　Kluke, p.53.

18　フンボルトの起源からのドイツの大学の衰退の歴史については，Charles E. McClelland, *State, Society and University in Germany 1700-1914*（Cambridge, 1980）を参照．学生のあいだで増大するナショナリズムの研究については，Konrad Jarausch, *Students, Society, and Politics in Imperial Germany*（Princeton, 1982）を参照．

19　Wolfgang Schivelbusch, *Intellektuellendämmerung: Zur Lage der Frankfurter Intelligenz in den zwanziger Jahren*（Frankfurt, 1982), p. 18.

20　Ulrike Migdal, *Die Frühgeschichte des Frankfurter Instituts für Sozialforschung*（Frankfurt, 1981).

21　McClelland, p. 280f.

22　研究所の全体論的な傾向を論じたものとしては，次のものを参照．Martin Jay, *Marxism and Totality: The Adventures of a Concept from Lukács to Habermas*（Berkley, 1984)〔『マルクス主義と全体性』荒川幾男他訳，国文社，1993年〕．全体性に向かうホルクハイマーの初期の姿勢についての異なった評価については，次のものを参照．Michiel Korthals, "Die kritische Gesellschaftstheorie des frühen Horkheimer: Mißverständnisse über das Verständnis von Horkheimer, Lukács und dem Positivismus," *Zeitschrift für Soziologie* XIV, 4（August, 1985).

23　McClelland, chapter 8.

24　この関係についてのブレヒトの嘲りに満ちた論議は，彼の *Arbeitsjournal*, vol. I, ed. Werner Hecht（Frankfurt, 1973）所収の "Tui-intellectuals" の説明に表れている．

25　Lewis S. Feuer, "The Frankfurt Marxists and the Columbia Liberals," *Survey* XXV, 3（Summer, 1980), p. 167. リヒアルト・ゾルゲは後にソ連のスパイであることが暴露されたが，彼の短い研究所滞在期に誰かを勧誘したという証拠はない．

26　共産党員と認められている者の中にはカール・アウグスト・ヴィットフォーゲル，ユーリエン・グンペルツ，リヒアルト・ゾルゲがいた．1920年代の初めには他にも党に帰依した人たちがいたという推測もなされている．Migdal, p.102 を参照．

27　一つの重要な先例はいわゆる「オーストリア・マルクス主義学派」で，*Austro-Marxism*, ed. Tom Bottomore and Patrick Goode（Oxford, 1978）, p. 2 の序文では，この学派がフランクフルト学派と比較されている．この二つを結びつけるものはカール・グリューンベルクで，彼は研究所長になる前はオーストリア・マルクス主義の父として知られていた．もう一つのありうるモデルはヴィルヘルム二世時代に社会政策学会の周囲にいた「講壇社会主義者」たちであった．もっとも彼らは，マルクス主義そのものからはかなり離れてはいたが．

28　ミグダルは，グリューンベルク時代の研究所はその後と比べるともっと開かれており，多元主義的で，非教条主義的であったと主張している．彼女は *The Dialectical Imagination: The Frankfurt School and the Institute of Social Research, 1923-1950*（Boston, 1973）〔『弁証法的想像力』荒川幾男訳，みすず書房，1975年〕での私の考察を，グリューンベルクの確固たる方針の欠如という美点を評価していないといってたしなめている．彼女はオスカー・スウィードがマックス・イーストマン（これを彼女は不注意にもオスカー・イーストマンとしている）に宛てた手紙に言及している．この手紙は，私がグリューンベルクの指導が教条的であったことの立証のために引用しているのだが，このことに彼女は実際に反論しているわけではない．彼女の傾向的な二つの時代の比較の批判については，*Soziologische Revue* 3（1982）のハウケ・ブルンクホルストによる彼女の著書の批評を参照．

29　Helmut Dubiel, *Theory and Politics: Studies in the Development of Critical Theory*, trans. Benjamin Gregg（Cambridge, Mass., 1985）.

30　Max Horkheimer, "Traditional and Critical Theory," *Critical Theory: Selected Essays*, trans. Matthew J. O'Connell et al.（New York, 1972）〔「伝統的理論と批判的理論」，『哲学の社会的機能』久野収訳，晶文社，1974年〕.

31　戦前のミュンヘンについては次のものを参照．Peter Jelavich, *Munich and Theatrical Modernism: Politics, Playwriting, and Performance, 1890-1914*（Cambridge, Mass., 1985）．ワイマール共和国時代を通じてのベルリンの優位は，以下のような著作の中で論じられている．Peter Gay, *Weimar Culture: The Outsider as Insider*（New York, 1968）〔『ワイマール文化』亀嶋庸一訳（旧版は到津十三男訳）みすず書房，1987年〕; John Willett, *Art and Politics in the Weimar Period: The New Sobriety 1917-1933*（New York, 1978）; Henry Pachter, *Weimar Etudes*（New York, 1982）.

32　Willett, p. 124. 近代建築に果たしたフランクフルトのそれ以上の役割については，Kenneth Frampton, *Modern Architecture: A Critical History* (London, 1985), p.136f.を参照.

33　ラジオ・フランクフルトを説明したものとしてはSchiverbusch, chapter 4 を参照.

34　Ibid., p. 68.

35　ゲーテ賞授与の決定の検討についてはSchiverbusch, chapter 5 を参照.

36　Ernst Erich Noth, *Erinnerungen eines Deutschen* (Hamburg, 1971), p.194.

37　学舎を論じたものとしては，次のものを参照．Schiverbusch, chapter 2, Nahum N.Glatzer, "The Frankfort (sic) Lehrhaus," *Leo Baeck Yearbook* I (1956)；Erich Ahrens, "Reminiscences of the Men of the Frankfurt Lehrhaus" *Leo Baeck Yearbook* XIX (1974).

38　Leo Lowenthal, *Mitmachen wollte ich nie: Ein autobiographisches Gespräch mit Helmut Dubiel* (Frankfurt, 1980), p.61.

39　Max Horkheimer, *Dawn and Decline*, p.96f.

40　1925年にベンヤミンは大学教授資格取得に失敗し，彼のアカデミックな経歴への希望に終止符が打たれた．言語障害に妨げられたクラカウアーはけっして教職の経歴を求めず，その代わり建築からジャーナリズムに転向した.

41　ジンメルとクラカウアー，ベンヤミンとの比較については，次のものを参照．David Frisby, *Fragments of Modernity: Theories of Modernity in the Work of Simmel, Kracauer and Benjamin* (Cambridge, Mass., 1986).

42　Siegfried Kracauer, "Über den Schriftsteller," *Die Neue Rundschau* 42 (June, 1931), pp.860-862; Walter Benjamin, "The Author as Producer," in *Reflections*〔「生産者としての作家」石黒英男訳，『ブレヒト』(ヴァルター・ベンヤミン著作集９）晶文社，1971年〕．知的生活のプロレタリア化は，この時期よりかなり前からドイツの思想家が心を奪われた問題であった．1890年代の自然主義者のあいだでのこの問題の議論については，以下のものを参照．Peter Jelavich, "Popular Dimensions of Modernist Elite Culture: The Case of Theater in Fin-de-Siècle Munich," in *Modern European Intellectual History: Reappraisals and New Perspectives*, ed. Dominick LaCapla and Steven L. Kaplan (Ithaca, 1982), p.230.

43　Schiverbusch, chapter 3 and 4.

44　注(25)を参照．論争は*Survey* XXVI, 2 (Spring, 1982) with Martin Jay, "Misrepresentations of the Frankfurt School," G.L. Ulmen, "Heresy? Yes! Conspiracy? No!" and Lewis S. Feuer, "The Social Role of the Frankfurt Marxists." で続けられた.

45　研究所がニューヨークにあった７年のあいだに発刊された『社会研究年

誌』では，わずか8編の主要論文だけがアメリカ人による寄稿であり，そのうちの2編は1941年号に掲載されている．研究所の公開講座の聴講生について言えば，1938年11月20日付のカール・コルシュの手紙はその限界を示唆していると言えよう．彼は，「ホルクハイマーの聴講者の層は，大部分研究所の内部の人々とその妻たち，そして少数のわけのわからぬ学生たちであった」と書いている．Douglas Kellner, ed., *Karl Korsch: Revolutionary Theory* (Austin, 1977), p.284 を参照．

46　フィンリー，グールドナー，ミルズと研究所の関係は，彼らに関する文献と彼ら自身の書き物のなかに広範に認められている．ベルのそれは無視されてきた．彼の論文 "The Grass Roots of American Jew Hatred," *Jewish Frontier* XI (June, 1944), pp.15-20 は反ユダヤ主義に関する研究所の仕事の影響を明示している．ベルはフランクフルト学派に対してはきわめて批判的になったにもかかわらず，人民党の仲間たちに新保守主義の弱点を警告するために，この小論を40年後に彼の友人たちに回覧したのである．

47　例えば1930年代後半の *The Marxist Quarterly* の編集者との不成功に終わった出会いについて，次の説明を参照．Sidney Hook, "The Institute for Social Research—Addendum," *Survey* XXV, 3 (1980), pp. 177-78. 注(45)で引用したコルシュの手紙は，研究所がいかなる種類の政治運動からも疎遠であったことを証明してもいる．

48　Theodor W. Adorno, *Minima Moralia: Reflections from Damaged Life*, trans. E.F.N. Jephcott (London, 1974)〔『ミニマ・モラリア』三光長治訳，法政大学出版局，1979年〕．亡命者にとっての南カリフォルニアでの生活全般の問題を考察したものとしては，Anthony Heilbut, *Exiled in Paradise: German Refugee Artists and Intellectuals in America From the 1930's to the Present* (New York, 1983) を参照．

49　戦時協力に対する研究所の貢献の考察については，Alfons Söllner, ed., *Zur Archäologie der Demokratie in Deutschland*, 2 vols. (Frankfurt, 1986) を参照．マルクーゼの役割は，Barry Katz, *Herbert Marcuse and the Art of Liberation* (London, 1982), p.109f.で論じられている．

50　例えば Mark Krupnick, *Lionel Trilling and the Fate of Cultural Criticism* (Evanston, 1986) を参照．ここではアドルノとの比較も考えられるとして，数度にわたる言及がなされている (e.g., p.110)．また，以下のものも参照．James Gilbert, *Writers and Partisans: A History of Literary Radicals in America* (New York, 1968); William Barrett, *The Truants: Adventures Among the Intellectuals* (Garden City, N.Y., 1982); Irving Howe, *A Margin of Hope: An Intellectual Autobiography* (San Diego, 1982). これらのうちで最後のものだけが，フランクフルト学派の人物であるマルクーゼに言及しているが，それも軽蔑を込めてである (p.309)．

51　Dwight MacDonald, "A Theory of Popular Culture," *Politics* 1 (February, 1944).

52　フランクフルト学派の受容については，次のものを参照．Martin Jay, "The Frankfurt School in Exile" and "Adorno and America," in *Permanents Exiles: Essays on the Intellectual Migration from Germany to America* (New York, 1985)〔『永遠の亡命者たち』今村仁司他訳，新曜社，1989年〕.

53　Schivelbusch, chapter 6.

54　この時期のホルクハイマーの講義，インタビュー，および論文は，彼の全集の第7，8巻で利用できる．

55　Susan Handelman, *The Slayers of Moses: The Emergence of Rabbinic Interpretation in Modern Literary Theory* (Albany, 1982).

56　Heinrich Levy, *Die Hegel-Renaissance in der Deutschen Philosophie* (Charlottenberg, 1972).

57　最近ローウェンタールは，*Mitmachen wollte ich nie* (p.156) のなかで，批判理論の発展に対する学舎での彼の経験の重要性を認めた．

58　美的モダニズムに対するフランクフルト学派の立場についての優れた説明については，Eugene Lunn, *Marxism and Modernism: An Historical Study of Lukács, Brecht, Benjamin and Adorno* (Berkeley, 1982) を参照．

59　Carl E. Schorske, "The Idea of the City in European Thought: Voltaire to Spengler," in Oscar Handlin and John Burchard, eds., *The Historian and the City* (Cambridge, Mass., 1963), p.60.

60　George Steiner, "The City Under Attack," *Salmagundi* 24 (Fall, 1973).

61　この希望のもっとも重要な表現は，次のもののなかに表れた．Friedrich Engels, "The Housing Question," in Karl Marx and Friedrich Engels, *Selected Works*, 2 vols. (Moscow, 1958), vol.I, pp.546-635〔「住宅問題」村田陽一訳，『マルクス＝エンゲルス全集18』大月書店，1967年〕. Raymond Williams, *The Country and the City* (New York, 1973) も参照．

62　Thomas Bender, "The Cultures of Intellectual Life: The City and the Professions," in John Higham and Paul K. Conkin, eds., *New Directions in American Intellectual History* (Baltimore, 1979), p.63.

63　Martin Jay, *Marxism and Totality: The Adventures of a Concept from Lukács to Habermas* (Berkeley, 1984).

64　Jürgen Habermas, "Modern and Postmodern Architecture," in John Forester, ed., *Critical Theory and Public Life* (Cambridge, Mass., 1985), pp. 326-327.

65　Dominick LaCapla, *Rethinking Intellectual History: Texts, Contexts, Language* (Ithaca, 1983), chapter 3〔『思想史再考——テクスト，コンテクス

ト，言語』山本和平他訳，平凡社，1993年〕.

第2章

1　もっとも著名なのは，John B.Tompson and David Held, eds., *Habermas: Critical Debates* (Cambridge, Mass., 1982),および Richard J.Bernstein, ed., *Habermas and Modernity* (Cambridge, Mass., 1985).

2　Cited in Michael St. John Packe, *The Life of John Stuart Mill* (New York, 1970), p.455.

3　この規則の顕著な例外は，イタリアのマルクス主義者であるルーチョ・コレッティである．例えば，彼の "Contraddizione dialettica e non-contraddizione," in *Tramonto dell'ideologia* (Rome, 1980) を参照.

4　Herbert Marcuse, *One-Dimensional Man: Studies in the Ideology of Advanced Industrial Society* (Boston, 1964), p.142〔『一次元的人間』生松敬三・三沢謙一訳，河出書房新社，1980年〕.

5　Theodor W. Adorno, "Introduction," *The Positivist Dispute in German Sociology*, trans. Glyn Adey and David Frisby (London, 1976), p.26〔『社会科学の論理』城塚登・浜井修訳，河出書房新社，1979年〕.

6　Karl Popper, "What Is Dialectic?" *Conjectures and Refutations* (London, 1962)〔「弁証法とは何か」，『推測と反駁』藤本隆志他訳，法政大学出版局，1980年〕.

7　Adorno, "Introduction," p.66.

8　Theodor W. Adorno, *Negative Dialectics*, trans. E.B. Ashton (New York, 1973), pp. 142-143. 翻訳は訂正されている.

9　Ibid., p.153.

10　アドルノの議論の批判的な分析については，Michael Rosen, *Hegel's Dialectic and Its Criticism* (Cambridge, 1982), p.160f.を参照.

11　Jürgen Habermas, *The Philosophical Discourse of Modernity: Twelve Lectures*, trans. Frederick Lawrence (Cambridge, Mass., 1987), p.119〔『近代の哲学的ディスクルス１・２』三島憲一他訳，岩波書店，1990年〕.

12　Jürgen Habermas, "A Philosophico-political Profile," in *Habermas: Autonomy and Solidarity*, ed. Peter Dews (London, 1986), p.155〔『哲学的・政治的プロフィール（上・下)』小牧治・村上隆夫訳，未来社，1986年〕.

13　Jürgen Habermas, *Legitimation Crisis*, trans. Thomas McCarthy (Boston, 1973), pp. 26-27〔『晩期資本主義における正統化の諸問題』細谷貞雄訳，岩波書店，1979年〕.

14　Ibid., p.27.

15　Habermas, *The Philosophical Discourse of Modernity*, p. 188.

16 Karl-Otto Apel, "The Problem of Philosophical Foundations in Light of a Transcendental Pragmatics of Language," in *After Philosophy: End or Transformation?*, ed. Kenneth Baynes, James Bohman, and Thomas McCarthy (Cambridge, Mass., 1987), p. 281. この議論は，Thomas McCarthy in *The Critical Theory of Jürgen Habermas* (Cambridge, Mass., 1978), p. 321 によって批判されたアーペルの初期の立場の決定論者的な基盤を，回避しようと試みている．

17 Ibid., p.185.

18 われわれは解釈学的伝統のうちにある同様の批判を追求することもできたであろう．例えば，Hans Georg Gadamer, *Truth and Method* (New York, 1986), p. 308〔『真理と方法 1』三島憲一他訳，法政大学出版局，1986年〕を参照．ここで彼は次のように結論している．「たとえあらゆる相対主義的見解の内的矛盾をどれほど明白に示したところで，ハイデガーが言ったように，これらすべての勝利をおさめる議論には，それらがひとを驚倒させようと試みていることを示唆するものがつきまとっている．どれほど説得力に富むように見えようとも，それらは結局要点を捉え損なう．それらを用いることで自己の正しさは証明される．にもかかわらず，それらは何らかの価値の優越した洞察力を表現するものではないのである」．この一節に私の注意を向けてくれたのはジョエル・ホワイトブックである．

19 Michel Foucault, *Maurice Blanchot: The Thought from Outside*, trans. Brian Massumi; Maurice Blanchot, *Michel Foucault as I Imagine Him*, trans. Jeffrey Mehlman (New York, 1987)〔『ミシェル・フーコー　想いに映るまま』豊崎光一訳，哲学書房，1986年〕．

20 Ibid., pp. 9-10. フーコーはおそらくここで，トーマス・マッカーシーが私に示唆したように，バートランド・ラッセルのタイプ理論を用いているか，それとも彼が後に *The Archaeology of Knowledge*〔『知の考古学』中村雄二郎訳，河出書房新社，1981年〕ですることになる *énoncé* と *énonciation*（普通 "statement" "enunciation" と訳されている）の区別を用いているのかもしれない．いずれにせよ，嘘つきのパラドックスに対するこの回答のフーコーによる認容は，すべてのポスト構造主義の思想家によって共有されているわけではない．例えば，Jean-François Lyotard, *Rudiments paiens* (Paris, 1977), pp. 229-230 を参照．彼は，このパラドックスは論破できないと主張している．事実，彼の後の作品である *The Postmodern Condition: A Report on Knowledge*, trans. Goeff Bennington and Brian Massumi, foreword by Frederick Jameson (Minneapolis, 1984)〔『ポスト・モダンの条件』小林康夫訳，風の薔薇，1986年〕で，リオタールはポストモダン科学を，そのパラドックスの大歓迎と合意への侮蔑によって定義している．かくして彼は，発話行為理論を「行為遂行性」の概念を導入するために利用しているにもかかわらず，行為遂行的

矛盾という争点をけっして真剣に受け取っていないのである.

21 Ibid., p.10.

22 Ibid., p.11.

23 フーコーは確かに *The Archaeology of Knowledge*, trans. A.M. Sherida Smith (New York, 1972), p.149f. の中で論証的形態の矛盾を論じている. 彼は次のように結論している. 考古学的分析は「単一の命題を同時に肯定し, 否定するというモデルによる矛盾の優位を確立する」(p.155).

24 Rodolphe Gasché, *The Tain of the Mirror: Derrida and the Philosophy of Reflection* (Cambridge, Mass., 1986), p.135.

25 Ibid., p.142.

26 Ibid., p.76.

27 確かにガシェは, ハーバマスがヘルベルト・シュネーデルバッハと並んで, この議論のメタ・コミュニケーション的形態をコミュニケーション的形態から峻別するという空しい企てを投げ捨てることによって, 反省哲学の最良の弁護を提供したことを認めている. しかし彼は, この議論のあらゆる形態をディコンストラクション主義者が拒否していることのほうが優越している, と明白に考えている. p.78 の彼の議論を参照.

28 Paul de Man, *Allegories of Reading: Figural Language in Rousseau, Nietzsche, Rilke, and Proust* (New Haven, 1979).

29 Ibid., p.86.

30 Cited from *The Birth of Tragedy* in Ibid., p.86.

31 Ibid., p.94.

32 Ibid., p.98.

33 Nietzsche cited in Ibid., p.119.

34 Nietzsche cited in Ibid., p.121.

35 Ibid., p.124.

36 Ibid., pp.124-125.

37 Ibid., p. 125.

38 Ibid., p. 130.

39 Ibid., p. 131.

40 Jürgen Habermas, *Communication and the Evolution of Society*, p.6.

41 Habermas, *The Philosophical Discourse of Modernity*, p.198.

42 ハーバマスがその意識哲学に対する批判にもかかわらず, 至高の主体の存在を暗黙裡に保持し続けていることは, 彼自身の修辞的文体から認められてよいであろう. 彼の文体は, 疑いなくその背後にいる力強い作者の存在を投影している.

43 こうした差異を識別する最近の試みについては Paul Smith, *Discerning the Subject* (Minneapolis, 1987) を参照.

44　Habermas, *Legitimation Crisis*, p.28.

第3章

1　例えば Gillian Rose, *Dialectic of Nihilism: Poststructuralism and Law* (London, 1984) を参照.

2　Alasdair MacIntyre, *After Virtue: A Study in Moral Theory* (Notre Dame, Ind., 1981)〔『美徳なき時代』篠崎榮訳, みすず書房, 1993年〕; Bernard Williams, *Ethics and the Limits of Philosophy* (London, 1985). マッキンタイアは確かに, 彼こそ現代の道徳哲学者と見なしているニーチェを考察してはいるが, それは単にニーチェを不当にもアリストテレスと比較するためにだけなのである.

3　Michel Foucault, *The Use of Pleasure*, trans. Robert Hurley (New York, 1985)〔『性の歴史2――快楽の活用』田村俶訳, 新潮社, 1986年〕; *The Care of the Self*, trans. Robert Hurley (New York, 1986)〔『性の歴史3――自己への配慮』田村俶訳, 新潮社, 1986年〕. また, 次のものに所収の対話も参照. *Michel Foucault: Politics, Philosophy, Culture*, ed. Lawrence D. Kritzman (New York, 1988).

4　Jean-François Lyotard and Jean-Loup Thébaud, *Just Gaming*, trans. Wlad Godzich, Afterword by Samuel Weber (Minneapolis, 1985). *Au Juste* という原題は, 規範的なゲーム対記述的なゲームに関するリオタールの論議の基底にあるウィトゲンシュタイン的な言語ゲームをとらえるという点では, あまり成功していない.

5　Jacques Lacan, *L'Éthique de la psychanalyse* (Paris, 1986). *Encore* (Paris, Seuil, 1975) も参照.

6　Luce Irigaray, *Éthique de la différence sexuelle* (Paris, 1984)〔『性的差異のエチカ』浜名優美訳, 産業図書, 1986年〕.

7　Jacque Derrida, *Writing and Difference*, trans. Alan Bass (Chicago, 1978)〔『エクリチュールと差異（上・下）』若桑毅他訳, 法政大学出版局, 1977年, 1983年〕.

8　J. Hillis Miller, *The Ethics of Reading* (New York, 1987).

9　Maurice Blanchot, *The Unavowable Community*, trans. Pierre Joris (Barrytown, N.Y., 1988), p.18〔『明かしえぬ共同体』西谷修訳, 朝日出版社, 1984年〕.

10　Michel de Certeau, "Lacan: An Ethics of Speech," in *Heterologies: Discourse on the Other*, trans. Brian Massumi, foreword by Wlad Godzich (Minneapolis, 1986); John Rajchman, *Michel Foucault: The Freedom of Philosophy* (New York, 1985); "Ethics After Foucault," Socialtext (Win-

ter, 1985); "Lacan and the Ethics of Modernity," *Representations* 15 (Summer, 1986); James Bernauer, "Michel Foucault's Ecstatic Thinking," *Philosophy and Social Criticism* 12, 2-3 (1987); Arnold I. Davidson, "Archaeology, Genealogy, Ethics," in David Couzens Hoy, ed., *Foucault: A Critical Reader* (New York, 1986); Christopher Norris, *Derrida* (Cambridge, Mass., 1987), chapter 8; Richard Shusterman, "Postmodernist Aestheticism: A New Moral Philosophy?" *Theory, Culture and Society* V, 2-3 (June, 1988); Tobin Siebers, *The Ethics of Criticism* (Ithaca, 1988).

11 Foucault, "On the Genealogy of Ethics: An Overview of Work in Progress," in Paul Rabinow, ed., *The Foucault Reader* (New York, 1984), p. 343.

12 Foucault, "The Ethic of Care for the Self as a Practice of Freedom," interview with Raul Fornet-Betancourt, Helmut Becker, and Alfredo Gomez-Müller (January 20, 1984) in *Philosophy and Social Criticism* 12, 2-3 (Summer, 1987), p.115.

13 Foucault, "Power, Moral Values, and the Intellectual," interview with Michael Bess (November 3, 1980) in *History of the Present Newsletter* 4 (Spring, 1988), p.1.

14 Rajchman, *Michel Foucault and the Freedom of Philosophy*, p. 37.

15 Lyotard, *Just Gaming*, p.14.

16 Lacan, *The Four Fundamental Concepts of Psycho-analysis*, ed. Jacque-Alan Miller, trans. Alan Sheridan (New York, 1978), p.33. この主張を，フロイトの「正直の倫理」は無意識の衝動についての意識的な熟考を評価しているという *Freud: The Mind of a Moralist* (Garden City, N.Y., 1961) でのフィリップ・リーフの有名な議論と比較するのも興味深いことであろう．しかしリーフは，精神分析は信用を失った過去の道徳命令体系に代わるべき新たな公共的な道徳を提供してはくれないことを認め，その結果として，精神分析のニヒリズム的でありうるかもしれない含意を危惧している (p.352).

17 de Certeau, "Lacan: An Ethics of Speech," p. 61.

18 Siebers, *The Ethics of Criticism*, p.179.

19 Jacques Lacan, *Télévision* (Paris, 1974), p.65〔『テレヴィジオン』藤田博史・片山文保訳，青土社，1992年〕.

20 アンソニー・ウィルデンは，この類似性は1930年代の高等研究学院でのアレクサンドル・コジェーヴによる有名なヘーゲル現象学講義という共通の源泉に由来するものであろうと述べている．次のもののなかの彼の注釈を参照．Jacques Lacan, *The Language of the Self: The Function of Language in Psychoanalysis* (New York, 1968), p.192f.

21 この相違について論じたものとしては，Christopher Norris, *The*

Deconstructive Turn: Essays in the Rhetoric of Philosophy (New York, 1984), chapter 4 を参照.

22 レヴィナスにおける服従のモチーフをめぐるリオタールの考察については, 彼の "Levinas' Logic," in Richard A. Cohen, ed., *Face to Face with Levinas* (Albany, N.Y., 1986), p.147f.を参照.

23 Lyotard, *Just Gaming*, p.37.

24 Ibid., p.72.

25 Miller, *The Ethics of Reading*, p.3.

26 Ibid., p.59.

27 Ibid., p.58. 文学批評家だけがあらゆる人間活動を, 読むことの変種と考えうるのである！

28 Ibid., p.8.

29 Ibid., p.76.

30 Ibid., p.98.

31 Siebers, *The Ethics of Criticism*, p.39.

32 MacIntyre, *After Virtue*, p.22.

33 ギリシャの倫理を現代に対する規範として単純に承認したわけではないとフーコーは慎重に主張しているが, 彼が明白に魅力的だと見なしているこの側面が存在している.

34 ニーチェの仕事のこの次元に関する優れた考察については, Alexander Nehamas, *Nietzsche: Life as Literature* (Cambridge, Mass., 1985) を参照. ニーチェ的な道徳性をより批判的に論じたものとしては, John Andrew Bernstein, *Nietzsche's Moral Philosophy* (Rutherford, N. J., 1987) を参照.

35 Foucault, "On the Genealogy of Ethics," p.351.

36 フーコーの, 自己への配慮としての倫理の強調が, 間主観的な関係に心を砕く者たちの反対を巻き起こしたのも驚くに値しない. 例えば次のものを参照. Stephen K. White, *The Recent Work of Jürgen Habermas*: Reason, Justice and Modernity (Cambridge, 1988), p.150f.

37 Rajchman, "Lacan and the Ethics of Modernity," p.55.

38 David Carroll, *Paraesthetics: Foucault, Lyotard, Derrida* (New York, 1987) を参照.

39 私はユルゲン・ハーバマスの『近代の哲学的ディスクルス』の書評のなかで, 簡潔な回答を試みた (*History and Theory* XXVIII, 1 (1988), pp.94-111).

40 注(9)を参照.

41 Jean-Luc Nancy, *La Communauté désœuvrée* (Paris, 1986)〔『無為の共同体』西谷修訳, 朝日出版社, 1985年〕. ブランショの造語である〈*désœuvrément*〉という語には, その英訳者の一人であるアン・スモックによ

れば，平穏無事，惰性，怠惰というコノテーションがある．

42　構成された性格の暴力の告発と，その対抗暴力の解放の弁護については，Leo Bersani, *A Future for Astynax: Character and Desire in Literature* (Boston, 1976) を参照．ベアサーニは，文学にとどまらない重要性を持ったテーマについての最近の研究に，これと同じ論法をおおいに適用している．"Is the Rectum a Grave?" *October* 43 (Winter, 1988) 掲載の，エイズ危機に関する彼の議論を参照．

倫理に対して暴力が持つ意味合いについてきわめて異った考察をしたものとしては，次のものを参照．Paul Ricœur, "The Teleological and Deontological Structures of Action: Aristotle and/or Kant," in A. Phillips Griffiths, ed., *Contemporary French Philosophy* (Cambridge, 1987)．リクールはこう主張している．「善い生活」につながる質的に多様な徳を許容する，アリストテレスの目的論的多元主義は，暴力の問題がある以上，カントの義務論によって補われなければならない．「道徳は」と彼は強調するのだが，「規範的でなければならないのであって，ただ単に評価的であってはならない．というのも，暴力に関するわれわれの道徳的判断は，それは望ましくないとか，あまり好ましくないとか，あまり賢明ではないとかいう以上の意味を含んでいるからである．暴力は悪であり，悪は存在しているものであって，存在すべきものではないからである．さらに，暴力が存在するがゆえに，〈他者〉が，犠牲者として，死刑執行人として，証人として，裁判官として倫理的考察の最前線に投影されるのである」(p.106)．この議論には，ベアサーニのようなポスト構造主義の思想家によって共有されるであろう多くのものが含まれているが，両者の相違は彼らの〈他者〉の観念にかかわっている．〈他者〉とは，リクールにとっては道徳的行為主体，物語として定義された自己である．これに対してポスト構造主義者にとっては，その各々の自己の創造によって暴力的に犠牲となる，より流動的な現実なのである．

43　彼の chapter 5, "Why Enlightenment Project of Justifying Morality Had to Fail."を参照．

44　Williams, *Ethics and the Limits of Philosophy*, p.169.

45　Ibid., p.117.

46　おそらく彼のもっとも詳細な説明は *Moralbewußtsein und kommunikative Handeln* (Frankfurt, 1983)〔『道徳意識とコミュニケーション行為』三島憲一他訳，岩波書店，1991年〕のなかにある．White, *The Recent Work of Jürgen Habermas* に彼の議論の有益な要約がある．

47　例えば以下のものを参照．Alessandro Ferrara, "A Critique of Habermas' *Diskursethik*," Telos 64 (Summer, 1985), pp.45-74; Seyla Benhabib, "The Utopian Dimension in Communicative Ethics," *New German Critique* 35 (Spring/Summer, 1985), pp. 83-96; and Niels Thomassen, "Habermas'

Discourse Ethics," *Danish Yearbook of Philosophy* 24 (1987), pp. 77-96.

48　興味深いことに，もっとも有益かもしれない言説のタイプは，この事例が最初の一瞥でそう見えるであろうほどには美学から離れてはいない．美的判断がアプリオリな一般的原則を避け，かつ個人の趣味を超えようと試みるかぎり，それは倫理的言説のためモデルを提唱しているのである．その意味合いを簡潔に考察したものとしては，Shusterman, "Postmodernist Aestheticism," pp. 353-4 を参照．

49　禁欲の倫理的含意についての洞察力に満ちた思索で，この問題とのフーコーのかかわりに対する絶妙の分析をも包含したものとしては，Geoffrey Galt Harpham, *The Ascetic Imperative in Culture and Criticism* (Chicago, 1987) を参照．

第4章

1　Georges Bataille, "Nietzsche and the Fascists," *Visions of Excess: Selected Political Writings, 1927-1939*, ed. Allan Stoekl, trans. Allan Stoekl with Carl R. Lovitt and Donald M. Leslie, Jr. (Minneapolis, 1985). ローゼンベルクはニーチェをワーグナーとラガルドに結びつけることにより，彼をナチスの殿堂入りさせようと謀っていたが，そうしたやり方にバタイユは反感を覚えた．

2　Rita Bischoff, *Souveränität und Subversion: Georges Batailles Theorie der Moderne* (Munich, 1984), pp. 220-222, および Jürgen Habermas, *The Philosophical Discourse of Modernity: Twelve Lectures*, trans. Frederick Lawrence (Cambridge, Mass., 1987), p. 219〔『近代の哲学的ディスクルス 1・2』三島憲一他訳，1990年，岩波書店〕．

3　ニクラウス・ゾンバルトは，シュミットの未刊の書簡のなかにバタイユへのなにがしかの確かな言及があることに着目している．1990年2月16日，ニューヨークで彼から直接聞いたことである．

4　概念史のもっともすぐれた研究者のひとりF・H・ヒンズレーによれば，「政治の領域または社会の本質の，あるいはその両方の諸条件が急速な変化を生み出すとき，それは最大の興奮と論争の源泉となってきた．諸条件が社会と政治のあいだに密接な統合をもたらしたために人々が政治と共同体は同一であると考えたり，あるいはまた諸条件が社会と政治のあいだに亀裂を生み出したために人々が政治と共同体は同一であるべきだと主張するようになると，抵抗を受けたり罵倒されたりしたことを見逃すわけにはいかない」(*Sovereignty*, 2nd. ed. [Cambridge, 1986], p. 2)．第一次大戦後のワイマール期ドイツ，フランス第三共和制はともにこうした興奮を呼び起こす，急速な変化の時代であった．

5　Schmitt, *Political Theology: Four Chapters on the Concept of Sovereignty*, trans. George Schwab (Cambridge, Mass., 1985)〔『政治神学』田中浩・原田武雄訳，未来社，1971年〕. 前に私の論文"Reconciling the Irreconcilable? A Rejoinder to Kennedy," *Telos* 71 (Spring 1987) でこの著作に言及したところ，エレン・ケネディの "Carl Schmitt and the Frankfurt School: A Rejoinder," *Telos* 73 (Fall, 1987) の気むずかしい批判にさらされた．彼女は次のように結論する．「ジェイは誤解しているだけである．シュミットは『主権者は神のようだ』などと論じていない．彼の見解は正反対で，国家の創造者や保証人の働きをする『主権者』など近代世界には存在しないと言っているのである．シュミットにとってそのことが近代の問題のすべてであり，現在の国家論のアキレス腱なのである」(p. 105).

『政治神学』をもういちど読んでみても，私は意見を改めることはなかろうと思う．近代国家論が主権者の真の本質を確認していないとシュミットは考えていたと思われ，そして彼の描くその真の本質は，その根を神学に求めるのではないかぎり理解不可能である．シュワーブが翻訳序文で言っているように「シュミットは近代の憲法の発展を認める用意はあったものの，主権のうちに人間的要素を復帰させ，それをふたたび一体不可分のものにしようと決心した」(p. xvi).

6　Schmitt, *Die Diktatur: Von Anfänge des modernen Souveränitätsgedankens bis zum proletarischen Klassenkampf* (Munich, 1921), 2nd ed., 1928〔『独裁』田中浩・原田武雄訳，未来社，1991年〕, *Legalität und Legitimität* (Munich, 1932)〔『合法性と正当性』田中浩・原田武雄訳，未来社，1983年〕, *The Concept of the Political*, trns. with intro. George Schwab (New Brunswick, N. J., 1976)〔『政治的なものの概念』田中浩・原田武雄訳，未来社，1970年〕. これらの理論的著作が，シュミットがくだした政治的決断とどのようにかかわっているかの説明として，George Schwab, *The Challenge of the Exception: An Introduction to the Political Ideas of Carl Schmitt between 1921 and 1936* (Berlin, 1970)〔『例外の挑戦』宮本盛太郎他訳，みすず書房，1980年〕および Joseph W. Bendersky, *Carl Schmitt: Theorist for the Reich* (Princeton, 1983)〔『カール・シュミット論』宮本盛太郎・古賀敬太訳，御茶ノ水書房，1984年〕を参照．二つの研究書とも，弁明的な傾向が微妙に見られるため，読む際には多少注意を要する．*The Journal of Modern History* 53, 3 (September, 1984) 所収の，ベンダースキーのものについての私の書評を参照．

7　この用語はときに state of emergency（緊急事態）と英訳されてきたが，最近の文献では state of exception（例外状況）という訳語のほうが勝ちをおさめたようである．

8　シュミットの立場はケルゼンのような自由主義者に対抗するものである

にしても，その源をドイツの自由主義理論そのものにたどることができる．ルードルフ・フォン・イェーリングからグスタフ・ラートブルフやマックス・ヴェーバーにいくにしたがって，決断論の重要性が増すとする議論については，Stephen Turner and Regis Factor, “Decisionism and Politics: Max Weber as Constitutional Theorist,” in Sam Whimster and Scott Lash, eds., *Max Weber, Rationality and Modernity* (London, 1987) を参照．

9　とはいえ，そうした同質性は友・敵対立を基礎としている．つまり同質的自己の団結を創出するためには，憎悪される他者が必要なのである．『議会制民主主義の危機』のなかで彼が書いているように，「すべての現実の民主主義は，等しき者は平等であるだけではなく，等しくない者は平等には扱われないであろうという原理に基づいている．それゆえ民主主義は第一に同質性を要求するが，第二に――必要とあらば――異質性の排除ないし根絶を要求し，……民主主義は――平等には常に不平等がつきものであるがゆえに――支配される者の一部を排除しても，民主主義であるのをやめることにはならない……」(p. 9)．シュミットのワイマール政治論と冷笑的ながらもナチズムを受け入れたこととはまったく関係ないとしたがる彼の擁護者たちは，こうした彼の発言の意図をいささか扱いかねている．1926年になされたこうした不気味な発言は，まるで第三帝国の立場を予知しているかのようである．

10　Schmitt, *Political Theology*, p. 36. ケルゼンがすでに神学と法学のあいだの関係に着目していることをシュミットは認めるが，神の秩序の合法性が人間の秩序の合法性の基礎であるとする彼の信念には疑問を呈した．p. 40f. 参照．興味深いことに，何年も後にケルゼンは出版せずじまいに終わったある本のなかで，この問題に立ち返ることになる．『世俗宗教――近代の社会哲学，科学，政治を「新宗教」とみる誤解への一つの論難』という題のこの本は，1964年にカリフォルニア大学出版局から出る予定であったが，最後になってケルゼンにより撤回された．同書のp. 5にあたる長い脚注のなかで，1922年の『社会学的国家概念と法学的国家概念』において一方の国家と法の関係の仕方，他方の神と世界の関係についての神学的問題のあいだに，ある種の平行関係が成り立つことを指摘したのを彼は認めている．けれども次のようにつけ加えている．「この平行関係の論証は，国家と法の二元論への認識論的批判を意図したものにすぎない．この二元論が神と世界との神学的二元論を装っていると想定したつもりはない．私は類比を同一性へ転化させる気などまったくない…….類比を同一性と誤解する代表例はカール・シュミットの『政治神学』である…….いわゆる主権者が緊急事態を確認する能力があるという事実から，『主権』はこの能力そのものだということは出てこない…….いわゆる立法者の万能についての，政治に左右されない科学的定義はすべて，この概念と神の全能との差異を強調している．神の全能は無制約的である．いわゆる立法者の万能は，実定法を制定したり廃止したりする能力を意味するにすぎない」．シュ

ミットはボダンを読む際に，えてしてこの区別を認めそこなっているとケルゼンは結論づけている．

ケルゼンの本の校正刷りを見ることができるようにしてくれた，ボールト・ホール・ロースクールのリチャード・バクスバウム教授に感謝する．

11　キリスト教の伝統では，神の意志と神の理性ないし知性の微妙なバランスが，しばしば論争の種になったことに注意しなければならない．概観していて有益な，Hannah Arendt, *Willing* in *The Life of the Mind* (New York, 1978)〔『精神の生活（下）』，佐藤和夫訳，岩波書店，1994年〕を参照．シュミットのいう神は，アクィナスよりもアウグスティヌスやドゥンス・スコトゥスの伝統に結びつくものである．アーレント自身は，意志の優位に基づく政治には深い危惧の念を抱いていたことに注意すべきであろう．p. 200 での彼女の叙述を参照．

12　『政治神学』のなかでシュミットは主権について次のように書いている．「主権者は平時の現行法体系の外に立っているが，にもかかわらずそれに帰属している．というのは，憲法を一括停止する必要があるか否かを決定しなければならないのは，彼だからである」(p. 7)．このパラドックスを見て，ある批評家，すなわちベンダースキーは次のように結論することができた．シュミットにとって主権者は「いぜん法的枠組みのなかで機能している．彼の権威は唯一現存の法体系に発している」(p. 38)．もしそういうことであれば，主権者はひたすらミュンヒハウゼン男爵〔ほらふき男爵〕流の曲芸を必要とすることになろう．

13　しかしながらシュミットは正統性／合法性の区別を，不正義の法，あるいは不当だが合法的な「だけ」の権威に対する抵抗の理論に転化することをしなかった．ベンダースキーが正しく注意しているように，「合法的に構成された権威への服従が，つねにシュミットの政治と法の哲学の基礎的格率であった」(*Carl Schmitt: Theorist for the Reich*, p. 28)．すべての実定法について，その淵源が現在決断をくだしている主権者によって合法化されていると解釈できるかぎり，それらに服従するという権威主義的傾向が彼にはある．これは彼があまり痛みを感じずに，ワイマール体制の支持者たることを放棄してナチズムの擁護者に転じたことの説明の一助となる．正義は主権者の指令の機能の一つにほかならないとする理論から，不正義の法への不服従という市民的権利は出てきようがない．シュミットを免罪する道を求める傾向のあるシュワーブでさえ，「こうした［友・敵区分のみを基礎とした］正義へのアプローチの不幸な帰結が，全体主義的国家においてあまりにも早くあらわになってきた」ことを認めている（*The Challenge of the Exception*, p. 116）．

14　ブルーメンベルクによる批判については，*The Legitimacy of the Modern Age*, trans. Robert M. Wallace (Cambridge, Mass. 1983) を参照．シュミット擁護の試みとしては，Richard Faber, “The Rejection of Political

Theology: A Critique of Hans Blumenberg," *Telos* 72 (Summer, 1987), pp. 173-186.

15 Alfons Söllner, "German Conservativism in America: Morgenthau's Political Realism," *Telos* 72 (Summer, 1987), pp. 161-172 を参照.

16 『政治的なものの概念』のなかで彼の世俗化の議論を復唱したさい，次のように主張している.「19世紀ドイツの国家の人格説がここで重要になる. なぜならそれは一面では絶対君主へのアンチテーゼだからであり，もう一面では君主主権か人民主権かのジレンマを避ける目的から（他の社会集団すべてに相対する）より高い第三者とみなされる国家に向かうものだからである」(pp. 42-43).

17 Hinsley, *Sovereignty*, p. 127.

18 最近の左翼側からのシュミット擁護者の一人ポール・ハーストは，次のように記している.「すべての法秩序はその外部を持つ. 政治と国家は実際には法によって縛られず，政治的必要はいかなる法も頓着せずに，土壇場では無法な手段による政治秩序を求める」("Carl Schmitt—Decisionism and Politics," *Economy and Society* 17,2 [May, 1988], p. 273). 階級闘争において同じく法の「外部」を指し示すマルクス主義たちにとって，この種の現実主義は魅力的かもしれない. けれども，そこでシュミットと左翼の側の彼の信奉者にたずねなくてはならないのは，政治の「外部」とは何かということである. なぜ正体暴露の過程は政治の領域で明け暮れ，政治にとっての他者からのどんな汚染からも守られなければならないのか，ということである. シュミットやその他の多くの20世紀の人たちが正しく異議を申し立てたように，政治的なものを社会的ないし経済的なものに還元することは誤りであるが，政治を他のすべてから絶対的に隔離することもまた問題である. ハンナ・アーレントが犯した似たような誤りへの批判については，次の私の論文を参照. "The Political Existentialism of Hannah Arendt," *Permanent Exiles: Essays on the Intellectual Migration from Germany to America* (New York, 1985)〔『永遠の亡命者たち』今村仁司他訳，新曜社，1989年〕.

19 Bataille, "The Notion of Expenditure," in *Visions of Excess*, first published in *La Critique Sociale* 7 (January, 1933)〔「消費の概念」生田耕作訳，『ジョルジュ・バタイユ著作集 6』二見書房，1973年〕; "The Psychological Structure of Fascism," in Ibid., first published in *La Critique Sociale* 10 (November, 1933) and 11 (March, 1933); *La Souveraineté*, ed. Thadée Klossowski in *Oeuvres Complètes*, vol. VIII (Paris, 1976). 概観していて役に立つものとして，Michele H. Richman, *Reading Georges Bataille: Beyond The Gift* (Baltimore, 1982), chapter 3 を参照.

20 決断についてのバタイユの思想は，*Inner Experience*, trans. Leslie Anne Boldt (Albany, N. Y., 1988)〔『内的体験』出口裕弘訳，現代思想社，

1970年〕に見られ，そこで彼は次のように書いている．「笑いの，危険行為の，勇気と力の昂揚の倫理のすべては決断の精神にある……．決断は最悪のものを前にして生まれるもの，超克するものである．それは勇気，心情，自己自身であることの本質である．そしてそれは企てとは反対のものである（遅延を断念し，即座に決断し，すべてを賭に投ずることをそれは要求し，結果は二次的な重要性しか持たない）」(pp. 25-26)．

21　Marramao, *Macht und Säkularisierung: Die Kategorie der Zeit*, trans. Max Looser (Frankfurt, 1989), chapter 4.

22　Ibid., p. 202.

23　Schmitt, *Political Romanticism*, trans. Guy Oakes (Cambridge, Mass., 1986)〔『政治的ロマン主義』橋川文三訳，未来社，1982年〕．

24　Annette Michelson, "Heterology and the Critique of Reason," *October* 36 (Spring, 1986), p. 124.

25　Bataille, "The Psychological Structure of Fascism," *Visions of Excess*, originally in *La Critique Sociale* 10 (November, 1933) and 11 (March, 1934).

26　この支配の概念は，ヘーゲル的というよりはニーチェ的であることに注意すべきである．もともと1943年に書かれた『内的体験』のなかでバタイユは，労働と知識を基礎とするヘーゲルの主人と奴隷の弁証法から，主権を注意深く区別した（p. 108f.）．

27　Bataille, "The Psychological Structure of Fascism," p. 148.

28　Ibid., p. 145.

29　無神学的という用語は，*La Somme athéologique*, vols. V and VI of the *Oeuvres Complètes*〔部分訳，『内的体験』出口裕弘訳，現代思想社，1970年，『有罪者』出口裕弘訳，現代思想社，1967年〕という三巻本の著作の題名になっている．

30　Bataille, "The Psychological Structure of Fascism," p. 153. このいくぶん謎めいた文章で，バタイユは生きられた異質性を「現実の限定的価値」に対置している．この後者で彼の言おうとしているのは，限定を課す現実，限定経済の現実であると私は理解している．

31　Bataille, "Propositions," *Visions of Excess*, p. 197.「Acéphale（無頭）」というのは，コレージュ・ド・ソシオロジー（社会学研究会）でバタイユと彼の友人たちが1939年に4号まで発行した雑誌の名前であった．それはまた，ニーチェ的な神話と犠牲の社会の復活をめざした彼らの秘密結社の名前でもあった．1936年4月4日付のその綱領は，*October* 36 (Spring, 1986), p. 79 に再録されている．その最後の，不吉ともいえる項目で，「暴力の価値と攻撃の意志を，それらがすべての権力の基礎となるかぎり肯定せよ」と言っている．

32　Maurice Blanchot, *The Unavowable Community*, trans. Pierre Joris

(Barrytown, N.Y., 1988).

33 Jacques Derrida, “From Restricted to General Economy: A Hegelianism without Reserve,” in *Writing and Difference*, trans. Alan Bass (Chicago, 1978), p. 269〔『エクリチュールと差異（下)』若桑毅他訳，法政大学出版局，1983年〕.

34 アレン・S・ワイスが書いているように，「主権は，過剰，恍惚への傾向(共同体形成にも神秘教として知られている特殊な共同体にも共通した，あの自己自身を超越していくこと）のために，本質的に根拠を欠いており，真の基礎ないし源泉を持たない．偶然を必然となすことによってのみ，主権の主体は普遍的な理性と歴史の内部のただの一つの契機に成り果てるのを避けることができる」(“Impossible Sovereignty : Between *The Will to Power* and *The Will to Chance,*” *October* 36 [Spring, 1986], p. 141).

35 『近代の哲学的ディスクルス』のなかのハーバマスの定式化によれば，「同じ考え［基本的暴力］の助けを得て彼［バタイユ］もまた，ファシズムのなかにある無根拠的ないし『純粋』な統率という要素（カール・シュミットに非常に特徴的なもの）を正当化しているが，これに対してはホルクハイマーとアドルノがきっぱりとミメーシスの力を対置したのである」(p. 86). この定式化には二つの点で問題があように思われる．第一にシュミットの主権概念が無根拠的なのは，その反規範性という意味でだけである．それは立法する神の代理者による無基準的決断のうちに別の根拠を持っている．第二にもう一方のバタイユのものは反根拠的なことでもっと一貫しているが，彼のいう主権を持つ統率者は純粋どころではない．むしろ純粋なものの冒瀆であり，それが逆説的ながら彼の考える聖なるものを構成しているのである．

36 〈無形（informe)〉はバタイユの中心的概念の一つである．彼は書いている．「学問的な人たちが幸福であるためには，宇宙は形をとらなければならないであろう．哲学はすべて，それ以外の目標を持たない．その課題は存在するものにフロックコートを着せること，数学的フロックコートを着せることである．他方，宇宙は何ものにも似ておらず，ただ〈無形〉であると認めることは，つまるところ宇宙は蜘蛛か唾液のような何かであると言うことに等しい」“Formless,” in *Visions of Excess*, p. 31〔「不定形」片山正樹訳，『ドキュマン』(ジョルジュ・バタイユ著作集11）二見書房，1974年〕.

37 Bataille, *Literature and Evil*, trans. Alisdair Hamilton (New York, 1973), p. 173〔『文学と悪』山本功訳，紀伊國屋書店，1957年〕.

38 バタイユのコミュニケーション概念に関する議論としては，Richman, *Reading Georges Bataille*, chap 5 を参照.

39 一方の強い国家を持たない未開社会の政治権力，相互扶助や交換の拒絶と，他方の言語の予言的，反コミュニケーション的機能（ここでいうコミュニケーションとは通常の意味である）とのつながりについての示唆的な解釈とし

て，Pierre Clastres, *Society Against the State: The Leader as Servant and the Humane Uses of Power Among the Indians of the Americas*, trans. Robert Hurley (New York, 1977), p. 182f.を参照.

40 結びつきは，彼の有名なポルノ小説 *The Story of the Eye*, trans. Joachim Neugroschel (New York,1977)〔『眼球譚』(ジョルジュ・バタイユ著作集1) 生田耕作訳，二見書房，1971年〕のなかにもっともよく表れているかもしれない.

41 バタイユの論文についての洞察力に富む批判のなかで，アンソニー・スティーヴンスは書いている.「彼は同じようにナチスを受け入れる用意を示しているが，エルンスト・ユンガー，ゴットフリート・ベン，マルティン・ハイデガーの態度をそれぞれある期間決定したすべての事実が示唆するよりも，ずっと高貴なものとしてそれを受け止めている」(“Georges Bataille's Diagnosis of Fascism and Some Second Thoughts,” *Thesis Eleven* 24 [1984], p. 77).

42 Ernst Bloch, *Erbschaft dieser Zeit* (Zurich, 1935)〔『この時代の遺産』池田浩士訳，三一書房，1982年〕.

43 Bataille, “The Psychological Structure of Fascism,” p.154.

44 Ibid., p. 159. たしかに後には，彼は純然たる聖なる暴力とナチスによるその歪曲を区別しようとした．彼の“La Morale du malheur: *La Peste*,” *Critique* 13/14 (June-July,1947) を参照.

45 Victor Turner, *The Ritual Process: Structure and Anti-Structure* (Ithaca, N.Y., 1977)〔『儀礼の過程』富倉光雄訳，思索社，1976年〕.

46 もっとも重要な違いはターナーが同質性を共同体と，異質性を階層構造と同一視している点にある．つまり彼は限界状況にあっては明確なヒエラルキー的差異が瓦解することに着目し，そのため限界状況が共同体的同質性を生み出すと考えている．バタイユの視点からすると，ファシズムの軍事的次元についての彼の議論で見たように，固いヒエラルキー的構造がまさしく同質性の本質なのである．したがってそれの克服は，以前よりも強いタイプの異質性に進むことになる.

47 Turner, *The Ritual Process*, p. 128.

48 Bataille, *Inner Experience*, pp. 90, 132. 社会学研究会での彼の仲間のロジェ・カイヨワもまた，カーニヴァルの聖なる位置について説いた．彼の1939年の論文 “Festival” in *The College of Sociology, 1937-1939*, ed. Denis Hollier, trans. Betsy Wing (Minneapolis, 1988)を参照.

49 Turner, *The Ritual Process*, p. 132.

50 Ibid., p. 129.

51 Michel Foucault, *Power/Knowledge: Selected Interviews and Other Writings*, ed. Colin Gordin, trans. Colin Gordin et al. (New York, 1980),

p. 105.

第5章

1　この情報やその他の細部にわたる知識については，1990年2月16日ニューヨークでのアグネス・ヘラーとの談話に負っている．

2　アーレントの生涯についての古典的な解説書は，Elisabeth Young-Bruehl, *Hannah Arendt: For Love of the World* (New Haven, 1982) である．活躍を続けているヘラーの経歴についての権威ある解説書はまだ出ていないが，ブダペスト学派の一員として彼女が過ごした時代についての多少の情報が，Serge Frankel and Daniel Martin, "The Budapest School," *Telos* 17 (Fall, 1973), pp. 122-133 と Joseph Gabel, "Hungarian Marxism," *Telos* 25 (Fall, 1975), pp. 185-191 から得られる．

3　こうした環境を説明した最近のもので，そのメシア的傾向の残滓と政治的ユートピア主義とのあいだの親和性を強調しているものとして，Michael Löwy, *Rédemption et Utopie: le judaïsme libertaire en Europe centrale* (Paris, 1988) を参照．興味深いことにヘラーはアーレントを，もう一人の著名なケーニヒスベルク市民カントと並べて，東エルベ特有の「大共和主義」的政治理論の伝統に含めようとしている．これにはローザ・ルクセンブルクも含まれる．論文 "The Great Republic," in Ferenc Fehér and Agnes Heller, *Eastern Left, Western Left: Totalitarianism, Freedom and Democracy* (Oxford, 1986), p. 188 を参照．

4　アーレントの1944年の論文"The Jew as Pariah: a Hidden Tradition," reprinted in *The Jew as Pariah: Jewish Identity and Politics in the Modern Age*, ed. Ron H. Feldman (New York, 1978)〔『パーリアとしてのユダヤ人』寺島俊穂・藤原裕宜訳，未来社，1989年〕におけるパーリアと成り上がりの区別法については，フェヘールの "The Pariah and the Citizen (On Arendt's Political Theory)," in Heller and Fehér, *The Postmodern Political Condition* (New York, 1988) において論じられている．彼はこのカテゴリーをラザールよりも，ユダヤ人を「パーリア民族」としてとらえるマックス・ヴェーバーの有名な分析に帰しており，ラザールには言及していない．

5　アーレントはカール・ヤスパースにも非常に多くを負っているものの，むしろハイデガーの虜になっていた．ヘラーがルカーチについて書くほどアーレントはハイデガーについて書いてはいないにしても，個人的なレヴェルでこの師により親密にかかわっていたことはヤング＝ブリュールの伝記が明らかにしている通りである．とはいえヘラーもまた感情的，知的葛藤の重要性について知るところがあったのは，彼女の繊細な論文 "Georg Lukács and Irma Seidler," in Agnes Heller, ed., *Lukács Revalued* (Oxford, 1983)，また *A*

Theory of Feelings (The Hague, 1979) のような著作に示されている．ここは彼女たちの生涯の伝記的再構成を試みる場所ではないとはいえ，この連関で，この二人の女性とも若い頃に父親を亡くしたことを，思い出しておくとよいかもしれない．パウル・アーレントは娘がわずか7歳だった1913年に亡くなり，パル・ヘラーは娘が15歳であった1944年にアウシュビッツで果てた．

6　その苦闘が，いつも容易に成し遂げられたわけではないことは確かである．アーレントの広く取り上げられた1971年の論文 "Martin Heidegger at Eighty," in Michael Murray, ed., *Heidegger and Modern Philosophy* (New Haven, 1978), pp. 293-303 は，ハイデガーの「誤り」を弁護する態度をとっているが，最近のフーゴー・オット，ヴィクトル・ファリアス，リチャード・ウォーリンの研究の出る前だったとしても，著しく妥当性を欠いているように思われる．これに比べて，ヘラーが師の政治活動を退けているのはずっとすっきりしている．例えば，Agnes Heller and Ferenc Fehér, *Eastern Left, Western Left* の序文での発言(p. 20)，植えつけられた階級意識と経験的階級意識とのあいだのルカーチによる悪評高い区別の批判(p. 216)，を参照．

7　アルフレート・カーツィンの記すところでは，アーレントのハインリヒ・ブリュヒャーとの結婚生活は「ともに暮らす男と女のあいだに成り立つ，これまで見たなかでもっとも情熱的なゼミナール」(Young-Bruehl, p. 267 に引用）であるが，これはヘラーとフェレンツ・フェヘールの関係にも文句なくあてはまるといってよい．アーレントとブリュヒャーの場合と違い，彼らにあってゼミナールは，しばしば共著・共編の著作により，公に実施されてもいた．その結果，アーレントに対するこの二人の態度を区別するのは時として難しく，フェヘールの名前で書かれた論文を引用したところ，あとになってそれがヘラーの立場をも示すものとして，共著のなかに収められるということが起こる．なお，両方の場合とも，再婚であることに留意すべきである．

8　一般的に言うとアーレントはヘラーほどマルクス主義に共感をもっていないとはいえ，*The Origins of Totalitarianism* (Cleveland, 1958), p. 148〔『全体主義の起源（1・2・3）』大久保和郎他訳，みすず書房，1972年，1972年，1974年〕においてルクセンブルクの帝国主義分析を熱心に取り入れ，"Rosa Luxemburg, 1871-1919," *Men in Dark Times* (New York, 1968)〔『暗い時代の人々』阿部斉訳，河出書房新社，1972年〕のなかで彼女の経歴について心を込めて書いている．共著 *Eastern Left, Western Left* に収められた "Redemptive and Democratic Paradigms" という題のフェヘールの論文で，アーレントのこの一編は「荘厳である」(p.74) と言われている．ヘラーのルクセンブルク賞賛の典型的な例として，*The Power of Shame: A Rational Perspective* (London, 1985), pp. 242-243 での議論を参照．そこで彼女はルクセンブルクのストア的かつエピクロス的倫理，その人生にみられる模範的ふるまいを称えている．

9　アーレントのあからさまなフェニミズム嫌いは，ヘラーのブダペスト学派での仲間であるマリア・マールクシュの “The ‘Anti-Feminism’ of Hannah Arendt,” *Thesis Eleven* 17 (1987), pp. 76-87 で注意深く思いやりをもって擁護されている．ヘラー自身のごく最近の著作では，一般的な意味でのフェミニズムを擁護するようになってきている．例えば，*A Theory of History* (London, 1982), p. 305 や *The Postmodern Political Condition*, pp. 35-36 and 144-145 において．とはいえ，性の問題が，例えばシモーヌ・ド・ボーヴォワール，リュス・イリガライ，ミシェル・ル・デーフの場合のように，本当に彼女の哲学の中心になったかのように言うのは誤りであろう．

10　アーレントのアイヒマン書をめぐる論争のさなかに，彼女はゲルショム・ショーレムに次のように書いた．「私はレッシングの自己思惟（Selbstdenken）に大きな信頼を抱いており，どんなイデオロギー，どんな世論，どんな『確信』もその代わりにはなりえないと考えております」(Arendt, *The Jew as Pariah: Jewish Identity and Politics in the Modern World* (New York, 1978), p. 250)．後に遺稿の *Lectures on Kant's Political Philosophy*, ed. Ronald Beiner (Chicago, 1982)〔『カント政治哲学の講義』浜田義文監訳，法政大学出版局，1987年〕のなかで，自己思惟と同じ観念である啓蒙を，カントに帰することになる (p. 43)．

11　Arendt, “On Humanity in Dark Times: Thoughts about Lessing,” in *Men in Dark Times*; Heller, “Enlightenment Against Fundamentalism: the Example of Lessing,” *New German Critique* 23 (Spring/Summer, 1981), pp. 13-26. アーレントが以前にレッシングを扱った際には，レッシングは歴史的真理の敵の啓蒙主義を説いているとして，もっと批判的であったが，1959年の論文では態度を変えた．Young-Bruehl, pp. 93-94 の議論を参照．

12　もっともヘラーは，彼女のいうアーレントの「すばらしい論文」に，それが友情を真理追求からあまりにも徹底的に切り離しているかぎりで異議を唱えた．アーレントにとって「ナータンの知恵はひとえに真理を友情の犠牲にする覚悟に存している」のに対し，ヘラーにとっては「友情は善なるものに帰属するがゆえに，真理に帰属する」(p.16)．

13　*Between Past and Future: Six Exercises in Political Thought* (Cleveland, 1961)〔『過去と未来の間』引田隆也・齊藤純一訳，みすず書房，1994年〕のなかで，エンゲルスは「ある種のマルクス学者たちに通用している見解に反して，マルクスの思想をだいたいは簡明適切なものにした」(p. 21) と彼女は述べている．

14　Arendt, *The Origins of Totalitarianism*, p. 482.

15　Ibid., p. 501. 彼女はこの句を *On Revolution* (New York, 1963)〔『革命について』志水速雄訳，中央公論社，1975年〕や *Crises of the Republic* (New York, 1972) のような後の著作でも繰り返すことになる．

16 Heller and Fehér, *Hungary 1956 Revisited: the Message of a Revolution—A Quarter Century After* (London, 1983).

17 Ibid., p. 114. とはいえアーレントや，また議論になっている評議会のもう一人の大の賛美者カストリアディスとは違って，革命派の人たちは全社会を評議会組織に作り変えたかったのだと二人は考える.

18 『ポストモダンの政治的条件』の頃まで，ヘラーとフェヘールは，マルクスは社会問題に取りつかれているとするアーレントの読み方を攻撃し，マルクスの真の関心はむしろ人間の自由という人間学的問題であったと主張していた（pp. 108, 118).

19 アーレントは生涯を通じてこの見解を保持し続けており，*The Life of the Mind*, vol. II, *Willing* (New York, 1978), p. 216〔『精神の生活（下)』佐藤和夫訳，岩波書店，1994年〕にまで繰り返されている．それとは対照的に，ヘラーにとって「マルクスの理論は自由の哲学であった」(*Eastern Left, Western Left*, p. 128).

20 Heller, *General Ethics* (Oxford, 1988), chapter 1. そこで彼女はアーレントに負うところがあることをはっきりと認めている（p. 17).

21 Heller, *A Theory of History* (London, 1982), 特に chapter 18 "The Philosophy of History and the Idea of Socialism".

22 Heller, "A Socialist in Exile: Patrick Wright talks to Agnes Heller," *New Socialist* (July, 1985), p. 12. 同様な感慨が，ほとんど言葉通りにフェヘールの論文 "The Pariah and the Citizen (On Arendt's Political Theory)," p. 97 にも表れている．もちろんマルクスとアーレントの違いは，分裂に対するそれぞれの態度にかかわる.

23 ヘラーは *The Power of Shame*, chapters 2 and 3 でこの違いを明らかにしている．仕事と生産というパラダイムは，アーレントによる労働と仕事の区別と同じではないことに注意すべきである.

24 Heller, *The Power of Shame*, p. 282.

25 Ibid., pp. viii and 283. テクネーは本質的に道具的であると批判するアーレントの見方については，*The Human Condition* (Garden City, N.Y., 1959), p. 126f.〔『人間の条件』志水速雄訳，中央公論社，1973年〕を参照．ヘラーは，労働とテクネーについて同じように不毛に理解しているとしてハーバマスをも批判している．"Habermas and Marxism" in *Habermas: Critical Debates*, ed. John E. Thompson and David Held (Cambridge, Mass., 1982), pp.34-35 における彼女の叙述を参照．ハーバマスの回答については，"A Reply to My Critics," Ibid., p. 223f.を参照.

26 Heller, *A Philosophy of Morals* (Oxford, 1990), pp. 153-154.

27 Fehér and Heller, *The Postmodern Political Condition*, p. 103. アーレントが経済を国家の関心事から排除していることへの，*Eastern Left, Western*

Left, p. 226 での彼らの批判も参照.

28 Heller, "The Concept of the Political Revisited," in *Can Modernity Survive?* (近刊). この草稿の見本刷りを都合してくれたアグネス・ヘラーに感謝する.

29 Ibid., p. 12 (草稿).

30 *Eastern Left, Western Left*, pp. 134-135. そこでカストリアディスが告発されている. 彼は「絶対的平等を守るパルティザンであるが, それが彼にとっても――『自律』というかたちで――中心的カテゴリーである自由に対して何を意味するか, 考え抜いていないことは明らかである. この場合とちょうど同じ理由で, 彼は政治的なものが他のすべての社会的活動に絶対的に優越すると狂信し, 大革命時のサンキュロット派の平等主義を称賛する」. ヘラーはもっと戦闘的なマルクス主義に立っていたときに, マルクス自身は平等主義者ではなかったと言い, 平等とはいまだブルジョア的議論の枠内の抽象的用語であると主張していたことは, 興味深い. マルクスは平等と自由のあいだの緊張が十分に克服された社会を求めていたのだと言うのである. Heller, *The Theory of Need in Marx* (London, 1976), p. 122〔『マルクスの欲求理論』良知力・小箕俊介訳, 法政大学出版局, 1982年〕を参照.

31 特に *Eastern Left, Western Left*, p. 74 を参照.

32 *Eastern Left, Western Left*, p. 137. アンジェイ・ヴァリツキーに従い, この伝統は, 西側の様式の自由主義が脆弱な東欧に特有であるとヘラーは言う.

33 Ibid., pp. 188-189. 社会的なものと政治的なもののあいだのある種の緊張を維持することの価値については, さらに "The Pariah and the Citizen (On Arendt's Political Theory)," p. 101f. を参照.

34 ヘラーとフェヘールの著作のなかで, 民主主義的理想と共和主義的理想がこれほど鋭く区別されているところはない. ほかでは, 民主主義というのは通常, 栄誉ある言葉である. 別のところでフェヘールが, フランス革命の扱い方をめぐってアーレントに異議を唱えたことも注意すべきである. *The Frozen Revolution: an Essay on Jacobinism* (Cambridge, 1987) において, 革命はジャコバン派的段階において「自由抹殺の進路」に乗り出したという彼女の主張をフェヘールは受け入れたものの, それは革命派が政治的問題よりも社会的問題を強調したためだとする彼女の非難には同意しなかった (p. 16). 問題なのはむしろ社会的なものの取り上げ方であった.「社会的なもの」は「政治化」されなければならなかった. とはいえそれは, 適切な解決はひとえに「理性の規則」から演繹されうると信じ続ける, あらゆる種類の革命派の傲慢な合理主義とはまったく対照をなす, 民主主義的でプラグマティズム的な別の仕方によるべきであった (p. 44). 彼はまた, アーレントが政治の領域から同情というものを厳しく追放していることをも批判し, 同情がプラグマティズム的な解決ではなくて救済的絶対主義的解決にむかうときにのみ危険になると論じた

(p. 66).

35 ハーバマスとは距離をとりつつ，ヘラーとフェヘールは次のように論じている．コンセンサスは大切ではあるけれども「われわれの政治的探究と哲学の組織化の中心ではない．どうしてかといえば，第一には，コンセンサスによる政治が潜在的に全体主義的抑圧的性格を持ちうるというアーレントの警告に，われわれが注意を払うからである」(p. 12). しかしすべての民主政治の根本法則は「コンセンスス・オムニウム〔万人の合意〕であること，すべての政治的決断でのコンセンサスではなく，こうした決断の政治的原理についてのコンセンサスであること」をも二人はよく了解していた (p. 70).

36 民主主義的主権についてのこうした不吉な意見は，カール・シュミットの *The Crisis of Parliamentary Democracy*, trans. Ellen Kennedy (Cambridge, Mass., 1985) のような著作で実際に擁護されている．

37 Ibid., p. 94. ヘラーとフェヘールは，彼らの説く徹底的民主主義の共和主義的伝統に，代議民主制も含めていることに注意すべきである．これに対しアーレントは代議民主制にずっと批判的である．この問題についての彼女の立場への批判として，George Kateb, *Hannah Arendt: Politics, Conscience, Evil* (Totowa, N. J., 1983) を参照．彼女の立場を擁護するものとしては，James Bernauer, "On Reading and Mis-reading Hannah Arendt," *Philosophy and Social Criticism* 11, 1 (Summer, 1985), pp. 1-34 を参照．

38 Heller and Fehér, *Eastern Left, Western Left*, chapter 10. この全体主義の概念は，Heller, Fehér, and György Markus, *Dictatorship over Needs* (New York, 1983) へのヘラーの寄稿論文でも擁護されている．

39 Ibid., p. 259. この論文は，ソヴィエト連邦と中立の度を増すドイツとが新ラパロ条約を結ぶ脅威について沸騰した論争に，ヘラーとフェヘールが加わっていた時期に書かれた．この条約は東欧の諸国民の自由を代償にするかもしれなかった．*New German Critique* 37 (Winter, 1986) 所収の，彼らの「新ラパロの影のもとでの東欧」，および彼らの反駁と軌を一にした六つの論文を参照．彼らを批判するうちの一人，ヴァルター・ジュスへの回答のなかで，彼らは実際，民族主義（レイシズム）とナショナリズムの関係についての主張の裏づけとして『全体主義の起源』を引いた ("A New Rapallo: Fiction, Threat or Capitulation-in-progress? A Reply to Our Critics," p. 154). 幸いにここでの予言もまた，誤っていることが明らかになったようである．

40 Heller, *The Power of Shame*, pp. 204-205. このあと彼女は，想像力の問題への関心を復興するのに力のあったのはカストリアディスであるとつけ加えている．アーレントもまた，『カント政治哲学の講義』の最後のほうが明らかにしているように，想像力と判断の結びつきに興味を抱いていたことに注意すべきである．

41 Heller, "Hannah Arendt on the Vita Contemplativa," *Philosophy and*

Social Criticism 12 (1987), pp. 281-296.

42 Ibid., p. 286.

43 Ibid., p. 287.

44 ヘラーによれば（p. 282），アーレントの行っている思考と認知の区別は，昔の観念論者にあっての理性（Vernunft）と悟性（Verstand）の対立に見合っている．アーレントにおけるハイデガーの残滓を私なりに読み取ったところからすると，彼女は理性と悟性の区別を引いてはいるけれども（*The Life of the Mind*, p. 57f.），思考というのは理性的推論であるよりは，推論にさらされたものへの開かれた反省の過程である．「理性」とは違って，思考には二律背反を克服する高次の目的が欠けている．

45 Ibid., p. 292.

46 Ibid., p. 294.

47 Heller, *General Ethics*, chapter 3. この論証を，道徳的自律に対するもう一人の洞察力に富む批判者，エマニュエル・レヴィナスの道徳理論と比較することは，たいへん興味のあることであろう．ヘラーもレヴィナスも完全な道徳的自己立法の可能性を退けているが，ヘラーが知識の持つ複雑な要素を強調するのに対し，レヴィナスは規定的命令の他律的源泉に力点を置く．

48 Ibid., p. 296.

49 ヘラーはリオタールとともに，この問題に関してカントへの関心を復興したことでアーレントを称えながらも，次のように言って警戒もする．「美的次元と倫理的次元の一体化，およびそれらの厳密で完全な分離のいずれもが，通常の行為者と哲学者にひとしく不快感を起こさせるとすれば，そのあたりをくわしく突きつめておくべきである」（*A Philosophy of Morals*, p. 240）．

50 しかしながら他の多くの現代の思想家とは異なり，ヘラーは無造作にアンチ・ヒューマニストに転じたりはしなかった．彼女のいう「近代ヒューマニズム」の陰影に富んだ弁護として，*The Postmodern Political Condition*, p. 52f. を参照．興味深いことに，その陳述のなかで彼女は何人かのなじみの名前をあげている．「道徳的普遍主義は偶然，特殊，個別を克服することによってではなく，むしろ同じ生活形式にありながらもわれわれの態度を変えることによって達成されるのだという考えは，レッシングに遡り，ハンナ・アーレントによって再生させられた」（p. 59）. *A Philosophy of Morals*, p. 164f. におけるヒューマニズムとハイデガーの「世界への配慮」の観念についての彼女の議論も参照．

51 Heller and Fehér, *The Postmodern Political Condition*, p. 12.

52 Bernauer, “On Reading and Mis-reading Hannah Arendt,” p. 21.

53 Heller and Fehér, *Eastern Left, Western Left*, p. 244.

54 Heller and Fehér, *The Postmodern Political Condition*, p. 151.

第6章

1　Walter Benjamin, "Theories of German Fascism: On the Collection of Essays *War and Warrior*, ed. Ernst Jünger" *New German Critique* 17 (Spring, 1979), prefaced by Ansgar Hillach, "The Aesthetics of Politics: Walter Benjamin's 'Theories of German Fascism'."〔「ドイツ・ファシズムの理論」野村修訳『暴力批判論』(ヴァルター・ベンヤミン著作集1) 晶文社, 1969年〕

2　Ibid., p.122

3　Walter Benjamin, *Illuminations*, ed. with intro. Hannah Arendt, trans. Harry Zohn (New York, 1968), p.244.

4　*Zeitschrift für Sozialforschung* V, 1 (1936) に発表されたこの論文のオリジナル版では "Communism" という語は "les forces constructives de l' humanitē" という婉曲語に置き換えられている. この論文が1960年代に再版されたとき, 原語が復元され, 英訳に出現することとなる〔「複製技術の時代における芸術作品」高木久雄・高原宏平訳, 『複製技術時代の芸術作品』(ヴァルター・ベンヤミン著作集2) 晶文社, 1970年〕.

5　Bill Kinser and Neil Kleinman, *The Dream That Was No More a Dream: A Search for Aesthetic Reality in Germany, 1890-1945* (New York, 1969), p.7.

6　J. P. Stern, *Hitler: The Führer and the People* (Berkley, 1976), p.45. ヒトラーを生み出した環境における美学化された政治へのニーチェの影響についてのもう一つの説明としては, William J. McGrath, *Dionysian Art and Populist Politics in Austria* (New Haven, 1974) を参照.

7　Susan Sontag, "Fascinating Fascism," *Under the Sign of Saturn* (New York, 1980)〔「ファシズムの魅力」, 『土星の徴しの下に』富山太佳夫訳, 晶文社, 1982年〕.

8　Alice Yaeger Kaplan, *Reproductions of Banality: Fascism, Literature and French Intellectual Life*, foreword Russel Berman (Minneapolis, 1986), p. 184.

9　Saul Friedländer, *Reflections of Nazism: An Essay on Kitsch and Death*, trans. Thomas Weyr (New York, 1984)〔『ナチズムの美学』田中正人訳, 社会思想社, 1990年〕.

10　Paul de Man, *The Resistance to Theory*, foreword Wlad Godzich (Minneapolis, 1986)〔『理論への抵抗』大河内昌・富山太佳夫訳, 国文社, 1992年〕. この本は, ベンヤミンの「翻訳者の使命」〔『ボードレール』(ヴァルター・ベンヤミン著作集6) 円子修平訳, 晶文社, 1975年〕を扱ったド・マンの最後の論文の一つを含んでいる. その序文でゴズィッチは, *The Aesthetic*

Ideology, ed. Andrzej Warminski と呼ばれるはずの別な論集の近刊に言及している．ド・マンにとってのこの概念の重要性は，Christopher Norris, *Paul de Man: Deconstruction and the Critique of the Aesthetic Ideology* (New York, 1988) のなかで強調された．

11　例えば以下のものを参照．Jonathan Culler, "'Paul de Man's War' and the Aesthetic Ideology," *Critical Inquiry* 15, 4 (Summer, 1989) および J. Hillis Miller, "An Open Letter to Professor Jon Weiner" in *Responses: On Paul de Man's Wartime Journalism*, ed. Werner Hamacher, Neil Hertz, and Thomas Keenen (Lincoln, Neb., 1989).

12　David Lloyd, "Arnold, Ferguson, Schiller: Aesthetic Culture and the Politics of Aesthetics" *Cultural Critique* 2 (Winter, 1985-86); "Kant's Examples," *Representations* 28 (Fall, 1989); Terry Eagleton, "The Ideology of the Aesthetic," *Poetics Today* 9, 2 (1988), included in *The Ideology of the Aesthetic* (London, 1990).

13　Ernest Raynaud, *Souvenirs sur le symbolisme* (Paris, 1895), p. 395 に引用されたワイルドの言葉．

14　アナーキズムの政治運動に巻き込まれたタイヤードとその他のシンボリストたちを最近論じたものとしては，Richard D. Sonn, *Anarchism and Cultural Politics in Fin de Siècle France* (Lincoln, Neb. 1989) を参照．アナーキズムとファシズムの政治は，両者が暴力の美学化を共有しているため，しばしば関連づけられてきた．

15　F. T. Marinetti, "The Futurist Manifesto," reprinted in James Joll, *Three Intellectuals in Politics* (New York, 1960), p.182.

16　Benjamin, *Illuminations*, p.244.

17　Friedrich Nietzsche, *The Birth of Tragedy and The Genealogy of Morals*, trans. Francis Golffing (New York, 1956), p.220〔『道徳の系譜』(ニーチェ全集 3) 秋山英夫・浅井真男訳，白水社，1982年〕.

18　Mussolini to Emil Ludwig in 1932, cited in Denis Mack Smith, "The Theory and Practice of Fascism," in *Fascism: An Anthology*, ed. Nathanael Greene (New York, 1968), p.82.

19　Russel Berman, foreword to Kaplan, *Reproductions of Banality*, p. xix. エルンスト・ユンガーについてのその後の著作のなかで，バーマンはイメージの物神化を同じように非難している．バーマンの"Written Right Across Their Faces: Ernst Jünger's Fascist Modernism," in *Modernity and the Text: Revisions of German Modernism*, ed. Andreas Huyssen and David Bathrick (New York, 1989) を参照．興味深いことに，同じ仮定がまったく異なった人物である，論理実証主義者にして熱烈な社会主義者オットー・ノイラートによってなされた．彼は「言葉は分割し，像は統一する」と主張した

(*Empiricism and Sociology*, trans. Paul Foulkes and Marie Neurath, ed. Marie Neurath and Robert S. Cohen [Dordrecht, 1973], p.217).

20 Ibid., p. xxi.

21 Philippe Lacoue-Labarthe and Jean-Luc Nancy, *The Literary Absolute: The Theory of Literature in German Romanticism*, trans. Philip Barnard and Cheryl Lester (Albany, N.Y., 1988). ハイデガーとナチズムについての後の著作で，ラクー＝ラバルトは「政治の美学化」という論点に立ち戻っている．彼の *Heidegger, Art and Politics: The Fiction of the Political*, trans. Chris Turner (Cambridge, Mass., 1990), chapter 7〔『政治という虚構』浅利誠・大谷尚文訳，藤原書店，1992年〕を参照．

22 Ibid., p.289.

23 Paul de Man, "Aesthetic Formalization: Kleist's *Über das Marionettentheater*," in *The Rhetoric of Romanticism* (New York, 1984), p.264. ド・マンのシラーの読みの公正さに対する烈しい異議が Stanley Corngold, "Potential Violence in Paul de Man," *Critical Review* 3, 1 (Winter, 1989) によってなされた．

24 Ibid., p. 289.

25 Paul de Man, "Kant and Schiller," in *The Aesthetic Ideology* (近刊). 以下の引用は，未公刊の原稿からのものである．

26 「誤読」は，ド・マンの語彙では単に軽蔑的な用語ではないことを記しておかなければならない．いかなる読みも唯一正しい読みであるとは主張できないという意味では，あらゆる解釈は必然的に誤読であるほかはないのだから．しかしながら「ゆゆしき」という形容詞はド・マンが誤読にも種類があって，おそらくその語用論的な含意という点でそれらを識別したいと望んだことを示唆している．

27 Culler, "'Paul de Man's War' and The Aesthetic Ideology," p.780.

28 Ibid., p.783.

29 De Man, "Reading and History," in *The Resistance to Theory*, p.64. さらに"Phenomenality and Materiality in Kant," in Gary Shapiro and Alan Sica, eds., *Hermeneutics: Questions and Prospects* (Amherst, Mass., 1984) での彼の意見も参照．「道徳と美学はともに没利害的なものである．しかしこの没利害性は美的表象のなかでは汚染されざるをえない．［こうした］判断力が獲得しうる説得力は，美学の場合には，明確に価値を認められた官能的な経験と結びあわされている」(pp. 137-138). 私は，官能的汚染についてのド・マンの懸念の意味合いを考えるのは，彼の，より精神分析に傾いた解釈者に委ねたいと思う．

30 Norris, *Paul de Man*, p. xii.

31 本論は，ド・マンが戦時中に書いたものとその後の著作のつながりのい

ま一つの分析にとりかかるべき場所ではないが，後者の禁欲的，反幸福主義的な厳格さは，ある意味で，美的救済という有機的なイデオロギーの誘惑に陥ったことに対する反作用であった——おそらくは自己処罰でさえあった——と推測できるかもしれない．

32 Eagleton, "The Ideology of the Aesthetic," p. 328. デイヴィド・ロイドも，美学イデオロギーが強制からヘゲモニーへの移行のなかで役割を果たしたと主張している．"Arnold, Ferguson, Schiller," p.155 を参照．

33 Ibid., p.329.

34 Herbert Marcuse, "The Affirmative Charakter of Culture," *Negations: Essays in Critical Theory*, trans. Jeremy J. Shapiro (Boston, 1968)〔「文化の現状肯定的性格について」田窪清秀訳，『文化と社会（上）』せりか書房，1969年〕．

35 Ibid., p.337.

36 Ibid., p.338.

37 ロイドの強い敵意はおそらく，美学イデオロギーが——例えばイギリスとアイルランドの文化のような——ヘゲモニーを担った文化と周辺文化の関係のなかで作用するあり方に寄せる，彼の関心によって説明される．彼は偉大なテクストの規範性を確立するにあたっての美学イデオロギーの役割に言及している．この規範は，ヘゲモニーを握るモデルにはうまく合致しない「マイナーな作品」を排除する役割を果たす．

38 Josef Chytry, *The Aesthetic State: A Quest in Modern German Thought* (Berkley, 1989). Luc Ferry, *Homo Aestheticus: L'invention du gôut a l'âge dêmocratique* (Paris, 1990).

39 Clifford Geertz, *Negara: The Theatre State in Nineteenth-century Bali* (Princeton, 1980)〔『ヌガラ——十九世紀バリの劇場国家』小泉潤二訳，みすず書房，1990年〕．

40 Chytry, *The Aesthetic State*, p. 90. 同種のシラー分析については Jürgen Habermas, *The Philosophical Discourse of Modernity: Twelve Lectures*, trans. Frederick Lawrence (Cambridge, Mass., 1987), p. 45f.〔『近代の哲学的ディスクルス１・２』三島憲一他訳，岩波書店，1990年〕を参照．

41 Ibid., p. 86.

42 この退却のこれほど寛大ではない解釈については， Lloyd, "Arnold, Ferguson, Schiller," p. 167 を参照．ここで彼は次のように記している．「美的国家の実現は永遠に引き延ばされ，ただ少数の代表的な個人のなかに見出されうるにすぎないのだから，倫理国家への参加をめざしての個人の美的教育も同じように，動的な権利国家によって保証される，すなわちいま一度，自然国家の力によって保証される秩序を要求する過程のなかで，引き延ばされるのである」．

43　この問題に関する最近の，そしてきわめて徹底的な考察については次のものを参照．Howard Caygill, *Art of Judgement* (London, 1989).

44　Jacques Derrida, *The Truth in Painting*, trans. Geoff Bennington and Ian McLeod (Chicago, 1987), p.117.『ポール・ド・マン』において，ノリスも美と崇高双方に関するカントの議論に見られる類推の，問題をはらむ含意を説明している．デリダは官能的な経験の領域と「理解」の能力とのあいだで，ノリスは官能的な経験と「理性」のあいだで類推を行っている(p.56f.)．デリダの分析に対する明敏な応答については，Caygill, *The Art of Judgement*, p. 395 を参照．

45　De Man, *The Resistance to Theory*, p.11.

46　Jean-François Lyotard and Jean-Loup Thébaud, *Just Gaming*, trans. Wlad Godzich (Mineapolis, 1985). Lyotard, *The Differend: Phrases in Dispute*, trans. George Van Den Abbeele (Mineapolis, 1988), p. 140f.〔『文の抗争』陸井四郎他訳，法政大学出版局，1989年〕と"Lessons in Paganism," *The Lyotard Reader*, ed. Andrew Benjamin (Oxford, 1989) を参照．リオタールの政治思想とその美学との関係を好意的に評価したものとしては，David Carroll, *Paraesthetics: Foucault, Lyotard, Derrida* (New York, 1987), chapter 7 と Bill Readings, *Introducing Lyotard: Art and Politics* (London, 1991) を参照．

47　1987年4月のウィレム・ファン・レイイェンとディック・フレーマンとのインタビューで，リオタールは明白に，ラクー゠ラバルトとナンシーが芸術作品としての政治を拒絶したことを引き合いに出している．このインタビューは *Theory, Culture and Society* V (1988) に掲載され，296頁にこの型の美的政治への批評が付されている．

48　Carroll, *Paraesthetics*, p.182.

49　Eagleton, *The Ideology of the Aesthetic*, p. 396f.

50　判断力に関するアーレントの議論は，不幸にも1975年の彼女の突然の死によって中断された．この死のために彼女は「思考」と「意志」で始まった予定された三巻本に，この問題に関する最後の一巻本を加えることができなかった．二つの巻は *The Life of the Mind* (New York, 1978)〔『精神の生活(上・下)』第一部「思考」・第二部「意志」佐藤和夫訳，岩波書店，1994年〕に収められている．彼女のもっとも包括的な初期の議論は次のエッセイの終わりに見出される．"The Crisis in Culture," in *Between Past and Future: Six Exercises in Political Thought* (Cleveland, 1961)〔『過去と未来の間』引田隆也・齋藤純一訳，みすず書房，1994年〕．この主題に関する彼女の最後の考察は，*Lectures on Kant's Political Philosophy*, ed. with an Interpretive Essay by Ronald Beiner (Chicago, 1982)〔『カント政治哲学の講義』浜田義文監訳，法政大学出版局，1987年〕としてまとめられた．判断力に関するアーレントの

分析については，Michael Denneney, “The Privilege of Ourselves: Hannah Arendt on Judgement,” in *Hannah Arendt: The Recovery of the Public World*, ed. Melvyn A. Hill (New York, 1979) と Richard J. Bernstein,” Judging—the Actor and the Spectator,” *Philosophical Profiles: Essays in a Pragmatic Mode* (Philadelphia, 1986) を参照．お互いの著作のあいだに明白な類似点があるにもかかわらず，リオタールは初期のアーレントが，カントの第三批判を政治のモデルとして用いたことをけっして容認しない．アーレントとリオタールの比較については，David Ingram, “The Postmodern Kantianism of Arendt & Lyotard,” *The Review of Metaphysics*, 42, 1 (1988), pp. 51-77 を参照．

51 リオタールによれば，たとえ美的判断が普遍性を装ったとしても，それはなおも「対話の領分から免除されています．たとえある作品や風景に対する私の趣味が，私にそれについて他者（この最後の語をここでは経験上の集団の意味で用いるとして）と討論する気にさせるとしても，私が彼らから得ることのできる同意は，私の美的判断の妥当性とはいささかのかかわりもない，ということが真実であるのに変わりはありません．というのも，この判断の妥当性の諸条件は先験的なものであり，明らかに誰であれ他の人々の意見を前提とするものではないからです．事実，美的感情の伝達能力は，いわんや——厳密に言えば——美的感情の交感は，経験的に得ることのできないものであり，ましてや対話という手段によって得られるものではありません．……美的判断は概念のなかを進んでいくのではないのです．それは討議によるコンセンサスによっては正当化されないのです」(Interview with van Reijen and Veerman, p.306)．

52 Arendt, *Between Past and Future*, p.221.

53 Arendt, *Lectures on Kant's Political Philosophy*, p. 42f.

54 Bernstein, *Philosophical Profiles*, p. 237. ベイナーもこの緊張と取り組んでいる．とりわけ135頁以下を見よ．彼女の立場の困難性の一つの例は，カントの戦争の取扱いを彼女が引証するなかに表れている．そこでカントは，戦争は長い平和のうちに失われた崇高なものを表現している，と主張している．彼女は，「これは傍観者の判断である（すなわち，それは美的なものである）」と書いている（*Lectures on Kant's Political Philosophy*, p.53)．これではエチオピア人爆撃の外観上の美を賛嘆するチアノと，さほど異なるところはない．美的判断の政治的含意を魅力的なものにするためになすべきことは，行為者と行為の観察者との間のギャップを埋めることであり，かくして「公共的領域は批評家と鑑賞者によって構成されているのであって，演技者や製作者によってではない」(p.63) というアーレントの奇妙な主張をひっくり返すことである．

55 さらにもう一つの可能な解釈が思いがけない場所に捜し求められるかもしれない．すなわちユルゲン・ハーバマスの仕事のなかに．彼の体系において

は，美学の役割はリオタールやアーレントの体系に比して中心的な位置を占めているわけではないが，美的合理性への彼の最近の関心は，興味深い探究の道筋を示している，と主張できるかもしれない．この方向の重要性を強調して論じたものとしては，David Ingram, *Habermas and the Dialectic of Reason* (New Haven, 1987) を参照．

第7章

1 Blanchot, *The Writing of the Disaster*, trans. Ann Smock (Lincoln, Nebr., 1986), p. 42.

2 しかしながら，アンリ・フォシヨンによれば，こういった幻想と聖書の黙示録との関係は固有のものでもなければ必然的なものでもない．彼の *The Year 1000*, trans. Freud D. Wieck (New York, 1969), p. 50〔『至福千年』神沢栄三郎訳，みすず書房，1971年〕を参照．

3 このテクストの言語運用の非常に技術的な説明に関しては，David Hellholm, "The Problem of Apocalyptic Genre and the Apocalypse of John," *Semeia* 36 (1986) を参照．

4 Hillel Schwartz, *Century's End: A Cultural History of the Fin de Siècle from the 990s to the 1990s* (New York, 1990), p. 31.

5 通俗的な出版物のなかのたくさんの論文が，黙示録的思考の隆盛を論評した．例えば，Bill Lawren, "Apocalypse Now," *Psychology Today* (October, 1989); Jeffrey L. Scheler, "Will Armageddon Start in Iraq?" *The San Francisco Chronicle*, December 16, 1990, p. 13 を参照．

6 Schwartz, *Century's End*, p. 201 を参照．

7 例えば，C. A. Patrides and Joseph Wittreich, eds., *The Apocalypse in English Renaissance Thought and Literature: Patterns, Antecedents and Repercussions* (Ithaca, 1984); Louise M. Kawada, ed., *The Apocalypse Anthology* (Boston, 1985); Saul Friedländer et al., eds., *Visions of Apocalypse: End or Rebirth?* (New York, 1985) を参照．

8 エイモス・ファンケンシュタインは次のように記している．「黙示録的伝統が永遠回帰を排除せず，時々おそらくイラン的伝統の影響下に永遠回帰をほのめかしていることは非常に明らかである」．彼の論文，"A Schedule for the End of the World: The Origins and Persistence of the Apocalyptic Mentality," in Friedländer, *Visions of Apocalypse*, p. 50 を参照．

9 M. H. Abrams, *Natural Supernaturalism: Tradition and Revolution in Romantic Literature* (New York, 1971), p. 37f.〔『自然と超自然——ロマン主義理念の形成』吉村正和訳，平凡社，1993年〕．ドミニク・ラカプラが最近記していたところでは，非常に様々な形式における差異の象徴的克服，この結

婚の成就を価値づける差異の象徴的克服をエイブラムズは賞賛しているにもかかわらず，エイブラムズ自身は，「ほとんどとり憑かれたように，ますます深刻さの度合いを増しながら黙示録的パラダイムを繰り返す傾向がある．そしてとうとう彼の語る神聖な（hallowed）話はほとんど空疎な（hollow-eroded）話になってしまう――磨滅し，いくぶん飽き飽きする無意味とすら言えるものになってしまう」．ラカプラの *Soundings in Critical Theory*（Ithaca, 1989）, p.100 を参照．

10　Michael Barkun, "Divided Apocalypse: Thinking About the End in Contemporary America," *Soundings* LXVI, 3（Fall, 1983）, pp. 257-280.

11　Norman Cohn, *The Pursuit of the Millenium*（London, 1957）〔『千年大国の追求』江河徹訳，紀伊國屋書店，1978年〕.

12　Spencer R. Weart, *Nuclear Fear: History of Images*（Cambridge, Mass., 1988）, p. 397 を参照．

13　Ibid., p. 260.

14　このような著作について議論したものとしては，John Elson, "Apocalypse Now?" *Time*（February 11, 1991）, p. 88 を参照．

15　Barry Commoner, *The Closing Circle: Nature, Man and Technology*（New York, 1971）; Robert L. Heilbronner, *An Inquiry into the Human Prospect*（New York, 1974）; Jonathan Schell, *The Fate of the Earth*（New York, 1982）.

16　Elaine Showalter, *Sexual Anarchy: Gender and Culture at the Fin de Siècle*（New York, 1990）, p.176.

17　Barkun, "Divided Apocalypse," p. 278.

18　確かに，デリダはポストモダン主義の言説に組み入れられることには抵抗している．*Zeitgeist in Babel: The Postmodernist Controversy*, ed. Ingeborg Hoesterey（Bloomington, Ind., 1991）, p. xii の序文に再録された彼の見解を参照．ポストモダン主義に関してデリダが明白に嫌っているものは，それが含み持つ直線的歴史の時代区分の考え方である．しかし，デリダの仕事がポストモダンの言説の中でとりわけ異彩を放ってきたことは確かである．そのポストモダンの言説を考慮に入れなければデリダの仕事を十分に把握することはできない．

19　18世紀イギリスにおけるこの結びつきの説明については，Morton D. Paley, *The Apocalyptic Sublime*（New Haven, 1986）を参照．

20　Frank Kermode, "Apocalypse and the Modern," in Friedländer et al., eds. *Visions of Apocalypse*. 似たような黙示録的潮流は，エルンスト・ブロッホやヴァルター・ベンヤミンなどのある種の西欧マルクス主義思想家たちにも行き渡っていた．その説明に関しては，Anson Rabinbach, "Between Enlightenment and Apocalypse: Benjamin, Bloch and Modern Jewish

Messianism," *New German Critique* 34 (Winter, 1985); Michael Löwy, *Rédemption et Utopie: Le judaïsme libertaire en Europe centrale* (Paris, 1988) を参照．実際，黙示録的幻想はワイマール時代のドイツ知識人たちのあいだではいわば通貨であった．Ivo Frenzel, "Utopia and Apocalypse in German Literature," *Social Research* 39, 2 (Summer, 1972) を参照．

21 Yve-Alain Bois, "Painting: The Task of Mourning," *Endgame* (Boston, 1990), p. 30. ボワは，抽象画が絵画の本質への最終的還元であり，そのあとにはそれ以上なされうることはなにもないという信念に言及している．しかし確かに，例えばドイツの表現主義者ルートヴィヒ・マイトナーによってなされたように，黙示録を描こうとするさらに文字通りの意味でのモダニストの試みはあった．Carol S. Eliel, *The Apocalyptic Landscape of Ludwig Meidner* (Los Angeles, 1989) を参照．

22 Klaus R. Scherpe, "Dramatization and De-dramatization of 'the End': The Apocalyptic Consciousness of Mdernity and Post-modernity," *Cultural Critique* 5 (Winter, 1986-1987), p. 122.

23 歴史後 (posthistoire) の言説の示唆に富んだ読解については，Lutz Niethammer, "Afterthoughts on Posthistoire," *History and Memory* I, 1 (Spring/Summer, 1989) を参照．歴史と黙示録の関係は，一見するよりもずっと複雑であることは明記されるべきである．初期キリスト教時代における「終末論の歴史化」は贖いの時を歴史的未来に置くのではなく，むしろそれが過去に起こってしまっていると信じることを意味したのだ，とハンス・ブルーメンベルクは主張した．つまり，再臨の遅れに失望した最初の希望が，個人の救いにとって必要なことはすべて最初のイエスの到来によってすでに与えられてしまっていたのだという気安めとなる信仰に導いたのである．その信仰によって，信仰深い者たちは，イエスの使信にのっとって行為すれば天国を獲得できるようになったのである．*The Legitimacy of the Modern Age*, trans. Robert M. Wallace (Cambridge, Mass., 1983), chapter 4 を参照．もしそれが本当だとすれば，歴史後に対するポストモダン主義の信念は，未来の慰め同様過去の慰めの否定としても理解されるべきである．

24 Derrida, "Of an Apocalyptic Tone Recently Adopted in Philosophy," *Semeia* 23 (1982)〔『哲学における最近の黙示録的語調について』(ポストモダン叢書 4) 白井健三郎訳，朝日出版社，1984年〕．デリダはこの論文のなかで，『弔鐘』，『郵便葉書』や論文 "Pas", "Living on" (pp. 90-91) のような彼の仕事の他の箇所でも黙示録的関心が行き渡っていることを認めている．「人間の目的＝終末」は *Margins of Philosophy*, trans. Alan Bass (Chicago, 1982) に収録されている．この著作は，ハイデガーやニーチェのような哲学者たちにおける最後の人間，形而上学の終末という主題を扱っている．彼はこの主題を「核兵器批判」に関する論文 "No Apocalypse, Not Now (Full Speed Ahead,

Seven Missiles, Seven Missives)," *Diacritics* 14, 2 (Summer,1984) で再び扱っている．ここでは，三つの——宗教的，科学的，ポストモダン的——黙示録的言説すべてが核の大虐殺（ホロコースト）という暗雲の下で混ぜ合わさっている．

25　Kant, "Von einem neuerdings erhobenen vornehmen Ton in der Philosophie," in *Schriften von 1790-1796 von Immanuel Kant*, ed. A. Buchenau, E. Cassirer, B. Kellerman, vol. 6 of *Immanuel Kants Werke*, ed. E. Cassirer (Berlin, 1923), pp. 475-496〔「哲学において最近あらわれた尊大な語調」門脇卓爾訳，『カント全集12』理想社，1966年〕.

26　知識と思惟との区別は，純粋理性のアプリオリな総合判断と形而上学がもたらすことができると主張する思弁的理念とのあいだにカントが設けた決定的な対立に立脚している．実践理性において，すなわち第二批判で論じられる道徳的論証においてのみ，そうした思弁的理念はわれわれに与えられるのであって，アプリオリな総合判断を基礎とすることはできない．

27　Derrida, "Of an Apocalyptic Tone Recently Adopted in Philosophy," p. 80.

28　Ibid.

29　Ibid., p. 87.

30　Ibid., p. 89.

31　そうする際にデリダは，奇妙にも彼が他の場所で論じたことを忘れている．すなわち，規範的言語ゲームと記述的言語ゲーム（存在論に対するギリシャ的陶酔と倫理に対するユダヤ的脅迫観念）のあいだには絶対的なカテゴリー上の区別はありえない，と論じたことを忘れている．まさにこの点を見損なっているレヴィナスに対するデリダの批判を参照．"Violence and Metaphysics: An Essay on the Thought of Emmanuel Levinas," *Writing and Difference*, trans. Alan Bass (Chicago, 1978)〔『エクリチュールと差異（上）』若桑毅他訳，法政大学出版局，1983年〕．ところが，いま取り上げている論文においては，デリダはリオタールとほとんど同じようなことを言っているように見える．リオタールは次の著作などにおいてレヴィナスにさらに厳密にしたがっている．*The Differend: Phrases in Dispute*, trans. George Van Den Abbeele (Minneapolis, 1988)〔『文の抗争』陸井四郎他訳，法政大学出版局，1989年〕.

32　Derrida, "Of an Apocalyptic Tone Recently Adopted in Philosophy," p. 93.

33　Ibid., p. 94.

34　Ibid., p. 95.

35　John P. Leavy, Jr., "Destinerrance: The Apotropocalyptics of Translation," *Deconstruction and Philosophy: The Texts of Jacques Derrida*, ed.

John Sallis (Chicago, 1987).

36 Eric L. Santner, *Stranded Objects: Mourning, Memory and Film in Postwar Germany* (Ithaca, 1990), p. 13. サントナーが論じるには，多くのポストモダン主義は，モダニズムのプロジェクトの希望が挫かれたことに対する健全な悲哀〔喪〕として現れているのである．しかし，特にポール・ド・マンのような錯綜した場合においては，悲哀が終わりないように見える，と彼は注記している．すなわち，言語それ自体が十全さを獲得できないことに終わりのない悲哀を持ち続けなければならないというド・マンの断言は，悲哀それ自体よりもメランコリーに近い反復の価値評価へと至るのである．確かに，情緒的な負荷を失って，現実に生きられた経験や人間の団結とのいかなる関係からも身を引いたメランコリーが，そういった悲哀の解毒剤なのかもしれない．

37 Jean Baudrillard, "Sur le nihilisme," *Simulacres et simulation* (Paris, 1981). p. 234〔『シミュラークルとシミュレーション』竹原あき子訳，法政大学出版局，1984年〕．

38 Lyotard, "A Conversation with Jean-François Lyotard," *Flash Art* (March, 1985), p. 33.

39 John Rajchman, "The Postmodern Museum," *Art in America* 73, 10 (October, 1985), p. 115.

40 黙示録的心性を心理学化しようとする他の試みに関しては，Robert J. Lifton, "The Image of 'The End of the World': A Psychohistorical View," in Friedländer et al., *Visions of Apocalypse* を参照．彼はそれを，シュレーバーの事例におけるような妄想型分裂病に関係づける．

41 Sigmund Freud, "Mourning and Melancholia," *Collected Papers*, vol. 4, ed. Ernest Jones (New York, 1959)〔「悲哀とメランコリー」井村恒郎訳，『フロイト著作集 6』，人文書院，1970年〕．文学，絵画，神学，医学の観点からのメランコリーという主題に関する，フロイトに先立つ膨大な文献がある．役立つ概観としては，Raymond Klibansky, Erwin Panofsky, and Fritz Saxl, *Saturn and Melancholy: Studies in the History of Natural Philosophy, Religion and Art* (London, 1964)〔『土星とメランコリー――自然哲学・宗教・芸術の歴史における研究』田中英道監訳，晶文社，1991年〕; Reinhard Kuhn, *The Demon of Noontide: Ennui in Western Literature* (Princeton, 1976); Wolf Lepenies, *Melancholie und Gesellschaft* (Frankfurt, 1972) を参照．

42 Freud, "Mourning and Melancholia," p. 154.

43 Ibid., p. 153.

44 Ibid., p. 157. この論文は，後に彼が超自我と呼ぶようになるものの，もっとも早い時期の説明の一つを明らかにしている．

45 Ibid., p. 159.

46　Ibid., p. 164.

47　Freud, *Group Psychology and the Analysis of the Ego*, trans. James Strachey (New York, 1985), p. 82f.〔「集団心理学と自我の分析」小比木啓吾訳,『フロイト著作集 6』人文書院, 1970年〕.

48　特に, メラニー・クラインの1940年の論文, "Mourning and Its Relation to Manic-Depressive States," *Contributions to Psychoanalysis, 1921-1945* (London, 1973)〔「喪と躁鬱状態との関係」,『メラニー・クライン著作集 3』西園昌久・手島定信編訳, 1983年〕を参照. 文献の一般的概観については, Lorraine D. Siggens, "Mourning: A Critical Survey of the Literature," *International Journal of Psychoanalysis* 47 (1966), pp. 14-25 を参照. そして, さらに最近のものとして, Neal L. Tolchin, *Mourning, Gender, and Creativity in the Art of Herman Melville* (New Haven, 1988) を参照.

49　例えば, Jonathan Schell, *The Fate of the Earth* (New York, 1982), pp. 127, 174 を参照.

50　彼らの著作のこれらの側面に関するすぐれた説明としては, Michael E. Zimmerman, *Heidegger's Confrontation with Modernity: Thechnology, Politics, Art* (Bloomington, Ind., 1990) を参照.

51　Freud, "Mourning and Melancholia," p. 163.

52　Alexander and Margarete Mitscherlich, *The Inability to Mourn: Principles of Collective Behavior*, trans. Beverley R. Placzek (New York, 1975)〔『喪われた悲哀——ファシズムの精神構造』林峻一郎他訳, 河出書房新社, 1984年〕と Santner, *Stranded Objects* を参照.

53　Mortimer Ostow, "Archetypes of Apocalypse in Dreams and Fantasies, and in Religious Scripture," *American Imago* 43, 4 (Winter, 1986), p. 308 を参照.

54　Abrams, *Natural Supernaturalism*, p. 45.

55　Jean-Joseph Goux, *Les iconoclastes* (Paris, 1978).

56　Lyotard, "Figure Foreclosed," *The Lyotard Reader*, ed. Andrew Benjamin (Oxford, 1989).

57　Julia Kristeva, *Black Sun: Depression and Melancholia*, trans. Leon S. Roudiez (New York, 1989)〔『黒い太陽——抑鬱とメランコリー』西川直子訳, せりか書房, 1994年〕. 有益な分析としては, John Lechte, "Art, Love and Melancholy in the Work of Julia Kristeva," in John Fletcher and Andrew Benjamin, eds., *Abjection, Melancholy and Love: The Work of Julia Kristeva* (London, 1990) を参照.

58　Ibid., p. 13.

59　Ibid.

60　Ibid., pp. 27-28. 彼女は, 母との断絶の第一段階を示すために,「抑鬱性

態勢」というクラインの概念を借りてきている．クラインによれば，それは，一見軽蔑的なレッテルであるにもかかわらず，人間の発展における正常な契機であり，病理的契機ではないことが明記されるべきである．クラインのこのカテゴリーやその他のカテゴリーの道徳的・社会的現象への示唆に富んだ適用については，C. Fred Alford, *Melanie Klein and Critical Social Theory* (New Haven, 1989) を参照．これは本稿が論じている問題に光を投げかけてくれる．

61 Ibid., p. 28.

62 Ibid., p. 22.

63 Ibid., p. 224.

64 Ibid., p. 61.

65 クリステヴァが提起したように，「エスが来るのは彼女から，死をもたらす地獄である彼女からだということを知りながら——幻想性の保護的な知——，ママを守るために，私は自分を殺す……．かくして，私の憎悪は無傷のままにとどまり，母殺しにたいする私の罪責感は消し去られる．私が〈彼女〉に同一化するとき自分に対して抱く憎悪によって自分が粉々に砕けてしまわないように，私は〈彼女〉を〈死〉のイマージュにする．というのは，この嫌悪は原則として，錯乱性の愛に抗する個体化の堰として，彼女に向けられるからである」(Ibid., p. 28)．

66 Bram Dijkstra, *Idols of Perversity: Fantasies of Feminine Evil in Fin-de-siècle Culture* (New York, 1986)〔『倒錯の偶像——世紀末幻想としての女性悪』富士川義之他訳，パピルス，1994年〕．

67 Evelyn Fox Keller, *Reflections on Gender and Science* (New Haven, 1985)〔『ジェンダーと科学——プラトン，ベーコンからマクリントックへ』幾島幸子・川島慶子訳，工作社，1993年〕; Susan R. Bordo, *The Flight to Objectivity: Essays on Cartesianism and Culture* (Albany, N.Y., 1987).

68 ロラン・バルトが『明るい部屋』で，フロイトを修正するために母の死を扱っているのを援用して，この立場を興味深く擁護しているものとして，Kathleen Woodward, "Freud and Barthes: Theorizing Mourning, Sustaining Grief," *Discourse* 13, 1 (Fall-Winter, 1990-1991) を参照．

第8章

1 Jacques Ellul, *The Humiliation of the Word*, trans. Joyce Main Hanks (Grand Rapids, Mich., 1985).

2 Ibid., p. 119.

3 Ibid., p. 81.

4 Ibid., p. 48.

5 例えば，Susan A Handelman, *The Slayers of Moses: The Emergence*

of Rabbinic Interpretation in Modern Literary Theory (Albany, N. Y., 1982), P. 90〔『誰がモーセを殺したか』山形和美訳，法政大学出版局，1987年〕を参照．しかしながら，神の像（Imago Dei）は，「絵画」よりも「類似」，すなわち霊的類似性として理解するほうが正しい，とW・J・T・ミッチェルは論じている．彼の "What Is an Image?" *New Literary History* 15, 3 (Spring, 1984), p. 521 を参照．

6 Ellul, *The Humiliation of the Word*, p. 115. Guy Debord, *Society of the Spectacle* (Detroit, 1970)〔『スペクタクルの社会』木下誠訳，平凡社，1993年〕を参照．

7 例えば，Norman Bryson, *Word and Image: French Painting of the Ancient Régime* (Cambridge, 1981), p. 1f. を参照．

8 エリュールのグーに対する敵意は特にきわだっている．彼は，グーの *Les iconoclastes* (Paris, 1978) の精神分析的次元と，キリスト教はイマジスト的表象に親近性を持つというグーの主張を嫌っている．フーコーの一望監視方式の分析は好意的に言及されているが，テクノロジーの有害さが十分強調されていないとして批判されている．リクールは他の者たちよりも好意的に扱われている．

9 Martin Jay, "In the Empire of the Gaze: Foucault and the Denigration of Vision in Twentieth-Century French Thought," in David Couzens Hoy, ed. *Foucault: A Critical Reader* (London, 1986)〔『フーコー――批判的読解』椎名正博・椎名美智訳，国文社，1990年〕．

10 Marcel Duchamp, *Ingénieur du temps perdu: Entretiens avec Pierre Cabanne* (Paris, 1977) を参照．

11 政治的権力を維持する際のスペクタクルの重要性に関する分析については，Marie Apostolidès, *Le roi-machine: Spectacle et politique au temps de Louis XIV* (Paris, 1981) を参照．

12 Martin Heidegger, "The Age of the World Picture" in *The Question Concerning Technology and Other Essays*, trans. with intro., William Lovitt (New York, 1977)〔『世界像の時代』（ハイデッガー選集13）桑木務訳，理想社，1962年〕．

13 Richard Rorty, *Philosophy and the Mirror of Nature* (Princeton, 1979)〔『哲学と自然の鏡』野家啓一監訳，産業図書，1993年〕．

14 このテーマについての議論に関しては，Odo Marquard, "The Question, To What Question is Hermeneutics the Answer?" in *Contemporary German Philosophy*, vol. 4, ed. Darrel E. Christensen et al. (Pennsylvania State, 1984) を参照．マルクヴァルトはいくつかの有益な答え（解釈学は，人間の有限性への，人間の派生性への，人間の一過性への，絶対的テクストに対する内乱への，コードの破壊の必要性への応答である）を提供しているが，も

う一つの源泉である視覚中心主義の危機を探究してはいない．

15 Hans-Georg Gadamer, *Truth and Method* (New York, 1975), p. 420. ガダマーはこの洞察をアリストテレスに帰している．

16 Ellul, p. 11.

17 Ibid., p. 12.

18 Ibid., p. 97.

19 Ibid., p. 95.

20 *Modernes et après? Les Immatériaux*, ed. Élie Théofilakis (Paris, 1985) を参照.

21 Goux, *Les iconoclastes*, p. 101f.

22 その意味についての最近の議論としては，Tobin Siebers, *The Mirror of Medusa* (Berkeley, 1983) を参照．邪悪な眼に対する魔よけの反作用の研究に関しては，Albert M. Potts, *The World's Eye* (Lexington, Ky., 1982) を参照．

23 例えば，Hans Jonas, "The Nobility of Sight," in *The Phenomenon of Life: Toward a Philosophical Biology* (Chicago, 1966) を参照．しかしながら，彼は「視覚と運動」の短い議論を付加しており，それは議論をいくぶん複雑化させている．

24 この差異に関しての有益な議論として，Norman Bryson, *Vision and Painting: The Logic of the Gaze* (New Haven, 1983), p. 87f.を参照．

25 ジャヴァルの研究の扱いとそれの含み持つ意味合いに関しては，Paul C. Vitz and Arnold B. Glimcher, *Modern Art and Modern Science: The Parallel Analysis of Vision* (New York, 1984), p. 122f. を参照．

26 Maurice Merleau-Ponty, *The Visible and the Invisible*, ed. Claude Lefort, trans. Alphonso Lingis (Evanston, Ill., 1968)〔『見えるものと見えないもの』滝浦静雄・木田元訳，みすず書房，1989年〕．

27 アウグスティヌスはこの結びつきを，彼の『告白』の第10巻第35章で展開している．

28 視覚の優位性に対するもう一人のフランスの批判者で，類似の点を指摘しているのは，ユダヤ人の現象学者エマニュエル・レヴィナスである．諸感覚に対する彼の態度に関する優れた議論については，Edith Wyschograd, "Doing Before Hearing: On the Primacy of Touch," in François Laruelle ed., *Textes pour Emmanuel Levinas* (Paris, 1980) を参照．レヴィナスは視覚に対する聴覚の特権化を越えて，愛撫の重要性を強調する．

29 Paul Ricœur, "Manifestation et proclamation," in *Le Sacré*, ed. Enrico M. Castelli (Paris, 1974).

30 Hans Blumenberg, *The Legitimacy of the Modern Age*, trans. Robert M. Wallace (Cambridge, Mass., 1983), part 3.

31　もちろんフロイトは，文明それ自体が，われわれが四肢で這い回ることを止め，直立姿勢をとるようになったことによって始まった，と考えていた．*Civilization and Its Discontents*, trans. James Strachey (New York, 1961), pp. 46-47〔「文化への不満」浜川祥枝訳，『フロイト著作集 6』，人文書院，1969年〕を参照．直立姿勢と尊厳との関連については，Ernst Bloch, *Natural Law and Human Dignitiy*, trans. Dennis J. Schmidt (Cambridge, Mass., 1986) を参照．もっとずっと早い時期に，そうした結びつきについてヘルダーが述べている．しかし彼は，理性の超越論的源泉を無視しているとしてカントにより批判された．彼らの議論についての示唆に富んだ，精神分析学的知見の行きとどいた扱いに関しては，Mark Poster, "Kant's Crooked Stick," *The Psychoanalytic Review* 61, 3 (1974), pp. 475-480 を参照．

32　例えば，Evelyn Fox Keller and Christine Grontowski, " The Mind's Eye," in Sandra Harding and Merrill B. Hintikka, eds., *Discovering Reality: Feminist Perspectives on Epistemology, Metaphysics, Methodology and Philosophy of Science* (Boston, 1983)，および Deena Weinstein and Michael Weinstein, "On the Visual Constitution of Society: The Contributions of Gerog Simmel and Jean-Paul Sartre," *History of European Ideas* 5 (1984), pp. 349-362 を参照．

33　Jean-Paul Sartre, *Being and Nothingness: An Essay on Phenomenological Ontology*, trans. with intro. Hazel E. Barnes (New York, 1966), p. 310f.〔『存在と無 1・2・3』(サルトル全集17・18・19) 松浪信三郎訳，人文書院，1956・1958・1960年〕.

34　もしわれわれが解釈学というものを柔軟に考えるならば，この一般化はとりわけ真実である．例えば，スーザン・ハンデルマンは次のように主張している．現在のポスト構造主義的な多くの思想は，彼女がラビ的伝統のなかに見出す「非キリスト教的解釈学」の世俗的な例として理解することができる，と．*The Slayers of Moses*, passim. を参照．対話的相互性よりもテクストに関心があるとしても，この伝統は視覚の優位性に対して同じく懐疑的である．

35　この言葉の起源はメルロ゠ポンティである．*The Visible and the Invisible*, p. 75. これは，ミシェル・ド・セルトーによる啓発的論文，"La folie de la vision," *Esprit* 66 (June, 1982), pp. 89-99のテーマである．ド・セルトーは，クリスティーヌ・ビュシ゠グリュックスマンが，*La folie du voir : De l'esthētique baroque* (Paris, 1986)〔『見ることの狂気』谷川渥訳，ありな書房，1995年〕を捧げた人物である．

36　Mary Ann Caws, *The Eye in the Text: Essays on Perception, Mannerist to Modern* (Princeton, 1981).

37　Vasco Ronchi, *Optics: The Science of Vision*, trans. Edward Rosen (New York, 1957). また，David C. Lindberg, *Theories of Vision from*

Al-Kindi to Kepler (Chicago, 1976) を参照.

38 Stephen H. Daniel, "The Nature of Light in Descartes' Physics," *The Philosophical Forum* 7 (1976), pp. 323-334 を参照.

39 Benjamin Goldberg, *The Mirror and Man* (Virginia, 1985), p. 112f.を参照.

40 この葛藤に関する議論については, Bryson, *Word and Image*, p. 60f. を参照.

41 ギリシャの観照 (theoria) と現代のポスト・デカルト的科学とのあいだの差異に関する細かい議論については, Gadamer, *Truth and Method*, p. 412f. を参照.

42 エリュールはその重要性について, p. 233 で論じている.

43 Ibid.

44 Merleau-Ponty, *The Visible and the Invisible*. メルロ゠ポンティの議論の精神分析的利用については, Jacques Lacan, *The Four Fundamental Concepts of Psycho-analysis*, ed. Jacques-Alain Miller, trans. Alan Sheridan (New York, 1978), p. 67f.を参照. 両者ともルークスとルーメンの区別をはっきりと扱ってはいないが, この区別を彼らの言葉で解釈するのは容易であろう.

45 もちろん, 意味の想起の解釈学と懐疑の解釈学との区別を置いたのはリクールである. 彼の, *Freud and Philosophy: An Essay on Interpretation*, trans. Denis Savage (New Haven, 1970), p. 28f. 〔『フロイトを読む――解釈学試論』久米博訳, 新曜社, 1982年〕を参照. エリュールは明らかに前者の陣営にいることになるであろう. それに対して, ハンデルマンによって論じられた異教の解釈学は後者に属することになるであろう.

46 Rodolphe Gasché, *The Tain of the Mirror: Derrida and the Philosophy of Reflection* (Cambridge, Mass., 1986), pp. 16-17.

47 Thorlieff Boman, *Hebrew Thought Compared with Greek* (Philadelphia, 1954) 〔『ヘブライ人とギリシア人の思惟』植田重雄訳, 新教出版社, 1959年〕. Handelman, *The Slayers of Moses*.

48 Gadamer, *Truth and Method*, p. 423.

49 Heinz Kohut, "Forms and Transformations of Narcissism," *Journal of the American Psychoanalytic Association* 14 (1966), pp. 243-276. この議論の視覚に言及した部分を創造的に利用したものとして, Kathleen Woodward, "The Look and the Gaze: Narcissism, Aggression and Aging," Working Paper #7 of the Center for Twentieth Century Studies, Fall, 1986 を参照.

50 これに関する議論の一つとして, Goldberg, *The Mirror and Man*, p. 122 を参照.

51 Gasché, *The Tain of the Mirror*, p. 102.

52 Paul Ricœur, *The Rule of Metaphor* (Toronto, 1978), p. 7 〔『生きた

隠喩』(抄訳) 久米博訳，岩波書店，1984年〕.

53 Gadamer, *Truth and Method*, p. 308.

54 Christine Buci-Glucksmann, *La raison baroque: De Baudelaire à Benjamin*(Paris, 1984) 〔『バロック的理性と女性原理』杉本紀子訳，筑摩書房，1987年〕と *La folie du voir*.

55 Buci-Glucksmann, *La folie du voir*, p. 70f.

56 フランスにおける歪像への陶酔的な関心は，部分的にはユルゲン・バルトルシャイティスによって刺激された．彼の，*Anamorphoses: Les perspectives dépravées* (Paris, 1984)〔「アナモルフォーズ」高山宏訳，『バルトルシャイティス著作集 2』国書刊行会，1992年〕．初版は1955年に出版されたが，リオタール，ラカンその他の視覚のテーマに関心のある者たちのなかに，この書への言及が見られる．

57 Buci-Glucksmann, *La folie du voir*, p. 84. この言葉はメルロ゠ポンティの「上空飛翔的思考」批判を彷彿とさせる．

58 Walter Benjamin, *Origin of German Tragic Drama*, trans. John Osborne, intro. George Steiner (London, 1977)〔『ドイツ悲劇の根源』川村二郎・三城満禧訳，法政大学出版局，1975年〕.

59 *Les iconoclastes* におけるグーは，イメージに対する現代芸術，経済，宗教，精神分析に広く行き渡った敵意を強く主張している．

60 Mitchell, “What Is an Image?” p. 529.

61 ハイデガーによる聴覚的比喩の使用に関する議論については，John D. Caputo, “The Thought of Being and the Conversation of Mankind: The Case of Heidegger and Rorty,” in Robert Hollinger, ed., *Hermeneutics and Praxis* (Notre Dame, Ind., 1985), p. 255 を参照．

62 ハイデガーの配視 (Umsicht) の使用とウィトゲンシュタインの洞察力 (Übersicht) の概念との興味深い比較については，Nicholas F. Gier, *Wittgenstein and Phenomenology: A Comparative Study of the Later Wittgenstein, Husserl, Heidegger, and Merleau-Ponty* (Albany, N. Y., 1981), p. 80f. を参照.

63 Gadamer, *Truth and Method*, p. 269.

64 Ibid., p. 12.

65 この論議に関する説明としては，Martin Jay, “Should Intellectual History Take a Linguistic Turn? Reflections on the Harbermas-Gadamer Debate” in Dominick LaCapra and Steven L. Kaplan eds., *Modern European Intellectual History: Reappraisals and New Perspectives* (Ithaca 1982) を参照.

66 解釈モデルと説明モデルの両方を用いる必要性についてのハーバマスのもっとも周到な議論は，*Zur Logik der Sozialwissenschaften* (Frankfurt,

1970)〔『社会科学の論理によせて』清水多吉他訳，国文社，1991年〕のなかに見出すことができる．「第二の自然」という言葉は，もちろんヘーゲルのものであり，ルカーチに始まるヘーゲル主義的マルクス主義の伝統のなかで復興されるのである．

67 Gadamer, *Truth and Method,* p. 426.

68 Ibid., p. 432.

69 Kathleen Wright, "Gadamer: The Speculative Structure of Language," in Brice R. Wachterhauser, *Hermeneutics and Modern Philosophy* (Albany, N.Y., 1986), p. 211.

70 エリュールに公正を期すために言えば，彼はまさに対話について語っている．しかし，それを対称的な対話と呼ぶのは困難であろう．

71 Buci-Glucksmann, *La folie du voir*, p. 134. 言語における言葉とイメージの解釈に関して同じような結論にいたるもう一つの考察については，Jean-François Lyotard, *Discours. Figure* (Paris, 1971) を参照．非常に異なった仕方でではあるが，修辞における視覚の重要性については，フランセス・A・イェイツによって彼女の優れた研究 *The Art of Memory* (Chicago, 1966)〔『記憶術』玉泉八州男監訳，水声社，1993年〕のなかで示唆されている．

72 Buci-Glucksmann, *La folie du voir*, p. 197.

第9章

1 例えば，Lucien Febvre, *The Problem of Unbelief in the Sixteenth Century: The Religion of Rabelais*, trans. Beatrice Gottlieb (Cambridge, Mass., 1982)，および，Robert Mandrou, *Introduction to Modern France, 1500-1640: An Essay on Historical Psychology*, trans. R.B. Hallmark (New York, 1976) を参照．

2 Marchall McLuhan, *Understanding Media: The Extensions of Man* (London, 1964)〔『メディア論』栗原裕・河本仲聖訳，みすず書房，1987年〕; Walter J. Ong, *The Presence of the Word* (New Haven, 1967)．また，Elizabeth Eisenstein, *The Printing Press as an Agent of Change* (Cambridge, 1979) を参照．

3 Donald M.Lowe, *History of Bourgeois Perception* (Chicago, 1982), p. 26.

4 中世の教会における視覚に対する肯定的態度を説明したものとしては，Margaret R. Miles, *Image as Insight: Visual Understanding in Western Christianity and Secular Culture* (Boston, 1985) を参照．フェーヴルとマンドルーの議論は大きな影響を与えたが，彼女はその議論と反対に，中世において，視覚がけっしてそれほどひどく貶められていなかったことを示している．

5 Richard Rorty, *Philosophy and the Mirror of Nature* (Princeton, 1979) 〔『哲学と自然の鏡』野家啓一監訳, 産業図書, 1993年〕, Micheal Foucault, *Discipline and Punish: The Birth of the Prison*, trans. Alan Sheridan (New York, 1979) 〔『監獄の誕生』田村淑訳, 新潮社, 1977年〕; Guy Debord, *Society of the Spectacle* (Detroit, 1983) 〔『スペクタクルの社会』木下誠訳, 平凡社, 1993年〕.

6 Christian Metz, *The Imaginary Signifier: Psychoanalysis and Cinema*, trans. Celia Britton et al., (Bloomington, 1982), p.61 〔『映画と精神分析』(抄訳) 鹿島茂訳, 白水社, 1981年〕.

7 Jacquline Rose, *Sexuality in the Field of Vision* (London, 1986), pp. 232-233.

8 William M. Ivins, Jr., *Art and Geometry: A Study in Space Intuitions* (Cambridge, Mass., 1946), p.81.

9 Rorty, p.45.

10 Erwin Panofsky, "Die Perspektive als 'symbolische Form'", *Vorträge der Bibliothek Warburg*, 1924/5, 4, pp. 258-331 〔『〈象徴形式〉としての遠近法』木田元監訳, 哲学書房, 1993年〕.

11 William M. Ivins, Jr., *On the Rationalization of Sight* (New York, 1973); Panofsky, "Die Perspektive als 'symbolische Form'"; Richard Krautheimer, "Brunelleschi and Linear Percpective," in I. Hyman, ed., *Brunelleschi in Perspective* (Englewood Cliffs, N.J., 1974); Samuel Y.Edgarton, Jr., *The Renaissance Rediscovery of Linear Perspective* (New York, 1975); John White, *The Birth and Rebirth of Pictorial Space* (Cambridge, Mass., 1987); Michael Kubovy, *The Psychology of Perspective and Renaissance Art* (Cambridge, 1986).

12 Rosalind E.Krauss, *The Originality of the Avant-Garde and Other Modernist Myths* (Cambridge, Mass., 1985), p.10.

13 Norman Bryson, *Vision and Painting: The Logic of the Gaze* (New Haven, 1983), p.94.

14 アウグスティヌスは『告白』〔10巻〕第35章で, 眼の欲について論じている.

15 この作品の性的含意に関する議論については, Svetlana Alpers, "Art History and its Exclusions," in Norma Broude and Mary D.Garrard, eds., *Feminism and Art History* (New York, 1982), p.182 を参照.

16 Norman Bryson, *Word and Image: French Painting of the Ancien Régime* (Cambridge, 1981), chapter 1.

17 Edgarton, p.39.

18 John Berger, *Ways of Seeing* (London, 1972), p.109 〔『イメージ』伊

藤俊治訳，PARCO出版局，1986年〕.

19　Martin Heidegger, "The Question Concerning Technology," *The Question Concerning Technology and Other Essays*, trans. William Lovitt (New York, 1977), p.17〔『技術論』（ハイデッガー選集18）小島威彦・アルムブルスター訳，理想社，1965年〕. ハイデガーによるデカルト的遠近法主義に対する最大の批判は，同巻の"The Age of the World Picture"〔『世界像の時代』（ハイデッガー選集13）桑木務訳，理想社，1962年〕に見ることができる.

20　White, p.208.

21　Kubovy, chapter 4.

22　Sarah Kofman, *Camera Obscura: de l'idéologie* (Paris, 1973). ここではニーチェに関してこのテーマが扱われている.

23　Bryson, *Vision and Painting*, p.112.

24　Svetlana Alpers, *The Art of Describing: Dutch Art in the Seventeenth Century* (Chicago, 1983)〔『描写の芸術』幸福輝訳，ありな書房，1993年〕.

25　Ibid., p.xix.

26　Ibid., p.44.

27　Ibid., p.138.

28　Ibid., p.43.

29　Aaron Scharf, *Art and Photography* (New York, 1986), chapter 8.

30　Peter Galassi, *Before Photography: Painting and the Invention of Photography* (New York, 1981).

31　Heirich Wölfflin, *Renaissance and Baroque*, trans. K.Simon (London, 1964). また，*Principles of Art History: The Problem of the Development of Style in Later Art*, trans.M.D. Hottinger (New York, 1932) におけるその対比の体系的展開を参照.

32　José Antonio Maravall, *Culture of the Baroque: Analysis of a Historical Structure*, trans. Terry Cochran (Minneapolis, 1986).

33　Christine Buci-Glucksmann, *La raison baroque: de Baudelaire à Benjamin* (Paris, 1984)〔『バロック的理性と女性原理』杉本紀子訳，筑摩書房，1987年〕および，*La folie du voir* (Paris, 1986).〔『見ることの狂気』谷川渥訳，ありな書房，1995年〕

34　Rodolphe Gasché, *The Tain of the Mirror: Derrida and the Philosophy of Reflection* (Cambridge, Mass., 1986).

35　ビュシ＝グリュックスマンが認めているように，ライプニッツの多元論は，遠近法の調和化に対する信頼を維持しているが，それは，バロックにおけるもっと徹底したニーチェ的衝動には欠けているものである. *La folie du voir*, p.80 を参照. そこで彼女は，その衝動をグラシアンとパスカルに認めて

いる.

36 Irit Rogoff, "Mapping Out Strategies of Dislocation," in the catalogue for Neustein's October 24–November 26, 1987, show at the Exit Art gallery in New York を参照.

37 Krauss, "The Photographic Conditions of Surrealism," in *The Originality of the Avant-Garde*. また，ジェーン・リヴィングストーンとの共著，*L'Amour Fou: Photography and Surrealism* (New York,1986) を参照.

38 Buci-Glucksmann, *La folie du voir*, chapter 6.

39 最初は1988年4月，ニューヨークの〈Dia Art Foundation〉で発表され，*Vision and Visuality*, ed. Hal Foster (Seattle, 1988) に収録された.

40 別の適応例で興味深いものとしては，おそらく多様な造園術をあげることができるだろう．そこでは，古くからある庭園と野生，あるいはフランス式庭園とイギリス式庭園との二分法を越えた，「自然」と「文化」の境界面を見ることができる.

41 この都市の説明については，Philippe Boudon, *Richelieu, ville nouvelle* (Paris, 1978) を参照.

42 Alpers, *The Art of Describing*, p.152.

43 Germain Bazin, *The Baroque: Principles, Styles, Modes, Themes* (London, 1968), p.311.

44 Bazin, *The Baroque*, p.312.

第10章

1 Karl Marx and Friedrich Engels, *The German Ideology*, ed. with intro. C.J. Arthur (London, 1970), p.47〔『ドイツ・イデオロギー』(改版) 古在由重訳，岩波文庫，1978年〕. この比喩に関する最近の考察としては，W.J.T. Mitchell, *Iconology: Image, Text, Ideology* (Chicago, 1986), chapter 6〔『イコノロジー：イメージ・テクスト・イデオロギー』鈴木聡・藤巻明訳，勁草書房，1992年〕を参照.

2 西洋認識論におけるこれらの比喩と他の視覚の比喩に関する有益な議論として，Hans Jonas, "The Nobility of Sight," in *The Phenomenon of Life: Towards a Philosophical Biology* (Chicago, 1982) および，Evelyn Fox Keller and Christine R.Grontowsly, "The Mind's Eye," in *Discovering Reality: Feminist Perspectives on Epistemology, Metaphysics, Methodology, and Philosophy of Science*, ed. Sandra Harding and Merrill B.Hintikka (Dordrecht, 1983) を参照.

3 Hans Blumenberg, "Licht als Metapher der Wahrheit," *Studium Generale* 10 (1957), pp.432-447.

4 これは次の版に収められたカーライルによるエッセイの表題であった.

James Anthony Froude, *Thomas Carlyle 1795-1835*, 2 vols.（New York, 1882）, II, pp.7-12. 視覚に対するロマン主義の態度に関する議論としては，M. H. Abrams, *Natural Supernaturalism: Tradition and Revolution in Romantic Literature*（New York, 1973）, p.373f.〔『自然と超自然――ロマン主義理念の形成』吉村正和訳，平凡社，1993年〕を参照.

5　脱肉化された眼に対する批判としては，Maurice Merleau-Ponty, "Eye and Mind" in *The Primacy of Perception*, ed. with intro. James M. Edie（Evantston, 1964）〔「眼と精神」滝浦静雄・木田元訳，『眼と精神』みすず書房，1966年〕を参照. デカルトは現実の人間の眼の不完全さに対して敵意を抱いていたとはいえ，彼が1637年の『光学』〔「屈折光学」青木靖三・水野和久訳，『デカルト著作集 1』白水社，1973年〕において，新たに発見された望遠鏡の使用を勧めていたことは注記に値するだろう.

6　アウグスティヌスは『告白』〔10巻〕第35章で眼の欲について論じているが，そこで彼は，眼の欲を怠惰な好奇心の誘惑と結びつけている.

7　G. M. ストラットンは八日間逆さ眼鏡を掛ける実験を行い，正常な，直立した視覚を取り戻しうることを発見した. 彼の，"Vision without Inversion of the Retinal Image," *Psychological Review* IV, 5（September, 1897）を参照.

8　Martin Jay, "In the Empire of the Gaze: Foucault and the Denigration of Vision in Twentieth-Century French Thought," in David Couzens Hoy, ed., *Foucault: A Critical Reader*（London, 1986）〔「まなざしの帝国にて――フーコーと二十世紀フランス思想における視覚の名誉剝奪」椎名正博・椎名美智訳，『フーコー――批判的読解』（抄訳）国文社，1990年〕.

9　Claude Lefort, *The Political Forms of Modern Society: Bureaucracy, Democracy, Totalitarianism*, ed. with intro. John B.Thompson（London, 1986）, pp.196-202.

10　Louis Althusser, *Lenin and Philosophy and Other Essays*, trans. Ben Brewster（New York, 1971）, p.153〔『レーニンと哲学』西川長夫訳，人文書院，1970年〕.

11　特に，Luce Irigaray, *Speculum of the Other Woman*, trans. Gillian C. Gill（Ithaca, 1985）を参照.

12　Sarah Kofman, *Camera Obscura—de l'idéologie*（Paris, 1973）.

13　Ibid., p.33.

14　Ibid., pp.59-60.

15　Rodolphe Gasché, *The Tain of the Mirror: Derrida and the Philosophy of Reflection*（Cambridge, Mass., 1986）, p.238.

16　この用語の古典的な使用例は，Daniel Bell, *The End of Ideology*（Glencoe, Ill., 1960）〔『イデオロギーの終焉』（抄訳）岡田直之訳，東京創元社，

1969年〕にある．こうした見方を採った他の人物としては，エドワード・シルズ，レイモン・アロン，セイモア・マーティン・リプセットがいる．

17 Richard Rorty, *Philosophy and the Mirror of Nature* (Princeton, 1979), p.37〔『哲学と自然の鏡』野家啓一監訳，産業図書，1993年〕．このフレーズはシェイクスピアの『尺には尺を』から採ってこられたものである．

18 Paul de Man, *The Resistance to Theory* (Mineapolis, 1986), p.11〔『理論への抵抗』大河内昌・富山太佳夫訳，国文社，1992年〕．また，イデオロギー批判の必要性と，そうした企図へのアドルノとハイデガーのかかわりについての彼の指摘に関しては，p.121を参照．

19 De Man, p.11. また，Michael Ryan, *Marxism and Deconstruction* (Baltimore, 1982), p.39〔『デリダとマルクス』今村仁司他訳，勁草書房，1985年〕におけるイデオロギーの議論を参照．ライアンは，テクスト表現に先立つ理念的意味を信じることは，マルクスが『ドイツ・イデオロギー』で攻撃している観念論と等価であると主張している．

20 モダニズムが実際に登場する以前における伝統的美学の諸前提の危機に関する説明としては，Catherine Gallagher, *The Industrial Reformation of English Fiction 1832-1867* (Chicago, 1985) を参照．彼女は，19世紀の写実主義小説が，非文学的言説から新たな素材を取り入れようとするにつれ，同様に形式的整合性を失っていったしだいを例証している．

21 Jürgen Habermas, "Technology and Science as 'Ideology'," in *Toward a Rational Society: Student Protest, Science and Politics*, trans. Jeremy J.Shapiro (Boston, 1970)〔『イデオロギーとしての科学と技術』長谷川宏訳，紀伊國屋書店，1975年〕．

22 John B.Thompson, *Studies in the Theory of Ideology* (Cambridge, 1984), p.194.

23 Conference on The States of "Theory," University of California, Irvine, May, 1987.

24 Guy Debord, *Society of the Spectacle* (Detroit, 1970)〔『スペクタクルの社会』木下誠訳，平凡社，1993年〕．

25 Cornelius Castoriadis, *L'Institution imaginaire de la sociétè* (Paris, 1975); Paul Ricœur, "Ideology and Utopia as Cultural Imagination," *Philosophic Exchange* 2 (Summer, 1976), pp.17-28.

26 よりよい何かへの渇望と，現状におけるその到達不可能性に対する慰めをともに含むものとしてのイデオロギーの両価的性質を認識するということは，二者択一的諸定式に対するディコンストラクション主義的批判からもたらされるように思われるだろう．しかしながら，それはまた，イデオロギーが弁証法的概念であることの証拠としても理解されるのであって，それはマルクス自身の用法にまで遡ることができる．

第11章

1　例えば，Peter Bürger, *Theory of the Avant-Garde*, trans, Michael Shaw（Mineapolis, 1984），p.19〔『アヴァンギャルドの理論』浅井健二郎訳，ありな書房，1987年〕，あるいは，Suzi Gablik, *Progress in Art*（New York, 1976），p.85 を参照．

2　*Aesthetics and Politics: Debates Between Bloch, Lukács, Brecht, Benjamin, Adorno*, ed. New Left Review, afterword Fredric Jameson（London, 1977）に収められた諸論文を参照．

3　Bataille, "Formless," in *Visions of Excess; Selected Writings, 1927-1939*, ed. Allan Stoekl, trans. Allan Stoekl et al.（Minneapolis, 1985）〔「不定形」片山正樹訳，『ドキュマン』（ジョルジュ・バタイユ著作集11）二見書房，1974年〕．この項目の初出は，『ドキュマン』7号（1927年12月）の『批判事典』である．

4　Martin Jay, "In the Empire of the Gaze: Foucault and the Denigration of Vision in 20th-Century French Thought," in *Foucault: A Critical Reader*, ed. David Couzens Hoy（London,1986）〔「まなざしの帝国にて――フーコーと20世紀フランス思想における視覚の名誉剝奪」椎名正博・椎名美智訳，『フーコー――批判的読解』（抄訳）国文社，1990年〕．また本書第8章も参照．

5　ここで私は，W. タタルキェヴィチの優れた論稿"Form in the History of Aesthetics" in *Dictionary of the History of Ideas*, vol. II, ed. Philip P. Weiner（New York, 1973）〔「形式（美学史における）」片山美紀訳，『西洋思想大事典1』平凡社，1990年〕に依拠している．

6　この含意についての行き届いた説明としては，Geoffrey Galt Harpham, *On the Grotesque: Strategies of Contradiction in Art and Literature*（Princeton, 1982）を参照．

7　Jacques Derrida, "Form and Meaning: A Note on Phenomenology of Language," *Margins of Philosophy*, trans. Alan Bass（Chicago, 1972），p.158.

8　David Carrol, *The Subject in Question: The Languages of Theory and the Strategies of Fiction*（Chicago, 1982），p.191.

9　視覚と形式との関係については，Hans Jonas, "The Nobility of Sight," *The Phenomenon of Life: Towards a Philosophical Biology*（Chicago, 1982）を参照．

10　Clement Greenberg, *Art and Culture: Critical Essays*（Boston, 1965），p.171〔『近代芸術と文化』瀬木慎一訳，紀伊國屋書店，1965年〕．

11　例えば，Frank, "Spatial Form in Modern Literature," in *The Avant-Garde Tradition in Literature*, ed. Richard Kostelanetz（Buffalo, N.Y.,

1982）を参照.

12　Fredric Jameson, *The Prison-House of Language: A Critical Account of Structuralism and Russian Formalism* (Princeton, 1972), p.52〔『言語の牢獄』川口喬一訳，法政大学出版局，1988年〕.

13　例えば，Robert Goldwater, *Primitivism in Modern Art* (Cambridge, Mass., 1986)〔『二十世紀美術におけるプリミティヴィズム』日向あき子訳，岩崎美術社，1971年〕を参照.

14　この問題に関する最近の議論としては，Hal Foster, "The 'Primitive' Unconscious of Modern Art," *October* 34 (Fall, 1985), pp.45-70，および，James Clifford, *The Predicament of Culture: Twentieth-Century Ethnography, Literature and Art* (Cambridge, Mass., 1988) を参照.

15　Clifford, *The Predicament of Culture*, chapter 4 を参照. 次の点もまた指摘しておかなくてはならない. シュールレアリストたちは，1920年代フランス帝国主義のもっとも激しい批判者たちであったのだから，プリミティヴ・アート受容のコンテクストには鋭く気づいていた.

16　Bataille, "Formless," p.31.

17　Ibid.

18　ここでは視覚性と概念性との関係を追求することはできないが，すべての理論家たちが両者を同義的と見ていたわけではないということを言っておかなくてはならない. 例えばテオドール・アドルノは視覚性を官能性の側に置き，芸術の概念的次元と並置している. *Aesthetic Theory*, ed. Gretel Adorno and Rolf Tiedemann, trans. C.Lenhardt (Lndon, 1984), p.139f. における彼の議論を参照. 彼は，「視覚性」という用語は，形成された内容を意味するために認識論において用いられたのだと記している.

19　Bataille, "Rotten Sun," in *Visions of Excess* p.58〔「腐った太陽」片山正樹訳，『ドキュマン』（ジョルジュ・バタイユ著作集11）二見書房，1974年〕.

20　Ibid. こうした観点からのファン・ゴッホに対するバタイユの評価については，"Sacrificial Mutilation and the Severed Ear of Vincent Van Gogh," in *Visions of Excess*〔「供犠的身体毀損とヴァン・ゴッホの切られた耳」片山正樹訳，『ドキュマン』（ジョルジュ・バタイユ著作集11）二見書房，1974年〕を参照.

21　ロザリンド・クラウスによれば，〈無形〉とは，形相と質料とのアリストテレス的区別の解消を意味しているのであり，どちらかの特権化を意味しているのではない. 彼女の *The Originality of the Avant-Garde and Other Modernist Myths* (Cambridge, Mass., 1985), p.53 を参照. しかしながら，この解消は，弁証法的止揚というよりむしろディコンストラクションの本性のうちにあるものであった.

22　Ibid., p.64.

23　Bataille, "Base Materialism and Gnosticism," in *Visions of Excess* p. 47〔「低俗唯物論とグノーシス派」片山正樹訳，『ドキュマン』（ジョルジュ・バタイユ著作集11）二見書房，1974年〕.

24　Bataille, *The Accursed Share*, vol. I, *Consumption*, trans. Robert Hurley（New York, 1988）, p.63f〔『呪われた部分』（ジョルジュ・バタイユ著作集6）生田耕作訳，二見書房，1973年〕.

25　バタイユにおける主権――性的，詩的，政治的――の多様性についての説明として役立つものとしては，Michele H.Richman, *Reading Georges Bataille: Beyond the Gift*（Baltimore, 1982）, chapter 3を参照.

26　〈アセファル〉は，1930年代後半に，バタイユの肝入りでコレージュ・ド・ソシオロジーに作られたグループの名称であり，同名の雑誌を発行した．〈アセファル〉とは，バタイユを魅了した無頭の身体を指す．共同体に関するバタイユの考え方について好意的な分析を行ったのものとしては，Maurice Blanchot, *The Unavowable Community*, trans. Pierre Joris（Barrytown, N. Y., 1988）〔『明かしえぬ共同体』西谷修訳，朝日出版社，1984年〕を参照.

27　Denis Hollier, *Against Architecture: The Wrintings of Georges Bataille*, trans. Betsy Wing（Cambridge, Mass., 1989）, p.24.

28　Kristin Ross, *The Emergence of Social Space: Rimbaud and the Paris Commune*（Minneapolis, 1988）, p.102.

29　ロスは形式に対して力を称賛するが，ここにはジル・ドゥルーズとフェリックス・ガタリの影響が明らかであり，このことははっきりと認められる（p. 67）.

30　Ibid., p.123.

31　Rosalind Krauss, "Corpus Delicti," *October* 33（Summer, 1985）, p.34.

32　Ibid., p.37.

33　Ibid., p.72.

34　Jean-François Lyotard, *The Postmodern Condition: A Report on Knowledge*, trans. Geoff Bennington and Brian Massumi（Minneapolis, 1984）, p.77〔『ポスト・モダンの条件』小林康夫訳，風の薔薇，1986年〕.

35　ニューマンと崇高に関するリオタールの見解については，彼の"Newman: The Instant," in *The Lyotard Reader*, ed. Andrew Benjamin（Oxford, 1989）を参照.

36　Lyotard, *The Postmodern Condition*, p.78.

37　簡単な説明としては，H.H. Stuckenschmidt, *Twentieth-Century Music*, trans. Richard Deveson（New York, 1970）, chapter 3を参照.

38　例えば，Victor Burgin, *The End of Art Theory: Criticism and Postmodernity*（London, 1986）〔『現代美術の迷路』室井尚・酒井信雄訳，勁草書房，1994年〕を参照．あるいは *Art After Modernism: Rethinking Rep-*

resentation, ed. Brian Wallis（New York, 1984）所収の諸論文を参照．後者に収録された論文“ReViewing Modernist Criticism”でマリー・ケリーは，バタイユを思い起こさせる言葉でパフォーマンス芸術の重要性を論じている．「『現実の身体』の芸術は，視覚的形式の真理に付随的に関係するのではなく，遡って身体の本質的内容を指し示すのである．すなわち，還元しえない，論駁しえない苦痛の経験を．」(p.96)．

39　ハーファムによれば，「もっともグロテスクなものとは，こうした親和／敵対によって，すなわち，規範的な，完全に形式を与えられた『高いもの』ないし理想的なものと，異常で，形式を与えられていない，堕落した，『低いもの』ないし物質的なものとの共‐現前によって印づけられる」(*On the Grotesque*, p.9)．

40　Georg Lukács, *Soul and Form*, trans. Anna Bostock（Cambridge, Mass., 1971)〔「魂と形式」川村二郎他訳，『ルカーチ著作集１』白水社，1969年〕.

41　Ibid., p.172.

42　Jacques Lacan, *The Four Fundamental Concepts of Psycho-Analysis*, ed. Jacques Alain Miller, trans. Allan Sheridan（New York, 1981)．

43　哲学でいうと，おそらくこの立場の擁護者としてもっとも重要な人物は，“Cézanne's Doubt,” *Sens and Non-Sens*, trans. Hubert L. Dreyfus and Patricia N.Dreyfus（Evanston, 1964)〔「セザンヌの疑惑」粟津則雄訳，『意味と無意味』みすず書房，1983年〕のような諸論稿におけるモーリス・メルロ＝ポンティであった．純粋な視覚性のハイ・モダニズム的フェティッシュに敵意を抱くリオタールのような人たちによって彼が繰り返し批判されたことは驚くにあたらない．

44　ラカンが1930年代のシュールレアリズム運動に負っているものを研究したものとしては，David Macey, *Lacan in Contexts*（London, 1988）を参照．

45　Slavoj Žižek, *The Sublime Object of Ideology*（London, 1989)．

46　Jurgis Baltrušaitis, *Anamorphoses ou magie artificielle des effects merveilleux*（Paris, 1969)〔『アナモルフォーズ』（バルトルシャイティス著作集２）高山宏訳，国書刊行会，1992年〕．ラカンは *The Four Fundamental Concepts of Psycho-Analysis*, p.79f. でこの著作に言及している．

47　Joan Copjec, “The Orthopsychic Subject: Film Theory and the Reception of Lacan,” *October* 49（Summer, 1989), p.69.

48　Bürger, *Theory of the Avant-Garde*.

第12章

1　例えば，以下を参照．Dominick LaCapra, *Rethinking Intellectual*

History: Texts, Contexts, Language (Ithaca, 1983)〔『思想史再考』山本和平他訳，平凡社，1993〕; さらに，*History and Criticism* (Ithaca, 1985)〔『歴史と批評』前川裕訳，平凡社，1989年〕; Hans Kellner, "Triangular Anxieties: The Present State of Intellectual History," in *Modern European Intellectual History: Reappraisals and New Perspectives*, ed. Dominick LaCapra and Steven L. Kaplan (Ithaca, 1982); Robert F. Berkhofer, Jr. "The Challenge of Poetics to (Normal) Historical Practice," in *The Rhetoric of Interpretation and the Interpretation of Rhetoric*, ed. Paul Hernadi (Durham, 1989); David Harlan, "Intellectual History and the Return of Literature," *American Historical Review* 94, 3 (June, 1989); John Toews, "Intellectual History After the Linguistic Turn: The Autonomy of Meaning and the Irreducibility of Experience," *American Historical Review* 92, 4 (October, 1987); David Hollinger, "The Return of Prodigal: The Persistence of Historical Knowing," *American Historical Review* 94, 3 (June, 1989). アンソニー・パグデンのラカプラに対する論評，Anthoy Pagden, *Journal of the History of Ideas* 48 (1987) と，LaCapra によるその再現，"A Review of a Review," *Journal of the History of Ideas* 49 (1988). さらに，James T. Kloppenberg, "Deconstruction and Hermeneutics as Strategies for Intellectual History: The Recent Work of Dominick LaCapra and David Hollinger," *Intellectual History Newsletter* 9 (1987); 加えて，"Objectivity and Historicisms: A Century of American Historical Writing," *American Historical Review* 94, 4 (1989). また，*Enclitic* 9, 1-2 (1987) におけるラカプラとナンシー・フレイザーとの興味深いやり取りも参照.

2　*Meaning and Context: Quentin Skinner and His Critics*, ed. James Tully (Cambridge, 1988)〔『思想史とは何か——意味とコンテクスト』(抄訳) 半澤孝麿・加藤節編訳，岩波書店，1990年〕に収録されている.

3　これらは手ごろなかたちで *Meaning and Context* に集められている.

4　Skinner, "A Reply to My Critics," *Meaning and Context*, p. 270. このくだりを，「何であれ所与のテクストの歴史的意味の回復は，それを理解するための必要条件である」("Some Problems in the Analysis of Political Thought and Action," *Meaning and Context*, p. 104) という彼の以前の見解と比較してみよ.

5　David Couzens Hoy, *The Critical Circle: Literature and History in Contemporary Hermeneutics* (Berkeley, 1978), p. 145.

6　Stanley Fish, *Is There a Text in This Class?* (Cambridge, Mass., 1980)〔『このクラスにテクストはありますか——解釈共同体の権威 3』小林昌夫訳，みすず書房，1992年〕.

7　Tony Bennett, "Texts in History: The Determination of Readings in

Texts," in *Post-structuralism and the Question of History*, ed. Derek Attridge, Geoff Bennington, and Robert Young (Cambridge, 1987), p. 70.

8 Clifford Geertz, "Deep Play: Notes on the Balinese Cockfight," *The Interpretation of Cultures* (New York, 1973), p. 452〔『文化の解釈学』吉田禎吾他訳，岩波書店，1987年〕.

9 Ricœur, "The Model of the Text: Meaningful Action Considered as a Text," in *Interpretative Social Science: A Reader*, ed. Paul Rabinow and William M. Sullivan (Berkeley, 1979).

10 Bouwsma, "Intellectual History in the 1980's: From History of Ideas to the History of Meaning," *Journal of Interdisciplinary History*, XII, 2 (Autumn, 1981). この論文の持つ意味合いについて，私は，*Fin-de-siècle Socialism and Other Essays* (New York, 1988), chapter 3 で論じた.

11 Ricœur, p. 89.

12 確かに彼は，次のように警告している.「そのような企図には非常な困難がある. つまり，フロイト主義者を身震いさせる方法論的落とし穴や，そのうえ道徳的に困惑させる問題も若干ある」(pp. 452-453). しかし，彼自身によるその企図の遂行例は，それらの困難が克服可能であることに対する大きな確信を示唆している.

13 Crapanzano, "Hermes' Dilemma: The Masking of Subversion in Ethnographic Description," in *Writing Culture: The Poetics and Politics of Ethnography*, ed. James Clifford and George E. Marcus (Berkeley, 1986), p. 74.

14 私の *Fin-de-siècle Socialism*, p. 43 を参照.

15 この言い換えは，ガヤトリ・チャクラヴォーティー・スピヴァクによって，"Speculations on Reading Marx: After Reading Derrida," in *Post-structuralism and the Question of History*, p. 30 において提案されている. 同じ考えのもう一つのもっとも有名なディコンストラクション主義的表現は，ポール・ド・マンの"Literary History and Literary Modernity," *Blindness and Insight: Essays in the Rhetoric of Contemporary Criticism* (Oxford, 1971) における主張である.「史的知識の基礎は，経験的事実ではなく記述されたテクストである. それらのテクストが戦争や革命の装いをとろうともそうなのである」(p. 165). 興味深いことに，ディコンストラクション主義的な汎テクスト主義の最初の批判者の一人はミシェル・フーコーである. 彼は，『狂気の歴史』に対するデリダの批判への応答のなかで，デリダのものは「テクストの外部には何もないと生徒に教える一つの教育学である」と非難した. Foucault, "My Body, This Paper, This Fire," *Oxford Literary Review* 4, 1 (1979), p. 27 を参照.

16 ド・マンは次のように主張する.「読解の言語行為理論は，実のところ，

はるかに効果的な仕方で，レトリックを犠牲にして中世の文法・修辞・論理の三学科（trivium）の文法化を反復している．というのも，単なる慣習として行為遂行的発言を性格づけるのは，事実上それを他者とのあいだにある文法的コードに還元することだからである．言語行為論的傾向のある読解の理論が読解するのは，単に，それが避けるレトリック的な読解のための道をつけるまでなのである」（*The Resistance to Theory*, foreword Wlad Godzich [Minneapolis, 1986], p. 19）.

17　Derrida, "Living on: *Border Lines*," in *Deconstruction and Criticism*, ed. Harold Bloom et. al. (New York, 1979), pp. 83-84.

18　織るという隠喩はアリソン・ルーリーによって，"A Dictionary for Deconstructors," *The New York Review of Books* XXVI, 18 (November 23, 1989), p. 49 のなかで提唱された．ディコンストラクション主義の観点から見たこの隠喩の欠陥は，Rodolphe Gasché, *The Tain of the Mirror: Derrida and the Philosophy of Reflection* (Cambridge, Mass., 1986), p. 289 において詳細に論じられている．

19　特に，"Rethinking Intellectual History and Reading Texts," in *Rethinking Intellectual History* と "Rhetoric and History," in *History and Criticism* を参照．

20　Kellner, "Triangular Anxieties: The Present State of European Intellectual History," in *Modern European Intellectual History*; Clifford, "On Ethnographic Allegory," in *Writing Culture: The Poetics and Politics of Ethnography,* ed. James Clifford and George E. Marcus (Berkeley, 1986).

21　Kellner, "Triangular Anxieties: The Present State of European Intellectual History," p. 132.

22　Jay, "Two Cheers for Paraphrase: The Confessions of a Synoptic Intellectual Historian," in *Fin-de-siècle Socialism and Other Essays*.

23　Clifford, "On Ethnographic Allegory," p. 119.

24　Habermas, "History and Evolution," *Telos* 39 (Spring, 1979).

第13章

1　1920年2月12日付けのフロイトからジョーンズ宛の手紙で，Ernest Jones, *Sigmund Freud: Life and Work*,vol.III (London,1977), p.20〔『フロイトの生涯』竹友安彦・藤井治彦訳，紀伊國屋書店，1969年〕に引用されている〔ただし邦訳は要約版の翻訳で，言及はあるが手紙は引用されていない〕．この手紙は多くの注釈を招くことになった．例えば，John Forrester, "Who Is in Analysis with Whom? Freud, Lacan, Derrida," *Economy and Society* 13 (1984), p.165 を参照．

2　たしかに，この想定に異議を唱える芸術史家たちもいる．例えばハインリヒ・ヴェルフリンは，はっきりと「名前なき芸術史」を擁護する立場をとったが，それは，匿名の視覚的形式の交替を内容としていた．Wölfflin, *Kunstgeschichtliche Grundbegriffe*, 5th ed. (Munich, 1943)〔『美術史の基礎概念』守屋謙二訳，岩波書店，1936年〕を参照．

3　Auguste Comte, *Cours de philosophie positive*, Leçon LII, éd. Emile Littré (Paris, 1877), V., p.14. しかしながら，この科学モデルは近代になってはじめてできたものである．ミシェル・フーコーによれば，「われわれが『文学』(物語，民話，叙事詩，悲劇）と呼ぶテクストが，それらの作者の同一性に関するいかなる問いとも無縁に受け入れられ，流通し，価値を与えられた時代があった．それらの正統性を保証するには，それらの実際の，あるいは仮想的年代で十分であったがゆえに，それらの匿名性は不問に付された．しかしながら，われわれが現在『科学的』と呼んでいるテクスト（宇宙論や天体，医学や病気，自然科学や地理学を扱う）は，中世においては，作者の名前が示されている場合にのみ真であるとみなされたのである」．*Language, Counter-Memory, Practice: Selected Essays and Interviws*, ed. with intro., Donald F. Bouchard, trans. Donald F.Bouchard and Sherry Simon (Ithaca, N.Y., 1977), pp.125-126.

4　Adolf Grünbaum, *The Foundations of Psychoanalysis: A Philosophical Critique* (Berkeley, 1985).

5　フロイトに関するこの問題の興味深い研究としては，Samuel Weber, *The Legend of Freud* (Minneapolis, 1982) を参照．特に，最後の節“Speculation—the Way to Utter Difference”を参照．

6　Maximilien Rubel, *Marx Critique du Marxism: Essais* (Paris, 1974), p.22.

7　Alvin W.Gouldner, *The Future of Intellectuals and the Rise of the New Class* (New York, 1979), pp.28-29〔『知の資本論——知識人の未来と新しい階級』原田達訳，新曜社，1988年〕．

8　Michel Foucault, “What Is an Author?” in *Language, Counter-Memory, Practice*〔「作者とは何か？」清水徹訳，『作者とは何か？』哲学書房，1990年〕; Roland Barthes, “The Death of the Author,” in *Image-Music-Text*, trans. Stephan Heathe (New York, 1977).

9　Paul Ricœur, *Freud and Philosophy: An Essay on Interpretation*, trans. Denis Savage (New Haven, 1979), p.28f.〔『フロイトを読む』久米博訳，新曜社，1982年〕; Jürgen Habermas, “Consciousness-raising or Redemptive Criticism: The Contemporaneity of Walter Benjamin,” *New German Critique* 17 (Spring, 1979), pp.30-59.

10　Hans Blumenberg, *The Legitimacy of the Modern Age*, trans. Robert

M.Wallace (Cambridge, Mass., 1983).

11 Dominick LaCapra, "Is Everyone a Mentalitê Case? Transference and the 'Culture' Concept," *History and Criticism* (Ithaca, N.Y., 1985)〔『歴史と批評』前川裕訳，平凡社，1989年〕.

12 Ibid., p. 72.

13 Ibid.

14 Frank J.Sulloway, *Freud: Biologist of the Mind* (New York, 1979), p.5.

15 Samuel Weber, *Institution and Interpretation*, afterword by Wlad Godzich (Minneapolis, 1987), p.38.

16 Ibid.

17 Wlad Godzich in Ibid., p.162.

18 Ibid.

19 Jacques Derrida, *Of Grammatology*, trans. Gayatri Chakravorty Spivak (Baltimore, 1976), p. 99〔『グラマトロジーについて（上・下)』足立和浩訳，現代思潮社，1984年〕.

20 Paul de Man, "Hypogram and Inscription," in *The Resistance to Theory*, foreword by Wlad Godzich (Minneapolis, 1986), p.42〔『理論への抵抗』大河内昌・富山太佳夫訳，国文社，1992年〕.

21 Stephen W.Melville, *Philosophy Beside Itself: On Deconstruction and Modernism*, foreword by Donald Marshall (Minneapolis, 1986), p.151.

22 Paul de Man, "Autobiography as De-Facement," in *The Rhetoric of Romanticism* (New York,1984), p.77.

23 Paul de Man, "Hypogram and Inscription," p.45.

24 Ibid., p.48.

25 Ibid., p.50.

26 Paul de Man, "Anthropomorphism and Trope in the Lyric," in *The Rhetoric of Romanticism*, p.247.

27 J.Hillis Miller, "Face to Face: Prosopopeia in Plato's *Protagoras*," unpublished manuscript, p.28.この論文のコピーを見せてくださったことをミラー教授に感謝する.

28 この結論は，実際には，"Face to Face"の議論を展開させた別の論文から引かれたものである．その論文とは "Face to Face: Plato's *Protagoras* as a model for Collective Research in the Humanistes" であり，1987年5月，カリフォルニア大学，アーヴィン人文科学センターで，就任講演として発表された.

29 Paul de Man, "Autobiography as De-Facement," p.78.

30 Michael Riffaterre, "Prosopopeia," in *Yale French Studies*, "The

Lesson of Paul de Man," 69 (New Haven, 1985), p.112.

31 Jeffrey Moussaieff Masson, *The Assault on Truth: Freud's Suppression of the Seduction Theory* (New York, 1984).

32 Frank Lentricchia, *After the New Criticism* (Chicago, 1980), chapter 8〔『ニュー・クリティシズム以後の批評理論（上・下）』村山淳彦・福士久夫訳，未来社，1993年〕. このスキャンダルの含意をさらに突っこんで論じたものとしては，Martin Jay, "The Descent of de Man," *Salmagundi*, 78, 79 (Spring-Summer, 1988) を参照.

33 Philip M.Boffey, "Major Study Points to Faulty Research at Two Universities," *New York Times*, April 22, 1986.

34 Bruno Latour and Steve Woolgar, *Laboratory Life* (Beverly Hills, 1979). これは，Weber, p.168 に引用されている.

35 Stanley Fish, "No Bias, No Merit: The Case Against Blind Submission," *Doing What Comes Naturally: Change, Rhetoric and the Practice of Theory in Literary and Legal Studies* (Durham, N.C., 1989).

36 科学哲学における最近の転回を説明しており，それを現在の人文諸科学の思考に関係づけているものとして，Richard J.Bernstein, *Beyond Objectivism and Relativism: Science, Hermeneutics, and Praxis* (Philadelphia, 1983)〔『科学・解釈学・実践（I・II）』丸山高司他訳，岩波書店，1990年〕を参照.

37 第2章を参照.

38 Paul de Man, "The Resistance to Theory," in *The Resistance to Theory*, p.11.

39 Hans Blumenberg, *The Legitimacy of the Modern Age*, p.240.

40 Ibid., p.345.

41 Ibid.